Das Dritte Reich sei von einem tiefen Gegensatz zwischen nationalsozialistischer Ideologie und Praxis gekennzeichnet, dies ist die Hypothese, die den sieben Aufsätzen dieses Buches zugrunde liegt. »Eine von Rechtfertigungs- und Legitimationsinteressen abhängige Forschung und Publizistik hat diese Spaltung nach 1945 nicht nur reflektiert, sondern weitergeführt. Indem sie Propagandaformeln und den Terror gegen Minderheiten mit der umfassenden Wirklichkeit identifizierte, gliederte sie den Staat Hitlers aus der Zeitdauer aus.« Schäfer versucht, den Riß in der Beziehung zur Geschichte und zu individuellen Biographien aufzuheben. Der einleitende Beitrag verweist auf im Dritten Reich veröffentlichte Arbeiten von Andersch, Bobrowski, Eich, Frisch, Fühmann, Huchel, Kaschnitz, Krolow, Koeppen, Kreuder, Lange, H. Lenz, Nossack, Schnabel, Schnurre, Weisenborn, Weyrauch u. a. und beschreibt aus der Sicht des teilnehmenden Beobachters das Verhältnis dieser Literatur zur internationalen Modernen Klassik. Der Schlußaufsatz ergänzt dieses bisher verschollene oder verdrängte Kontinuum durch eine Darstellung des Alltags, zu dem die Massenproduktion von Coca-Cola (bis 1942) ebenso gehörte wie der Hollywood-Film (bis Sommer 1940) oder die Swing-Musik (bis 1945).

Hans Dieter Schäfer, 1939 in Berlin geboren, unterrichtet an der Universität Regensburg deutsche Literaturgeschichte; er veröffentlichte – neben Gedichtbänden – ein Buch über Wilhelm Lehmann (1969) und gab Tagebücher Horst Langes (1979) heraus.

Hans Dieter Schäfer
Das gespaltene Bewußtsein

Über deutsche Kultur
und Lebenswirklichkeit
1933-1945

Carl Hanser Verlag

ISBN 3-446-13455-7
Alle Rechte vorbehalten
© 1981 Carl Hanser Verlag München Wien
Umschlag: Klaus Detjen
Gesamtherstellung: Pustet, Regensburg
Printed in Germany

Inhalt

Die nichtnationalsozialistische Literatur der jungen Generation im Dritten Reich 7

Zur Periodisierung der deutschen Literatur seit 1930 55

Horst Langes Tagebücher aus dem Zweiten Weltkrieg 72

Oskar Loerke: Winterliches Vogelfüttern 91

Johannes R. Becher im Exil 96

Nationalsozialistische Gebrauchsformen 107

Das gespaltene Bewußtsein. Über die Lebenswirklichkeit in Deutschland 1933-1945 114

Bildteil 163

Anmerkungen 195

Personenregister 244

Dankadresse 253

Nachweis der Erstdrucke 254

Abbildungsverzeichnis 255

Die nichtnationalsozialistische Literatur der jungen Generation im Dritten Reich

Wir wissen über die nationalsozialistische Literatur und die Exildichtung sowie über das konfessionelle Schrifttum mittlerweile besser Bescheid als über die Gruppe junger Autoren, die gegen Ende der Weimarer Republik und unter der Diktatur zu schreiben und zu veröffentlichen begann. Daß viele von ihnen nach 1945 zu den bekanntesten Vertretern der Nachkriegsliteratur gehörten, hat die Kenntnis dieser Zusammenhänge nicht verbessert. Wie das deutsche Volk nach dem »Zusammenbruch« Hitler als Übermächtigen dämonisierte, um die Frage nach der eigenen Verantwortlichkeit abzuwehren, so übertrieben viele Schriftsteller und Publizisten die Durchsetzung der reaktionären Kunstpolitik der Nationalsozialisten, blendeten ihre eigenen Arbeiten aus und entwirklichten das kulturelle Leben des Dritten Reiches. Immer wieder lenkten die Autoren der »Stunde Null« den Blick auf die Gleichschaltungsversuche des Regimes, auf Bücherverbrennungen und die Vertreibung. Von der Tatsache, daß sich im Hitler-Staat – wie in jeder Diktatur – dennoch spontane Beziehungen teilweise sogar öffentlich behaupten konnten[1], wurde aus Rechtfertigungs- und Legitimationsbedürfnissen bisher nur wenig bekannt. Ohne Zweifel wollte der Führerstaat die mit einer lebendigen Kultur verbundene individuelle Freiheit unnachsichtig zerstören, gleichzeitig mußte er eine politikfreie Sphäre fördern, um die Mehrheit der Bevölkerung auf Dauer an sich zu binden. Durch diese schwer voneinander abzugrenzenden Ziele ergaben sich für eine Reihe junger, zumeist noch unbekannter Schriftsteller Publikationsmöglichkeiten, obgleich ihre Auffassungen von den ästhetischen Normen des Nationalsozialismus z. T. erheblich abwichen.

Daß diese Literatur im Dritten Reich geduldet wurde, hängt mit der Bereitschaft eines Teiles dieser Generation zusammen, bei aller Gegnerschaft zur Ideologie die politischen Bedingungen des Hitler-Staates nicht in Frage zu stellen. Schon um 1930 hatten sich viele junge Menschen vor den Erschütterungen der Wirtschaftskrise hoffnungslos auf sich selbst zurückgezogen, was Depressionen und Lähmungsgefühle zur Folge hatte. Nach dem Zweiten Weltkrieg beobachtete Oskar Splett in seinem spekulativen Aufsatz *Die lebenden Generationen* für die nach 1900 und vor 1914 Geborenen ein »Janusgesicht«. »Nicht nur ihr Blick, den sie zugleich in die Geschichte und in die Zukunft richtet, ist gespalten. Sie ist systematisch und intuitiv, sie ist sehr individualistisch und zugleich für große Konzeptionen aufgeschlossen.«[2] In ähnlicher Weise hatte 1930 Frank Matzkes Schrift *Jugend bekennt: so sind wir!* diese generationsbedingte Gespaltenheit zur Sprache gebracht. Einerseits forderte Matzke die Gemeinschaft, andererseits bekannte er sich zum Individualismus, »wir ordnen uns schweigend unter, auch wo wir besser wissen und anders empfinden. Aber es ist eine Unterordnung in den äußeren Bezirken, nie im Kern der Seele; denn der ist immer individuell und gemeinschaftsfremd, wenngleich nach Gemeinschaft heute sich sehnend.«[3] Charakteristisch für die meisten ist ein eigentümliches Schwanken zwischen tiefer Verzweiflung und dem Bedürfnis, sich in ein »Führungsfeld«[4] einzuordnen. Matzke entwarf das Bild einer Jugend, die sich »soldatisch« der Wirklichkeit stellen will. »Wir stehen fest mit geschlossenen Zähnen da, den Platz recht zu erfüllen suchend, auf den uns – ja: wer? – gestellt hat?« (86) Derart standortlos empörte sich diese Generation kaum gegen den hereinbrechenden Nationalsozialismus, weil sie sich schon vorher von der »zufallsgeborenen Umwelt«[5] abgekapselt hatte und keinen Kontakt mehr zu den republikanischen Traditionen besaß. Die Demokratie erschien ihnen »blaß und altbacken« (Marie Luise Kaschnitz).[6] Enttäuscht von der Weimarer Republik – diesem »Interregnum« (Horst Lange)[7] – stimmten sie in ihrer ichbezogenen Haltung partiell mit dem Umsturz überein. Selbst ein der kommunistischen Partei nahestehender Autor wie Hans Erich Nossack erkannte erst nach der Ermordung Röhms 1934 den destruktiven Charakter der Hitler-Diktatur.[8] Da von der jungen Generation jede Weltverbesserungsidee verurteilt wurde, stellte sich nur für wenige nach der Machtergreifung Hitlers die Frage des aktiven politischen Widerstandes bzw. des Exils. »Nicht auf physische Widerstandskraft kam es an, sondern allein auf geistige«, erklärte Nossack.[9] Marie Luise Kaschnitz notierte rückblickend: »Lieber überleben, lieber noch da sein, weiter arbeiten, wenn erst der Spuk vorüber war.«[10] Die Terrorakte des Regimes wurden zwar mit einem »Gefühl der Erniedrigung und Beschämung« registriert, doch das Grauen rückte man sich aus Selbstschutz fern. Er habe sich »im Laufe der Zeit eine Unberührbarkeit zugelegt, die etwas ziemlich Bestialisches an sich« habe, bemerkte Felix Hartlaub in einem Brief nach der sogenannten ›Kristallnacht‹.[11] Man leistete sich zwar kleine »Nadelstiche« gegen das System, flaggte nicht, weigerte sich, Spenden fürs Winterhilfswerk zu geben[12] oder hörte ausländische Sender und gab »ab und zu einem Juden auf der Straße die Hand«[10], doch zumeist zog man sich in einen inneren Bezirk zurück, denn »wir können heute nirgendwo Trost finden als in uns selbst« (Wolfgang Borchert).[13] In fast allen Aufzeichnungen und Tagebüchern jener Jahre bleiben Erörterungen über politische Fragen nahezu ganz ausgespart, »nicht die politische Realität stand zur Diskussion, es galt vielmehr, Mittel zu finden, um inmitten des Schreckens, auf einer Rückzugsposition, dennoch als Mensch [...] bestehen zu können.«[14] Die passive, betont apolitische Haltung Peter Suhrkamps, die er in seinem teilweise von der *Neuen Rundschau* publizierten *Tagebuch eines Zuschauers* einnahm, war typisch für diese Autoren. »Ich will darüber nicht denken und mich noch weniger darüber verbreiten«, heißt seine Antwort auf die Frage, wie er zu dem Rücktritt Mussolinis stehe.[15] Als Hermann Kasack 1946 eine Referenz zum Fragebogen der Alliierten für Günter Eich abgab, schrieb er: »Er hat die nationalsozialistische Ideologie stets abgelehnt. Er ist seinem Wesen nach ein Mensch, der [...] allen politischen Fragen naiv und uninteressiert gegenübersteht.«[16]

Wenn man auch die aktuellen politischen Probleme aus dem Denken ausklammerte, so bekannte man sich jedoch schon damals offen zum Geist Europas, das freilich »konservativ bleiben sollte, allein schon seiner vitalen Traditionen wegen.«[17] Vor allem die Studenten, die bei Professoren wie Ernst Robert Curtius, Max Kommerell, Karl Voßler u. a. ihre Ausbildung erfuhren,[18] fühlten sich vom »humanen Glanz des Übernationalen sofort und für immer gewonnen«.[19] Es ist bislang übersehen worden, daß sich zahlreiche Autoren unserer Generation über längere Zeit im Ausland aufhalten konnten, wo sie – vor allem im faschistischen Italien – häufig in Kontakt mit nicht unterdrückten modernen Strömungen gerieten. Das gilt für Marie Luise Kaschnitz und Wolfgang Koeppen ebenso wie für Stefan Andres, Eugen Gottlob Winkler, Felix Hartlaub, Gustav René Hocke und viele andere.[20] Zeitweilig glaubten die Jungen sich im Exil, doch die Bezeichnung Emigration lehnten sie ab. Stefan Andres erklärte: »[...] jeder wußte, wo ich saß, und jeden Tag konnte man mich packen und verfrachten, wohin man wollte. Ich lebte also nicht einmal im Versteck, sondern einzig in Zurückgezogenheit.«[21] Eine derartige Zurückgezogenheit wurde vom NS-Regime keineswegs begrüßt. In einer Zeit, in der man die Dichtung als »Ausdruck der Gemeinschaft« begriff und als kämpferische Verkündigung eines »verjüngten, nach Reinheit strebenden und somit seiner Unsterblichkeit gewiß bleibenden Volkes«[22] bestimmte, mußte dieser urbane Subjektivismus als »zersetzend« und »volksschädigend« aufgefaßt werden. Dennoch hielten die Kulturpolitiker des Nationalsozialismus diese zwar geistig aktive, aber tagespolitisch uninteressierte Gruppe offensichtlich für weit weniger gefährlich als marxistische oder konfessionelle Schriftsteller. So sind die hier behandelten Autoren nur selten in freiheits- oder lebensbedrohende Konflikte mit dem Staatsapparat gekommen; ihre Publikationsmöglichkeiten müssen bis zum Ausbruch des Krieges als durchaus gut bezeichnet werden.

Vermutlich aus einem Gefühl der Schuld heraus verschleierten nachträglich vor allem die prominent gewordenen Autoren ihre Veröffentlichungen im Dritten Reich oder übertrieben die Zensurschwierigkeiten. Joachim Günther gehört zu den wenigen, die der Wahrheit entsprechend erklärten: »Aufs Ganze gesehen haben wir jedoch im Innern weit weniger unter Atemmangel gelitten, als es von heute aus den Anschein hat.«[23] Verlage wie Beck, Goverts, Rauch, S. Fischer / Suhrkamp und so bedeutende Zeitschriften wie die *Neue Rundschau*, die *Europäische Revue*, die *Deutsche Rundschau*, die *Literatur* und konfessionelle Organe wie *Hochland* und *Eckart* spezialisierten sich auf die Veröffentlichung bzw. Rezension von nichtnationalsozialistischer Literatur. Von Bedeutung für die Kontinuität der Moderne waren vor allem die Feuilletons des *Berliner Tageblatts*, der *Frankfurter Zeitung*, der *Kölnischen Zeitung* und der *Deutschen Allgemeinen*

Zeitung. Publikationsmöglichkeiten fanden sich lange Zeit in den Magazinen *Die Dame, Die Neue Linie* und *Koralle,* aber auch in Organen, die der völkisch-nationalen Propaganda aufgeschlossener gegenüber standen wie der Wochenzeitung *Das Reich* und der Zeitschrift *Das innere Reich,* in der von den Autoren unserer Gruppe immerhin Emil Barth, Johannes Bobrowski, Günter Eich, Albrecht Fabri, Peter Huchel, Karl Krolow, Horst Lange, Wolf von Niebelschütz, Johannes Pfeiffer und Eugen Gottlob Winkler mit Veröffentlichungen vertreten sind. Ein ganz und gar unpolitischer Debütant wie Karl Krolow konnte noch unmittelbar vor 1945 eine breite literarische Karriere beginnen, ohne daß es Schwierigkeiten mit der Zensur gab. In den letzten Kriegsjahren veröffentlichte er mehr als sechzig Gedichte und gut zwei Dutzend Betrachtungen und Rezensionen in der Presse, wobei er nur selten Kompromisse mit der NS-Ideologie schließen mußte.[24] Auch Max Frisch machte sich in Deutschland schon unter der Hitler-Diktatur einen Namen. 1934 und 1937 publizierte er bei der Deutschen Verlags-Anstalt seine ersten beiden Prosabände *Jürg Reinhart. Eine sommerliche Schicksalsfahrt* und *Antwort aus der Stille,* die von der deutschen Kritik mit Beifall begrüßt wurden.[25] Mehr als ein Drittel von Günter Eichs Nachkriegsgedichtband *Abgelegene Gehöfte* (1948) wurde bereits während des Dritten Reiches geschrieben und z. T. in Zeitschriften und Zeitungen gedruckt. Konflikte Eichs mit der Zensur sind unbekannt. Ähnliches gilt für Peter Huchel, der wie fast alle seine Generationsgefährten keineswegs »während der Hitlerzeit [...] geschwiegen«[26] hat. Bis einschließlich 1939 sind von ihm vierzehn Hörspieltitel bekannt. Eich behauptete, seine zweiundzwanzig von 1933-1940 gesendeten Arbeiten seien damals kaum beachtet worden[27]; dem steht die Tatsache entgegen, daß das den Semmelweis-Stoff behandelnde Spiel *Tod an den Händen* von den Hörern im Winter 1938/39 zu den beliebtesten Funkdichtungen gewählt wurde.[28] Die zusammen mit Martin Raschke vom Oktober 1933 bis gegen Kriegsausbruch verfaßten etwa siebzig Hörfolgen des *Deutschen Kalenders* zählten zu den damals erfolgreichsten Sendungen; in einer offiziellen Kritik wurde ihnen ausdrücklich ein »wichtiger Einfluß [...] auf das gegenseitige Verständnis von Stadt und Land bescheinigt.«[29] Auch einige Romane kamen über bloße Achtungserfolge hinaus. So erschien Wolfgang Koeppens *Die Mauer schwankt* (1935) vier Jahre später unter dem heroisch eingefärbten Titel *Die Pflicht.* Eine zweite Auflage erlebten die Erzählungen Ernst Kreuders (*Die Nacht der Gefangenen,* 1939, ²1941) und einige Werke Emil Barths, dessen Sappho-Roman *Das Lorbeerufer* (1943) ins Holländische und zum Teil ins Italienische übersetzt wurde. Ernst Schnabels Roman *Nachtwind* erschien 1943 in den Niederlanden; weitere deutsche Ausgaben wurden »speziell für Truppenteile der Wehrmacht hergestellt.«[30] Auch Eichs Erzählung *Katharina,* die nach einem Vorabdruck im *Inneren Reich* bei Paul List 1936 herauskam, wurde als Feldpostausgabe verbreitet (1945: 23.-32. Tausend). Von Wolfgang Weyrauch erfuhren neben seinen fünf zwischen 1934-1943 publizierten belletristischen Werken vor allem seine Anthologie *1940 – Junge deutsche*

Prosa (1940) und *Das Berlin-Buch* (1941) ein Echo. Klaus-Dieter Oelze wies für Max Bense – der im Hitler-Staat zwölf Bücher herausbrachte – allein für die *Kölnische Zeitung* von 1933-1944 ca. 320 Einzelbeiträge nach. Im allgemeinen hielt sich jedoch die Rezeption in Grenzen. In Deutschland las man damals mehr Wiechert (Auflage: 1 Mill. 165 000), Hesse(Auflage: 481 000) und Fallada.[31]

Daß man die Literatur der jungen Generation außerhalb Deutschlands als eigenständige Gruppierung wahrnahm, zeigt ein Artikel von Albert Bettex aus den *Basler Nachrichten*. Er grenzte sie gleichermaßen von der Dichtung der Emigration und der »staatlich geförderten politischen Tendenzliteratur ab« und bezeichnete sie als Poesie, »die in Deutschland im allgemeinen geduldet, offiziell höchst selten gelobt, dagegen häufiger totgeschwiegen wird, und an der dennoch schon jetzt die Zeichen der überzeitlichen Dauer und des Morgens zu erkennen sind« (6/ 10. 2. 1935). Als Karl Rauch 1937 die Essays des kurz vorher durch Selbstmord aus dem Leben geschiedenen Eugen Gottlob Winkler herausbrachte, wurde die Besprechung einhellig von der jungen nichtnationalsozialistischen Publizistik zu einer Demonstration für diese Literatur umgewertet. Zu den Rezensenten gehörten u. a. Max von Brück, Hans Hennecke, Gustav René Hocke, Karl Korn, Johannes Pfeiffer, Walter Schmiele, Gert H. Theunissen und Bruno E. Werner.[32] Das Kommunikationssystem dieser ›Gruppe der Einzelgänger‹ funktionierte bis 1939 relativ gut. »Man kannte und erkannte einander«, bemerkte Hans Egon Holthusen. »Die Gleichgesinnten gaben einander Zeichen (wie Leuchtkugeln) im feindlichen Gebiet.«[33] Oda Schaefer schilderte in ihren Erinnerungen das Vorkriegs-Berlin, über dem noch ein letzter Glanz der ›Goldenen zwanziger Jahre‹ schimmerte. In Kneipen und Nachtlokalen trafen sich bei Jazzmusik u. a. die Verleger Stomps und Ledig-Rowohlt wie die Autoren Horst Lange, Peter Huchel und – wenn sie in Berlin waren – Günter Eich und Martin Raschke, um diesen »Rest einer verborgenen Freiheit« zu genießen.[34] Berlin war »nach wie vor großartig« (Felix Hartlaub).[35] Unter dem Druck der Diktatur rückte man enger zusammen. Karl Korn, der von 1934-1937 Redakteur beim *Berliner Tageblatt* war und anschließend bis 1940 die *Neue Rundschau* Peter Suhrkamps betreute, beobachtete in der Reichshauptstadt eine Zunahme an privater Geselligkeit. »Plötzlich fielen Schranken, die zuvor bestimmte Kreise von anderen eher abgekapselt haben. Was nicht Nazi war und sein wollte, empfand ein gesteigertes Informations- und Austauschbedürfnis. Man fand leichter zueinander.«[36]

Die Jungen versuchten, »systematisch Lücken« in ihrer Kenntnis der Moderne zu schließen.[37] »Las einige sehr starke amerikanische Romane, Green, Faulkner, Wolfe«, heißt es in einem Brief Felix Hartlaubs vom 16. April 1936.[38] Und am 17. Februar 1935: »Ich lese mal wieder Kafka, Proust [. . .].«[39] Eine verhältnismäßig breite Kenntnis der Literatur des 20. Jahrhunderts kann für fast alle vorausgesetzt werden[40]; selbst ein unter wesentlich schlechteren Bedingungen als Hartlaub aufgewachsener Autor wie Borchert kam vor 1945 in Kontakt mit dem Expressionismus, besonders mit den Werken Benns. Von einer geistigen Einkerkerung durch das NS-Regime kann zumindest für die dreißiger Jahre keine Rede sein, die »Unterdrückung ist nicht einmal im Kriege vollständig gelungen«.[41] Wichtige Schriften der modernen Existenzphilosophie wurden verlegt und in Zeitschriften und Zeitungen ausgiebig diskutiert. Max Bense unterrichtete die Leser der *Europäischen Revue* 1937 über die neuen Strömungen des französischen Existentialismus[42]; 1941 verfaßte er eine Einführung in das Werk Kierkegaards, die trotz gewisser Bedenken gegen das »Grausame und Ungoethesche« des dänischen Philosophen[43] von Albert Erich Brinckmann in seine populäre Buchreihe *Geistiges Europa* aufgenommen wurde. Die Schriften von Jaspers waren auch nach dessen Lehrverbot im Handel erhältlich. Ortega y Gasset gehörte schon vor 1945 zu den meistgelesenen modernen Philosophen, seine Studie *Der Aufstand der Massen* erreichte 1940 das 19.-20. Tausend. In Nicolai Hartmanns *Systematischer Philosophie* gab Otto Friedrich Bollnow noch 1942 eine umfangreiche Darstellung der Existenzphilosophie (S. 315-430), in der ausführlich Heidegger und Jaspers zu Wort kamen. Wie stark die Existenzphilosophie bereits in die Literaturwissenschaft eingedrungen war, verdeutlicht Johannes Pfeiffers Schrift *Über den Umgang mit Dichtung* (1936), in der Hans Hennecke damals schon zu Recht eine neue, wegweisende Interpretationsmethode erkannte.[44]

Eine Absperrung von der ausländischen Moderne, wie sie nach 1945 für die gesamte Hitler-Ära festgestellt wurde, hat es tatsächlich nicht gegeben. Unsere Vorstellung von einer Gleichschaltung ist von Bücherverbrennungen und Verbotslisten geprägt; in Wirklichkeit galten jedoch die »Schwarzen Listen« lediglich für öffentliche Bibliotheken. Die nationalsozialistische Zeitschrift *Der Buchhändler im neuen Reich* bemerkte noch 1936, daß die Bücher Thomas Manns in Deutschland »ungehindert feilgeboten und verkauft werden« können, »der deutsche Buchhändler hat hier Gelegenheit zu beweisen, daß er – ohne Verbote – weiß, was er zu tun hat.«[45] Im Februar 1937 erklärte dieselbe Zeitschrift, daß man keine »Schwarzen Listen« benötige, »denn wer das Herz auf dem rechten Fleck hat, kommt auch ohne solche Liste nicht in Gefahr, gegen die Gesetze des nationalsozialistischen Deutschlands zu verstoßen.«[46] Der Berliner Buchhändler Peter Weber, der bis 1940 in der Amelangschen Buchhandlung tätig war, erinnerte sich: »Verbotslisten [...] gab es nicht. [...] Allein aus Selbsterhaltungsgründen müßten wir soetwas gekannt haben. Das ›gesunde Volksempfinden‹ des Buchhändlers hatte hier zu sprechen und zu entscheiden.«[47] Die meisten österreichischen und Schweizer Verlage hatten im Reich Dependancen und konnten ihre Produktion nahezu ungehindert ausliefern. Selbst der Bermann-Fischer Verlag wurde davon nicht ausgenommen und inserierte bis 1938 im *Börsenblatt* und in den Feuilletons überregionaler Zeitungen. Bis in die ersten Kriegsjahre hinein war es möglich, Bücher aus der neutralen Schweiz zu bestellen. Paul Stöcklein erinnerte sich, noch 1940 die im Oprecht Verlag (Zürich) erschienenen *Ausgewählten Gedichte* von Karl Kraus über eine Bamberger Buchhandlung bezogen zu haben.[48] Die Einfuhr von Literatur aus dem nicht-deutschsprachigen Ausland war demgegenüber durch die Devisenbestimmungen beschränkt, dennoch gab es Wege, bei einem Ausgleich Bücher aus England, Frankreich oder den Vereinigten Staaten auf den Markt zu bringen, zumal es bis 1939 in Zeitungen und Zeitschriften üblich war, in Rubriken *Neue Bücher aus dem Ausland* anzuzeigen und in Kurzrezensionen vorzustellen. »Als die Mitchell ein Bestseller wurde, die deutsche Übersetzung immer noch nicht erschienen war [...] bezogen wir zig-stückweise die preiswerte englische Ausgabe und hatten einen Kundenmagneten«, teilte Peter Weber mit. »Eine Kontrolle der Titel erfolgte nie.« Doch auch für deutsche Verlage hatte es bis Kriegsausbruch kein systematisches Verbot gegeben, ausländische Literatur zu drucken. »Daß in Deutschland keine guten Bücher mehr veröffentlicht und gelesen werden durften, stimmte also nicht«, heißt es in Thomas Wolfes *Es führt kein Weg zurück*. »Und weil das nicht stimmte, war die Tragödie des deutschen Geistes in der entstellten, zur Unaufrichtigkeit verdammten Form [...] viel ergreifender.«[49] Schon 1948 wandte sich die Zeitschrift *Prisma* gegen die »nie bewiesene [...] öffentliche Meinung in aller Welt [...], daß Deutschland während der Jahre 1933-1945 von der gesamten wichtigen und interessanten ausländischen Literatur abgeschnitten gewesen sei.«[50] Die fehlerhafte und unvollständige Statistik schätzt die Auflage der aus dem Ausland übersetzten Bände auf 3¼ Millionen. Im Dritten Reich selbst wurde das Vorhandensein der ausländischen Literatur auf dem deutschen Büchermarkt mehrfach kommentiert. »Ausland ist mal wieder große literarische Mode. Die Tugend, deutsch sein, deutsch werden zu wollen, tut sich eben für manche nicht ohne Beschwer«, glossierten *Westermanns Monatshefte* 1938.[51] Der *Buchhändler im neuen Reich* sprach 1939 sogar von einer »Überschwemmung bestimmter Literatursparten mit ausländischen Werken«, es sei der Umstand eingetreten, daß »auf dem Umwege über die ausländische Übersetzungsliteratur« der Leser »wieder genau mit den gleichen negativen Werten vertraut« gemacht werde, »die wir erst mühsam aus dem deutschen Schrifttum selbst ausgeschieden haben.«[52] Die Zeitschrift beklagt z. B., daß von 1933-1938 nahezu 100 Werke der französischen schönen Literatur ins Deutsche übersetzt wurden, »während in der gleichen Zeit kaum 20 Werke der deutschen in französischer Sprache erschienen« (214).

Der Hauptanteil der aus Frankreich übersetzten Bücher bestand aus Unterhaltungsliteratur wie Thyde Monnier (*Liebe – Brot der Armen*, 1939) oder Sascha Guitry (*Roman eines Schwindlers*, 1937; *Die Straße der Liebe*, 1938; *Wenn ich mich recht erinnere*, 1939), daneben gab es jedoch auch eine Reihe anspruchsvoller Werke, so daß Karl Korn 1937 bekennen konnte, »daß wir zwar nicht alles Beste, aber doch vom Besten vieles hereinholen.«[53] Voraussetzung war ein Inhalt, der »weder offen noch zwischen den Zeilen [...] Kritik am Hitler-Regime übte.«[49] Die Ausschaltung jüdischer Autoren wurde nicht immer konsequent durchgeführt. So konnten von André Maurois sieben Bücher erscheinen, das letzte noch 1938 (*Lyautey. Marschall von Frankreich. Eroberer von Marokko*).

Die Verlage veröffentlichten u. a. deutsche Buchausgaben von Jean Giono, Louis-Ferdinand Céline, Henry de Montherlant, Jules Romains (*Die guten Willens sind.* Dt. von F. Hessel, 1935-1938), aber auch von Georg Bernanos (u. a. *Tagebuch eines Landpfarrers,* 1936), Paul Claudel (u. a. *Der seidene Schuh,* 1939), Francois Mauriac (*Natterngezücht,* 1936), Julien Green (*Mitternacht,* 1936), Jules Supervielle und Paul Valéry. Roland Krug von Nidda gab 1941 eine Giraudoux-Auswahl heraus[54]; einen großen Erfolg hatten die Bücher *Nachtflug* (1939) und *Wind, Sand und Sterne* (1940) von Saint-Exupéry. *Wind, Sand und Sterne* – »im Ton begeisterter, uneingeschränkter Zustimmung« rezensiert[55] – erreichte 1943 das 120. Tausend. Prousts in den zwanziger Jahren fragmentarisch übersetztes Werk war lediglich – wie sich Heißenbüttel erinnerte – bis 1939 in einem Leipziger Antiquariat erhältlich.[56] Von Nationalsozialisten wurde sein Roman *Auf der Suche nach der verlorenen Zeit* als Machwerk eines dekadenten Halbjuden verunglimpft[57], von anderen wie Eugen Gottlob Winkler jedoch öffentlich verteidigt.[58]

Die Flut übersetzter englischer Kriminal- und Gesellschaftsromane stoppte erst der Krieg. Mit großem Erfolg spielte im Sommer 1939 in Berlin das Theater am Kurfürstendamm den *Hexer* von Edgar Wallace; 1938/39 brachte der Goldmann Verlag noch achtzehn Nachauflagen von Wallace heraus. Ähnliches gilt für Agatha Christie und Dorothy Sayers; die Popularität der Sayers war so groß, daß die *Deutsche Allgemeine Zeitung* ihren Roman *Peinlicher Vorfall im Klub* als Vorabdruck brachte (13. 11. 1938-3. 1. 1939). Buchausgaben erschienen ferner u. a. von Joyce Cary (*Ein schwarzer Prinz,* 1938), A. J. Cronin (u. a. *Die Zitadelle,* 1938; *Die Sterne blicken herab,* 1935, Nachauflagen: 1942 und 1944), Warwick Deeping, C. S. Forester, Richard Hughes, Howard Spring (*Geliebte Söhne,* 1938). Ein beträchtliches Presseecho fanden die Bücher von D. H. Lawrence, Katherine Mansfield (u. a. *Das Gartenfest und andere Geschichten,* 1938), Somerset Maugham, Charles Morgan, Robert Ranke-Graves (*Ich, Claudius, Kaiser und Gott,* 1935, 1941: 82. Tausend), Evelyn Waugh (u. a. *Eine Handvoll Staub,* 1936) und Virginia Woolf. Von T. S. Eliot erschienen 1936-1939 lediglich einige Übersetzungen in Zeitschriften.[59] Joyces *Ulysses* wurde als »literarische Sensation der geistig führungslosen westeuropäischen Nachkriegszeit«[60] und als »krankhafte Selbstzergliederung«[61] abgelehnt, auf der anderen Seite feierten nachwievor einige Zeitschriften wie die *Neue Rundschau* die »säkulare Bedeutung des Dichters und Künstlers Joyce«[62] und nahmen ihn gegen katholische Angriffe in Schutz. (»Die [. . .] ästhetischen Eigenschaften eines Kunstwerkes hinter und unter unkünstlerischen Maßstäben verschwinden zu lassen, ist barbarisch und verbreitet.«)[63] Vermutlich ermöglichte der Iren-Kult des Dritten Reiches, daß die Leser der *Literatur*[64] und der *Deutschen Allgemeinen Zeitung*[65] noch 1939 objektiv über die englische Originalausgabe von *Finnegans Wake* unterrichtet wurden.

Hohe Auflagen im Hitler-Staat erzielten amerikanische Bestseller wie Hervey Allen (*Antonio Adverso,* 1935; 1941: 264. Tausend), Gwen Bristow (*Tiefer*

Süden, 1939), Louis Bromfield (*Der große Regen,* 1939), Clarence Day (*Unser Herr Vater,* 1936; *Unsere Frau Mama,* 1938. Dt. von H. Fallada), Rachel Field (*Hölle, wo ist dein Sieg,* 1939; 1940: 34. Tausend), Margaret Mitchell (*Vom Winde verweht,* 1937; 1941: ca. 300. Tausend), Kenneth Roberts (u. a. *Nordwest-Passage,* 1938), Elisabeth Madox Roberts (*Kentucky – große Weide,* 1938) usw. Ins Deutsche übertragen wurden außerdem Romane von Pearl S. Buck, John Erskine, George Santayana (*Der letzte Puritaner,* 1937) und Sinclair Lewis, von dem jedoch lediglich noch 1933/34 einige Bücher erschienen; die Neuauflage von *Babbit* (1942) wurde vom Propagandaministerium angeordnet und sollte dem Leser – abschreckend – das »häßliche Amerika« vor Augen führen. Auf die junge Generation übten vor allem Thomas Wolfe und William Faulkner eine Faszinationskraft aus. Von Wolfe übersetzte Rowohlt *Schau heimwärts Engel* (²1936), *Von Zeit und Strom,* 2 Bde (1936), *Vom Tod zum Morgen* (1937) und von Faulkner *Licht im August* (1935), *Wendemarke* (1936) und *Absalom, Absalom!* (1938). Das Bild beider Schriftsteller konnte durch einige Kurzgeschichten und Feuilletons ergänzt werden, die für Zeitschriften und Anthologien zusätzlich übertragen wurden.[66] 1937 veröffentlichte Kurt Ullrich im S. Fischer Verlag unter dem Titel *Neu Amerika* Erzählungen von Sherwood Anderson, William Faulkner, F. Scott Fitzgerald, Katherine Anne Porter, William Saroyen und Thomas Wolfe. Ullrich betonte in seiner Einleitung besonders die antimaterialistische Grundhaltung dieser Autoren und wies auf die modernen Erzähltechniken hin. Stilistisch habe die Generation gegen die »absolute Herrschaft eines minutiösen, aber phantasielosen Realismus« rebelliert. »Ihre entscheidende Anregung erfuhr sie aus den Werken von James Joyce und Marcel Proust« und von der »Sprache des Alltags.«[67] Beachtung bei der jungen Generation fanden außerdem die Übersetzungen von Thornton Wilder (*Dem Himmel bin ich auserkoren,* 1935; *Die Brücke von San Louis Rey,* 1940) und William Saroyen (*Das eine und das andere,* 1938). Von Eugene O'Neill wurden nach 1933 keine Stücke auf deutschen Bühnen aufgeführt[68], die Diskussion um sein Werk brach jedoch nicht ganz ab. Otto Koischwitz legte 1938 eine Einführung vor, und Curt Hohoff verglich sein Werk mit der Dramatik des Expressionismus: »Was bei den Deutschen Typ und Abstraktion wurde, wird bei dem Amerikaner aus dem einmalig menschlichen Charakter lebendig [. . .] aufgezeichnet.«[69] Ernest Hemingways antinationalsozialistische Haltung verhinderte Nachauflagen seiner vier 1928-1932 bei Rowohlt veröffentlichten Bücher; Originalausgaben wurden gelegentlich angezeigt wie u. a. *Green Hills of Africa* oder *For Whom the Bell Tolls.*[70] Eine große Bedeutung für die Verbreitung englischsprachiger Literatur besaß die 1932 in Hamburg gegründete Albatross-Edition. Hier erschienen 1937 von Hemingway *The Sun Also Rises* und *Man without Women.* Anders als Tauchnitz spezialisierte sich der Verlag auf moderne Literatur. Die Reihe begann mit *Dubliners* von Joyce und brachte es bis zum Sommer 1939 auf mehrere hundert Titel; als letzte Bände wurden Graham Greenes *Brighton Rock* und Erzählungen von William Saroyen veröffentlicht. Steinbecks Roman *Of Mice and Men* erhielt 1940 eine zweite Auflage; Nachauflagen einzelner Titel sind bis 1941 nachgewiesen. Obwohl noch 1943 – nach einem Vorabdruck in der *Deutschen Allgemeinen Zeitung* (17/10. 1. – 225/ 12. 5. 1943) – John Steinbecks Roman *Früchte des Zorns* auf deutsch erscheinen konnte[71], beschrieb Anselm Schlösser in der *Europäischen Literatur* (1944) die Situation in den vierziger Jahren richtig, wenn er feststellte: »Der zeitweilig so moderne und vielgefragte amerikanische Roman ist infolge des Krieges bis auf wenige Ausnahmen vom deutschen Buchmarkt verschwunden.«[72] Der *Jahresbericht 1940* des Amtes für Schrifttumspflege betonte ausdrücklich, daß der Rückgang der Übersetzungen aus dem angelsächsischen und französischen Sprachraum keinerlei weltanschauliche Gründe habe, sondern »rein kriegsbedingt« sei.[73]

Thomas Wolfe schilderte in *Es führt kein Weg zurück* das Interesse an dieser Literatur: »Die Neugier und die Begeisterung für die noch erlaubten guten Bücher und ihre Gier danach waren [...] enorm gestiegen. Man wollte unbedingt wissen, was in der Welt vor sich ging.«[49] Die Tatsache, daß die Moderne in den amerikanischen Romanen noch öffentlich zugelassen war, erklärt das erstaunlich breite Presseecho auf diese Bücher.[74] Karl Korn sah in Wolfe, Faulkner und Hemingway eine neue Schriftsteller-Generation am Werk, die den Tendenzroman Dreisers und Sinclair Lewis' abgelöst hätte[75]; ähnlich grenzte Giselher Wirsing Wilders Roman *Dem Himmel bin ich auserkoren* von der sozialkritischen Literatur der zwanziger Jahre ab.[76] Man rühmte die jungen Amerikaner als »unbestechliche Beobachter« und »Wahrheitsfanatiker«[77], fühlte sich von ihrem »harten Realismus« angezogen[78] und hob die heroisch-nihilistische Haltung[79] hervor: »Die bedeutendsten Werke der amerikanischen Literatur, die Romane von Thomas Wolfe, Ernest Hemingway und William Faulkner sind ganz bewußt nihilistisch; sie haben keine Heimat, aber sie suchen sie«, notierte Edgar Maaß.[80] Die Kritik sah mit Hans Paeschke in dieser Literatur vor allem eine »neuamerikanische Selbstbesinnung«[81]; gegen die »verzückte Anbetung der Oberfläche« und ein von der Technik »rationalisiertes Dasein«[82] habe sich ein »strömendes, flutendes und ganz und gar elementares Amerika« ohne »Wolkenkratzerkulisse und Broadway-Melodie« durchgesetzt[83], voll »schäumender Vitalität«[84] und »herrlich großer Lebenswut.«[85] Der moderne Roman Amerikas verfüge über eine »ungeheure, revolutionäre und in die Zukunft weisende Spannkraft«[86], seine Darstellung sei illusionslos[87], aber aus der »abgrundtiefen Verlassenheit und Einsamkeit«[88] wachse eine »Offenheit gegenüber dem [...] Metaphysischen«[89], die oft an die »dämonischen Kräfte der antiken Tragödien« erinnere.[90] Die Neuheit der erzählerischen Techniken Faulkners wurde als »Auflösung der epischen Ordnung« erstaunt registriert[84] und als Komposition erkannt.[91] Demgegenüber gab es eine beachtliche Minderheit, die in *Licht im August* »eigentlich nur eine Anhäufung von Schicksalen, nicht einen gestalteten Roman«[92] sah; das »zersetzende Element« trete überall in Erscheinung[93], vor »lauter Formversuchen« habe man die

»eigentliche Erzählkunst« vergessen.[94] Bei Wolfes Roman *Von Zeit und Strom* stießen sich einzelne Kritiker an der »drückenden Ausführlichkeit der Darstellung« und den »naturalistischen Schilderungen des Häßlichen und Verruchten«; sie wunderten sich, weshalb dieses Buch übersetzt worden sei.[95] »Wenn schon unsere Verleger mit seltsamem Eifer Übersetzung um Übersetzung herausbringen (der Weihnachtsbüchertisch von 1938 brach fast darunter zusammen), dann sollten es wenigstens gesunde, starke, aufbauende Bücher sein«, heißt es in einem Kommentar.[96] In Will Vespers *Neuer Literatur* bezeichnete Hans Franke die Werke von Wolfe als »unerwünschte Einfuhr« und polemisierte gegen die positive Aufnahme durch die deutsche Presse. Die Bücher besäßen eine »negative, ja nihilistische Tendenz«, Wolfe sei kein Dichter, sondern ein Auflöser und ein »völlig subjektiver Photograph des Lebens [...] aus Joycescher und Döblinscher Methodik.«[97] Gleichwohl fehlte es nicht an Stimmen, die bei Wolfe und Faulkner völkische Grundlagen entdeckten. Ähnlich wie Valerie Larbaud in Frankreich *As I Ly Dying* als »bäuerlichen Sittenroman« mißverstand[98], behauptete Gregor Heinrich in *Germania,* daß für *Licht im August* das »Gesetz der Rasse und des Blutes Grund und Ursache der künstlerischen Schöpfung« sei.[99]

Noch 1937 beklagte Will Vesper – übertrieben – eine »Überschwemmung des deutschen Buchmarktes mit Literatur aus außerdeutschen jüdischen Verlagen.«[100] Da das *Börsenblatt* aufgrund von Handelsverträgen ihre Anzeigen nicht ablehnen konnte, gab die *Neue Literatur* Listen dieser Unternehmen heraus, denn auch Parteiblätter besprächen in »liebevoller Unkenntnis« Juden.[101] Obgleich rassisch diskriminierte Verleger im Reich angewiesen waren, für einen »ausschließlich jüdischen Abnehmerkreis« zu publizieren[102], gelangten Titel des Schocken Verlages in den deutschen Buchhandel.[103] Vier der auf sechs Bände geplanten Ausgabe der *Gesammelten Schriften* Franz Kafkas konnten 1935 offiziell erscheinen; nach dem Verbot wurden trotzdem die beiden übrigen Bände veröffentlicht, »pro forma zeichnete als Verlag Heinrich Mercy, Prag, d. h. die Druckerei, bei der Schocken das Werk herstellen ließ.«[104] Anfangs wies die Presse nicht nur vereinzelt auf Kafka hin[105], sondern auch auf Hermann Broch[106], Elias Canetti[107] und Robert Musil.[108] Doch derartige Besprechungen waren selten. Man lehnte diese Literatur außerdem – anders als die amerikanische – als zu intellektuell ab. Charakteristisch ist Wolfgang Weyrauchs Anzeige von Musils *Nachlaß zu Lebzeiten* aus dem *Berliner Tageblatt*: »Bei ihm ist der Wald kein Wald, sondern ein ›schönes Magazin der Technik und des Handels‹. Waldgötter sind für Musil die Holzhändler und Sägewerke. Der Gott des Waldes aber ist ein trunkener, und wer es nicht glaubt, dem wünschen wir wohl seinen schreienden Zug vor Augen und Ohr« (68/ 9. 2. 1936). Hier liegen Ressentiments begründet, mit denen viele Schriftsteller wie z. B. Ernst Kreuder nach 1945 der Emigrantenliteratur gegenüberstanden.[109] Nicht nur administrative Maßnahmen des Hitler-Staates, auch eine tiefgreifende Aufklärungs-Feindschaft ließen nur wenige Bücher aus dem Exil nach Deutschland gelangen. Zu der Auseinandersetzung zwischen Thomas Mann und Frank Thiess um die Innere Emigration unmittelbar nach Kriegsende erklärte Wilhelm Hausenstein: »Wir zu Hause haben in all den schauerlichen Jahren das Mögliche getan, uns die deutschen Bücher zu verschaffen, die draußen geschrieben waren.«[110] Diese Behauptung dürfte lediglich auf einige Werke Thomas Manns zutreffen, die offensichtlich den Weg in das Reich gefunden hatten.[111] Hausenstein widerlegt sich selbst, wenn er in seinem Aufsatz über Stefan Andres' Novelle *Wir sind Utopia* bekannte: »Ich wage zu zweifeln, ob in der Emigration viel geschrieben worden ist, das dieser Erzählung an Rang gleichkommt.«[110] Die Bücher von Anna Seghers, Heinrich Mann, Bertolt Brecht, Robert Musil, Joseph Roth u. a. hatte er offenbar nicht gelesen. Hans Erich Nossacks lapidare Feststellung: »Die Emigranten-Literatur war uns unbekannt« kommt dem Sachverhalt näher.[112]

Zumindest in den ersten Jahren des Regimes war die Debatte um den Expressionismus offen. Die Versuche von Gottfried Benn und Teilen des Nationalsozialistischen Deutschen Studentenbundes um Otto Andreas Schreiber, den Futurismus mit der ›neuen Macht‹ zu versöhnen, wurden erst endgültig und demonstrativ durch die Ausstellung »Entartete Kunst« (1937) und das Publikationsverbot Benns (18.3.1938) zugunsten der traditionalistischen Kunstströmung entschieden. Die junge Generation beteiligte sich an dieser Diskussion auf breiter Basis und versuchte, mit dem Begriff ›Deutscher Expressionismus‹ wenigstens einige Elemente der Moderne als arteigene Bewegung zu bewahren. Rudolf Ibel erklärte 1936 in der *Literatur*: »In einer kaum zu rechtfertigenden Oberflächlichkeit werden diese [expressionistischen] Erscheinungen insgesamt [...] als undeutsche, jüdisch-intellektuelle Mache abgetan. Wer aber einmal Dichtungen jener Zeit besinnlich liest, der staunt über die reichen Ansätze dichterischer Ausdruckskunst in einem hohen und deutschen Sinn.«[113] Ähnlich äußerte sich Theodor Sapper; es sei endlich an der Zeit, »das Gedächtnis der Dichter Trakl, Heym, Lichtenstein, Stramm und Stadler wieder der Vergessenheit zu entreißen« und den »Expressionismus als deutsche Dichtung« gegen die »materialistische Sachlichkeit« und die »flache Reportage« zu setzen.[114] Vor allem die Frühexpressionisten nahm man gegen die vielen »Wortverdreher und Dithyramben-Stammler«[115] und die »Meute entfesselter Gehirne«[113] erfolgreich in Schutz. Emil Barths berühmt gewordener Trakl-Essay (1937) war nur einer unter einem Dutzend Gedenkartikeln, die 1937 zu seinem 50. Geburtstag erschienen und die seine Lyrik in den Kanon der modernen europäischen Klassik einreihten.[116] Schon damals wurde es üblich, wie in der Nachkriegszeit Trakl, Heym und Stadler als Dichter eines gedämpften Expressionismus zusammenzusehen; die Verbreitung ihrer Gedichte brach zu keiner Zeit ab. Während Trakls Werk über den Verlag Otto Müller (Salzburg) bezogen werden konnte, brachte die Reihe *Das Gedicht. Blätter für die Dichtung* des Ellermann Verlages noch während des Krieges schmale Ausgaben von Stadler (November 1939) und Heym (April 1942) auf den Markt. In den Feuilletons überregionaler Zeitungen hielten auch in den letzten Jahren des Dritten Reiches Gedichtabdrucke die Erinnerung an die drei Frühexpressionisten wach.[117]

Für expressionistische Maler und Bildhauer gab es zunächst etliche Freiräume, die jedoch von Jahr zu Jahr immer mehr eingeengt wurden. Während in zahlreichen Museen Bilder der Moderne entfernt werden mußten, richtete die Düsseldorfer Kunsthalle noch 1935 eine »Galerie der Neuzeit« mit Arbeiten von Barlach, Heckel, Hofer, Kokoschka, Macke, Marc, Nolde, Schmidt-Rottluff u. a. ein (Berliner Tageblatt 347/ 25. 7. 1935). Zumeist wurde diese Kunst jedoch in private Galerien abgedrängt; erstaunlich ist immerhin, daß allein vom *Berliner Tageblatt* bis Ende 1938 dreiundvierzig positive Würdigungen von Einzel- und Sammelausstellungen »entarteter Künstler« in Berlin veröffentlicht wurden.[118] Trotz Verbote und Appelle ließ sich die moderne Malerei und Plastik auch im Krieg nicht vollständig von der Öffentlichkeit isolieren. Die Berliner Galerie Buchholz zeigte nachwievor Werke von Werner Heldt, Alfred Kubin, Gerhard Marcks und Renée Sintenis; Aufsehen erregte 1942 eine Fotoausstellung von Herbert List, der 1936 als »Nichtarier« zunächst nach London, dann nach Paris emigriert war.[119] Vereinzelt meldeten sich in der Presse immer noch Stimmen, welche die Prinzipien der Modernen Klassik verteidigten. Paul Fechter lobte anläßlich einer Vernissage bei Gerhard Marcks eine »Klassik von heute [...] ohne Abgleiten ins Stilisieren«, die »archaische Strenge« habe sich der »Wärme des Lebens« angeglichen (DAZ 528/ 2. 11. 1940). Auch die Namen von Ernst Barlach[120], Käthe Kollwitz[121], Otto Nagel[122] und Christian Schad[123] blitzten zuweilen in Ausstellungsberichten und Buchveröffentlichungen auf. Doch im allgemeinen entzog sich während des Krieges der Handel mit »entarteter Kunst« der Öffentlichkeit und konnte – mit Duldung nationalsozialistischer Stellen – von Galerien wie Buchholz, Möller (Berlin), Franke (München), Valentin (Stuttgart) und Vömel (Düsseldorf) hinter »verschlossenen Türen« weitergeführt werden.[124] Außerhalb staatlicher Kontrollen gewährte die Wuppertaler Lackfabrik Dr. Herberts seit 1940 einigen Malern eine Zufluchtstätte; dieser private Freiraum machte bei Baumeister die Herausbildung neuer mythisch-abstrakter »Urformen« möglich und führte Schlemmer mit seinen intimen *Fensterbildern* noch einmal zu einem künstlerischen Höhepunkt.[125]

Als in der Ausstellung »Entartete Kunst« ein Grammophon Strawinskys *Feuervogel* als Beispiel der Kulturzersetzung reproduzierte[126], gehörte der Komponist im Dritten Reich noch immer zu den populärsten und am häufigsten gespielten ausländischen Musikern. Das *Berliner Tageblatt* widmete Strawinsky-Balletten und -Konzerten vom Herbst 1934 bis zu seiner Einstellung am 31. 1. 1939 dreizehn Besprechungen.[127] Eine bedeutende Funktion für die Verbreitung moderner Musik übernahm die Schallplattenindustrie. So finden sich im Columbia-Hauptkatalog 1938 neun Strawinsky-Aufnahmen – u. a. *Die Geschichte des Soldaten* – und bei »Electrola« sechs. Noch 1938 nahm Strawinsky mit den

»Berliner Philharmonikern« in Berlin für Telefunken die damals in Deutschland mehrfach aufgeführte Ballettkomposition *Jeu des cartes* auf. Viel Beachtung fanden außerdem Strawinskys persönliches Auftreten beim »Internationalen Fest zeitgenössischer Musik« in Baden-Baden im April 1936 (Berliner Tageblatt 169/ 8. 4. 1936) sowie die deutsche Uraufführung von *Persephone* (264-65/ 8. 6. 1937), zu der sogar die Partitur mit dem deutschsprachigen Text von André Gide erscheinen konnte.[128] Dabei wurden nationalsozialistische Kritiker nicht müde, Strawinsky als »Kulturbolschewisten« anzugreifen und seine Werke als »seelenlos gestalteten Konstruktivismus« und »rassefremde Musik eines in jüdischen Kreisen geförderten Geräuschkomikers« zu denunzieren.[129] Während Goebbels in seiner Auseinandersetzung mit Furtwängler[130] erreichte, daß Hindemith nicht mehr aufgeführt wurde, konnten andere Komponisten wie Orff, Egk, Blacher, Fortner, von Einem u. a. auch noch während des Krieges ihre Werke ungehindert verbreiten.[131] Es hängt vermutlich mit dem Bedürfnis des Nationalsozialismus nach Repräsentation zusammen, daß diese Musik nicht nur – wie Stuckenschmidt behauptete – »eben noch geduldet«[132], sondern staatlich gefördert wurde. Der Deutschlandsender strahlte von Orff *Der Mond* (DAZ 111/ 7. 3. 1939), *Carmina Burana* (DAZ 211/ 4. 5. 1943) und *Die Kluge* (DAZ 220/ 8. 5. 1943) als »großes Funk-Ereignis« aus; Werner Egk erhielt 1939 den 1. Nationalen Musikpreis in Höhe von RM 10 000.– (DAZ 271/ 8. 6. 1939) und ließ sich 1940 als Nachfolger von Paul Graener in die Reichsmusikkammer zum Vorsitzenden der Fachschaft »Komposition« wählen (DAZ 330/ 11. 7. 1940).

Auch noch in den vierziger Jahren drangen – bruchstückhaft – Zeugnisse und Nachrichten der modernen Literatur aus dem Ausland in das Deutsche Reich. Die in Hamburg verlegte Zeitschrift *Italien* druckte Übersetzungen von Ungaretti (Juni 1942; Januar 1943), Montale (Januar 1943), Quasimodo (Juli 1943), Cardarelli (November 1943) und machte auf Paveses umstrittenen Roman *Paesi tuoi* und Vittorinis *Conversazione in Sicilia* (Januar 1943) aufmerksam. Ausführlich unterrichtete Erich Stock in seinem Buch *Novecento. Die italienische Literatur der Gegenwart* (1942) über die hermetische Lyrik Ungarettis (228-231), Montales (231-234) und Quasimodos (236-237). Das kulturelle Leben im besetzten Paris wurde von deutschen Berichterstattern häufig kommentiert; es erschienen in der Presse u. a. Berichte über die Uraufführung von Claudels *Der seidene Schuh*[133] und Giraudoux' *Sodom und Gomorrha*.[134] Im *Reich* nahm Albert Buesche Sartres 1943 in Paris uraufgeführtes Schauspiel *Die Fliegen* gegen die ablehnende französische Kritik in Schutz[135]; selbst auf Camus *Der Fremde* und *Der Mythos von Sisyphos* wurde hingewiesen, auch auf Cocteau und Anouilh.[136] Entscheidend für diese Pressepolitik war jedoch nicht ein gewandeltes Bewußtsein, sondern das propagandistische Bemühen, dem Deutschen Reich das Bild einer abendländischen Schutzmacht gegen den »feindlichen Zerstörungswillen« zu verleihen[137], auch wenn die in Rom und Paris verbreitete Kunst im Widerspruch zu den reaktionären Auffassungen des Hitler-Staates stand.

An dieser uneinheitlichen Entwicklung hatte die Literatur der jungen Generation Anteil. Das Bild war so diffus, daß noch 1936 Erich Pfeiffer-Belli ernsthaft meinte, an den entscheidenden Stellen im Staat ständen Menschen, »die eine freie und vorwärtsdrängende deutsche Kunst liebten« (Berliner Tageblatt 130/ 17. 3. 1936). Doch mit den zwei programmatischen Kulturreden Hitlers in München und Nürnberg 1937, in denen er seinen »unabänderlichen Entschluß« bekannt gab, »genauso wie auf dem Gebiet der politischen Verwirrung nunmehr auch [. . .] mit den Phrasen im deutschen Kulturleben aufzuräumen«[138], reduzierten sich die Kommunikations- und Rezeptionsmöglichkeiten der Moderne noch einmal erheblich. 1938/39 wurden die schöngeistigen Zeitschriften und Verlage unter stärkere Kontrolle gestellt[139]; nach dem Novemberpogrom setzte eine zweite Exilwelle ein. Der Ausbruch des Krieges bedeutete eine weitere Strangulierung des kulturellen Lebens. Obgleich viele Autoren vom unmittelbaren Fronteinsatz über Jahre hinaus verschont blieben, verringerte der Kasernendienst die für das Schreiben notwendige Atemfreiheit.[140] Auch die Daheimgebliebenen fühlten sich einem ständig wachsenden Druck ausgesetzt. »Jeder begann vor jedem Angst zu haben. Selbst im Fischer Verlag [. . .] begann man sich vor diesem oder jenem in acht zu nehmen«, erinnerte sich Karl Korn.[141] Die Verlage und Redaktionen vermieden peinlichst, Anstoß bei den verantwortlichen Stellen zu erregen, und veranlaßten Autoren wiederholt zur Umarbeitung ihrer Werke. Über die Entstehungsgeschichte seiner Novelle *Schuppenkette und Roßhaarbusch* teilte Heinrich Schirmbeck mit: »Sie wurde, wie Peter Suhrkamp mir damals schrieb, vom Propagandaministerium abgelehnt, da ein Liebesverhältnis eines deutschen Kavallerieoffiziers mit einer Belgierin nach dem damaligen völkischen Ehrbegriff unvorstellbar war. Ich mußte dann die Erzählung umschreiben, verlegte sie in die Zeit der französischen Revolutionskriege und machte aus dem deutschen einen französischen Kavallerieoffizier, da ging's.«[142] Die Zensurbestimmungen – oft inkonsequent gehandhabt – wurden immer enger ausgelegt. In einer vertraulichen Information des Amtes für Schrifttumspflege aus dem Jahr 1940/41 wird zu erhöhter Wachsamkeit im Hinblick auf die Autoren unserer Gruppe aufgerufen. Der Bericht wirft ihnen unter anderem vor, daß »sie mehr Verwandtschaft mit der Literatur aus der Zeit vor 1933 als mit der volkhaften Dichtung unserer eigenen Zeit aufweisen«, und betont ausdrücklich, »daß hier eine literarische Clique in der Entstehung begriffen ist, die bereits mit geistigen Herrschaftsansprüchen auftritt und die [. . .] auch innerhalb der Leserschaft mehr und mehr Zulauf erhält«. Neben einzelnen Schriftstellern wie Horst Lange und Stefan Andres erwähnt der Artikel Wolfgang Weyrauchs Anthologie *1940 – Junge deutsche Prosa* sowie die von Bruno E. Werner betreuten Sammelbände der *Neuen Linie*. Besonders bemängelt wurde, daß die Werke dieser »Zwischenreichautoren« leider auch »Lob und Anerkennung [. . .] in nationalsozialistischen Zeitungen gefunden hätten.«[143] Die vorher z. T. wohlwollend besprochenen Bücher attackierte man gemäß dieser offiziellen Empfehlung jetzt häufiger wie z. B. Langes

Roman *Schwarze Weide,* der nach seinem Erscheinen 1937 als »Ereignis«[144] gefeiert worden war. Die Zeitschrift *Die Weltliteratur* bemängelte nun den tiefen Pessimismus und bezeichnete den wohl bedeutendsten Roman der nichtemigrierten Schriftsteller als »Zerrbild aus Schlesien«[145], ohne daß dieser Angriff dem Autor Nachteile brachte.

Der Luftkrieg zerstörte zahlreiche Verlagseinrichtungen und Buchbestände. Besonders der Angriff auf Leipzig im Dezember 1943 führte zu einer Unterbrechung der Produktion, von der sich das deutsche Verlagswesen bis Kriegsende nicht mehr erholen konnte. »Bücher werden in Zukunft so selten bei uns werden wie Zigaretten oder Alkohol«, notierte damals Horst Lange.[146] Die Druckauflage der meisten während des Krieges erschienenen Romane war noch verhältnismäßig hoch und lag bei etwa 5000 Exemplaren, wobei jedoch nur noch ein Teil in den freien Buchhandel gelangte. Die Verlage waren angehalten, »Bestände für Bombengeschädigte, für die Front und für die Lazarette abzuzweigen.«[147] Auf der anderen Seite erschwerte das Propagandaministerium mit zunehmender Kriegsdauer die Papierzuteilung. Am 22. November 1943 heißt es in einem Brief Peter Suhrkamps: »Das Papierkontingent für Bücher ist wieder erheblich gekürzt worden, so daß an uns die Forderung ergangen ist, nur noch Anträge für kriegswichtige und kriegsentscheidende Dinge zu stellen. Danach rechne ich bestimmt mit einer weiteren Beschränkung der Produktion. Darauf deutet auch die Tatsache, die ich im Ministerium erfuhr, daß eine Reihe von Großdruckereien und Großbindereien im Laufe des Dezember noch geschlossen bzw. in andere Produktionen überführt werden wird.«[147] Der Druck etlicher Werke verzögerte sich dadurch erheblich oder wurde verhindert. Trotz mehrmaliger Anträge konnte Suhrkamp z. B. für die Gedichte Nossacks kein Papier bekommen. Diese Maßnahmen dürfen jedoch nicht immer – wie nachträglich geschehen – mit einem politischen Verbot gleichgesetzt werden. Sie entsprachen vielmehr häufig der tatsächlichen Papierknappheit und dem Willen des Regimes, zumindest das Erscheinen der ihm wichtigen Literatur zu sichern. Lange Zeit ist übersehen worden, daß die Einstellung der *Frankfurter Zeitung* und der *Neuen Rundschau* 1943/44 mit einer allgemeinen kriegsbedingten Pressekonzentration zusammenfiel, die auch nationalsozialistische Publikationsorgane erfaßte.

Noch wesentlich geringer als über das Lebensgefühl sowie über Entstehungs- und Publikationsbedingungen der nichtnationalsozialistischen Autoren sind unsere Kenntnisse über den Epochenzusammenhang. Es liegt daher nahe, bevor exemplarische Interpretationen gegeben werden können, die literaturgeschichtlichen Voraussetzungen dafür zu schaffen. In einem Vorwort zu Frank Matzkes Schrift *Jugend bekennt: so sind wir!* (1930) schrieb Bernhard Diebold: »[...] als Zielsetzung stehen die großen Formen bereit zur Auffüllung mit neuer Lebensmasse. Form harrt auf das Leben«, denn Klassik sei der »Gegenstil jeder letztjährigen Romantik, die für unsere Zeit ›Expressionismus‹ hieß.«[148] Ähnlich formulierte Elisabeth Langgässer 1934 im *Berliner Tageblatt*: »Wieder einmal, wie in früheren Zeiten, tritt an den Deutschen die Forderung antikischer Gestalt. Maß, Mitte und Klarheit, Fülle und Frucht auf vulkanischem Geistesboden [...]« (498/ 21. 10. 1934). Den jungen Schriftstellern, Malern und Komponisten ging es um eine Synthese. Mit dem in den dreißiger Jahren immer wieder abgelegten »Bekenntnis zum Expressionismus« (Benn)[149] wollte man keine Wiederbelebung radikaler Befreiungsversuche propagieren, sondern die Einschmelzung des Revolutionären in eine neue Form-Erfüllung, um »tiefere Schichten der Wirklichkeit aufzudecken.«[150] Die Hinwendung zu einer Modernen Klassik war international. Kurt Hanke entdeckte damals Zusammenhänge zwischen der ›antiken Phase‹ Picassos und dem monumentalen Bauwillen der Faschisten, noch könne nicht entschieden werden, »ob sich hier eine formale Renaissance ankündigt oder nur schöpferische Verlegenheit« (Berliner Tageblatt 4/ 3. 1. 1937). Als im Sommer 1937 in München die Ausstellung »Entartete Kunst« gezeigt wurde, veröffentlichte die *Kölnische Zeitung* in mehreren Folgen Gustav René Hockes Essay *Das geistige Paris,* in dem die Moderne als vergangene, aber für die kulturelle Weiterentwicklung überaus wichtige Epoche gekennzeichnet wird: »Die ›moderne‹ Malerei auch mit Utrillo, Gromaire, Braque, Lhote, Léger, Delaunay und vor allem Picasso ist [...] ›offiziell‹ geworden. Sie gilt als ein Versuch, die gewandelten Bewußtseinsformen, wie sie das ›Leben‹ in Politik, Gesellschaft, Wissenschaft und Denken vorbereitet, zum Ausdruck zu bringen [...].« Dennoch sei in Frankreich eine allgemeine »Rückbesinnung« zu spüren, und die »edle Einfachheit der klassischen Überlieferung« würde erneut bewußt gemacht.[151] Die Form gewann an metaphysisch-utopischer Bedeutung; sie repräsentierte eine geprägte, dem realen Tageszweck entgegengesetzte Welt, »schwebend in einem seligen Reich der Mitte zwischen Alltag und völliger Entrücktheit.«[152] Folgerichtig wurden Epochen wieder entdeckt, gegen die Expressionismus, Futurismus und Dadaismus rebelliert hatten. »Die alten Kulturen«, bekannte Frank Matzke, »sind uns wie eine verlorene Heimat, in die man einkehrt auf Stunden nur, um eine Weile geborgen zu sein und Frieden in der Seele zu haben.«[153] Diese Rückwendungen sind ohne die politischen und wirtschaftlichen Erschütterungen der Weltwirtschaftskrise 1929-1932 nicht zu verstehen. Auch die junge Generation fühlte sich depressiv im Chaos befangen; das Gestaltetsein der alten Formen führte eine Ordnung vor Augen, die im Gegensatz zur aktuellen »aufgelösten« Umwelt stand. Wenn im folgenden für einen Überblick über die Literatur dieser Generation eine gattungs- und stilgeschichtliche Ordnung gewählt wurde, dann ist dieses Vorgehen durch die Sehnsucht der jungen Menschen nach einer Bindung gerechtfertigt, die ausdrücklich *nicht* im Klassenkampf, der Rassentheorie oder der christlichen Heilslehre gesucht wurde. Sie waren verzweifelt darum bemüht, individuelle Verweigerung mit grundsätzlicher Bewahrung des Bestehenden in Einklang zu bringen. Weil die Jungen den politischen Rahmen als unveränderbar akzeptierten und in ihrer Zurückgezogenheit die tatsächlichen Ursachen der Depression nicht zu erkennen vermochten, konnten sie sich auch unter wachsendem Terror begrenzte Freiheiten erlauben.

Die jungen Dichter lehnten die falsche Objektivität des realistischen Erzählens ab; ihre Hinwendung zu den subjektiven Ausdrucksformen der Moderne entsprach ihrer flackernden Unruhe. Sie kämpften jedoch – oft vergeblich – gegen die glatte Stilisierung an, da die Lebenswirklichkeit mit Dauer der Abkapselung von der Außenwelt immer weiter zurücktrat. Die Erzählprosa läßt sich in ihrem Klassizismus nicht von den epischen Werken der Nationalsozialisten, der Exildichter und der konfessionellen Schriftsteller trennen, dennoch gibt es graduelle Unterschiede. Die Autoren lehnten (mit Ausnahme von Gustav René Hocke und Horst Lange) epische Großformen ab und bevorzugten den Kurzroman, die Novelle oder die tagebuchartige Skizze, für die Ernst Jüngers Sammlung *Das abenteuerliche Herz* (1929, zweite Fassung 1938) vorbildlich wurde. Die Kleinteiligkeit sowie die Reduktion auf Objektbeschreibungen drangen bis in die Romangattung vor. Friedo Lampes *Am Rande der Nacht* (1934) ist in miniaturartige Kapitel aufgeteilt, die wie die Bilder einer Laterna magica vorübergleiten. »Alles leicht und fließend, nur ganz locker verbunden, malerisch, lyrisch, stark atmosphärisch.«[154] Rudolf Krämer-Badoni gliederte *Jacobs Jahr* (1943) in drei Abschnitte, die wiederum in schmale Kapitel unterteilt sind, wobei letztere an Feuilletons erinnernde Überschriften tragen wie »Das offene Fenster«, »Die wimmelnde Straßenkreuzung«, »Trost«, »Liebe und Liebhaberei«, »Unsere Großeltern«, »Auf dem Savignyturm«, »Die zweimal vergessene Krawatte« usw. Auch Koeppen arbeitete in seinen beiden Romanen *Eine unglückliche Liebe* (1934) und *Die Mauer schwankt* (1935) mit kleinen Erzähleinheiten, die durch scharfe, an die Filmtechnik erinnernde Schnitte voneinander getrennt wurden. Die Tendenz zur kurzen Form hat verschiedene Ursachen: Sie liegen zunächst in dem Versuch, durch die Kleinteiligkeit möglichst viel der zurückweichenden Lebensnähe zu bewahren, ferner in einem betont exemplarischen Darstellen und schließlich in dem Fehlen eines historisch-politischen Bewußtseins. Vor allem der letzte Grund ist wichtig für die geringe Neigung zu großräumigen Erzähltechniken. Folgerichtig spielten soziale Zusammenhänge auch rein stofflich nur noch eine geringe Rolle. Der antigeschichtliche Affekt war so stark, daß diese Literatur im Unterschied zur konfessionellen Belletristik selbst der beliebten historischen Romanbiographie ablehnend gegenüberstand.[155] Dafür gewannen antike Mythen, lange Zeit aus der deutschen Epik verbannt, neues Interesse. Man versuchte, nicht nur in Textsammlungen, Mythologien und Essays[156] die klassische Humanität dem primitiven Vitalismus der NS-Ideologie gegenüberzustellen, sondern ging daran, in Parallele zu Jean Cocteau, Jean Giraudoux und Jean-Paul Sartre die überlieferten Sagen neu zu erzählen. Marie Luise Kaschnitz' Roman *Elissa* (1937) variierte den Dido-Mythos, Hermann Stahl berichtete von der *Heimkehr des Odysseus* (1940), und Emil Barth beschwor die Sappho-Geschichte (*Das Lorbeerufer*, 1943). *Das Erwachen der Penelope* wurde von Marieluise Fleißer dargestellt (1936)[157], *Die kalidonische Eberjagd* und *Der Raub der Europa* von Friedo Lampe.[158] Nach dem Krieg setzten u. a. Ernst Schnabel (*Der sechste Gesang*, 1956) und Walter Jens (*Das Testament des Odysseus*, 1957) diese Tradition fort. Die vor allem unter der Diktatur wachsende Hinwendung zu antiken Stoffen und mythischen Deutungsmustern hängt zweifellos auch mit dem Wunsch zusammen, sich von der Zeit und ihren Schrecken zu distanzieren und sich in eine andere Welt zurückzusehen. Emil Barth hat das in einer Tagebuchnotiz am deutlichsten ausgesprochen: »[...] ein Dutzend Seiten zur Lektüre der Odyssee geschrieben, nach der ich wie nach einem Märchenbuch gegriffen habe, um wenigstens für Stunden dem fressenden Gram zu entgehen.«[159] Der antike Mythos wurde dabei oft in der Natur konkretisiert; der Garten erscheint im Unterschied zur Gesellschaft als »heile Welt«, in der die Zeit still steht und wo man Atem holen kann.[160] In einer solchen statisch empfundenen Ordnung bekam die Erfahrung der Pflanzen und Steine einen Vorrang vor der Auseinandersetzung mit Menschen und Ideen. Die von Walter Benjamin 1938 von Paris aus beobachtete »Regression in entlegene Sphären«[161] charakterisiert zwar auch große Teile der Exilepik, doch während dort die Aufklärungstradition lebendig blieb und der historische oder mythische Stoff zumeist Exempel für das gegenwärtige politische Geschehen war, dominierten im Inneren Hilflosigkeit und Verzweiflung. Aufschlußreich ist, daß das Vordringen der Didaktik von den Jungen teilweise wieder rückgängig gemacht wurde. Die säkularisierte Erbauung der älteren Nichtemigranten (Bergengruen, Schneider, Wiechert usw.) vertrug sich offensichtlich nur schwer mit dem Lebensgefühl, nach dem alles Geschehen in eine undurchdringliche Finsternis gehüllt ist. So kritisierte Günter Eich kurz nach dem Krieg an Hermann Kasacks Roman *Die Stadt hinter dem Strom* ausdrücklich das »erklärende, ja pädagogische Element.«[162] Die metaphysische Grundeinstellung verlangte nach einer antinaturalistischen und mehrschichtigen Erzählweise. Trotz der Distanz zum Lehrhaften schloß man sich daher der allgemeinen Erneuerung dualistischer Darbietungsformen an, bevorzugte jedoch anstelle der Parabel – wie übrigens auch einige konservative Exilschriftsteller (Thomas Mann, Broch) – die Allegorie. Das heißt natürlich nicht, daß in die metaphysischen Konzepte keine gesellschaftlichen Bedeutungsschichten eingebracht wurden. Wie allen Regimegegnern ging es schließlich auch den jungen Existentialisten um das humane, durch den Terror verschüttete Menschenbild, auch wenn man das Bewußtsein hatte, keine Zukunft mehr vor sich zu haben.

In den beiden großformigen Romanen unserer Gruppe, Gustav René Hockes *Der tanzende Gott* (1943; erschienen 1948) und Horst Langes *Schwarze Weide* (1937), hat die typologische Erzählweise eine besonders einprägsame Gestaltung erfahren. Hocke siedelte seine Geschichte von der Verführungskunst des Arztes Telys in Sybares, einer am Golf von Tarent in vorchristlicher Zeit blühenden Kolonie, an. Die durch Autosuggestion wie eine Pestepidemie sich ausbreitende Tarantelseuche, die Verbannung der Andersdenkenden und schließlich die totale

Zerstörung der Stadt durch den Verlust des ›schönen Maßes‹ weisen gleichermaßen auf zeitgeschichtliche wie auch auf transzendentale Ereignisse. Auch Langes *Schwarze Weide* ist allegorisch konzipiert. Der Autor hatte die unweit von Liegnitz um den Fluß mit dem Namen Weide gelegene Sumpf- und Bruchlandschaft im Auge wie auch die Lebensweide, auf die er mit einem Wort des Herakleitos von Ephesos anspielt: »Alles, was da kreucht, wird mit der Geißel zur Weide getrieben« (540). Ähnlich wie in der Sumpfmetaphorik der Droste-Hülshoff meinte Lange das Ontologische stets mit; das »Gezücht der dunklen Tiefe«, die »stumme, kaltblütige Kreatur« (385) ist Spiegel des von der Erlösung ausgesperrten Menschen. Aber auch die historische Zeit ist integriert. Der Gastwirt und Sektierer Smorczak, der die Bauern des Dorfes Kaltwasser, scheinheilig seine eigene Mordtat verbergend, mit verführerischen Reden in Verzweiflung und Rauschzustände stürzt, ist mit ähnlichen dämonischen Zügen ausgestattet wie Telys in Hockes *Tanzendem Gott* und wie Ramsin in Joseph Roths *Tarabas* (1934). Lange bezeichnete Smorczak als »Halsabschneider«, »Würger«, »fette gemästete Kreuzspinne« und als »Zutreiber der Hölle, welcher seine Geißel auf die Rücken aller Leute hieb, die sich mit ihm einließen« (267). Der Leser konnte in der »biedermännischen Schläue« und »amphibienhaften Kaltblütigkeit« des Gastwirtes ein verborgenes Porträt Hitlers erkennen, aber er mußte es nicht, um den Roman zu verstehen. In der »Anmaßung der Masse, Rang und Maß zu bestimmen« (Emil Barth)[163], dem »Ungeistige[n] Proletarische[n]« (Eugen Gottlob Winkler)[164] sah auch Lange übereinstimmend mit Broch, Canetti und vielen anderen Exilautoren das Lebenszerstörerische schlechthin. Smorczaks Untaten stehen folgerichtig in Verbindung zu dem »großen, verwühlten Leib« der Masse (442), deren Macht mit unästhetischen Attributen bezeichnet ist: »[...] der Gestank nach Schweiß, menschlichen Ausdünstungen, zertretenem Pferdemist, Blutgier und heiser« gewordenen Kehlen wollte nicht vergehen« (438).

Noch nicht allegorisch gebaut ist der Roman *Liebe beginnt* (1933) von Marie Luise Kaschnitz. Das auch hier thematisierte Massenproblem wird ausschließlich als privates, nicht als historisch-politisches oder metaphysisches Phänomen behandelt.[165] Doch schon in *Elissa* (1937) beherrschte die Autorin die gleichnishafte und mehrschichtige Darstellung vollendet. Die typologische Erzählstruktur selbst wird zur Sprache gebracht: »Oft kleidete der Alte seine Belehrung in das Gewand von Gleichnissen und Märchen. Dann lauschte Elissa atemlos [...]« (101). Beinahe jede Spur von Aktualität ist getilgt; Situationen des Leides und des Todes sind jedoch von Anfang an präsent. Elissa und ihre Schwester kommen schon früh mit dem »höhnischen Gelächter der Unterdrücker« (78) in Kontakt, ohne zunächst die Notwendigkeit, »den Menschen zu helfen«, zu verstehen (102). »Oft hörten sie die Schreie der Arbeiter, die von dem Vater geschlagen wurden, aber sie hielten ihn nicht für grausam. Sie erfuhren, daß Menschen in der Nacht gefesselt und zum Strand geführt und wie Vieh auf seine Schiffe verladen worden waren, und es kümmerte sie so wenig wie alles andere [...]« (35 f.). Der Roman hat nun keineswegs Elissas Erziehung zum Mitleid zum Hauptthema, der Läuterungsprozeß vollzieht sich vielmehr in Nebenmotiven, überdeckt von Natur- und Liebesschilderungen sowie von mythischen Handlungsgeschichten. Anders als Reinhold Schneider, der in *Las Casas vor Karl V.* (1938) die Ausrottung der Indios und die Judenverfolgung deutlich parallelisierte, arbeitete Marie Luise Kaschnitz esoterischer. Als handle es sich um eine Nebensache, wird der Bericht von der Plünderung der Stadt vorbereitet. Der Leser – unter der Diktatur ohnehin zur ständigen Aufmerksamkeit erzogen – wird unvermittelt mit der Gestalt eines aus seinem Haus gezerrten Kaufmanns konfrontiert. Der von dem tobenden Pöbel mit Füßen und Faustschlägen vorwärtsgetriebene Alte erhält schließlich die leidenden Züge Ahasvers: »Die Kleider hingen zerrissen an ihm, sein Bart war verwirrt und mit Blut bedeckt, und über seine Stirn lief eine lange, blutende Wunde« (151 f.). Von Elissa heißt es, sie habe den Blick des Gepeinigten als »schmerzvolle Anklage« empfunden, doch ihr Hilfeversuch scheitert an der Masse, die sich zwischen sie und die Ahasver-Figur schiebt. Die Anspielung auf die Judenverfolgung ist offenbar so geschickt versteckt worden, daß Walter Bauer in der *Literatur* schreiben konnte: »Hier gibt es keine Zeit, keine Sorgen wie die unsrigen, nicht einen Hauch unserer Tage.«[166]

Das *Lorbeerufer* (1943) von Emil Barth beginnt geradezu programmatisch: »Zu welcher Zeit sich diese Geschichte zutrug, war nicht mehr auszumachen« (7). Auch bei Barth ist das Grauen der Gegenwart in die mythische Handlung einbezogen. In den Schwefelgruben des Onkels entdeckt Diana Kinder, »manche nicht älter als sieben Jahre, kleine, nackte, ausgemergelte Knaben, die da in keuchenden Reihen dem Schlund des Stollens entstiegen« (59). Barth dachte vermutlich an die KZ-Häftlinge, die er wiederholt in Düsseldorf beim Trümmeraufräumen beobachtete und von denen er in seinem erst 1947 veröffentlichten Tagebuch berichtete.[167] Im Unterschied zu *Elissa* gelingt im *Lorbeerufer* die Hilfe für den einzelnen. Diana beugt sich »schützend [...] über den Knaben« und trägt den »schmutzigen und besudelten Körper [...] in den Schatten einer Mauer« (61). Das Selbstopfer, das sie schließlich bringt, ist hier präfiguriert. Es gilt eben diesem Knaben, der – erwachsen – von den Häschern verfolgt wird. Eine solche Opferthematik war damals bei allen literarischen Richtungen beliebt. Rudolf Krämer-Badoni stellte seinem Roman *Jacobs Jahr* (1943) Hölderlins Worte über Empedokles voran: »Das Schicksal seiner Zeit, die gewaltigen Extreme, in denen er aufwuchs, forderten nicht Gesang... Das Schicksal seiner Zeit erforderte auch nicht eigentlich Tat... Es erforderte ein Opfer...« Das von der *Kölnischen Zeitung* (70/ 8. 2.-174/ 5. 4. 1943) vorabgedruckte Buch schildert die Antinomie der kapitalistischen Welt des ›Chefs‹ und eines hermetischen Dichterzirkels Georgischer Prägung. Indem der Held für das Geistige Partei ergreift, den ›Dichter‹ vor einer geplanten ›Aktion‹ warnt und deshalb von den Schergen des ›Chefs‹ umgebracht wird, übte der Autor verdeckt Kritik an der Geistfeindlichkeit der Diktatur[168] und drückte – ähnlich wie Ernst Kreuder[169] – mit dem Geheimbundmotiv prägnant das Lebensgefühl der ganz auf Auswanderung in das ›innere Reich‹ gestimmten Generation aus. Wirklichkeitsnäher erzählte Günther Weisenborn. Schon das Motto seines Romans *Die Furie* (1937) wirkt wesentlich provokativer: »Opfere alles, was du hast, und zuletzt das, wofür du alles geopfert hast.« Doch Weisenborn verschleierte seine politischen Absichten, indem er wie schon 1934 mit dem *Mädchen von Fanö* einen Unterhaltungsroman schrieb. Neben den Abenteuer- und Liebesmotiven konnte er durch die Schilderung Südamerikas, das »von Putschen und Verschwörungen kochte« (10), genug Bezüge zu den politischen Verhältnissen im Dritten Reich herstellen. Der Antikapitalismus des Indianerführers Matarazo, der »Maschinen, Priester und Fremde ausrotten« will (11), wirkte in einer Zeit des Massenwahns keineswegs nur als exotische Reminiszenz. Eine Passage wie die folgende mußte von den antifaschistisch gesonnenen Lesern auf die Situation im eigenen Land bezogen werden: »Mit einem Wort: die Hölle war losgelassen. Tausend Teufel rasten im Land. Ihre Füße waren rotlackiert vom Blut, ihre ausgezeichneten Thompsongewehre bevölkerten den Himmel, letzte Atemzüge gab es unter den Palmen massenhaft, und ludrige Weiber strichen gellend die Avenidas entlang, in ihren braunen Händen schwere Pistolen entsichernd [...]. ›Hinaus mit den Fremden!‹ brüllten die ekstatischen Massen draußen und hängten die Fremden kurzerhand in den Wind [...]« (9 f.). Zu einer ähnlichen topographischen Verfremdung griff Wolfgang Koeppen in seinem Roman *Die Mauer schwankt* (1935). »Ich war erschrocken über das, was in Deutschland vorging«, sagte er 1968 in einem Gespräch mit Horst Krüger, »und versuchte, das Entsetzen getarnt darzustellen, indem ich den Anfang des Buches in einem Balkanstaat spielen ließ, wo sich Dinge der Unterdrückung und der Verfolgung ereigneten.«[170] In den ersten Abschnitten schilderte Koeppen die äußerste Brutalität, mit der die Polizei gegen revolutionäre Kräfte vorgeht, die das »Volk vom Joch der Unterdrückung zu befreien« suchen (99). Die Gefangenenmißhandlung, die der Architekt von Süde zufällig als Augenzeuge erlebt, malte Koeppen mit krassesten Farben aus.[171] Die Dechiffrierung der Terrorakte hat er im Gegensatz zu Weisenborn jedoch wesentlich erschwert. Die nahezu undifferenziert geschilderte Begeisterung für den Ersten Weltkrieg (»Wie die Kreuzritter, als sie auszogen, und wie zu Festen bekränzt, rückten die Krieger ins Feld [...]« [233]) und »irrationale Reizworte«[172] wie »Stimme des Schicksals« (180), »großer Umbruch« (271), »Auferstehung aus den Gründen des Volkes« (334) verdunkeln eine eindeutige humane Botschaft. Der Roman, in dem ein Architekt in sinnloser Pflichterfüllung eine Stadt nach den alten Grundrissen auf einem unterminierten Boden wiederaufbaut, wurde von der Kritik als »Kampf [...] wider Schwäche, Unordnung und Zersetzung«[173], als »Erziehung zur Pflicht«[174] und als »entschlossener Abschied vom Individualismus«[175] verstanden. Der Titel *Die Mauer schwankt* deutet auf den Bewußtseinszustand des Autors und vieler seiner Generationsgefährten, mitten in einer geschichtlichen Krise auf unsicherem Grund zu stehen.[176] Das »Schwankende« und »Unsichere« ist die eigentliche Sinnschicht, auf die das allegorische Erzählen der nichtnationalsozialistischen Autoren schließlich hinausläuft, und das Koeppen wie eine Botschaft in seinem Buch formulierte: »Wußte man irgendetwas? Man wußte nichts. Ein jeder Schritt war ein Schritt in das Dunkel hinein. Abstürzen konnte man in jeder Sekunde, und wenn man das Gute wollte, war man noch mehr in Gefahr, das Unrechte zu tun« (247).

Die Neigung zum Gleichnis, das Retuschieren des Empirisch-Faktischen sowie die von Franz Schonauer beobachtete »merkwürdige Ortslosigkeit und Desorientiertheit«[177] wurden zwar durch die Zensur verstärkt[178], aber nicht ausgelöst. Es war ein Irrtum, die nichtnationalsozialistische Erzählprosa als Literatur der verdeckten Schreibweise zu interpretieren. Ernst Jünger ging es in den *Marmorklippen* (1939) nicht um eine in Spiegelschrift abgefaßte Abrechnung mit dem Dritten Reich, sondern vielmehr um die Allegorie eines Lebensgefühls. Die Gewohnheit damaliger Leser, in allem nur eine Anspielung auf die politischen Zustände zu sehen, hat diese Absicht oftmals verfälscht. Auch die jungen Schriftsteller konnten sich diesen Erwartungen nicht entziehen. »[...] ich entsinne mich, daß mir die *Marmorklippen* wie ein riesiger Schlüsselroman auf das Dritte Reich vorkamen«, berichtete Ernst Schnabel.[179] Heinrich Böll erinnerte sich an Ähnliches: »Das Erscheinen dieses Buches war eine Sensation, es galt als das Buch des Widerstandes.«[180] Doch in den eigenen Werken gab man sich wesentlich ungeschichtlicher und konfrontierte das Gefühl für Glück und Geborgenheit lediglich mit unbestimmten Drohungen und ratlosem Unbehagen. Selbstverständlich stellen die Ratten in Friedo Lampes Roman *Am Rande der Nacht* keine Symbole für das Vordringen des nationalsozialistischen Ungeistes dar. Sie sind es ebenfalls nicht in Langes *Schwarzer Weide,* wo der Erzähler »unter den morschen Dielen [...]« ihr »kaum vernehmbares Getrappel« hört (244) oder bei Hans Erich Nossack, der in seinem Bericht *Der Untergang* (1943, erschienen 1948) von »frech und fett sich tummelnden Ratten« spricht und von »großen grünschillernden Fliegen«, die sich »klumpenweise [...] auf dem Pflaster walzten« (52).[181] Ähnlich wie bei Jean-Paul Sartre (*Der Ekel*, 1938; *Die Fliegen*, 1943) und später bei Albert Camus (*Die Pest*, 1947) wollte man mit dem Krassen, Häßlichen den einzelnen zur Besinnung und Umkehr aufrufen.[182] Signalartig wurden von den Jungen Grundbegriffe der Existenzphilosophie in ihre Prosa eingebracht wie »körperlicher Ekel« (Lange)[183], »ekelerregend« (Nossack)[184], »Entsetzen mit tödlicher Gewalt« (Kaschnitz)[185], »atemberaubendes Ausgesetztsein (Hocke)[186] usw. In Horst Langes *Ulanenpatrouille* (1940; 1941: 24.-29. Tausend) reiten die kaiserlichen Soldaten wie aus einem Bild Alfred Kubins heraus. Sie »hingen schräg und mißmutig auf den Pferden, ohne die mindeste Spur von Entschlußfähigkeit, abgestumpft und blöden Gesichts, mit verschwollenen Lidern«. Koppelzeug und Ausrüstung sind von Rost und Grünspan zerfressen; die Patrouille, die sich an der polnischen Grenze zu einem Manöver aufhält, wirkt wie eine »Kavalkade gespenstischer Toter« (49). Als die Zensur nach dem Vorabdruck in der *Frankfurter*

Zeitung (47/ 21. 1.-143/ 19. 3. 1940) in dem Roman »Defaitismus, Destruktion und Lächerlichmachung der Wehrmacht‹« erblickte, konnte sich Lange guten Gewissens auf sein soldatisches Credo zurückziehen und mit Hilfe von Jürgen Eggebrecht die Bedenken zerstreuen.[187] Jenseits der Intentionen von Autoren entwickelte sich unter der Diktatur ein antithetisches Rezeptionsmuster; entscheidend für die Wirkung waren Haltungen der Leser, die in die Vagheit projiziert werden konnten. Wenn Alexander Mitscherlich 1944 in der *Kölnischen Zeitung* in Auseinandersetzung mit der Existenzphilosophie für eine *Überwindung der Angst* warb (63/ 4. 3. 1944), so stabilisierte er damit sowohl den privaten Lebensmut wie die nationalsozialistische Propaganda, die gegen Ende des Krieges energisch Feigheit als Untugend anprangerte. Am eindrucksvollsten wird dieses Dilemma an dem damals von allen Richtungen propagierten Pflichtbegriff deutlich, da die Autoren mit Ausnahme der Nationalsozialisten peinlichst vermieden, die moralischen Kategorien auszuformulieren. In einem Leitartikel für die *Deutsche Allgemeine Zeitung* forderte Max Planck 1942 den einzelnen auf, »geduldig und tapfer auszuharren«. Einen »rechtlichen Anspruch auf Glück, Erfolg und Wohlergehen im Leben« gäbe es nicht; als einziges Eigentum könne der Mensch lediglich eine »reine Gesinnung« beanspruchen, die ihren Ausdruck allerdings in »gewissenhafter Pflichterfüllung« fände (463/ 27. 9.). Da auch viele nichtnationalsozialistische Soldaten davon überzeugt waren, Europa »aus reiner Gesinnung« gegen den Bolschewismus verteidigen zu müssen, konnten sie sich in ihrem mörderisch-sinnlosen Kampf durch den Artikel ermutigt fühlen, obgleich Planck vermutlich an eine christlich-humane Haltung im täglichen Leben appellieren wollte. Ähnliches gilt für die Mahnung von Heinrich Albertz, statt dem »äußeren Erfolg« der »inneren Bewährung« zu folgen. »Der Druck der nationalen und völkischen Verantwortungen«, schrieb er 1941 in *Eckart* vieldeutig, habe sich immer mehr verstärkt und niemand könne und dürfe sich ihnen entziehen, »ja, nur der vollkommene Leichtsinn oder die vollständige Resignation werden sich ihnen entziehen wollen.«[188]

Neben der Verzweiflungsliteratur entstand eine breite Idyllik, die alle Gattungen überformte. *Rückkehr zum Idyll?* lautete eine Umfrage, die Juni 1940 in *Westermanns Monatsheften* erschien (504f.). Die Kindheitsdichtung, die einen beliebten Ansatzpunkt für die Garten- und Interieuridylle bildete und die schon 1930 eine zeittypische Erscheinung war[189], erlebte unter der Diktatur ihre quantitative Ausbreitung und einen damit verbundenen qualitativen Niedergang. Als Gegenbewegung zum völkischen Heroismus entwickelte sich eine Sehnsucht nach geselligen, intimen literarischen Formen, für die man ältere Ausdrucksmuster suchte. Marie Luise Kaschnitz deutete schon im Titel ihres Märchens *Der alte Garten* (1940/41, erschienen 1974) auf die romantisch-biedermeierliche Herkunft hin. Je stärker in den Kleinformen das Bemühen um die Tradition war, desto mehr Eigencharakter ging verloren. Die Rückgriffe auf Eichendorff und Mörike,

Stifter und Kleist führten zu einer weiteren Verflüchtigung der Wirklichkeit. Unverbindliche Bukolik (Ernst Wiechert[190], Friedrich Bischoff[191]), Idyllisierung der Umwelt bis einschließlich des Kriegserlebnisses (Curt Hohoff[192], Günter Böhmer[193]) und klassizistische Novellistik (Werner Bergengruen[194]) markieren die allgemeine Form- und Inhaltskrise, die im Hitler-Staat selbst erkannt und beklagt wurde. 1937 kritisierte die *Neue Linie* in ihrem Märzheft an den für ihr Preisausschreiben eingesandten Erzählungen eine »Flucht in die Primitivität« aus »Mißtrauen gegen das Problematische«, das »klassisch Einfache« sei jedoch die »letzte Stufe einer Entwicklung« und müsse »mit ungeheurem Kraftaufwand durch das Komplizierte, Verwickelte« gewonnen werden. Ähnlich beobachtete ein Lektor in einem Leserbrief an die *Deutsche Allgemeine Zeitung* bei jüngeren Autoren einen Verlust der »Fähigkeit zu unmittelbarem Erlebnis«, offenbar hänge dies »mit der mangelnden Sachlichkeit, mit zu wenig Liebe für das Stoffliche [...] zusammen« (13. 4. 1937). Neben der Gartenidylle von Marie Luise Kaschnitz können sich von der kleineren Erzählprosa vor allem die Arbeiten von Günter Eich, Hermann Lenz, Heinrich Schirmbeck und die Kurzromane Friedo Lampes der Entwirklichung entziehen. Ihre Qualität liegt vor allem darin, daß hier keine nur zerstreuenden Genrebilder gegeben werden, sondern daß die Verzweiflung als Grund für die Natursehnsucht stets gegenwärtig ist.

Friedo Lampe gelang es, mit seinem magischen Detailrealismus und den in filmische Sequenzen zerlegten Handlungseinheiten in *Am Rande der Nacht* (1934) genug Modernes zu retten und mit der wiederaufgelebten Biedermeiertradition zu verbinden. Er praktizierte eine andere, unheroische Stifter-Rezeption, als sie damals etwa von dem Kreis um Karl Benno von Mechow und Franz Tumler gepflegt wurde, der in seinen Prosawerken wie u. a. *Das Tal von Lausa und Duron* (1935), *Der Ausführende* (1937) und *Der Soldateneid* (1939) völkische Themen mit dem sanften Stilgesetz des Biedermeier auszudrücken versuchte.[195] Während man Tumlers (nicht ohne »Reinlichkeitskrampf«[196] abgefaßte) Prosa offiziell lobte und auszeichnete[197], wurde Lampes sinnlicher Roman *Am Rande der Nacht* wegen der Enttabuisierung sexueller Motive verboten.[198] In kleinen Abschnitten ließ der Autor die sich in wenigen Stunden ereignenden Situationen einer Hafenstadt vorüberziehen; die Menschen wirken nicht blaß-ätherisch, sondern bunt angetuscht wie die damals von Walter Trier gezeichneten sachlichen Bilderbuchfiguren. (»Ein vornehmer Herr in gelbem Mantel war im Zollhaus verschwunden, und der grüngekleidete Chauffeur mit funkelnden Lackgamaschen ging vor der roten Backsteinwand auf und ab« [3].) Mit der von »großen Blättern umrankten Laube«, in welcher der Geographielehrer Hennecke abends seinen Söhnen von fernen Ländern vorliest, dem sehnsüchtig im Hafen tutenden Dampfer ›Adelaide‹ und den zahlreichen Interieurszenen entwarf Lampe zarte und gestochen scharfe Bilder, die von sadistischen Quälereien, Kindesmißhandlungen und sexuellen Träumen umdunkelt sind. Wie in Marie Luise Kaschnitz' *Alter Garten*, der die Kinder über die Mauer in seine »grüne Unendlichkeit« lockt, kommt auch hier zu keiner Zeit das Gefühl eines dauerhaft idyllischen Glücks auf. Ein Abschnitt wie der folgende aus *Septembergewitter* (1937) demonstriert den hohen Grad an Empfindsamkeit, der nach den Ernüchterungen der zwanziger Jahre nun wieder möglich war: »Und Frau Hollmann stand noch immer in ihrer Kammer am Fenster, schaute in den Garten, und an der Scheibe liefen die dicken Tropfen runter, und hinter ihr der Schrank stand offen, da hingen die Kleider des Toten, und da zuckte es leise in ihr, und der Mund in dem blassen Gesicht zitterte, das Starre löste sich sanft, und Tränen, Tränen rannen ihr über die Backe« (81). Ein ähnliches Lebensgefühl findet sich in den schwermütigen Filmen Helmut Käutners (*Romanze in Moll*, 1943; *Unter den Brücken*, 1944) mit ihren fließenden Kamerafahrten, ruhigen Überblendungen und gedämpften, sich im Regen auflösenden Lichtreflexen. Das aufscheinende und am Ende doch verweigerte Glück und das sich gemeinsam mit den Naturereignissen offenbarende menschliche Herz entsprachen den Empfindungen der unter dem diktatorischen System leidenden Zeitgenossen.

Auch Günter Eichs Novelle *Katharina* (1936) ist dieser »neuen Gefühlsinnigkeit«[199] verpflichtet. Aus der Erinnerung wird die Zuneigung eines Sechzehnjährigen zu dem Mädchen Katharina geschildert, das sich aus nichterwiderter Liebe zu einem anderen in den Fluß stürzt. Das erzählerische Ich erlebt das lang ersehnte Liebesglück, ohne zu ahnen, daß sich Katharina bereits zum Selbstmord entschlossen hat. Der herbstliche Ausflug, das Pilze- und Beerensuchen im Wald und schließlich das gemeinsame Verzehren der Lebkuchenherzen in der Nacht vor dem Tod erinnern an Sali und Vrenchen aus Kellers *Romeo und Julia auf dem Dorfe* (1856), die an einem schönen »Sonntag im September« Abschied von der Welt nehmen. Die von Keller mitintendierte Gesellschaftskritik ist bei Eich ausgespart; ihn interessierte in seiner sprachlich eher mit Tumler als mit Lampe verwandten Erzählung ausschließlich die »Landschaft [...] des Herzens« (56). Von Melancholie ist auch die Erzählung *Das stille Haus* von Hermann Lenz geprägt, die 1938 in der *Neuen Rundschau* erschien und die in der »untergegangenen reinen Zeit« der Wiener Jahrhundertwende spielt. Der Autor transponierte die eigene Stuttgarter Kindheit in die vorrevolutionäre Belle Epoque und dokumentierte damit wie Joseph Roth im Exil (*Die Kapuzinergruft*, 1938) die Sehnsucht vieler Nichtfaschisten nach einer humanen, monarchistischen Gegenwelt.[200] Das Elternhaus ist ein Refugium, doch das Bedrohliche wird wie bei Lampe durch höchst exakte Wahrnehmungen eingebracht. Die promenierenden Damen mit ihren rosa Sonnenschirmchen, die sich kalt anfassenden Bilderbücher und der Modergeruch von Puppenkleidern entrücken diese österreichische Welt in einen Bezirk, der nicht mehr betreten werden kann. Auch hier ist die Handlung zugunsten der Beschreibung reduziert; die Neigung zum Bild, zum Genrestück oder zur Skizze unterdrückte die Aktion. *Landschafts- und Pflanzenbilder* nannte Erich Jansen im Untertitel ausdrücklich sein kleines Buch *Die grüne Stunde* (1937). Die Sachlichkeit hatte sich in solchen pessimistischen Genreformen am stärksten bewahrt. In Wolfgang Koeppens 1935 und 1941 im *Berliner Tageblatt* und der *Kölnischen Zeitung* veröffentlichten Erzählungen, die 1972 leicht verändert in die Sammlung *Romanisches Café* aufgenommen wurden[201], herrscht eine ähnliche Hinwendung zur Dingwelt wie bei Lampe und Lenz, doch die stille, feste und klare Sachbeschreibung verflüchtigte sich in eine zunehmend preziöse, an das Rokoko erinnernde Darstellungsweise (»Kuchen wurden vorübergetragen, die Luft schmeckte nach Marzipan und weichem roten Gelee, Tellerlein klapperten und Tassen; Frau Keetenheuwe bereitete den Kaffee [. . .]. Vor dem Netz der Gardinen, den blassen Majoliken des Blumenbrettes, dem Immergrün der Pflanzen war das Feuer leicht und körperlos zu sehen [. . .])«.[202] Die elf 1936-1944 in Zeitschriften und Zeitungen abgedruckten Prosastücke von Horst Lange[203] und die »feinsinnige und unendlich sensible« Pubertäts-Erzählung *Erste Ausfahrt* von Alfred Andersch (Kölnische Zeitung 113/ 25. 4. 1944)[204] sind weitere Dokumente einer vor allem für die Kriegsjahre charakteristischen Verhauchung des Stofflichen. Viele der jungen Schriftsteller legten in Widerspruch zur technischen und militärischen Kälte des Alltagslebens sanft und wärmend das Gleichmaß des Gefühls über die Tatsachenwelt. Wenn Heinrich Schirmbeck in seinen *Fechtbrüdern* (1944) zur Novellenform griff, dann wollte er diese empfindsame Idyllisierung durch die strenge Bauweise wieder eindämmen. Trotz der Abrundung und einer genau kalkulierten Komposition entging er dabei der neoklassizistischen Glätte. Der Antiquar in *Die Wiederkehr*, der mit seinen Sammlungen in alten, mit einem komplizierten System von Stützen versehenen gotischen Lagerhäusern wie in einem »unheimlichen, auswegslosen Labyrinth« (58) haust, erinnert mehr an Jean Des Esseints aus Joris-Karl Huysmans' *A rebours* (1884) als an den Freiherrn von Risach. Nicht ohne Zufall wählte Schirmbeck in einer anderen Novelle Brügge zum Schauplatz und knüpfte mit der Schilderung dieser ›versunkenen Stadt‹ an Georges Rodenbachs melancholischen Roman *Bruges-la-morte* (1892) an. Ende des Krieges waren die magisch-realistischen Traditionen der Neuen Sachlichkeit, auf die sich Friedo Lampe noch in den frühen dreißiger Jahren beziehen konnte, ziemlich zurückgedrängt. Einem Debütanten wie Schirmbeck blieb 1944 nur die »Eingeschlossenheit und Selbstisolierung im Kristall« der Symbolisten[205], um der Novellenform zumindest noch einige poetische Reize abzugewinnen. Seine handwerklich sauber gearbeitete und bewußt das Fin de siècle integrierende Prosa wich damals von der Norm ab. »Dürftige Zeiten wie die unsrige bescheren uns höchst selten derartige Erzählungen«, bekannte Karl Pawek damals in der Wiener *Pause* über die *Fechtbrüder*. »[. . .] Im Bereich der literarischen Tagesneuigkeiten überraschen sie uns fast wie ein Anachronismus. Man ist verwundert, daß solche Kostbarkeiten noch entstehen [. . .].«[206]

In der Weimarer Republik hatte sich – angesichts der Erschütterungen – eine Hinwendung zum Leser vollzogen, die auch nach 1930 erhalten blieb und eine Aufwertung von Gebrauchsformen zur Folge hatte. Die an Tendenzdichtung interessierten Autoren bevorzugten andere Gattungsarten als die unpolitischen. In den dreißiger Jahren splitterte sich das Spektrum noch weiter auf. Während im Exil mit Satire, Reportage und Pamphlet Traditionen von Weimar weiterlebten, griffen Nationalsozialisten und konfessionelle Schriftsteller im Reich zur Rede und zum Kriegsbericht bzw. zur Predigt und Legende. Die Autoren unserer Gruppe bevorzugten demgegenüber kleinere Formen wie Feuilleton, Essay, Reisebild und Tagebuch, die ihrer Neigung zum Privaten, zur Sachbeschreibung und zum Aperçu am nächsten kamen. Es überrascht, in welchem Maß mit dem Feuilleton die Lieblingsgattung der zwanziger Jahre weiter wirkte und zahlreiche Autoren von Bamm, Finck, Lampe, Kusenberg bis hin zu Penzoldt, von Radecki, Weyrauch und Graf Wickenburg anzog. 1939 und 1941 gab Wilmont Haacke die Sammlungen *Die Luftschaukel* und *Das Ringelspiel* heraus. Schon die Titel weisen allerdings mehr auf allgemein Heiteres als auf Großstadtbilder und ein »Mosaik der Zeit«. Das Feuilleton verlor in der Tat seine zarte Aggressivität und Objektnähe; die aufdeckende Empirie, in den Arbeiten von Kracauer, Bloch, Benjamin und Roth bestechend vorhanden, verflüchtigte sich zugunsten harmloser, teils humorvoller Betrachtungen. Es erinnert unter der Diktatur eher an die bunten *Luftballons*, von denen ein Schlager jener Jahre sang und die Friedrich Luft als Titel für seine Sammlung auswählte (1939). Zumindest konnte Peter Bamm mit seiner *Kleinen Weltlaterne* (1935), dem *I-Punkt* (1937) und dem *Hahnenschwanz* (1939) noch eine gewisse Frische und Lebendigkeit bewahren. Aber auch hier merkt man, daß sich mit zunehmendem Abstand von Weimar die Gattung zum konfliktfreien Genre- oder Guckkastenbild herabsenkte. Satirischen Mut hingegen bewies Werner Finck, der nach der Schließung des Kabaretts *Die Katakombe* 1935 zeitweise inhaftiert war und vom 6. 3. 1936-24. 12. 1938 regelmäßig für das *Berliner Tageblatt* in der Rubrik *Von mir aus – jede Woche* doppeldeutig seine Meinung sagte; Themen waren u. a. die Judenverfolgungen (157-158/ 4. 4. 1937), die ritualisierten Volksabstimmungen (169-170/ 10. 4. 1938) und die allgemeine Depression angesichts der Kriegsdrohungen. »Ja, meine lieben Zeitgenossen«, notierte er 1937 in einer Silvesteransprache. »Ihr könnt euch in noch so viele Papierschlangen verwickeln, ihr werdet doch traurig sein. [. . .] Wir stehen in der zwölften Stunde« (617-1/1. 1. 1938). Ein Teil der Satiren erschien 1938 als *Kautschbrevier* im Herbig Verlag (1939: 20. Tausend) und wurde in Willy Schaeffers »Kabarett der Komiker« vorgetragen; ein Auftritt im Januar 1939 hatte den Ausschluß aus der Reichskulturkammer zur Folge.[207] Anders als Finck konnte Karl Valentin während des Krieges seine Arbeiten verbreiten. Die Grotesken fanden auch in nationalsozialistischen Kreisen Anerkennung[208], obwohl sein von Karl Arnold illustriertes Buch *Brilliantfeuerwerk* (1938; 1941: 30. Tausend, Nachauflage 1944) eine Reihe existentieller Gegenbilder zur Massenbegeisterung enthält. Ein Bericht über die Olympischen Spiele z. B. zeigt Valentin »allein [. . .] in einer Hand die verfallene Eintrittskarte, die andere Hand in meiner eigenen Hosentasche« im Stadion sitzen, »nur einen Tag zu spät und dennoch zu spät!« (66f.). Von 1933-1936 wirkte er in neunzehn Filmen mit. Nach dem Verbot der Burleske *Die Erbschaft* (1936; Idee: Karl Valentin, Buch und Regie: Jacob Geis) zogen sich die Produzenten von Valentin zurück; er trat nur noch in acht Filmen auf, u. a. in Produktionen von Arnold & Richter und in Werbestreifen für die Deutsche Sparkasse und das Braunkohlensyndikat. 1941 spielte er im *Tobistrichter*. *Volkstum aus deutschen Gauen* mit Lisl Karlstadt die Szene *In der Apotheke* und veröffentlichte unter dem Titel *Valentinaden* neue Unsinnprosa.

Während Karl Valentin von Feuilletonisten der jungen Generation zum Vorbild gewählt wurde, verdankten die Essayisten unserer Gruppe Ernst Jünger und Gottfried Benn entscheidende Anregungen. Das von Walter Jens nach dem Zweiten Weltkrieg beschworene Leitbild vom »poeta doctus, Essayist und Dichter in einer Person«[209] begann bereits jetzt die Schriftsteller zu bewegen. Gustav René Hocke bezeichnete 1938 in seiner Sammlung *Der französische Geist* den Essay als »literarische Universalgattung des Zeitalters« (25), hob neben Valéry, Gide, T. S. Eliot, Heisenberg und Jaspers vor allem Ernst Jünger mit seinem »Willen zur unverschleierten Sachlichkeit« hervor und betonte dessen großen Einfluß auf die junge Generation, besonders auf den 1936 durch Selbstmord aus dem Leben geschiedenen Eugen Gottlob Winkler (26). Mit Winklers Essays über George, Platen und über den späten Hölderlin erreichte die Form schon früh ihren Höhepunkt; selbst Walter Benjamin konnte dieser nihilistisch-artistischen Prosa seinen Respekt nicht versagen.[210] Gemessen an Winklers formaler Meisterschaft verblassen die Arbeiten der anderen; doch die Formen des existentialistischen Nachkriegsessays sind mit den Analysen Dolf Sternbergers zum 19. Jahrhundert[211], Hans Egon Holthusens zu Rilke und Wilder[212], Hans Henneckes zur angelsächsischen Literatur sowie den Aufsätzen Gustav René Hockes, Max Benses und Albrecht Fabris schon in den dreißiger Jahren voll ausgebildet.

In einer Zeit, in der das Reisen eine außerordentliche Förderung und Popularität erfuhr, erlebte die damit verbundene Literatur einen bedeutenden Aufstieg. Die Vorliebe der jungen Generation für die Kleinteiligkeit führte zu einer Wiederbelebung des Reisebildes, das im Laufe der dreißiger Jahre durch Tagebuchformen zusätzlich mit Wirklichkeitsnähe angereichert wurde. Erinnert sei an das 1937-1938 geschriebene *Pisaner Tagebuch* von Karl Eugen Gass, an das *Griechische Tagebuch* von Ernst Wilhelm Eschmann (1936) oder an Richard Gerlachs *Dalmatinisches Tagebuch* (1940). Der Höhepunkt des Genres fällt in den Zweiten Weltkrieg. Kriegsbericht und Reisetagebuch vermischten sich. Bedeutenden Erfolg hatten die 1941 erschienenen *Tagebuchblätter aus Frankreich* von Walter Bauer (1943: 55. Tausend) und Erhart Kästners *Griechenland. Ein Buch aus dem Kriege* (1943); Max Frisch veröffentlichte 1940 als Schweizer Kanonier *Blätter aus dem Brotsack*. Ernst Jüngers *Blätter und Steine* (1934) und *Gärten und Straßen* (1942) verdeutlichen die Tendenz, das sinnlich Geschaute durch Reflexionen und Aperçus transparent zu machen. Das Tagebuch selbst besaß damals allerdings kein einheitliches Gepräge. Die Aufzeichnungen schwanken von Beschreibungen im Sinn der nationalsozialistischen Propaganda (Martin Raschke, Kurt Lothar Tank) bis zu esoterischen Selbstreflexionen (Ernst Jünger, Heimito von Doderer) und zum geheimen Journal.[213] Kurz nach dem Krieg versuchte Gerhard Nebel, die Gründe für die Hochschätzung dieser Gattung zu erklären. Im Vorwort zu seinen *Nördlichen Hesperiden* (1948) definierte er das Tagebuch als »Literaturform des Kerkers«. Dem Menschen böten sich unter der Diktatur nur »zwei echte Mittel der Befreiung an: das Gebet und das Tagebuch«. Zeit und Kraft reichten lediglich zu »abgerissenen Notizen«, und so sei das Journal »die letzte Waffe, die dem seine Freiheit verteidigenden Individuum geblieben« sei. Nebel deutete in der Folge das Diarium als existentialistisches Bekenntnisbuch und wies damit auf die pietistische Tradition, die mit der Gattung ebenfalls wiederauflebte (5 f.). Das Tagebuch erfuhr zwischen 1930 und 1950 auch außerhalb Deutschlands eine weite Verbreitung (Cesare Pavese, Albert Camus, Klaus Mann).[214] Das Fragmentarische und bekenntnishaft Subjektive mußten die europäischen Autoren des ›neuen Weltschmerzes‹ zwangsläufig zu dieser Gattung führen. Der weit verbreitete Rückzug ins Private erklärt, daß die Tagebuchmode in Deutschland auch breite, nicht schriftstellerisch interessierte Gruppen erfaßte. Aber auch nahezu alle literarisch wertvollen Diarien jener Jahre waren nicht für die unmittelbare Veröffentlichung bestimmt. Zuallererst dienten sie der Selbstorientierung des Tagebuchschreibers, darüber hinaus konnten sie einen »Dialog mit Gott« bedeuten (Jochen Klepper) oder aber auch den Versuch, Zeugnis für die nachfolgenden Generationen abzulegen (Friedrich Reck-Malleczewen, Emil Barth, Theodor Haecker u. v. a.).[215]

Felix Hartlaubs Tagebücher distanzieren sich von derart religiösen Beweggründen und rücken die Gattung in einen hohen Kunstbezirk. Seine zum erstenmal 1950 unter dem Titel *Von unten gesehen* publizierten Aufzeichnungen weichen mit ihrer Objektnähe und satirisch-entlarvenden Optik von der damals vorherrschenden Idyllisierung ab und finden in der binnendeutschen Literatur lediglich in den schonungslosen Beobachtungen Nossacks (*Der Untergang*, 1943) und Benns (*IV. Block II, Zimmer 66*, 1943/44)[216] Entsprechungen. Felix Hartlaub konnte Elemente des neusachlichen Empirismus weiterkultivieren und für die Beschreibung der Hitlerzeit verwerten. Schon in seiner Studentenzeit verfaßte er Skizzen über einige Plätze des Berliner Nordens, die wegen seiner »sozialkritischen Bitterkeit« von der Presse abgelehnt wurden.[217] Nach seiner Promotion im Fach Geschichte wurde er von 1939-1941 als Soldat bei Sperrbatailloneinheiten in Nord- und Westdeutschland sowie in Rumänien eingesetzt; 1941 hielt er sich als Mitglied der Archivkommission des Auswärtigen Amtes in Paris auf; von 1942 bis 1945 bearbeitete er im Rang eines Obergefreiten in nächster Nähe zum Führerhauptquartier das offizielle Kriegstagebuch. Seine heimlich niedergeschriebenen Notizen sparen das ›große Geschehen‹ aus. Hartlaub gab zunächst Natur- und Industrieskizzen (»Wiesen«, »Nachtwache«, »Industrieschutz«), Genreszenen (»Kinder«, »Die Kneipe am Kanal«, »Familie Jan«) und ab 1941 Pariser Großstadtbilder (»Place Pigalle«, »Quartier Latin«, »Weltwende im Freudenhaus«, »Hôtel Sully« u. a.). Am Rande des Krieges wandte er dem »langen brettsteifen Fisch auf einer Konserve« die gleiche Aufmerksamkeit zu wie der Kassendame in einer Cafébar und der vor einem Gewitterhimmel künstlich aufgeblähten großen Hakenkreuzflagge. Seine Sehschärfe ist schon hier erstaunlich. Manches an seiner Beobachtungstechnik erinnert an die Malerei der Neuen Sachlichkeit, mit der er früh durch seinen Vater vertraut gemacht wurde.[218] Hartlaubs Schreibweise hat es vornehmlich auf die Oberfläche der Erscheinungen abgesehen, doch auch er wollte schließlich wie alle seine Generationsgefährten die Darstellung des Geheimnisvollen. »Am besten erzähle ich einfach, was sich mir täglich sichtbar zeigt«, schrieb er 1941 aus Paris an Gustav Radbruch. »Vielleicht kommt man gerade damit dem Unsichtbaren, das natürlich das Entscheidende ist, am nächsten.«[219] Die Position, aus der er schilderte, war die des kalten, aber auch von Kälte umgebenen Beobachters. »Das charakteristische Klima ist arktisch«, heißt es im selben Brief. »Ich sehe so viel Beispiele von fortschreitender Verunmenschlichung, haarsträubendem Egoismus, kaltschnäuziger Blasiertheit [...].« Auch die Bilder aus dem Führerhauptquartier, der »windstillen toten Mitte des Taifuns«, sind von einer ähnlichen, das Geschehen fernrückenden Haltung geprägt. Im Laufe der beiden letzten Kriegsjahre wurde Hartlaub immer bewußter zum unerbittlichen Porträtisten der sich wie in Trance an einem Abgrund bewegenden Offiziersclique. Die Satire gewann an Kraft.[220] Hartlaubs Fähigkeit, aus dem Banalen das Zeitadäquate herauszupräparieren, zeigt sich besonders geglückt in der Skizze *Im Sonderzug des Führers* (1944). Die künstliche Welt des mit schönen blauen Polstern, glitzernden Uniformen und »echtem Kaffee und Orangenmarmelade« ausgestatteten Zuges kontrastiert mit den zerbombten Städten und der »gedrückten Prozession« der leidenden Menschen auf den Bahnsteigen draußen. Das plötzliche Verschwinden des Zuges in einem Tunnel steigerte Hartlaub zum existentialistischen Sinnbild: »Und was ist denn das für ein endloser Tunnel und was schwingen sie für grüne Lampen, wieviele Loks haben wir denn eigentlich davor [...]. Und eine komische Akustik hat dieser Tunnel, da spielt doch einer das Deutschlandlied auf einer Wurlitzer Orgel, wenigstens so ähnlich ...« (196). Hartlaubs geheim geführtes Tagebuch veränderte sich zunehmend zur fiktionalen Literatur. Christian-Hartwig Wilke hat nach der Durchsicht der Handschriften nachgewiesen, daß der Verfasser am Ende mehr kombinierte als tatsächliche Zusammenhänge wiedergab. Offenbar intendierte er spätestens ab Sommer 1944 mit seinen Aufzeichnungen einen Roman.[221] Hartlaub war sich über die Gefahr des Realitätsverlustes bei diesem Gattungswechsel im klaren. In seinem letzten Brief vom 8. März 1945 forderte er für sein Projekt: »Nur muß die Anreicherung mit wirklicher Erfahrung noch einen größeren Umfang annehmen« (466).

Hans Erich Nossacks Beschreibung der durch den Luftkrieg zerstörten Großstadt Hamburg (*Der Untergang,* 1943, erschienen 1948) berührt sich mit dem Versuch Hartlaubs, »das ganze unermeßliche Leid [...] zum Bewußtsein, zur Sprache und Gestaltung zu bringen« (458).[222] Beide Prosaarbeiten stehen in Verbindung zu der ins Zentrum des Gattungssystems gerückten Gebrauchsliteratur, zur Tagebuchmode bzw. zum Kriegsbericht, doch sie sind Kontrafakturen und erweitern die Form mit Hilfe beispielloser Sachtreue und reduziertem Gefühlsvokabular zur Totenwelt-Dokumentation. Auch Nossack, der seinen Notizen die Bezeichnung ›Bericht‹ zuordnete, fühlte sich auf der »anderen Seite des Abgrunds« (12). Im Juli 1943, vom Idyll der Lüneburger Heide aus, beobachtete er die nächtlichen Luftangriffe auf Hamburg. Die zu »geometrischen Figuren und Zeltgerüsten« für Augenblicke zusammengebündelten Scheinwerferstreifen, das langsam auf die Stadt zurückende Gedröhn der Bombengeschwader und die sich auf Hamburg herabsenkenden Leuchtschirme sowie schließlich die von Flakspuren erhellten Rauchpilze wirken wie ein Schauspiel von morbider Schönheit. Dieses »Inferno in Pastelltönen« (W. Boehlich)[223] erscheint ebenso sinnlos wie die zerstörten Stadtteile, durch die der Berichterstatter Tage später auf der Suche nach seiner Wohnung irrt. »Der Abgrund war ganz nah neben uns, ja vielleicht unter uns, und wir schwebten nur durch irgendeine Gnade darüber hin« (35). Dieser Satz faßt Nossacks Wirklichkeitserfahrung paradigmatisch zusammen. Die Objekte verlieren ihren funktionellen Zusammenhang, und die Außenwelt bekommt den Charakter einer Sinnestäuschung. Die Frau, welche die Fenster eines unzerstört in der Trümmerwüste stehenden Hauses putzt, oder die in einem verschont gebliebenen Vorort friedlich auf ihren Balkons sitzenden und Kaffee trinkenden Leute sind von jener absurden Sinnbildlichkeit, um die es auch Hartlaub mit seinem *Sonderzug* gegangen war.

Die Klage um den Niedergang des Gegenwartstheaters wurde bereits im Dritten Reich zum Stereotyp und steht in Widerspruch zur anspruchsvollen und gesellschaftlich höchst einflußreichen Aufführungspraxis durch Regisseure wie Fehling, Hilpert, Gründgens u. a. Hermann Christian Mettin erklärte in einem Überblick über die Winterspielzeit 1936/37 für das *Innere Reich,* daß das Ergebnis der dramatischen Ernte äußerst gering sei. »Mir selbst ist unter den neuen Stücken nicht eines begegnet, aus dem mir ein starker [...] Atem entgegenschlug.«[224] Trotz staatlicher Förderungen konnte sich durch den Rückgriff auf die klassizistische Dramentradition keine neue Theaterkultur entwickeln; die Krise hielt allerdings auch nach 1945 an. Erst in den sechziger Jahren, in einer erneuten sozialengagierten Periode, konnte das Schauspiel seine führende Position aus der Weimarer Republik zurückerobern. Demgegenüber erfuhr mit dem Hörspiel schon im Hitler-Staat eine dialogische Form erhöhtes Interesse, das dem Intimen und Innerlichen viel näher kam. Die zweiundzwanzig von Günter Eich unter der Diktatur geschriebenen Funkarbeiten sind nur zum Teil erhalten. Einige der überlieferten Texte und Fragmente verraten ein lebendiges Niveau, das Eich in seinen Gedichten und Erzählungen seltener erreichte. Die erste Phase der deutschen Hörspielentwicklung war um 1930 abgeschlossen. Eich gelang es, während des Dritten Reiches die experimentierende Form der poetischen Funkdichtung zu bewahren und zu erweitern.[225] In dem ausdrücklich als Traumspiel bezeichneten Stück *Eine Stunde Lexikon* (1933) finden sich dadaistische Wortentwertungen und groteske Assoziationen, Stilmittel, die erst in den Hörspielumarbeitungen der späten fünfziger Jahre und den Prosagedichten aus den *Maulwurf*-Sammlungen (1968; 1970) wiederkehren. Das Spiel mit Wörtern unter bewußter Reduktion der semantischen Zusammenhänge erprobte Eich schon damals: »Ammonshorn, Apfelsine, Axolotl, Azolla – Azolla? Wie wäre es, wenn ich mir ein Azolla kaufte? Ich will nicht erst nachlesen, was das ist, es ist interessanter, einfach zu kaufen und sich überraschen zu lassen«, sagt der Lexikonleser, der das Azolla (Moosfarn) vergeblich in einem Antiquitätenladen oder in einem Delikateßgeschäft zu erstehen versucht.[226] Das für Eich so typische Aufeinanderbeziehen realer und traumhafter Spielsphären ist schon in den frühen Stücken nahezu voll entwickelt. Auffällig ist die Experimentierfreudigkeit. Eich benutzte die damals vieldiskutierte chorische Form der Rundfunkkantate oder er versuchte, mit Vorspruch, innerem Monolog, eingeschobenen Gedicht- oder Songpassagen sowie mit Halleffekten ein möglichst assoziationsreiches Hörerlebnis zu vermitteln. In der *Weizenkantate* (1936) und der nach Motiven eines Romans von Rudolf Brunngraber gestalteten Funkdichtung *Radium* (1937) vertrat Eich einen konsequenten Antikapitalismus, der sich damals in den unterschiedlichsten literarischen Strömungen durchsetzte.[227] Für die Darstellung der amerikanischen Profitsucht bediente er sich ähnlicher Motive und Techniken wie vor ihm Brecht. Ein den Hörern als Boxkampf geschilderter Dialog und verfremdende Gedichte variieren die Grundthese: »Uns sind die Krankheiten des Menschen gleichgültig. / Wichtig dagegen ist, daß uns das Radium / eine Masse Geld einbringt.«[228] Doch Eich ging es um keine marxistische Gesellschaftskritik; in den vier zu Beginn der *Weizenkantate* an die Hörer gerichteten Sprüchen wird der Protest als eine innerlich motivierte Haltung deutlich. Der vierte Spruch lautet: »Unserm Fortschritt fehlt es an Religion. Er löst die Materie aus ihrer innigen Verbindung mit dem Ganzen des Lebens und ahnt nicht, daß diese Abtrennung alle seine Segnungen zum Fluche machen kann.«[229] Eich spielte damit auf seine 1930/31 in der *Kolonne* formulierte Fortschrittsfeindlichkeit an.[230] Benn stand ihm schon damals näher als Brecht. Es ist daher kein Zufall, wenn er Benn in dem am 11. Juli 1936 gesendeten Karl-May-Hörspiel *Fährten in die Prärie* eine versteckte Huldigung brachte. Der sich auch nach 1933 wiederholt zum Expressionismus bekennende »heroische Nihilist« (Frank Maraun)[231] feierte damals seinen fünfzigsten Geburtstag und war einen Monat vor der Sendung des Spiels vom *Schwarzen Korps* heftig angegriffen worden.[232] Der erfolglose, dem Whisky ergebene Patt (»Vor zehn Jahren, meine Herren, war ich die Hoffnung der amerikanischen Literatur [...]«) stellt ein ironisches Porträt des Dichters dar, dessen Zivilisationsskepsis bis in den für Benn typischen Essaystil nachgeahmt wird: »Wo jetzt die Wigwams der Roten stehen, kann man Eislimonade kaufen. Aus den Bergen zieht man Erze und aus den Wäldern Holz. Bahnhöfe, Gruben und Schornsteine: erste Wahrzeichen der Kultur [...]. Siegestänze und das Brausen der Steppe – alles hin. Die Zeit der Indianer ist vorbei, sagt Shirwood, und er hat recht. Im Fuselrausch verlieren sie ihre Savannen, ihre Reichtümer ertrinken im Schnaps«. Das Gedicht, das Patt am Anfang des Spiels deklamiert, ist eine Parodie auf Benn, der damals für einige der Jungen wie Eich und Bense, Hartlaub und Borchert der »große Manitu« war (»Zelt im Savannengelände, / Mustang, Skalp und Kanu, / über alles hält seine Hände / der große Manitu«).[233]

Wesentlich volkstümlicher gestaltete Eich zusammen mit Martin Raschke die etwa siebzig Hörfolgen des *Deutschen Kalenders,* die vom Oktober 1933 bis zum Kriegsausbruch monatlich vom Deutschlandsender ausgestrahlt wurden.[234] Da der Sender in Königswusterhausen installiert war, gab man der verbindenden Figur den Namen ›Königswuster Landbote‹. Gerd Eckert skizzierte 1939 in der *Literatur* diese beliebten und zum großen Teil verlorengegangenen Monatsbilder: Die Autoren führten »den Landboten [...] auf ein Dorf, das einmal im Erzgebirge, ein anderes Mal in Pommern, ein drittes Mal am Rhein liegt [...]. Dieser Dorfaufenthalt läßt ihn die Arbeit des Bauern, der Jahreszeit entsprechend, miterleben. Er läßt ihn teilnehmen an den Bräuchen des Monats, an den alten Liedern, die die Dorfjugend singt und die zum Jahreslauf in Beziehung stehen. Diese Lieder und Gedichte grenzen zumeist die Szenen gegeneinander ab, in denen eine dörfliche Handlung entwickelt wird [...]«. Die Monatsbilder wurden regelmäßig mit folgendem Spruch beschlossen: »Verachtet, liebe Freunde, nicht, / Der Bauern Herz und Hand! / Er nährt, was euer Stolz auch spricht, / euch und das ganze Land.«[235] Diese Tendenz fand sich schon im Vorwort zur ersten Nummer der *Kolonne* (Dezember 1929), die sich von der Neuen Sachlichkeit der zwanziger Jahre abgrenzte: »[...] noch immer leben wir von Acker und Meer, und die Himmel, sie reichen auch über die Stadt« (1).

Eine ähnliche Aufgabe, »das gegenseitige Verständnis von Stadt und Land zu fördern«, erfüllten vermutlich auch viele Hörspiele Peter Huchels.[236] Titel wie *Die Herbstkantate* (1935), *Der letzte Knecht* (1936) und *Gott im Ährenlicht* (1936) deuten in diese Richtung. Das Hörspiel *Zille Martha* (1938) wurde von den Hörern des Reichssenders Berlin bei einer Umfrage 1939 zu den Arbeiten gezählt, die »im vergangenen Jahr am besten gefallen haben.«[237] Das heute verschollene Hörspiel erzählt die »Geschichte zweier Flußschiffer, die dasselbe Mädchen lieben, darüber in erbitterten Streit geraten, aber in höchster Not zu opferbereiter Kameradschaft zurückfinden.« Oda Schaefer erinnerte sich, daß Helmut Käutner von *Zille Martha* zu seinem Film *Unter den Brücken* angeregt wurde; Huchel soll 1944 am Drehbuch mitgearbeitet haben.[238] Eine besondere Vorliebe entwickelte der junge Dichter für das Märchenspiel. Die vorwiegend in Versen geschriebene *Ballade vom Eisfenster* (1936) erzählt eine Geschichte von Eiskönig und Schneekönigin. Das im Untertitel als »Funkmärchen zu Himmelfahrt« ausgewiesene Spiel *Ein Fahrstuhl ist nicht mehr zu halten*[239] beschreibt die Reise eines Paares in einem Warenhausfahrstuhl durchs »staunende Dach – hinaus in den Himmel«. Die Begegnung mit der Wolkenhirtin, dem großen Bärenjäger und dem Marswesen desillusionieren die Freiheitssehnsucht; schließlich wünschen sich Paul und Franziska beim himmlischen Postillon, der die Träume »in prallen großen Säcken« befördert, die Rückkehr zur Erde. Huchel arbeitete mit vielen Gedichteinlagen; mit Ausnahme der Reisenden werden alle Stimmen mit kleinen, anspruchslosen Liedchen vorgestellt. Daß der Autor nicht nur zur Dorfidylle und zur Märchenbukolik griff, läßt sich an dem Hörspiel *Die Freundschaft von Port Said* (1939)[240] nachweisen, das mit *Brigg Santa Fé* (1937) zur Gruppe der Abenteuerspiele gehört. Ein australischer Farmer berichtet von seiner Rettung auf einem ›Totenschiff‹ durch das Selbstopfer eines älteren Matrosen. Der Song des Barmädchens Maya (»Ob der oder jener, was macht es mir aus? / Heut wasch ich die Gläser am Schanktisch rein / und morgen gieß ich schon Whisky ein [. . .]« [7]) und die brutale Quälerei der Heizer unter Deck erinnern an das neusachliche Drama. Huchel milderte das Krasse insofern, als er das Geschehen mit Hilfe einer Rückblende vergegenwärtigte und stärker auf die Person des Opfers konzentrierte, das am Schluß wie auf einem Heiligenbildchen über der »dürren Weide« im »Schein des Kesselfeuers« steht und zur Besinnung mahnt (46). Den experimentellen Hörspielen Eichs stellte Huchel einen anderen Typ gegenüber, der in seiner Nähe zum Trivialen und bloß Stofflichen dem Charakter der damaligen Funkdichtung wesentlich besser entspricht. »Die Form wurde unwichtig, der Inhalt dominierte«, bemerkte Horst-Günter Funke über die Hörspielproduktion unter der Diktatur.[241]

Keine Gattung kommt der Neigung zur Subjektivität mehr entgegen als die Lyrik. Es ist daher folgerichtig, wenn dem Gedicht nunmehr eine hohe Wertschätzung entgegengebracht wurde. Trotz der breiten Produktivität kann man jedoch bei der jungen Generation von keiner Blüte sprechen; die Leistung liegt im Bereich des Tagebuchs und der Erzählprosa. Eich, Lange, Nossack, die Kaschnitz und Lampe erreichten mit ihren Gedichten nur selten das Niveau ihrer übrigen Arbeiten. Die grundsätzlich positive Haltung, die man der lyrischen Gattung im Dritten Reich entgegenbrachte, zeigt eine Äußerung Karl Rauchs, der 1935 die »verstiegene Sachlichkeit zurückliegender Jahre« für die Abwertung des Gedichts verantwortlich machte. »Mancherlei Zeichen sprechen dafür, daß wir gerade innerhalb der gegenwärtigen Rückbesinnung des deutschen Menschen auf Herkunft und Lebenssinn in besonderer Weise eine Wiedergeburt des Gedichts und eine neue Aufnahmebereitschaft für das Schöne erleben.«[242] Mit »Rückbesinnung« zumal auf die »deutsche Herkunft« und Schönheitsbejahung allein ließ sich die Lyrik nur schwer erneuern, da man zumeist eine seelische Öffnung scheute und in der Form weniger einen errungenen Ausdruck als Zuflucht und Rettung vor dem Chaos sah. In Frankreich, England und Amerika zeichnete sich damals für das Gedicht eine ähnliche Entwicklung ab. Hans Hennecke hat 1938 zu Recht in der europäischen Lyrik einen »bewußten Willen zu einer neuen Klassik« gesehen[243], aber sowohl in der deutschsprachigen Exildichtung wie in der binnendeutschen Poesie war die Rückwendung besonders kraß. Selbst Lyriker der älteren Generation wie Johannes R. Becher, Gottfried Benn, Wilhelm Lehmann und Georg Britting konnten sich dem alles überformenden Klassizismus und der restaurativen Anakreontik nicht immer entziehen. Rudolf Alexander Schröder, Friedrich Georg Jünger, Bernt von Heiseler u. a. feierten die klassische Tradition ausdrücklich. Friedo Lampe artikulierte zwar seine Opposition zur neuen Tendenz, wenn er über Friedrich Georg Jünger äußerte: »Sehr klar und hell und heiter, aber doch schon reichlich entstofflicht, inhaltslos, zu formal«[244], mit seinen eigenen Gedichten konnte er sich allerdings nur in geringem Maße diesem übermächtig wirkenden Drang zur rückwärtsgewandten Ordnung widersetzen.

Eine gute Quelle für die Lyrikentwicklung innerhalb der jungen Generation ist das jährliche Preisausschreiben, das die Zeitschrift *Die Dame* seit 1934/35 veranstaltete und an dem sich damals u. a. Günter Eich, Peter Huchel, Marie Luise Kaschnitz, Rudolf Hagelstange und Wolf von Niebelschütz beteiligten. 1935 erhielt Marie Luise Kaschnitz für ihr Gedicht *Die Wellen* den ersten Preis, weil es »als Gebilde von Empfindung, Gedanke, Schau und Sprache in sich vollkommen« sei.[245] Die letzte Strophe lautet:

Von vielen Wogen ward ich überrannt,
Vom Prall gelähmt, vom Speer des Lichts geblendet.
Dann haben sie, wie je, das Spiel geendet
Behutsam mich getragen auf den Sand.
Und Schar auf Schar in schäumendem Verbluten,
Benetzte, kühlte mich mit ihren Fluten.[246]

Die behutsame Personifikation, die raffinierte Blut- und Wellenmetapher und die ausziselierten Reime täuschen nicht darüber hinweg, daß ein historisches und gebildetes Bewußtsein am Werk ist. Das Gedicht will einfach und ausgewogen sein, arrangiert und stilisiert jedoch lediglich bereits Vorhandenes. Bei derartigen Variationen beliebig verfügbarer Sprachrequisiten darf man freilich den Zeithintergrund nicht vergessen. Während der Nationalsozialismus heroische und gemeinschaftsorientierte Formen bevorzugte, fanden die Leser im unpolitischen Neoklassizismus immerhin einen exklusiven Spielraum, »nichts Widerständlerisches [. . .], nichts Gewaltsames, nichts Revolutionäres, sondern Rede, die sozusagen von selbst anders war« (Helmut Heißenbüttel).[247] Die verschiedenen Rückgriffe, die wir bei den übrigen Gedichten der Kaschnitz beobachten können, stehen stellvertretend für fast alle lyrischen Orientierungsversuche ihrer Generationsgefährten. Man findet u. a. die Klopstocksche Elegie, das Lied von Claudius, vereinzelt Hölderlins Hymne, Rilkes Sonett und vor allem die Formen Georges, zu dem sich die Lyrikerin mit ihrem Gedicht *Der Teppich des Lebens* ausdrücklich bekannte. Wie in Georges *Teppich* wird auch hier die Wirklichkeit in einen Kunstbezirk gerückt und ausgedeutet, doch gerade dieses Gedicht ist verräterisch. Marie Luise Kaschnitz fand nicht zur Tiefe und ästhetischen Rundung ihres Vorbildes, sondern variierte ihr Thema in neun Strophen und bemühte sich, durch Quantität die verlorene Qualität zu ersetzen. Die offensichtlichen artistischen Mängel hängen aber auch mit dem unter der Diktatur gewandelten Dichtungsinteresse zusammen. Die nichtnationalsozialistische Poesie wollte die Sprache bewußt reinhalten und zugleich säkularisierte Seelsorge sein, wie auch Wolfdietrich Schnurres Gedicht *Die Bewährung* bestätigt (»Nicht im Kreißen glühender Erde,/ nicht in Not und Sumpf allein/ spricht der Herr das Wörtlein ›werde!‹«).[248] Den bloßen Formkult lehnten alle ab. So endet Marie Luise Kaschnitz' *Teppich des Lebens* nicht wie Georges Poem im Hermetischen, sondern spendet – wie Schnurre – volkstümlich-biedermeierlich Trost:

Und doch erkenn ich Tag um Tag genauer:
Es wiegt die Freude schwerer als die Trauer,

Es strahlt die Sonne mehr als Schatten dunkelt
Und tausend Wipfel wiegen sich im Licht
Von Morgenglanz und Sternenschein umfunkelt
Um jenen einen, den der Sturm zerbricht.

Zum Lichte drängt das Reis mit jedem Triebe
Und tiefer wurzelt als der Haß die Liebe.[249]

Die thematischen Gruppen, zu denen die Kaschnitz 1947 ihre Gedichte zusammenfaßte, dürften ebenfalls repräsentativ sein: »Heimat«, »Südliche Landschaft«, »Im Osten«, »Die reichen Jahre« und »Dunkle Zeit«. Im letzten Themenkreis ist ein Vordringen des Sonetts zu beobachten; von sechsundvierzig Texten sind dreiundzwanzig in dieser strenggebauten Form geschrieben.

Sonette verfaßten damals so unterschiedliche Lyriker wie Andres, Becher, Bergengruen, Brecht, Brenner, Britting, Edschmid, Hagelstange, Haushofer, Hausmann, Holthusen, Kaiser, Kolmar, Krolow, Lange, von Niebelschütz, Nossack, Penzoldt, Peterich, Schneider, Thoor, Weinheber, Wolfenstein, Zech. Auf die Sonettmode des Exils und der Inneren Emigration hat man wiederholt hingewiesen. Aufschlußreich ist, daß diese Form zwischen 1940 und 1950 kulminierte. Es bestätigt sich offenbar, was Walter Mönch zur Geschichte der Gattung bemerkte, »daß in Zeiten, die großen Erschütterungen unmittelbar folgen, das Sonett zu wuchern beginnt.«[250] Zur Entstehung seines *Venezianischen Credo* (1944) erklärte Rudolf Hagelstange: »Ihr Thema war die Überwindung des zeitlichen Chaos durch Besinnung auf über- und außerzeitliche Kräfte des Menschen, und die Sonette boten sich an wie Quader, mit denen man bauen konnte. In ihrer strengen Form, so scheint mir, manifestierte sich schon äußerlich der

Unwille gegen das Formlose, der Wille zu neuem Gesetz.«[251] Die bewußte Distanz zum Chaos ließ keine Sonette von sublimen ästhetischen Reizen entstehen. Das Formbewußtsein war viel zu programmatisch, als daß man sich Stilexperimente im Sinne Rilkes leistete. Auch die zahlreichen unmittelbar an Rilke anknüpfenden Gedichte wie etwa Holthusens ergreifende *Totenklage* um seinen gefallenen Bruder[252] sind wesentlich einfacher. Das Bekenntnis zum Sonett galt nicht zuletzt auch als ethische Haltung, und die »schlichte Handwerklichkeit« war leicht erlernbar.[253] »Denn was geschieht, ist maßlos. Und Entsetzen / wölkt wie Gewitter über jedem Nacken. / Es jagt der Tod mit flammenden Schabracken / durch Tag und Nacht, und seine Hufe fetzen, / was Werk und Leben heißt, zu tausend Stücken«, beginnt ein Sonett Hagelstanges aus dem *Venezianischen Credo* (37). Nicht Verlaine und Baudelaire wirken hier nach, sondern die barocke und in der Biedermeierzeit erneuerte Totenklage. Die Allegorie des Knochenmanns, von Otto Dix 1934 in krasser Signatur über die Epoche gestellt[254], findet Eingang in die Sonette, die oft zu Totentanzzyklen zusammengefaßt wurden und mit Klage und Zuspruch in die Nähe der Gebrauchsformen gerieten.

Nicht ganz so verbreitet wie das mediterrane Sonett war die Ode, vermutlich deshalb, weil sie als eingedeutscht galt und auch im Formenkanon der nationalsozialistischen Lyrik einen besonderen Rang einnahm. Die Ode ist publikumsnäher als das Sonett; im 18. Jahrhundert rühmte man nicht nur ihre Höhe, sondern auch ihre große Wirkung auf den Menschen. Friedrich Georg Jünger hat versucht, die Klopstocksche Tradition der Odendichtung wiederzubeleben und von völkischen Impulsen freizuhalten.[255] Sein Gedichtband *Der Taurus* (1937) stand in hohem Ansehen und regte Johannes Bobrowski zu seinen Rußland-Oden an, von denen einige 1944 auf Vermittlung von Ina Seidel im *Inneren Reich* erscheinen konnten.[256] Der Plan des Grafen Moltke, eines Bruders des Widerstandskämpfers, 1944 in Riga ein ganzes Heft drucken zu lassen, scheiterte. Anders als Friedrich Georg Jünger arbeitete Bobrowski umwelt- und objektbezogener. Die Zerstörungen durch den Krieg und die russische Landschaft um den Ilmensee waren keine zeitlosen Themen, sondern die unmittelbare Wirklichkeit, mit welcher der junge Soldat konfrontiert war. Die von Eberhard Haufe aus dem Nachlaß mitgeteilten älteren Texte zeigen, daß es Bobrowski in den Oden des *Inneren Reich* gelang, die Blässe seiner Anfänge zu überwinden. »Ich wollte die Oden bildkräftiger, direkter haben, weil sie mir immer wie durch eine Wand gesprochen erschienen«, schrieb er im Dezember 1942 an Ina Seidel.[257] Zwar erreichte er noch nicht die Lebenswärme seiner Nachkriegsgedichte, doch die damals gedruckten Oden stellen zweifellos einen Höhepunkt innerhalb der binnendeutschen Lyrik jener Jahre dar. »Hoch überm See die schweigende Nowgorod. / Noch sinne ich das wohl, und es zieht das Herz / sich mir zusammen, – und doch ist ein / Frieden bereitet in der Zerstörung. / Den aber nennen!«, heißt es bereits damals programmatisch in *Anruf*.[258] Man muß diese Gedichte im Zusammenhang der nationalsozialistischen Odendichtung sehen, um ihren Wert würdigen zu können. Während Bobrowski die Zerstörung beim Namen nannte und den alten, christlichen Gott um Versöhnung bat, beschwor Tumler – heroisch gesonnen – den neuen, völkischen Geist: »Dir sing ich, neuer Gott! / der in Kindern sein Aug aufschlägt / und in den Müttern des Volks.«[259] Tumlers Oden gehören nicht »zum keuschesten und unverdorbensten [...], was in der zeitgenössischen Lyrik zu finden ist« (Krolow)[260], sondern markieren zusammen mit Gerd Gaisers Hymnen *Reiter am Himmel* (1941)[261] und den Gedichten Franz Fühmanns[262] den erfolgreichen Versuch, die völkische Ideologie durch die Tradition der deutschen Klassik zu legitimieren.

Neben dem in allen Gruppen anzutreffenden Klassizismus gab es eine außerordentlich breite Erneuerung der Anakreontik und ihres Bemühens, »die Sprache leicht und zierlich zu machen« und »bis zum Filigran« zu verfeinern.[263] Man sah damals in großen Teilen der deutschen Lyrik ein »Leichtnehmen des Spielens mit der Form«[264] und eine »gewisse biedermeierliche Behaglichkeit, die Lust und Leid in ihre freundlichen Reime faßt«.[265] Doch das Spiel war niemals ein ›Spiel an sich‹, sondern stets Ausdruck einer neuen, sich unter dem totalitären Regime entwickelnden geselligen Kultur. Auf der einen Seite kam es zu einer Aufwertung der mit erotischen Motiven durchsetzten Weinlyrik (z. B. Georg Brittings *Lob des Weines*, 1944), auf der anderen Seite weisen Titel wie *Kleine Pastorale, Jahreszeitenlied* und *Reigen des Jahres*[266] auf ein Erstarken der bukolischen Tradition. Die erbaulichen Sammlungen *Der Hirte* (1934), *Heimat ist gut* (1935) und *Der Nachbar* (1940) des schwäbischen Pfarrers Albrecht Goes verdeutlichen eine empfindsam-christliche Überformung der Anakreontik, wobei das Sentimentale zumeist in sehr leichte und anmutige Formen integriert wurde:

Regen und Regenwind
Singen mich wach,
Schwarz ist das Fensterkreuz,
Still das Gemach.
Decke sich sacht bewegt,
Weib atmet rein,
Mägdlein weint leise auf,
Schläft wieder ein –
Turmuhr sagt Mitternacht,
Lebenstag ruht.
Alles ist heimatnah,
Heimat ist gut.[267]

Wenn Krolow[268] eine *Mahlzeit unter Bäumen* gab, so war er zwar nicht erbaulich wie Goes, aber im ganzen dem selben intimen Stil der neobiedermeierlichen Anakreontik verpflichtet, auch wenn er mehr Gewicht auf das Erotische legte:

Und wir schneiden Brot und Käse.
Weißer Wein läuft uns am Kinne.

Des gelösten Geists der Pflaume
Werden wir im Fleische inne.

Hände wandern überm Korbe.
Fester Mund, er ward verhießen.
Weiche Glieder, braun geschaffen,
Im bewegten Laube fließen.[269]

Die Archaismen bei Goes (»Gemach«, »Weib«, »Mägdlein«) und Krolow (»am Kinne«, »ward verhießen«) versuchen, den künstlichen Bildern etwas Körniges beizumischen, verstärken jedoch eher den Eindruck des Kunstgewerblich-Gedrechselten. Elisabeth Langgässer hat diese Gedichte kurz nach dem Krieg außerordentlich scharf verurteilt. In ihrem Essay *Schriftsteller unter der Hitlerdiktatur* schrieb sie: »Es ist klar, daß nicht alles geschmacklos war, nicht unkünstlerisch, nicht unpoetisch; es hatte durchaus keinen ›Blutgeruch‹, dieses anakreontische Tändeln mit Blumen und Blümchen über den scheußlichen, weit geöffneten, aber mit diesen Blümchen überdeckten Abgrund der Massengräber – doch es war vollkommen unverbindlich, weltlos und deshalb verabscheuungswürdig.«[270]

Elisabeth Langgässer ließ lediglich die naturmagischen Gedichte Loerkes und Lehmanns gelten, doch dieses Urteil ist ungerecht und wohl durch fehlende Kenntnis zu erklären. Wie in der Erzähl- und Gebrauchsprosa gibt es auch in der lyrischen Gattung eine Gegenbewegung zur Idylle und zur säkularisierten Erbauung. Neben Bobrowski stellen sich vor allem die Gedichte von Hermann Lenz, Lange, Eich, Huchel und Celan dem »Schreck der Zeiten« (Wilhelm Lehmann).[271] Mit Ausnahme von Lenz (*Gedichte,* 1936) und Lange (*Gesang hinter den Zäunen,* 1939) erschienen die Arbeiten der anderen verstreut oder wurden erst nach 1945 veröffentlicht. Charakteristisch für diese Lyrik ist das Nebeneinander anakreontischer und existentieller Motive. Bei Lenz geben Arbeiten wie *Die Hirtin, Die Wiese, Die Flöte, An eine Zigeunerin* Beispiele einer anmutigen Bukolik; *Das Blatt* formuliert demgegenüber programmatisch den Rückzug (»In ein gerolltes Weinblatt möcht' ich kriechen, / Sein mürbes Sterben knistern hören«), um am Ende die durch die Abkapselung ausgelöste Verstörung beim Namen zu nennen: »Ich summte dort und schaute auch das Rechte: / Wie zittrig und verstört die Spinne näht, / Und wie im zart verästeten Geflechte / Der Blätteradern schon kein Saft mehr geht.«[272] Langes *Gesang hinter den Zäunen* enthält einige Schlaf- und Wiegenlieder, doch die meisten Arbeiten überwinden den häuslichen und jahreszeitlichen Umkreis. Das Gedicht *Dunkle Wasser, die Quellen* kreist wie Elisabeth Langgässers *Laubmann*-Zyklus um die Erlösung des »kalten, verworfenen Getiers.«[273] Die krassen, an das Barock erinnernden Bilder sind nicht eindeutig, es handelt sich um Gleichnisse, die auf die Natur und die Verlorenheit der Menschen bezogen werden müssen. Ähnlich dichtete Eich – tröstend – ein *Schlaflied am frühen Abend*[274], um in anderen Versen den Zeitabgrund aufklaffen zu lassen. Das bisher als Nachkriegsarbeit angesehene Gedicht *Weg durch die Dünen* wurde schon 1934 geschrieben und 1935 veröffentlicht.[275] Eich beteiligte sich damit am Preisausschreiben der *Dame*. Das Gedicht zeigt, daß nicht das Kriegserlebnis, sondern vielmehr ein nicht näher bestimmbares Angstgefühl für die Umwertung der Naturzeichen zur negativen Signatur verantwortlich zu machen ist. In den Kreisen des Strandhafers und den Spuren der Vögel im Sand entziffert das Ich erschreckt die »tödliche Unendlichkeit«. Es fällt auf, daß Huchels Gedicht *Späte Zeit* nichts anderes als ein Stück dieser mahnenden Vergänglichkeit darstellt. Unter dem Titel *Im nassen Sand* erschienen die Verse 1941 in der *Dame*:

Still das Laub am Boden verklagt.
Einsam frieren Moos und Grund.
Über allen Jägern jagt
hoch im Wind ein fremder Hund.

Überall im nassen Sand
liegt des Waldes Pulverbrand,
Eicheln wie Patronen.

Herbst schoß seine Schüsse ab,
leise Schüsse übers Grab.

Horch, es rascheln Totenkronen,
Nebel ziehen und Dämonen.[276]

Die Verse sind als Herbstpoem, aber auch als Kriegs- und Totengedicht zu lesen. Schon hier ist Huchels hermetische Technik, wie wir sie aus dem späten Gedicht *Der Garten des Theophrast* kennen, voll ausgebildet. Man assoziiert nicht nur Salutschüsse, die über einem Soldatengrab abgegeben werden, auch die Ursachen des Todes werden angedeutet. Das anklagende Laub, das fremd wirkende Sternenbild des Hundes und die mit dem Nebel dahinziehenden Dämonen kann man mit der Gewaltherrschaft in Verbindung bringen. Doch Huchel lag es wie Lange, Marie Luise Kaschnitz, Koeppen u. a. fern, Kritik an der nationalsozialistischen Diktatur zu üben; das Gedicht war für ihn zuallererst eine Möglichkeit, um sich selbst – meditativ über Zeichen gebeugt – aus der Dumpfheit zu befreien. Nicht zufällig verrät der Anfang den Einfluß von Trakls Einsamkeitslyrik. Der melancholische Ton war jedoch für die Zeit ungewöhnlich konkret und vieldeutig. Das Gedicht mußte, wenn es in seiner Mehrschichtigkeit überhaupt verstanden wurde, provokativ gewirkt haben. Aus dem unmittelbaren Erleben des Krieges heraus schrieb Hermann Lenz das Gedicht *Russischer Herbst*; es wurde 1943 von Georg von der Vring in seine Anthologie *Die junge Front* aufgenommen. Die Rede ist von Mäusen, die »sich umsonst der Schlangen wehren«, ihrem nassen Blut und dem rotentbrannten Laub. Der Wein des Herbstes wird »vor lauter Asche [. . .] dunkler, trüber, / Und von der Totenerde bitter sein.«[277] Das Gedicht erinnert an

Paul Celan, der 1945 in der *Todesfuge* die Schlangen- und Aschemetaphorik in ähnlicher Weise auf das Totengedächtnis bezog und Lenz 1954 sein Gedicht *Nächtlich geschürzt* widmete.[278] Das ist kein Zufall. Die Vorbilder des rumäniendeutschen Dichters waren mit denen seiner im Reich lebenden Generationsgefährten nahezu identisch. Zu seiner Handbibliothek gehörten damals ein Band von Rilkes Gedichten, eine Trakl- und Hölderlin-Ausgabe sowie das *Kleine Blumenbuch* des Insel-Verlages, in dem Celan neben den dort abgebildeten Pflanzen ihre Namen unter anderem auf Deutsch, Rumänisch, Russisch, Hebräisch und Griechisch notierte.[279] Die in Czernowitz und seit Sommer 1942 in einem Arbeitslager bei Buzău entstandenen und zum größten Teil noch unveröffentlichten Gedichte sind ähnlich wie die von Bobrowski, Huchel und Lenz durch eine Verschränkung des Natur- und Kriegsbereichs gekennzeichnet. Das 1942/43 geschriebene Gedicht *Notturno* beginnt mit einem für diese Lyrik so charakteristischen Weckruf: »Schlaf nicht. Sei auf der Hut. / Die Pappeln mit singendem Schritt / ziehn mit dem Kriegsvolk mit. / Die Teiche sind alle dein Blut.«[280] Andere zur gleichen Zeit entstandene und nach 1952 rasch bekannt gewordene Gedichte wie *Espenbaum, Ein Knirschen von eisernen Schuhn* und *Todesfuge* sind ebenfalls zweischichtig gebaut. In *Espenbaum* evozieren die Dinge der Natur und des Alltags Strophe für Strophe das Schicksal der im KZ ermordeten Mutter: das Laub weist auf ihre Haare, der Löwenzahn auf die Ukraine, die Regenwolke erinnert an die Tränen, der runde Stern an die tödliche Kugel usw.[281] Typisch ist wie bei Huchel die relativ einfache, an das Volkslied anknüpfende Struktur; erst in den Nachkriegsgedichten verstärkte sich der hermetisch-aristokratische Charakter. Doch auch bei den frühen Arbeiten ist vor einer Überbetonung der aktuellen politischen Bezüge zu warnen. Celans Blick auf die Welt war wie die seiner in Deutschland lebenden Dichterkollegen durch die Grunderfahrung der Angst geprägt, der Krieg radikalisierte lediglich diese Haltung. Das Bedrohliche wurde geradezu herbeigesehnt: »Es krümmen sich Wurzeln. / Darunter wohnt wohl ein Maulwurf; / oder ein Zwerg . . . / oder nur Erde / und ein silberner Wasserstreifen . . . / besser wär Blut«, heißt es bereits in dem um 1938 geschriebenen Gedicht *Wunsch*.[282]

1930 bekannte Frank Matzke: »Und typisch für unsere Zeit ist nicht der Ingenieur, der daheim die Bilder der ›neuen Sachlichkeit‹ hängen hat, sondern der Ingenieur, der in Rembrandtmappen blättert.«[283] An einer anderen Stelle notierte er: »Von allen Seiten dringt uns der Realismus des 19. Jahrhunderts wieder ins Blut« (229). Wenn es einen gemeinsamen stilistischen Bezugspunkt für die in den dreißiger und vierziger Jahren entstandenen Werke der jungen Generation gibt, so scheint er in der Literatur der Jahrhundertwende und in den klassizistischen und realistischen Richtungen der Vormoderne zu liegen. Schon um 1930 wurde es üblich, über die Ablösung der Neuen Sachlichkeit zu diskutieren. Willy Haas prägte damals in der *Literarischen Welt* für die kulturelle Entwicklung den Begriff ›Kunst-Restauration‹ und stellte ein Verschanzen in die »letzte sichere zurückliegende Stellung [...] also in das Jahr 1914« fest.[284] Fritz Schmalenbach hatte damals für die Malerei ähnliches beobachtet. Nach dem Besuch der Essener Kunstausstellung 1936 notierte er: »Die neue Sachlichkeit ist ziemlich zurückgedrängt.«[285] 1939 schrieb er in einem Aufsatz, daß die extremen Richtungen nun abgeklungen seien und sich »gemischt und neutralisiert« hätten. Diese neuentstandene »mittlere Malerei« wirke außerordentlich einheitlich und gemäßigt; sie sei »im Prinzip mit dem Impressionismus nahe verwandt.«[286] Ziemlich exakt kennzeichnete Schmalenbach damit auch die Stilentwicklung in der Literatur. Doch nur selten erreichten die von uns behandelten Autoren die nuancierte und feinabgestufte Schreibweise ihrer impressionistischen Vorbilder. Die Beschreibungen wirken schwerer, künstlicher, wie unter Anstrengung in einem Atelier hergestellt. So heißt es z. B. bei Schirmbeck: »An den Spalieren leuchtete das gelbe Fleisch der Äpfel, Birnen und Quitten, von den Blättern rieselte es wie flüssiges Silber. In der Ferne schlug ein Hund an. Die Geräusche der Nacht kamen und verebbten wie der Wind, der in duftenden Wellen durchs Geäst fuhr« (*Die Fechtbrüder*, S. 26). Als mißtrauten die Schriftsteller den bloß sinnlichen Eindrücken, ergänzten sie ihre Schilderungen häufig durch Kommentare. In Langes *Ulanenpatrouille* lesen wir: »Das Sichtbare hat eine besondere Eindringlichkeit, so, als sollte es nie vergessen werden. Die Musik klimpert ihm noch lange hinterdrein, sie fließt wie ein dünnes Rinnsal durch die Finsternis, überspielt hier und da [...] ein leises Gelächter oder ein halb geflüstertes Männerwort [...]« (33). An einer anderen Stelle beschreibt der Autor mit glühenden Farben ein schwüles Gemälde, das weniger an Renoir als an Makart erinnert: »Die Münder waren feucht, die Augen glänzten, die Glieder waren gelöst, rosige Frauenhaut, gespreizte Schenkel und schwere volle Brüste, welche sich in die Hände der Begleiter schmiegten [...]« (173). Ein Vergleich zwischen Lange und Schnitzler, Hofmannsthal oder Bang zeigt, wie stark das 19. Jahrhundert bei dem jüngeren Autor wieder lebendig geworden ist. Für die Malerei der dreißiger und vierziger Jahre betonte Schmalenbach ebenfalls eine gewisse Abweichung vom Impressionismus und beobachtete ausdrücklich eine »Mixtur« aus Cézanne, Matisse und Hans von Marées. Häufig würde das Gegenständliche vom Malerischen ertränkt. Auf die Literatur bezogen, könnte man sagen, daß sich hier die Dinge zuweilen in bloße Rede auflösten. Der Kampf um die Lebensnähe führte nicht selten zu einer Forcierung der Wortwahl, zu stilisierten Vergleichen und einem unnatürlichen Satzbau. Doch der Eindruck des Künstlichen und Preziösen ist keineswegs auf die Werke der binnendeutschen Dichtung beschränkt, es handelt sich vielmehr um allgemeine Merkmale, die auch die meisten Werke des Exils kennzeichnen. Während die Emigranten ihren fehlenden Umweltbezug durch die Rhetorik überspielten, kultivierten die Jungen demgegenüber geradezu ängstlich eine antirhetorische und nuancierte Schreibweise. Sie erkannten dabei die Gefahr des Exquisiten und suchten nach dem charakteristischen Adjektiv, dem ausdrucksstarken Verb und dem genauen Substantiv.[287] Diese oft zwanghafte Präzision hatte mit der Neuen Sachlichkeit nicht mehr viel zu tun. Von Sachschärfe konnte nur mehr in Ausnahmefällen die Rede sein (Friedo Lampe, Felix Hartlaub). Alfred Döblin, der noch 1929 in *Berlin Alexanderplatz* mit der Montage unterschiedlicher Textsorten und einer starken Integration des Idioms in die Literatursprache arbeitete, mußte angesichts eines derart auf Dämpfung ausgerichteten Stilprinzips rasch aus dem Gedächtnis verbannt werden. Horst Lange gebrauchte in seinem Dorfroman *Schwarze Weide* auf etwa 600 Seiten nur noch vierundzwanzig mundartliche Ausdrücke.[288] Das Ideal bestand in einem harmonischen Gesamteindruck. Der Klassizismus beeinflußte offensichtlich auch diejenigen Autoren, die Zeugnisse der Lebenswirklichkeit geben wollten. Die Kriterien, mit denen Walter Boehlich Nossacks *Untergang* charakterisierte, verdeutlichen ein Ziel, das allen Werken der jungen Generation zugrunde liegt. Die Sprache sei von »höchster Beherrschtheit, fast ohne Schwankung, Beruhigung« ginge von ihr aus.[289]

Die Autoren der jungen Generation standen im Interesse eines lebendigen Stils der bildlichen Umschreibung offen gegenüber, einem neuen expressionistischen Bilderkult waren allerdings von vornherein Grenzen gesetzt. Es gibt jedoch Partien, in denen die dekorative und erlesene Metaphorik des Fin de siècle hervorbricht. So beobachtete Lange in den *Leuchtkugeln* »gefrorenes Blut in Korallenästen auf der blauen Haut« (113), und Schirmbeck redete von einem Mund, der »aus der alabastern schimmernden Haut herausblickte wie eine Lotosblume, die träumend sich wiegt über blaßsilbernem Spiegel« (*Die Fechtbrüder*, S. 34). Doch zumeist dämpfte man derartigen Luxus. An die Stelle der scharfsinnigen Bildlichkeit oder der als unorganisch verworfenen Collage rückte die populäre Metapher. Wenn Koeppen in *Die Mauer schwankt* eine Straßenszene entwarf, dann bewegte er sich mit der Reihung von Personen und Objekten wie »Rundfahrtwagen, Zeitungsausrufer und Polizisten, hohe Taxameter, Droschken verschiedener Güte, Pferde, Lastfuhren, Fahrräder und Autos« noch ganz in der Tradition der Neuen Sachlichkeit, aber in einem abrundenden volkstümlichen Bild trug er dem Geschmackswandel Rechnung. Der Beobachter nimmt hinter den halbgeschlossenen Lidern »nur noch ein Gewimmel von Ameisen wahr [. . .], kämpfend und sterbend um einen Schaufelwurf Erde« (106). Ähnlich einfach ging Krämer-Badoni vor, wenn er in *Jacobs Jahr* die vor den Schaufenstern stehenden Käufer mit »stutzenden Raubvögeln« und den Verkehr mit einem »Strudel« vergleicht (13). Hocke schilderte in seinem Reisebuch *Das verschwundene Gesicht* (1939) die italienische Stadt Bari zwar mit Schmuckbildern, doch die Verwendung des Exquisiten ist mit einem deutlichen Verlust der Höhe verbunden: »Die Riesenhotels wirkten plötzlich wie Lustschlösser in einer arabischen Märchenwelt. Ein Silberstrahl schoß aus dem Leuchtturm, Scheinwerfer schleuderten ihre Lichtkegel in den Himmel, eine magische Hand legte im Bruchteil einer Sekunde eine funkelnde Perlenkette um das Theater Petruzelli [. . .]« (217). Grundsätzlich kann über die Bildlichkeit der dreißiger und vierziger Jahre gesagt werden: Die Metaphern wurden sparsam verwendet, stimmten zumeist mit der

Erfahrung der Natur überein oder wurden auf das Niveau des allgemeinen Sprachgebrauchs herabgesenkt. In der Lyrik hatte man kein Verständnis mehr für kurze Bildimpulse aus verschiedenen Bereichen. Ziel war trotz der typologischen Struktur etwa bei Huchel und Celan stets eine einheitliche Vergleichsebene. Erst später in den fünfziger Jahren ist eine erneute Komplizierung und Verselbständigung der Bilder zu beobachten.

Die gespaltene Weltauffassung legt die Vermutung nahe, daß die Allegorie eine bedeutende Ausbreitung erlebte. Doch Begriffsallegorien wie im 18. Jahrhundert und in der Biedermeierzeit benutzte man kaum; zumeist sind sie zum realistischen Bild aufgelöst. Die Pflicht tritt dem Baumeister von Süde bei Koeppen zwar als Personifikation entgegen, aber »wie ein Grabengel aus dem Vorgarten des Steinmetzen beim neuen Friedhof« (*Die Mauer schwankt*, S. 367). Nossacks Blick scheint für die Erneuerung der Allegorie wie geschaffen, doch stets spürt man eine Distanz, der allegorischen Tradition voll nachzugeben. Nossack vergegenständlichte sie lieber. »Vor einem ausgebrannten Haus«, heißt es im *Untergang,* »sah ich eine Allegorie [...]. Auf dem Schutt im Vorgarten lag wie eine Harfe das ausgeglühte Saitengestell eines Flügels. Durch den verkohlten Unrat und die zersprungenen Saiten wuchs eine Rose und blühte. Es war wie ein Bild auf einer alten Tasse. Sie hätten sich früher nicht gescheut, die Unterschrift darunter zu setzen: Blühen und Vergehen« (70). Die galante Mythologie kam mit der Wiederbelebung antiker Stoffe und anakreontischer Traditionen zwar erneut zu Ehren[290], doch die Ablehnung des Schmuckgedankens führte zu einem mäßigen Gebrauch. Da die Mythologie im Widerspruch zur Natürlichkeit und Wahrscheinlichkeit steht, versuchte man, die Götter zu versinnlichen und glaubwürdig zu machen. In Eichs Erzählung *Katharina* geraten die Kinder in einen verwilderten Schloßpark und entdecken eine zu Boden gesunkene Steinfigur der Diana: »[...] unter Dianas Arm schlüpfte eine Eidechse hervor, und auf der bloßen Brust der Jägerin sonnte sich ein Käfer mit lebendigen Fühlern« (47). Es ist gewiß kein Zufall, daß die mythologischen Figuren in den Gedichten Wilhelm Lehmanns während des Dritten Reiches zunahmen und nach dem Krieg allmählich wieder abgebaut wurden. Auch Lehmann ging es in seinem *Grünen Gott* (1942) darum, das Mythisch-Ferne durch eine »Dosis Sachlichkeit«[291] an das Leben heranzuführen; die kosmischen Mythologien Momberts und Däublers lehnte er als Flittergold ab.

Diese punktuellen Beobachtungen mögen ausreichen. Die in unserer Studie untersuchten Dichtungen wurden von einem mittleren, um Ausgleich bemühten Stil geprägt. Er war besonders gut geeignet, sich nach dem Zweiten Weltkrieg unter einer verstärkten Rezeption der Modernen Klassik des Auslandes weiterzuentwickeln. Bobrowski, Eich, Huchel, Marie Luise Kaschnitz, Koeppen, Nossack u. a. haben nach 1945 – aus der Zurückgezogenheit scheinbar befreit – keine neuen Haltungen erfahren; die Begriffe »Nullpunkt« und »Kahlschlag« bedeuten offensichtlich Metaphern im Sinn einer existentiellen Umkehr. Wenn Koeppen noch 1974 in seiner Rede auf Hermann Kesten behauptete, daß nach dem Dritten Reich »die Weitergabe von Techniken, Erprobtem, von Stoffen, Themen, Stilen, der Handschlag von Handwerker zu Handwerker« nicht möglich gewesen sei, es habe an allem gefehlt[292], so handelt es sich dabei um eine Mystifikation. Nach 1945 spaltete vor allem die junge Generation mit der widerspruchsvollen Lebenswirklichkeit des Dritten Reiches auch die künstlerischen Werke vom Bewußtsein ab oder verkleinerte ihren Rang. Wir konnten sehen, daß Gedichte von Huchel, einige Hörspiele Eichs, Lampes Kurzromane, *Das stille Haus* von Hermann Lenz, Langes *Schwarze Weide*, Winklers Essays sowie die (allerdings erst nach 1945 veröffentlichten) Berichte Hartlaubs und Nossacks durchaus mit der Nachkriegsliteratur konkurrieren können. Auch die Forschung hat die Kultur der fünfziger Jahre vom Hitler-Staat isoliert, indem sie sich fast ausschließlich mit dem nationalsozialistischen und konfessionellen Schrifttum des Dritten Reiches beschäftigte. Dadurch wurde der Zusammenhang mit dem Ausland und den verschiedenen binnendeutschen Richtungen verwischt, in welchem – trotz wachsender Einschließung – die junge Dichtung überleben konnte. Seit 1950 begannen sich mit der Modernen Klassik in der Bundesrepublik Deutschland die meisten der von uns erwähnten Autoren durchzusetzen. In diesem Prozeß, der die konfessionellen Schriftsteller und die klassizistischen Traditionalisten vom Markt verdrängte, wurde die Verwandtschaft der um 1930 aufgebrochenen Sehnsucht nach »Form-Erfüllung« mit dem auf sprachliche Komplexe reduzierten Denken der Adenauer-Zeit sorgsam verdunkelt. Wenn Walter Jens 1955 für eine »abstrakte Literatur« warb, dann wiederholte er zwar die Wertvorstellungen der Wende von 1930, bekannte sich jedoch nicht zu diesem Ausgangspunkt. Die von ihm gerühmten Ideale wie »intellektuelle Genauigkeit [...], Kälte und konzise Prägnanz« propagierten keine Rückkehr zu den zwanziger Jahren; sein Plädoyer mündet mit der Synthese von »mythischer Welt« und »artistisch sauberem Handwerk« in eine Institutionalisierung der Modernen Klassik, wie sie gegen Ende der Weimarer Republik in zahlreichen Bekenntnissen und Manifesten gefordert wurde.[293] Das politische Schlagwort »Keine Experimente« von 1957 kann man sowohl auf die literarischen Ordnungen der dreißiger wie der fünfziger Jahre beziehen. Die Künstler waren sich einig, weiterhin in einer »nachrevolutionären Situation« zu leben (Holthusen/Kemp).[294] In der Bundesrepublik Deutschland schreckte man unverändert vor einer Zeiterfahrung zurück und sehnte sich nach einer metaphysischen Ganzheit. Es liegt nahe, daß in einem solchen Klima die Distanz zur Aufklärungstradition und zu analytischen Darstellungstechniken nur von wenigen Schriftstellern aufgegeben werden konnten. Bereits am 2. März 1946 schrieb Ernst Kreuder in einem Brief an Horst Lange: »Die alten Emigranten beschäftigen sich noch mit der naturalistischen Verarbeitung der Nazi-Epoche. Wir haben heute eine andere Gesinnung nötig.« Und am 17. Januar 1947: »Fern liegt mir jeder sogenannte ›Realismus‹. Der ist für mich nur eine andere Art der Geschichtsschreibung. Daher lassen mich die realitätsgetreuen Beschreibungen aller beobachtenden Schriftsteller völlig kalt. Es geht um die geistige, immaterielle Wahrheit.«[295]

Doch die seinerzeit von Jens geäußerte Prophezeiung, die Zeit arbeite Tag für Tag für die abstrakte Literatur, sollte sich nicht erfüllen. In der zweiten Hälfte der fünfziger Jahre begannen sich zögernd erste Gegenstimmen einer neuen Generation zu artikulieren. In den *Akzenten* kritisierten 1955 Helmut Krapp und Karl Markus Michel mit ihren *Noten zum Avantgardismus* das restaurative Klima der bundesdeutschen Literatur. »Unsere Situation steht unter dem Zeichen des Zuspät: zuspätes come back von Kafka, Proust, Musil, Karl Kraus; zuspäte Adaption der großen ausländischen Literatur zwischen den Weltkriegen« (400). Krapp und Michel forderten im Unterschied zur abstrakten eine konkrete Literatur, die sich vor allem auf das »Medium der Sprache« konzentriert. Einerseits setzte die sogenannte experimentelle Dichtung in den späten fünfziger und frühen sechziger Jahren noch gewisse klassizistisch-artistische Tendenzen fort, andererseits führte die Beschränkung auf das Sprachmaterial zu einem Abbau der existentialistischen Substanz und zu einer stärkeren Betonung der rational nachprüfbaren Erfahrung. Rückblickend erscheint diese Literatur als Übergangsphase und frühstes Anzeichen einer Klimaveränderung, die 1965 durch die Vorherrschaft der wieder inthronisierten Tendenzdichtung und eines Neuen Realismus eingeleitet wurde. An die Stelle der Sachbeschreibung, der Formverklärung und der Melancholie rückten in einer Zeit unvorhergesehener Prosperität neue Projektionen wie Informations- und Gruppendenken. Man wollte nicht nur Lebensnähe, sondern die Totalität des Lebens selbst mit seinem »simultanen Gewirr von Geräuschen, Farben und geistigen Rhythmen« und knüpfte folgerichtig an die Versuche des Naturalismus und der zwanziger Jahre an. »Der Wahlspruch Arno Holz', daß die Kunst die Tendenz hat, wieder die Natur zu sein [. . .] ist frühestens von Dada und neuestens von den Künsten, von denen hier die Rede ist, ratifiziert worden«, bemerkte Jürgen Becker 1965 in der von ihm und Wolf Vostell herausgegebenen Dokumentation *Happenings,* die den bezeichnenden Untertitel »Fluxus – Pop Art – Nouveau Réalisme« trägt (9). Angesichts der sich damals ausbreitenden antiklassischen Einstellung und der gesellschaftlichen Utopien fiel es bislang schwer, ein gerechtes Bild von der vorhergegangenen und nun bekämpften Poesie zu gewinnen. Doch in einer Periode des erneuerten historischen Denkens scheint der Zeitpunkt nicht ungünstig, sich unvoreingenommener als früher mit der nichtnationalsozialistischen Literatur im Dritten Reich und ihren um 1930 geprägten Grundlagen auseinanderzusetzen.

Die Frage nach der Wertung läßt sich nur vom Einzelwerk her beantworten. Die Tatsache, daß viele Nachkriegsschriftsteller im Hitler-Staat veröffentlichten, sollte nicht mehr moralisch verunglimpft werden. »Wir wußten ja nicht, was wird«, erinnerte sich Hans Paeschke. »Wir lebten in einem Dunkel.«[296] Die Literatur hat in ihrer Gespaltenheit an der Bewußtseinslähmung der vom Nationalsozialismus geführten Epoche Anteil, die nur noch »Ideologien oder militärische Explosionen als Ausweg« kannte.[297] Es handelte sich zumeist um Versuche, zurückgezogen sich selbst vor der Versklavung durch die objektive Welt der Technik oder vor der Unterwerfung unter Parteiordnungen zu retten. In einigen Fällen gelang es, den schwankenden Boden in der »allereigensten Enge«[298] zur Sprache zu bringen, andere beruhigten ihre Angst an Pflanzen und Steinen, kapselten sich in alte Formen ein oder entwarfen – tröstend – wie auf Kissen gestickte Spruchbänder. Indem die jungen Dichter den Standortverlust und die Versteinerung als Erscheinungen wahrnahmen, legten sie – ohnmächtige Zuschauer – von dem Verfall der Zukunft Zeugnis ab.

Zur Periodisierung der deutschen Literatur seit 1930

Die deutsche Literatur der dreißiger, vierziger und fünfziger Jahre ist bislang mit wenigen Ausnahmen[1] vom Phänomen des Dritten Reiches her dargestellt worden. Die Daten, welche die nationalsozialistische Herrschaft begrenzten, wurden auf die Kunstentwicklung übertragen; aus dem Ereignis der Machtergreifung leitete man ein provinzielles Verkümmern und aus der Niederlage des Nationalsozialismus einen zögernden Neubeginn ab. Wenn Hans Bender 1962 im Vorwort zu seiner Anthologie *Widerspiel* das Jahr 1933 als »radikalen, fast tödlichen Schnitt durch die organischen Stränge« bezeichnete, »die von Anfang des Jahrhunderts in die Zukunft wachsen wollten«, dann konnte er sich auf einen breiten, auch in der Germanistik herrschenden Konsens berufen.[2] Noch 1971 stellte Helmut Kreuzer in seinem Periodisierungsaufsatz fest: »Die erste tiefere Zäsur innerhalb der Literatur des 20. Jahrhunderts ergab sich nicht aus dem Stilwandel einer scheinbar autonomen Literaturentwicklung, sondern durch die Machtergreifung Hitlers 1933.«[3] In der Ausbürgerung einerseits und der angeblichen Isolierung der binnendeutschen Literatur von internationalen Entwicklungen andererseits sah man schlüssige Beweise für einen Bruch. Auch die Mitte der sechziger Jahre einsetzenden zahlreichen Untersuchungen zur Exildichtung trugen nur wenig zu einer Revision dieser Blickweise bei, zu groß war die Versuchung, der völkischen Trivialkunst und der konfessionellen binnendeutschen Belletristik die Werke der »großen« Exilschriftsteller von Thomas Mann bis Brecht als Zeugnisse des ästhetisch und moralisch »besseren« und »anderen« Deutschland gegenüberzustellen. Die Ablösung der Emigrantenliteratur vom deutschen Sprach- und Resonanzraum erschien der vornehmlich soziologisch interessierten Forschung der letzten Jahre für die Konstituierung einer durchaus eigenständigen Epoche als ausreichende Begründung. Man konnte dabei auf die Nichtintegration der im Exil geschriebenen Dichtungen in den Kanon der westdeutschen Literatur verweisen und sich darüber hinaus auf zahlreiche Selbstaussagen von Nachkriegsautoren berufen, die alle in der Niederlage des Nationalsozialismus eine »Tabula-rasa-Situation«, einen »Null-« und »Wendepunkt« oder einen »Kahlschlag« sahen. Noch 1974 behauptete Wolfgang Koeppen in seiner Rede auf Hermann Kesten, daß nach dem Dritten Reich »die Weitergabe von Techniken, Erprobtem, von Stoffen, Themen, Stilen, der Handschlag von Handwerker zu Handwerker« nicht möglich gewesen sei, es habe an allem gefehlt (FAZ 244/21. 10. 1974). Die radikale ideologische Skepsis dieser Generation schien diese Periodisierung zu rechtfertigen; der »Ideologieverdacht« stand in wirkungsvollem Kontrast sowohl zur völkisch-nationalen Literatur wie auch zu den Werken der Emigranten und ließ die »Epoche des Kalten Krieges und des gespaltenen Deutschlands« (Kreuzer) als eigenständige geistige und ästhetische Einheit erscheinen. Den Angriffen der Nationalsozialisten gegen die »Entartete Kunst« und den bürokratischen Unterdrückungsmaßnahmen gelang es jedoch nicht, die Moderne in Deutschland zu zerstören. Erst kürzlich konnte nachgewiesen werden, daß sich unter der Diktatur – trotz zunehmender Behinderungen – ein vielgestaltiges literarisches Leben bewahrt und daß ein großer Teil der späteren »Nullpunkt-Generation« an dieser Entwicklung produktiven Anteil genommen hatte. Dadurch ist das Problem der Kontinuität ins Blickfeld gerückt worden, aber auch die Aufgabe, nun mehrere einander ablösende oder sich überschichtende Richtungen herauszupräparieren. Die moralisierende Fixierung auf den Nationalsozialismus hatte bis dahin zu einer Überbetonung der Zäsuren von 1933 und 1945 geführt und eine literaturgeschichtlich differenzierte Darstellung der verschiedenen Strömungen sowie die Bestimmung des Epochenzusammenhangs über diese Daten hinaus verhindert.

Die nachexpressionistische Literatur bezog sich zwar immer wieder auf die Ergebnisse der künstlerischen »Totalrevolte«, die sich im Wilhelminischen Deutschland ereignet hatte, gleichzeitig forderte sie jedoch eine Überwindung der »Formauflösung«. Schon um 1920 wurde es üblich, das »Ende des Expressionismus« zu verkünden. »Was vor zehn Jahren anfing, den Bürger heftig zu verwirren«, erklärte Kasimir Edschmid auf der ersten Deutschen Expressionisten-Ausstellung in Darmstadt, »hat [...] Neunzehnhundertzwanzig nicht einmal mehr das Rührende der Sensation«[4] und machte ausdrücklich politische Schockerlebnisse wie die Niederlage im Ersten Weltkrieg und die innenpolitischen Auseinandersetzungen nach 1918 für den Bewußtseinswandel verantwortlich. Das Bekenntnis »Nun kommt die stille Arbeit« findet in der Neuen Sachlichkeit seinen Ausdruck, welche die Spannungen durch eine Rückkehr zur Klassizität zu dämpfen versuchte. Die Gespaltenheit dieser Strömung in einen kritisch-veristischen und einen mehr idyllisch-statischen Flügel weist jedoch auf die antithetischen Kräfte, die in der Republik lange Zeit neben- und gegeneinander wirkten. In den zwanziger Jahren wurde Berlin Hauptstadt der internationalen Kunst-Avantgarde.[5] Zu Beginn der Republik erfüllte der Dadaismus diesen Anspruch[6], auch später entstanden mit Bauhaus, Dokumentartheater usw. noch einmal neue Ausdrucksformen, die den Aufbruch der Moderne – bezogen auf die gesellschaftlichen Bedürfnisse – weiterführten. Die Kultur der Weimarer Republik war offen. Erst unter dem Eindruck eines erneuten »Zusammenbruchs« engte sich der experimentelle Spielraum abermals ein. Die Weltwirtschaftskrise 1929–1932 und der durch den Rücktritt des Kabinetts Müller im März 1930 zutage tretende Zerfall der demokratischen Ordnung machten die Angst vor dem Chaos zum neuen Lebensgefühl und schufen ein geändertes Verhältnis zur Form. Das seit 1918 vorhandene Krisenbewußtsein wurde durch die Erschütterungen dramatisch erneuert; der wilde Vitalismus der völkischen Ideologie und die passive Depression des existenzphilosophischen Denkens stehen dabei in einem dialektischen Zusammenhang und sind gleichermaßen Zeichen einer unvernünftigen Reaktion auf die Zerrüttung. Verzweiflung und Ohnmacht, die den kurzlebigen Optimismus der Ära Stresemann ablösten, führten zu einem Siegeszug irrationaler Wertvorstellung in den unterschiedlichsten Lagern und schufen eine rasch anwachsende Distanz zu künstlerischen Neuerungen. Zweifellos verstärkten die Schrecken der Diktatur, die Not der Ausbürgerung und des Krieges den Rückzug auf alte Ordnungen, doch die Krise von 1930 ist – übrigens auch international – das entscheidende Ereignis, das der neuen Epoche die Bahn öffnete. Maurice Nadeau entdeckte in *Littérature presenté*, daß in Frankreich 1930 plötzlich das Vertrauen in den Fortschritt, in den natürlichen Aufstieg der Menschheit und der Glaube an ein persönliches Glück zurückgewichen seien. Die »Seelenspiele Mauriacs und die Geistesspiele der Surrealisten« hätten ihre Aktualität verloren und wirkten »wie abgeschnitten von der sich neu entwickelnden Wirklichkeit.«[7] Auch für die Vereinigten Staaten wurde eine ähnliche Klimaveränderung beobachtet. Schon früh wies Hans Effelberger auf einen sich um 1928 ereignenden »bemerkenswerten Umschlag« hin; bei jüngeren Schriftstellern wie Hemingway, Faulkner, Thomas Wolfe u. a. sei eine scharfe Kritik an der Literatur des sozialen Protestes sowie ein »neues Besinnen auf Grundbegriffe des amerikanischen Lebensgefühls« zum Durchbruch gekommen.[8]

1930, als sich der Nationalsozialismus auszubreiten begann, fühlten viele Künstler »das Bedürfnis, aus der Literatur des Suchens und Tastens heraus auf festen Boden zu gelangen.«[9] Zu einer ersten Beschreibung dieser Entwicklung kommt man am ehesten, wenn man sich an die klaren Äußerungen zur Abkehr von revolutionären Ausdrucksformen anschließt. Doch dabei handelt es sich nur z. T. um eine programmatische Bewegung. Während die Nationalsozialisten und Kommunisten, aber auch die jungen Existentialisten ihre Kritik an dem kalten Verismus der zwanziger Jahre sowie an der extremen Formauflösung des Expressionismus deutlich vortrugen, solidarisierte sich ein Teil der Exilautoren emotional mit den formalen, eine Erneuerung utopisch verheißenden Aufsplitterungen, auch wenn ihre eigenen Werke davon abwichen. Obgleich z. B. Döblin die Beschreibungs- und Collagetechnik seines Romans *Berlin Alexanderplatz* (1929) zugunsten traditioneller Erzählmodelle und rückwärtsgewandter Stoffe bald nach 1930 aufgab, wird man bei ihm keine ausdrückliche Kritik am Expressionismus finden. Anders verhält es sich bei Becher, der im Exil die Meinung vertrat, daß die Poesie die Beziehung zum Volk verloren habe und daß eine allgemeine Rückbesinnung auf das »deutsche Erbe« not tue.[10] 1931 hatte bereits George Grosz in Paul Westheims *Kunstblatt* ein ähnlich motiviertes Bekenntnis zur deutschen Tradition abgelegt und gefordert, in dieser »glaubenslosen und materialistischen Zeit« an Bosch, Breughel und Altdorfer anzuknüpfen.[11] Nicht erst im Exil anläßlich der Expressionismus-Debatte, sondern schon jetzt zeichnete sich in der Diskussion der marxistischen Linken eine Überwindung moderner Darstellungstechniken durch die Klassizismustradition des Bürgerlichen Realismus ab. Das antifaschistische Volksfrontdenken konsolidierte im Laufe der dreißiger Jahre diese »Öffnung nach rechts«, doch für die Mehrheit der Marxisten war spätestens 1932 die Kunstrevolution zu Ende. Kennzeichnend für diese Entwicklung ist, daß Georg Lukács in der *Linkskurve* heftig die Reportageromane von Bredel und Ottwalt angriff (Nr. 7, 1932) und nicht minder scharf mit Brechts Theorie des epischen Theaters ins Gericht ging (Nr. 11/12, 1932).

Auch diejenigen Schriftsteller, die weder in der marxistischen noch in der völkischen Heilslehre eine Alternative zur gesellschaftlichen Misere sahen, taten wenig zur Verteidigung der demokratischen Traditionen und kapselten sich enttäuscht von den politischen und künstlerischen Strömungen des Weimarer Staates ab. Ein programmatisches Dokument für diese existentialistische Gruppe ist die Dresdner Zeitschrift *Die Kolonne*, die bereits in ihrer ersten Nummer vom Dezember 1929 ein Bekenntnis gegen die Neue Sachlichkeit ablegte, weil sie den »Dichter zum Reporter erniedrigt und die Umgebung des proletarischen Menschen als Gefühlsstandard modernen Dichtens propagiert« (1). Statt dessen forderten Eich, Huchel, Lange und Raschke ein meditatives Eingehen auf die Zeichen der Natur. Als Othmar Spann am 23. Februar 1929 die Kampagne des nationalsozialistischen »Kampfbundes für deutsche Kultur« mit einem Vortrag in der Münchener Universität eröffnete, verfolgte er selbstverständlich andere Ziele als die Marxisten und jungen Existentialisten. Die sich in Dadaismus, Futurismus, Atonalismus usw. abzeichnende Kulturkrise sei in Wirklichkeit eine Krise der Gesellschaft, die sich lediglich mit Hilfe des autoritären Staates lösen lasse. Gegen Anarchie und Bolschewismus müssen die Führungskräfte des Staates »mit ›Feuer‹, ›Schwert‹, ›Heldensinn‹ und ›Kriegertum‹« wiederhergestellt werden.[12] Unsere Zeit vergißt meistens, daß eines der Hauptargumente Hitlers, nämlich die Identifikation der extremen Formzertrümmerung mit der Krise der Gesellschaft, damals in zahlreichen nichtnationalsozialistischen Kreisen erstaunlich populär war. Die historischen Stile wie Romantik und Biedermeier, der Realismus des 19. Jahrhunderts und vor allem der Klassizismus gewannen auch als Ordnungsfaktoren überall an Boden, denn die Tendenz, in der Kunst Altes und Bewährtes wiederherzustellen, ist kein Ergebnis der Kulturpolitik Hitlers, sondern Produkt ein und derselben geschichtlichen Krise, die auch den Nationalsozialismus zum Sieg geführt hatte.

Wenn man das Bild der Literatur aus den dreißiger und vierziger Jahren nachzeichnet, so wird man bald auf eine außerordentliche Heterogenität stoßen. Zweifellos hängt die Auflösung von Gruppenstilen mit den durch die Maßnahmen der nationalsozialistischen Kulturpolitik erzwungenen isolierten Arbeitsprozessen zusammen, doch sorgfältige Untersuchungen haben gezeigt, daß die Zerfaserung in personale Ausdrucksformen schon in der Weimarer Republik eingesetzt hatte. Der »Tumult aller Stile«, den wir in der trivialen Staatskunst des NS-Regimes finden, ist symptomatisch und läßt sich auf einen Teil der Epoche bis ca. 1950 beziehen. Das Vereinheitlichungsdenken der westdeutschen Literatur war später so stark, daß allein schon die Beseitigung des Pluralismus vielfach als Beleg einer ganz und gar neuen Literaturperiode erscheinen konnte. Epochen bringen zu keiner Zeit grundsätzlich Neues, sondern versuchen, die lebendigen Ausdrucksformen der abgelösten Perioden in einer Art Transformation dem veränderten Grundgefühl anzugleichen. Eine Literaturgeschichte des Dritten Reiches darf sich daher nicht nur mit der durch die Nationalsozialisten aufgewerteten Heimatkunst-Tradition und dem konfessionellen Schrifttum auseinandersetzen, sondern muß aus dem literarischen Geflecht der dreißiger Jahre auch diejenigen Tendenzen herauspräparieren, welche die Ergebnisse der Kunstrevolution grundsätzlich bejahten und in eine Moderne Klassik umzuwandeln versuchten. Die Rolle der *Kolonne* kann dabei nicht hoch genug eingeschätzt werden. Auf das Bemühen des Kreises, den Expressionismus durch klassische Formen und eine Rückbindung auf die Naturwirklichkeit zu bewahren, ist schon vereinzelt hingewiesen worden[13], übersehen wurde bisher, daß auch nach Einstellung der Zeitschrift Ende 1932 der Freundeskreis erhalten blieb und daß einzelne Mitglieder wie Eich, Huchel, Lange und Elisabeth Langgässer unter der Diktatur in Gegnerschaft zur nationalsozialistischen Ideologie ihre Vorstellungen zu retten vermochten, ohne daß sie den Hitler-Staat selbst in Frage stellten. Die in München 1977 gezeigte Ausstellung »Die dreißiger Jahre« belegte überzeugend eine verwandte Rückzugshaltung bei einer Reihe von Malern und betonte vor allem die Rolle der jungen Generation für die Umschmelzung expressionistischer, abstrakter und auch veristischer Ausdrucksmittel im Dritten Reich. Paul Vogt beobachtete im Katalog der Ausstellung eine Malweise, die darauf ausgerichtet war, die Natureindrücke auf Embleme zu reduzieren (Ernst Wilhelm Nay) oder unter dem Eindruck ostasiatischer Techniken Grunderfahrungen zeichenhaft zu artikulieren (Julius Bissier).[14] Daß sich die Entwicklung der dichtenden und malenden Einzelgänger nicht ganz und gar isoliert voneinander vollzog, zeigt die enge Beziehung zwischen Ernst Wilhelm Nay und Wilhelm Lehmann aus den Jahren 1936-1939. Am 9. März 1938 bedankte sich Nay für den in der *Neuen Rundschau* abgedruckten Gedichtkreis *Widerspiel*: »Ihre Vorstellungswelt ist sehr nahe der meinen: und Ihre Gedichte begleiten meine Malerei: Und so bin ich auf natürliche Weise des Dankes voll. Ihre Verse lesend und draußen in der Natur zitierend. Ermutigend und beglückend ist es, Ihre Visionen in heutiger Zeit zu wissen.«[15] Den Malern Ernst Wilhelm Nay, Julius Bissier, Werner Gilles, Willi Baumeister, Fritz Winter u. a. ging es ähnlich wie den *Kolonne*-Mitarbeitern Günter Eich, Peter Huchel, Horst Lange und Elisabeth Langgässer um eine metaphysische Ganzheit. In ihrem Bemühen, der Wirklichkeit mythische oder biblische Parallelen als Ordnungsschemata zu unterlegen, konnte sich die junge Generation schon jetzt auf Vorbilder wie Benn, Loerke, Lehmann, Kafka und die modernen Amerikaner beziehen, die erst in den sechziger Jahren ihre Leitfunktion verloren. Für die Beurteilung der Modernen Klassik ist außerdem wichtig, daß die grundlegenden existenzphilosophischen Schriften von Heidegger und Jaspers heftig diskutiert wurden und während der NS-Zeit durch Aufsätze und Traktate von Max Bense, Otto Friedrich Bollnow, Johannes Pfeiffer u. a. ein beträchtliches Echo erfuhren.

Eine bedeutende Rolle spielte der populäre Roman Hesses, Falladas, Flakes, Kellermanns u. a., der den Leser aus seiner Depression herauszuführen versprach. Diese Literatur berührt sich mit der großen Gruppe konfessioneller Belletristen, die nach dem Zweiten Weltkrieg zumeist unter das nichtssagende Schlagwort »Innere Emigration« zusammengefaßt wurden. Während sich die Moderne Klassik zögernd artikulierte und nur wenig von sich reden machte, fand die religiöse Gebrauchskunst eine große Beachtung. Ihr Aufstieg ist ebenfalls eng mit der Krise verbunden. Bereits 1931 legte Reinhold Schneider seine Biographie über *Philipp II.* vor, in der er sich mit dem Problem von Religion und Macht auseinandersetzte und für die Unvereinbarkeit dieser Prinzipien eintrat. So groß der ethische Wert der konfessionellen Oppositionsliteratur eingeschätzt werden muß, so problematisch ist ihr oft sakraler Heroismus, der sie – trotz aller ideologischen Unterschiede – oft in die Nähe der offiziellen Kunst rücken ließ. Daß Bergengruens Roman *Der Großtyrann und das Gericht* (1935) vom *Völkischen Beobachter* zunächst als »der Renaissanceroman des deutschen Volkes« gefeiert werden konnte, belegt die Ambivalenz. Von einem christlichen Naturalismus waren Schneider und Bergengruen ebensoweit entfernt wie Klepper und Wiechert.

Die Grenze zwischen der Erbauungsliteratur und der strengen Klassizistentradition der Kreise um Rudolf Alexander Schröder und Friedrich Georg Jünger ist oft schwer zu ziehen. Der traditionelle Klassizismus war so programmatisch, daß die zahlreichen Sonett- und Odendichtungen der dreißiger Jahre mit Klage und Zuspruch stark in die Nähe der Gebrauchsformen gerieten; das Bekenntnis zur Form war angesichts des Chaos nicht zuletzt eine ethische Haltung. Dem entspricht die gleichzeitige publizistische Verurteilung des Expressionismus und anderer antiklassischer Strömungen durch diese Kreise. Wie stark der Traditionalismus damals tatsächlich war, läßt sich etwa daran ablesen, daß das offizielle Bild der Literatur – abgesehen von der populären Unterhaltung – fast ausschließlich von den christlichen Erbauungsschriftstellern, den Klassizisten und der völkischnationalen Staatskunst geprägt wurde. Das Ineinanderfließen dieser Richtungen ist bislang noch nicht sorgsam genug untersucht worden; die gemeinsamen Werte und Ängste waren oft identisch. Vor allem dort, wo den Klassizisten eine feste konfessionelle Verwurzelung fehlte, gerieten sie in den Sog der nationalsozialistischen Ideologie. Das gilt für Hans Rehberg und Bernt von Heiseler, aber auch für Gerd Gaiser und Franz Fühmann. Auf der anderen Seite zeigen die Oden Friedrich Georg Jüngers, die Johannes Bobrowski nachhaltig beeinflußten, daß das Bemühen um eine reine Sprache und die Bewahrung humaner Werte gerade bei den Klassizisten besonders stark war.

Es ist leicht nachzuweisen, daß die im Exil geschriebenen Werke an der allgemeinen thematischen und stilistischen Rückwärtsgewandtheit der neuen

Epoche Anteil hatten. Thomas Mann schrieb nicht den *Zauberberg* (1924), sondern die *Josephs*-Romane (1933–1942) und *Doktor Faustus* (1947), Heinrich Mann nicht den *Untertan* (1918), sondern das historische Legendenepos *Henri Quatre* (1935–38); Brochs *Tod des Vergil* (1945) und sein postum erschienener *Versucher* (1953), Joseph Roths *Antichrist* (1934), Alfred Döblins *Amazonas*-Trilogie (1937–48) usw. zeigen, daß die metaphysische Grundhaltung keineswegs auf die Daheimgebliebenen beschränkt war. Der große Anteil der im Exil verfaßten historischen Romane und die geringe Anzahl der die Gegenwart beschreibenden Werke ist oft bemerkt und meist mit der Isolierung vom deutschen Sprach- und Erfahrungsbereich begründet worden. Doch gerade im Rückgriff auf historische und mythische Stoffe sowie in der allegorischen bzw. parabelhaften Darbietungsweise liegt das Charakteristische der Epoche. Von Thomas Mann wissen wir z. B., daß er den Schritt vom »Bürgerlich-Individuellen zum Mythisch-Typischen« und zu den »Urnormen, Urformen des Lebens« bereits in Weimar vollzogen hatte; die ersten beiden Bände des *Joseph*-Zyklus sind noch in Deutschland geschrieben worden. Heinrich Manns *Henri Quatre* wurde ebenso vor 1933 konzipiert wie Joseph Roths *Antichrist*. Auf der anderen Seite fehlt es noch an fundierten Untersuchungen, welche die thematischen und stilistischen Veränderungen der späteren Exilautoren vor ihrer Ausbürgerung beschreiben. Die wiederholt vertretene These, die Flüchtlingsliteratur stünde auf Grund ihrer konträren Erfahrungswelt in einem krassen Gegensatz zur Literatur der Daheimgebliebenen, berücksichtigt zu wenig den internationalen Klassizismus und das auch außerhalb Deutschlands aufgebrochene Angstgefühl. Darüber hinaus ist die »Emigranten-Stimmung« (Klepper) auch bei zahlreichen in Deutschland gebliebenen Schriftstellern festzustellen. Unstreitig ist, daß nahezu ausschließlich im Exil die demokratischen Werte kämpferisch verteidigt wurden, doch der gemeinsame Antifaschismus reicht für eine Kennzeichnung nicht aus. Die Forschung hat nicht immer der Versuchung einer erneuten Isolation der Emigrantendichtung unter positiven Vorzeichen widerstanden. Allein die unterschiedlichen, z. T. nur »rassisch« bedingten Beweggründe für die Exilierung sprechen gegen ein einheitliches Erscheinungsbild. Feuchtwangers *Falscher Nero* (1936) ist von Brochs *Tod des Vergil* (1945) ebensoweit entfernt wie von Bergengruens *Großtyrann* (1935). In ihrem Klassizismus steht die Lyrik Johannes R. Bechers den Oden Friedrich Georg Jüngers und den Sonetten Reinhold Schneiders näher als den offenen Gedichten Brechts. Die vom Existentialismus durchtränkte Lebensnähe in dem Roman *Transit* (1944) von Anna Seghers findet in der Exildichtung kaum Entsprechungen; am nächsten kommen Anna Seghers die heimlich niedergeschriebenen Kriegstagebücher Felix Hartlaubs und der Bericht Hans Erich Nossacks (*Der Untergang,* 1943; erschienen 1948). Offensichtlich muß man sich eine neue Konzeption überlegen, die dem Nebeneinander von politischen Werten und Ausdrucksformen im Exil Rechnung trägt und die versucht, Gruppierungen über die ausgesperrte Literatur hinaus zu finden. Man könnte z. B. zeigen, daß nicht nur die Grundstimmungen der Epoche wie »Hunger nach Mythos«, christlich-dualistisches Denken, Bewahrung des »deutschen Erbes« und ein allgemeines Ordnungsbewußtsein einheitlich zurückweisen, sondern auch Darstellungsmittel wie Bildlichkeit, Wortschatz, Syntax sowie die Gattungen und ihre Theorien. Ein gattungs- und stilgeschichtlich ausgerichtetes Vorgehen hat sich bei der Erforschung einer ähnlichen Restaurationsepoche wie der Metternich-Zeit 1815-1848 bewährt.[16] Von einer ideologiekritischen Analyse sollte die Epochenforschung allmählich zu einer umfassenden Darstellung der Formenwelt und des Sprachgebrauchs übergehen. Es wäre aufschlußreich zu untersuchen, ob und inwieweit die vom Klassizismus geprägten Stilideale auch die Exilliteratur beeinflußten, in der durch die Aufklärungstradition das rhetorische Dichten mit seinen Schwankungen der Stilebenen weiterwirkte. Allen Strömungen ging es um den Leser; die in Weimar eingeleitete Distanz zum Ästhetizismus wurde nach 1930 selbst von den jungen Existentialisten nicht rückgängig gemacht. An die Stelle des »Wissenschaftlers«, »Ingenieurs« oder »Agitators« rückte im Selbstverständnis der Schriftsteller allerdings jetzt der »Prophet«, »Priester«, »Führer« oder »Mahner«. Auch wenn Eich 1932 in der *Kolonne* erklärte, »Gedichte haben keinen beabsichtigten Nutzwert«[17], zog er sich nicht in Georges »Unterreich« zurück, sondern fühlte eine Verantwortung für den einzelnen (»Wacht auf, denn eure Träume sind schlecht!«).[18] Diese »Erweckungsstrategie« war jedoch so zwiespältig, daß sie auch im Dritten Reich geduldet werden konnte.

Es spricht vieles dafür, daß der Nationalsozialismus die traditionalistischen Tendenzen der deutschen Literatur verstärkt, das Weiterleben der demokratisch engagierten Traditionen unterbrochen und den Aufstieg der Modernen Klassik verzögert hatte, doch eine radikale Veränderung der Epoche ist von ihm nicht ausgegangen, zu sehr ist er selbst ein Produkt der Krise und weist in seiner Kunstauffassung mit den antithetischsten Richtungen auf einheitliche Grundlagen. Zusammengefaßt kann man – mit Einschränkungen – bei allen Gruppierungen der dreißiger und vierziger Jahre folgende Besonderheiten beobachten:

1. Krisenbewußtsein.
2. Metaphysische Grundeinstellung; allgemeines Ordnungsdenken.
3. Leserorientierung.
4. Kritik an der Aufklärungstradition des Weimarer Staates.
5. Distanz zu aktuellen Stoffen; Bevorzugung historischer, mythischer oder landschaftlicher Themen.
6. Wiederaufleben von vormodernen Stilen (Realismus des 19. Jahrhunderts, Romantik, Klassik usw.).
7. Rückgriff auf ältere Gattungsarten (Sonett, Ode, Elegie, Hymnus, Lied; Novellistik; historischer Roman, Dorfgeschichte usw.).
8. Dominanz der Gebrauchsliteratur (Kriegsbericht, Reisebeschreibung, Tagebuch, Essay; Predigt, Legende; Rede, Tendenzdichtung).

9. Erneuerung dualistischer Darbietungsweisen, wie z. B. Allegorie und Parabel.
10. Vordringen klassizistischer Stilnormen.

Die Ereignisse von 1945 führten zur Ausschaltung der nationalsozialistischen Literatur und schufen eine scheinbar offene Situation, in welcher die Exilautoren, die konfessionellen Inneren Emigranten und die seit 1930 als Unterströmung vorhandene Moderne Klassik miteinander gleichberechtigt konkurrierten, doch es handelte sich um kein eigenständiges, sondern um ein durch die Alliierten geprägtes Kulturleben. Als sich mit der Gründung der Bundesrepublik diese Einflußmaßnahmen auflösten, verschob sich das Kräftefeld zugunsten der Existentialisten der mittleren und jungen Generation und der von ihnen mitgetragenen Klassischen Moderne. Die Ideologieskepsis und die sorgsam die Ursachen der Katastrophe verhüllende Restaurationspolitik der Adenauer-Zeit bilden eine Einheit. Von den Exilschriftstellern wurden nur diejenigen in den Kanon integriert, die dem geschichtsfeindlichen Denken der Nachkriegsperiode nahekamen (u. a. Thomas Mann, Broch, Musil). Spätestens 1952 waren die schon Ende der zwanziger Jahre von der jungen Generation mit großer Zustimmung aufgenommenen kunstmetaphysischen Positionen Gottfried Benns sanktioniert.[19] Sein Marburger Universitätsvortrag *Probleme der Lyrik* (1951) hatte für viele eine programmatische Wirkung. Auch in Ostdeutschland ereignete sich nach 1945 kein »Nullpunkt«. Der von Lukács in der *Linkskurve* zum erstenmal entwickelte rückwärtsgewandte Realismusbegriff wurde staatlich oktroyiert; die verspätete Brecht-Rezeption um 1960 ist ein gesamtdeutsches Phänomen und deutet darauf hin, daß sich in beiden deutschen Kulturbereichen etwa gleichzeitig eine Distanzierung von der »Krisengeneration« ereignete. In den fünfziger Jahren standen sich mit dem klassizistischen Realismus und dem klassizistischen Expressionismus in Ost und West die Positionen von 1930 frontartig gegenüber; beiden Literaturen kam es weniger auf kritische Veränderung als auf Stabilisierung des Erreichten an. Man fühlte sich ausdrücklich in einer »nachrevolutionären Situation.«[20] So grenzten sich Holthusen und Kemp in ihrem Nachwort zu der Lyrikanthologie *Ergriffenes Dasein* (1953) entschieden vom »bramarbasierenden Revoluzzertum« der einstigen Aufbruchsbewegungen ab (350). Das Bild eines gedämpften und entspannten Expressionismus, das die existentialistische Generation schon während der dreißiger und vierziger Jahre gepflegt hatte, erfuhr in Westdeutschland nunmehr eine breite Popularisierung und wurde immer wieder gegen die rationalen Collagedichtungen der Dadaisten und den aggressiven Verismus der zwanziger Jahre ausgespielt. »Dada, könnte man meinen, sei toter als tot«, bemerkte Walter Jens noch 1961 in seiner *Deutschen Literatur der Gegenwart* (97) und beobachtete demgegenüber bei Autoren wie Ingeborg Bachmann, Peter Huchel, Marie Luise Kaschnitz und Günter Eich eine »neue [...] sprachliche Klassizität«. Es wurde schon darauf hingewiesen, daß die westdeutsche Literatur der fünfziger Jahre die Zersplitterung der Stile rückgängig machte und erstaunlich schnell zu einer einheitlichen Literatursprache fand. Das Ziel, endlich in der »Weltsprache der Dichtung wieder mitreden« zu können,[21] hatte allerdings mehr mit der Wiederaufbau-Ideologie der Adenauer-Zeit zu tun als mit der Schaffung neuer, lebendiger Ausdrucksmittel. Bei dem Bemühen, sich aus der Isolation dem Ausland gegenüber zu befreien, griff man zumeist auf historisch abgeschlossene Entwicklungen zurück (französischer und spanischer Surrealismus, poesia ermetica, Imagismus, Roman des Bewußtseinstroms usw).

Der Moderne aus den fünfziger Jahren ging es um die Balance des Ausdrucks; die Formen des Expressionismus und die aus dem Ausland entlehnten Darstellungstechniken wurden abgeschliffen und angemessen eingesetzt. Lange Zeit identifizierten Publizistik und Forschung die Verbesserung des stilistischen Niveaus mit Merkmalen einer neuen Epoche, zumal sich die antirhetorische Kritik jetzt nachhaltig durchsetzte und die fast gänzliche Ausschaltung der konfessionellen und politischen Gebrauchsformen zur Folge hatte. Wenn Max Bense 1957 in einem Essay über Hegel die Errungenschaften der modernen Ästhetik im Verhältnis zur klassischen zu skizzieren versuchte, dann grenzte er sich zwar von der ontologischen Auffassung des Schönen zugunsten des artistisch-technologischen Moments ab[22], gleichwohl ist gerade sein Funktionalismus mit den Forderungen nach Klarheit, Synthese und Reduktion den Leitvorstellungen der dreißiger Jahre verpflichtet.

Weist die Kunstauffassung der Nachkriegszeit auf einen mittleren klassizistischen Stil zurück, so erinnert nicht zuletzt der Umstand, daß ein großer Teil der »Nullpunkt-Generation« vor 1945 veröffentlichte, an die Nähe der Nachkriegsliteratur zu Entwicklungen seit 1930. Folgende junge Autoren, die das Bild der Kunst in der Bundesrepublik Deutschland und in der DDR nach der »Stunde Null« mitbestimmten, traten schon im Hitler-Staat in Erscheinung, auch wenn die Anzahl ihrer Publikationen oftmals gering war und das Schriftsteller-Verzeichnis der Reichsschrifttumskammer 1942 nur gut die Hälfte von ihnen mit Namen anführte[23]:

Alfred Andersch, *Emil Barth, *Max Bense, Johannes Bobrowski, (*)Wolfgang Borchert, *Hans Georg Brenner, *Jürgen Eggebrecht, *Günter Eich, Max Frisch, Franz Fühmann, Gerd Gaiser, Rudolf Hagelstange, Gustav René Hocke, Hans Egon Holthusen, *Peter Huchel, Marie Luise Kaschnitz, Erhart Kästner, *Hans Peter Keller, *Wolfgang Koeppen, Rudolf Krämer-Badoni, *Ernst Kreuder, (*)Karl Krolow, *Horst Lange, Hermann Lenz, Hans Erich Nossack, (*)Luise Rinser [-Schnell], *Oda Schaefer, Heinrich Schirmbeck, *Ernst Schnabel, (*)Wolfdietrich Schnurre, *Günther Weisenborn, *Wolfgang Weyrauch.

Ältere, die Debatten der fünfziger Jahre prägende Dichter wie Ernst Jünger, Gottfried Benn, Oskar Loerke, Wilhelm Lehmann, Elisabeth Langgässer und Hermann Kasack standen mit ihrer Kunstauffassung den jungen Schriftstellern nahe und wurden von ihnen teilweise schon vor 1945 wahrgenommen. Trotz ungünstiger Bedingungen entwickelte sich unter der Diktatur eine Reihe spontaner Beziehungen. Während Elisabeth Langgässer, Eich und Krolow Verbindungen zu Wilhelm Lehmann aufnahmen, wurde für Eich außerdem der briefliche Kontakt zu Hermann Kasack wichtig, mit dem auch Nossack korrespondierte; Hermann Lenz fand bei Georg von der Vring und Kasimir Edschmid Zuspruch. Daß alle bedeutenden Werke damals unveröffentlicht bleiben mußten, ist nicht richtig. Den *Statischen Gedichten* von Benn, Jüngers *Strahlungen,* dem *Unauslöschlichen Siegel* von Elisabeth Langgässer und den Berichten von Felix Hartlaub und Nossack stehen Arbeiten von Rang gegenüber, die im Dritten Reich gedruckt wurden wie die Gedichte und Aufsätze Loerkes (u. a. *Der Wald der Welt,* 1936; *Magische Verse,* 1938; *Zehn Gedichte,* 1941) und Lehmanns (*Antwort des Schweigens,* 1935; *Der grüne Gott,* 1942), die Erzählprosa von Lampe (*Septembergewitter,* 1937; *Von Tür zu Tür,* 1945) und Hermann Lenz (*Das stille Haus* in: Neue Rundschau 1938), Langes Roman *Schwarze Weide* (1937) und Ernst Jüngers Aufzeichnungen (u. a. *Das abenteuerliche Herz,* zweite Fassung 1938) sowie die Prosa Winklers (2 Bde 1937, Nachauflage von Bd 1: 1939) und einzelne Gedichte von Huchel (1934-1937, 1941) und Bobrowski (1944). Obgleich Elisabeth Langgässer als Halbjüdin 1936 mit einem Publikationsverbot belegt wurde, erschienen nach ihrem Roman *Der Gang durch das Ried* (1936) noch 1938 die Erzählungen *Rettung am Rhein.* Heimito von Doderer veröffentlichte die Prosa *Ein Mord, den jeder begeht* (1938) und *Ein Umweg* (1940). Im *Aquädukt,* dem Jahrbuch der Beck'schen Verlagsbuchhandlung, erschien 1938 ein Auszug aus dem Romanwerk *Die Dämonen,* »das sich unter anderem die Aufgabe stellt, Kräfte und Gegenkräfte österreichischer Geschichte im letzten Jahrzehnt vor der Erneuerung des Reichs gestaltend zu erfassen« (141). Von Hans Henny Jahnn wurde 1941 *Fluß ohne Ufer* im Anhang zu dem von ihm für den Payne Verlag übersetzten Roman *Ein Königssohn der Sekler* Aron Tamásis angezeigt, eine Veröffentlichung des ersten Teils – für den die Reichsschrifttumskammer einen Vorschuß von RM 3000.– in Devisen bewilligte – verzögerte sich, weil Jahnn noch 1943 am zweiten Teil arbeitete; die Zensur lag ihm »wie ein Albdruck auf dem Bewußtsein«, dennoch wurde das Buch »gegen Ende des Krieges bis auf den 1. Bogen [...] in 6000 Auflage gedruckt.«[23a]

Bis Kriegsausbruch und in sehr begrenzter Weise auch noch in den vierziger Jahren gab es für diese Literatur in Zeitungen und Zeitschriften Kommunikationsmöglichkeiten. Folgende Publizisten, die nach 1945 das kulturelle Leben Nachkriegsdeutschlands begleiteten, nahmen schon im Dritten Reich Anteil an der Verbreitung nichtnationalsozialistischer Kunst und setzten sich vereinzelt mit Werken der Modernen Klassik auseinander:

Martin Beheim-Schwarzbach (Emigration 1939), Margret Boveri, (*)Hans Bütow, *Wolfgang Drews, Armin Eichholz, Wolfgang von Einsiedel (Emigration 1938), *Albrecht Fabri, (*)Klara Maria Faßbinder, Hans E. Friedrich, *Adolf Frisé, *Will Grohmann, *Gunter Groll, *Joachim Günther, *Hans Hennecke, (*)Gerhard F. Hering, *Curt Hohoff, Rudolf Ibel, *Herbert Ihering, (*)Kurt Ihlenfeld, (*)Oskar Jancke, Ernst Johann, Walter Kiaulehn,

Karl Korn, Karl Laux, (*)Friedrich Luft, Siegfried Melchinger, Alexander Mitscherlich, (*)Joachim Moras, Henry Nannen, (*)Fritz Nemitz, (*)Hans Paeschke, *Johannes Pfeiffer, Erich Pfeiffer-Belli, Raimund Pretzel (d. i. Sebastian Haffner, Emigration 1938), (*)Karl Schwedheim, (*)W. E. Süskind, Dolf Sternberger, Heinrich Strobel, Hans Heinz Stuckenschmidt, *Vilma Sturm, Kurt Lothar Tank, (*)Gert H. Theunissen, Egon Vietta, Bruno E. Werner.

Die Gründe für die Duldung einer breiten nichtnationalsozialistischen Literatur und Publizistik sind nicht zuletzt in der privatwirtschaftlichen Eigentumsstruktur des Dritten Reiches zu sehen. Karl Silex, der die *Deutsche Allgemeine Zeitung* leitete, erinnerte sich, daß es darauf ankam, durch »gegenseitige Erkennungszeichen« und eine besondere Eigenart die Abonnenten an das Blatt zu binden. »Mit jeder Zeitungsnummer mußte es dem Leser bewußt werden, daß er die DAZ und keine Parteizeitung las.«[24] Auch nationalsozialistische Redakteure bemühten sich mit Rücksicht auf die Leserschaft um einen pluralistischen Charakter. So nahm Otto Brues 1944 Alfred Anderschs Kurzgeschichte *Erste Ausfahrt* für die *Kölnische Zeitung* mit der Bemerkung an, »er habe gerade einen brauchbaren Beitrag aus Kreisen der Hitler-Jugend bekommen«, das gäbe der Erzählung »das nötige Gegengewicht«.[25] Außerdem wurde beobachtet, daß unter den bürokratischen Kontrollen vor allem diejenigen Künstler und Journalisten zu leiden hatten, deren Namen mit der Weimarer Republik in Verbindung gebracht werden konnten. Den Jungen – soweit sie nicht sozialistisch oder kommunistisch waren oder der jüdischen Rasse angehörten – stand die Diktatur zunächst neutral gegenüber. Zum anderen geriet diese Gruppe vor allem deshalb nur selten in Konflikte mit der Zensur, weil ihre betont politikfeindliche Haltung nicht als Gefährdung des Regimes angesehen wurde, auch wenn die zur Sprache gebrachten Depressionen in Widerspruch zur heroischen Lebensauffassung der Nationalsozialisten standen. Horst Lange, Marie Luise Kaschnitz, Wolfgang Koeppen u. a. beschworen in ihren Romanen die Hilflosigkeit des einzelnen angesichts einer übermächtig und unheimlich auf den Menschen eindringenden Welt; politische, soziologische oder psychologische Fragen lagen ihnen fern. Zweifellos bekämpften die jungen Schriftsteller Haltungen und Ansichten, die dem NS-Regime verhaßt waren und mythisierten das Ordnungsdenken. Dennoch reicht die partielle ideologische Basis mit dem Faschismus als Erklärung für die Duldung nicht aus. Offensichtlich müssen wir unser Bild von der bedingungslosen Konformität und wirksamen Lenkung des Buchmarktes und Pressewesens durch die nationalsozialistische Literaturpolitik korrigieren. Wie wenig rigoros diese Kontrollen in Wirklichkeit waren, ergibt sich daraus, daß erst nach Kriegsausbruch zu einer Überwachung der nichtnationalsozialistischen Literatur der Jungen aufgerufen wurde. So sprach 1941 der vertrauliche *Lektoren-Brief* des Amtes für Schrifttumspflege von einer »literarischen Clique«, die »bereits mit geistigen Herrschaftsansprüchen auftritt und die auch innerhalb der Leserschaft mehr und mehr Zulauf erhält« (Nr. 5/6, S. 4).

Daß die Beteiligten nach 1945 ihre Publikationen herunterspielten oder die Zensurschwierigkeiten übertrieben, hat verschiedene Gründe. Zunächst ist bei vielen das durchaus subjektive Bewußtsein eines Neuanfangs zu spüren; die Briefe Ernst Kreuders an Horst Lange legen davon ein glaubwürdiges Zeugnis ab.[26] Das Pathos des »Nullpunkts« ließ keine Traditionsbildung zu. Die pietistische Rede von der Wandlung, der Reinigung und den »neuen Fundamenten« war deshalb so willkommen, weil sie den einzelnen von seinen konkreten historischen Fundamenten wegkatapultierte. Darüber hinaus gab es aber andere, vornehmlich taktische Gründe. So ließ es die z. T. rabiate Praxis der Lizenzerteilung durch die Alliierten geboten erscheinen, die Veröffentlichungen im Dritten Reich zu verkleinern und demgegenüber die innere Opposition zu betonen. Der Tenor von Wilhelm Lehmanns bio-bibliographischer Notiz in Gunter Grolls Anthologie *De Profundis* (1946) ist typisch für diese Einstellung: »Im Dritten Reich galt er seit seinem in dem später verbotenen Widerstandsverlag publizierten Buch *Antwort des Schweigens* als ›unerwünscht‹. Er verbrachte jene zwölf Jahre in stummer Zurückgezogenheit, die nur durch den 1942 erschienenen und später gesperrten Gedichtband *Der grüne Gott* durchbrochen wurde« (237). Lehmann stand – wie übrigens auch in der Weimarer Republik – alles andere als im Mittelpunkt der Literatur der dreißiger und frühen vierziger Jahre, doch er lebte auch nicht in »stummer Zurückgezogenheit«. Von 1933-1945 publizierte er mehrere Dutzend Gedichte u. a. in der *Neuen Rundschau*, der *Frankfurter Zeitung* und der *Kölnischen Zeitung*. Am 14. 11. 1943 veröffentlichte *Das Reich* seinen grundlegenden poetologischen und nach dem Krieg viel diskutierten Aufsatz *Die Entstehung eines Gedichts;* der größte Teil der zwanzig 1947 unter dem Titel *Bewegliche Ordnung* veröffentlichten Essays war bereits 1933-45 vorabgedruckt worden. Die Gedichtbände *Antwort des Schweigens* (1935) und *Der grüne Gott* (1942) fanden im Dritten Reich nur eine geringe Verbreitung, sie wurden aber weder verboten noch gesperrt. Nach der Zwangsschließung von Ernst Niekischs und Alexander Mitscherlichs Widerstandsverlag 1937 übernahm der Verlag Oscar Brandstetter den Bestand an unpolitischen Büchern, allerdings konnten dort bis Februar 1940 nur zwanzig Bände von Lehmanns Sammlung abgesetzt werden. Als Hermann Kasack in der *Kölnischen Zeitung* (13. 3. 1944), Hans Hennecke im *Reich* (18. 4. 1944) und Franziska Meister in der *Krakauer Zeitung* (8. 3. 1944) auf den *Grünen Gott* hinweisen, war der Ende 1942 bei Otto Müller herausgekommene Gedichtband im Buchhandel nicht mehr erhältlich, der Luftangriff auf Leipzig im Dezember 1943 hatte sämtliche Exemplare vernichtet. Nachdem die alliierte Lizenzpolitik mit der Gründung der Bundesrepublik abgeschafft wurde, fühlten sich viele als Gefangene ihrer Lebensläufe von 1945; nur die wenigsten fanden den Mut, die Angaben zu korrigieren. Die Sekundärliteratur, die zumeist von Gefährten aus der NS-Zeit verfaßt wurde, trug bewußt oder unbewußt zur weiteren Legendenbildung bei. So berichtete Karl Krolow richtig von einem negativen Aufsatz von Hermann Pongs aus dem

Inneren Reich über Lehmanns Gedichte, erwähnte jedoch darüber hinaus einen niemals gedruckten »bösen Artikel« aus dem *Schwarzen Korps* (Das literarische Deutschland 21/ 10. 11. 1951). Dagegen blieb bislang unbekannt, daß Lehmann – um seine Stellung als Studienrat nicht zu gefährden – im Mai 1933 der NSDAP beitrat; am 8. März 1933 hatte er in sein Tagebuch geschrieben: »Der Nationalsozialismus ist zum Sieg gekommen, er jubiliert – heute morgen, denn heute ist frei wegen des Ausfalls der Wahlen, hat man auf der Schule die scheußliche Hakenkreuzfahne gehißt. – Es lag all diese Zeit ein Alb auf mir. Die Kultur geht zurück.«[27] Obwohl auch Günter Eich – wie Hermann Kasack am 30. 8. 1946 in seiner *Politischen Referenz zum Fragebogen der Militärregierung* ausführte – unter der Diktatur nur »reine Dichtung« geschrieben hatte[28], sind seine betont knappen Angaben für *De Profundis* nicht unstilisiert: »Seine wichtigsten Publikationen sind die Erzählung *Katharina* und ein Band *Gedichte*. Er war vom ersten bis zum letzten Tag des Krieges Soldat.« Daß Eich 1933-1940 für den politisch und kulturell gleichgeschalteten Rundfunk zweiundzwanzig Hörspiele und zusammen mit Martin Raschke ca. siebzig Folgen des *Deutschen Kalenders* schrieb, sparte er – ebenso wie die Daten zu den zwei Publikationen – aus. Auch später hat er sich niemals von selbst zu den frühen Hörspielen, zur *Kolonne* und zu den unter der Diktatur veröffentlichten Gedichten geäußert. Der in den Lebensläufen jener Jahre immer wiederkehrende Verweis auf die Kriegsteilnahme »vom ersten bis zum letzten Tag« suggeriert einen Bruch mit dem literarischen System und gerät in die Nähe von Benns Formel, die Armee sei die »aristokratischste Form« der Emigration. Eich blieb wie viele seiner schreibenden Generationsgefährten zunächst vom unmittelbaren Fronteinsatz verschont. 1940-1943 arbeitete er unter dem Kriegsverwaltungsrat Jürgen Eggebrecht in der »Stabsstelle Papier«, er lektorierte dort Feldpostausgaben und beteiligte sich am Aufbau des Frontbuchhandels. Mit Ausnahme der Feldpostausgabe seiner bereits 1936 im List Verlag erschienenen Erzählung *Katharina* sind von ihm nach 1940 keine Publikationen bekannt.

Die 1946 in *De Profundis* abgedruckten Lebensläufe von Lehmann und Eich wurden deshalb so ausführlich kommentiert, weil diese Grundhaltung repräsentativ für die nach 1945 in Wirklichkeit versäumte Selbstreinigung und Offenlegung des »Doppellebens« ist. Indem man bewußt kein Bekenntnis zu den Traditionen der dreißiger Jahre ablegte, förderte die in Deutschland während des Dritten Reiches verstreut publizierende junge Generation die Einheit mit denjenigen Schriftstellern, die wie Kolbenhoff tatsächlich geschwiegen hatten und aus den amerikanischen Kriegsgefangenenlagern heraus mit der Zeitschrift *Der Ruf* die Grundlagen für eine Erneuerung der deutschen Literatur zu erarbeiten versuchten. Die Beteiligung Gustav René Hockes, der von 1934-1940 Kulturredakteur der *Kölnischen Zeitung* und von 1940-1943 deren Italienkorrespondent war, belegt bereits in der Anfangsphase auch hier die Einbeziehung der Generation von 1930. Der vom August 1946 bis zu seinem Verbot im April 1947 in München erscheinende *Ruf* integrierte mit Ernst Kreuder, Horst Lange, Walter Bauer u. a. weitere Autoren aus dem Dritten Reich.

Der »linke« Existentialismus und das von Andersch geforderte Anknüpfen an den kargen Realismus amerikanischer Erzählmodelle wurden zwar wenig später von Böll, Schnurre, Weyrauch u. a. aufgegriffen, doch unter dem Eindruck eines erneuerten Krisenbewußtseins und eines ungebrochenen Restaurationsdenkens kam es in Deutschland im Unterschied etwa zu Italien zu keinem wirklichen Neoverismus. Dabei gab es unmittelbar nach 1945 eine Reihe von Stimmen, die – wie Georg Bernanos in Frankreich[29] – vor einem falschen Neuanfang warnten. In der Zeitschrift *Prisma* mahnte Ernst Wiechert: »[...] wir haben die neue Zeit wohl nicht richtig angefangen. Wir haben die Macht und die Führung, soweit sie uns anvertraut wurden, in die alten Hände gelegt, in die Hände der Politiker, der Ämter, der Bürokratie. Es ist die alte Obrigkeit, die hinter den Schaltern sitzt, und wieder steht der kleine Mann vor dem Schalter, demütig und gehorsam.«[30] Der Kalte Krieg und die Spaltung Deutschlands hielten das Angstgefühl wach und verhinderten den Durchbruch einer auf Veränderung drängenden und die tatsächlichen Abhängigkeiten im Dritten Reich aufdeckenden Kritik. Die sich aus dem *Ruf*-Kreis entwickelnde Gruppe 47 betonte immer wieder ihre Programmlosigkeit und wiederholte damit – unbewußt – eine Grundhaltung der Krise von 1930.[31] Die Schriftsteller propagierten zwar nicht mehr den Rückzug von der Gesellschaft, doch ihr Engagement für eine kritisch-humanistische Literatur wirkte wie eine vom schlechten Gewissen diktierte rhetorische Nebelwand, hinter der sich die alte Gespaltenheit verbarg. Schon 1951 geriet die Gruppe in die Nähe eines kommerziellen Interessenverbands: »Auch eine ganze Reihe von Managern, Verlagslektoren, Rundfunkmännern, Publizisten war zugegen, und ihre Anwesenheit gab der Versammlung fast so etwas wie den Charakter einer literarischen Börse«, heißt es in einem zeitgenössischen Tagungsbericht.[32] Eich und Koeppen, Ingeborg Bachmann und Böll reagierten mit ihren Werken zwar auf die nationalsozialistische Vergangenheit und mahnten vor einer Verdrängung der Schuld, doch die Angst vor dem Chaos stand einer wirklichkeitsoffenen, die Grundlagen des Dritten Reiches und Nachkriegsdeutschlands zur Sprache bringenden Kunst im Wege. Folgerichtig wurden die Rundfunk- und Zeitungsproteste der Gruppe 47 und ihre metaphorisch-parabelhaften Dichtungen von der Wiederaufbau-Gesellschaft belohnt. Der Sog zur Abstraktion war derart stark, daß sich auch moralisch engagierte Autoren der Anreicherung mit Darstellungsmaterial aus dem »Museum der modernen Poesie« nicht entziehen konnten (Wolfgang Koeppen, *Das Treibhaus,* 1953; Heinrich Böll, *Billard um halbzehn,* 1959). Die Ausstattung der Wohnungen mit Nierentischen, Picassolampen und Doppelbettcouch entsprach vor allem im Gedicht dem geschmackvollen Arrangement mit Lesefrüchten der Moderne. 1956 beobachtete Alfred Andersch: »Assoziation, Montage und abstrakte Metaphorik triumphieren in einem Ausmaß, daß Rilke, ja selbst Benn, daneben als Naturalisten erscheinen.«[33] Unsere Zeit kritisiert häufig an der Nachkriegslyrik, sie hätte das »Einverständnis mit dem Leser« aufgekündigt.[34] Diese Kritik übersieht den irrationalen Kontakt mit dem Kunstwerk, den das Publikum damals suchte und fand. Daß ein Buch wie Hugo Friedrichs *Die Struktur der modernen Lyrik* von 1956 bis 1960 70 000 mal verkauft wurde, zeigt, wie wenig exklusiv diese auf die Baudelaire- und Mallarmé-Tradition eingeengte Lyrik damals tatsächlich war. Der »Unbestimmtheitsgrad der Texte« (Wolfgang Iser) entsprach dem existentialistischen Lebensgefühl, das die Wirtschaftswunder im Hitler-Staat und in der Adenauer-Zeit – zwiespältig – begleitete. Wenn jedoch Paul Celan 1958 in seiner Bremer Literaturpreisrede ganz im mystischen Sinn von der dialogischen Struktur seiner Gedichte sprach[35], dann übersah er eine in der zweiten Hälfte der fünfziger Jahre sich abschwächende irrationale Orientierung des Publikums. Je weiter die Erfahrungen der »Weltkatastrophe« zurücklagen und je mehr die materiellen Werte die Menschen in Westdeutschland an eine neue, scheinbare Sicherheit banden, desto schwerer ließen sich Gefühle der inneren Verarmung, der Leblosigkeit und Kälte vermitteln.

Obgleich sich jetzt kritische Stimmen zur Wirklichkeitsfremdheit der Nachkriegsliteratur meldeten (Rühmkorf, Enzensberger) und eine Reihe junger, vom Nationalsozialismus unbelasteter Autoren an die Öffentlichkeit trat, stehen die späten fünfziger Jahre noch immer unter dem Eindruck einer verdämmernden modernen Klassizität. Zwar setzten sich Enzensberger, Grass und Walser mit dem nun nicht mehr dämonisierten Hitler-Staat auseinander und reagierten auf Mißstände der »Wirtschaftswundergesellschaft«, doch noch bewegten sie sich in den Ausdrucksformen eines modellhaften Beschreibens. Auch die »Konstellationen« und »Kombinationen« der sprachkonkreten Dichter sind »janusköpfig«. Ohne Zweifel entsprachen die Texte Heißenbüttels, Mons und Gomringers noch ganz dem dekorativen Ästhetizismus der »schlechten Avantgarde« und waren von der beunruhigenden und vitalistischen Collagetechnik des Dadaismus und der Sprachkritik der sechziger Jahre weit entfernt. Aber gerade die Beschränkung auf das Wortmaterial und die rational nachprüfbare Erfahrung trug viel zur Durchsetzung eines antiexistentialistischen Kunstbegriffs bei.

Erst als sich während der sechziger Jahre in der westlichen Welt angesichts einer geradezu gigantischen Prosperität ein neuer Optimismus entwickelte, das Krisenbewußtsein der letzten drei Jahrzehnte verdrängte und die Illusion neuer Lebensformen erzeugte, vollzog sich auch in der Bundesrepublik Deutschland der Bruch mit der Epoche seit 1930. Wenn der amerikanische Maler Robert Indiana 1963 in der bereits legendären Kennedy-Ära über die Pop-Produkte schrieb, »it is the American Dream. Optimistic, generous and naive [...], it is the American myth«[36], dann drückte er mehr als ein nur nationales Hochgefühl aus. Die Pop-art mit ihrer Subkultur und Warenwelt war eine Rebellion gegen den Formalismus und den organisierten Literaturbetrieb der Nachkriegszeit; der Durchbruch dieser neuen Kunstströmung setzte in der Bundesrepublik 1965 ein und wurde von der studentischen Protestbewegung der folgenden Jahre zeitweise mitgetragen. Das provokatorische und selbstbewußte Auftreten Peter Handkes auf der Tagung der Gruppe 47 in Princeton 1966 ist das vielleicht augenfälligste Dokument für einen radikalen Bruch mit der »Krisengeneration«. Das Vertauschen des Parabelhaften mit dem Dokumentarischen und Authentischen, die Forderung nach »langen« und »aktuellen« Gedichten, überhaupt die Aufgabe des dualistischen Weltbildes und das lustvolle Sicheinrichten im Diesseits sind Kennzeichen eines Wandels, in dem nicht ohne Zufall die seit 1930 bekämpften Strömungen wie Dadaismus und Neue Sachlichkeit aufgewertet und neu diskutiert wurden. Daß es sich in dieser Phase vielfach lediglich um einen Austausch moderner Traditionen handelte, zeigen die Gedichte Brinkmanns von 1965-1970, die Trivialmythen und niederes Vokabular provozierend gegen die Werte der Modernen Klassik einsetzen, um die Epoche endgültig zu zerstören.[37] Durch diesen nicht 1945, sondern 1965 eingeleiteten »Kahlschlag« konnte sich nicht nur Brinkmann in den siebziger Jahren – nunmehr ohne Illusionen – der erlebten Wirklichkeit und seiner Individualität stellen (*Rom, Blicke* 1972-1973, veröffentlicht 1979). Dieser Bruch verlieh außerdem die Kraft, der Nachkriegsliteratur ihren abgespaltenen Zusammenhang zurückzugeben und veranlaßte zum ersten Mal einen »selbst-bewußten« Blick auf das tatsächliche Leben in Hitlerdeutschland, »da ein Gefühl der Identität die Existenz eines anderen erfordert, von dem man gekannt wird.«[38]

Horst Langes Tagebücher aus dem Zweiten Weltkrieg

I

Horst Lange (1904-1971) wurde von der militärischen Niederlage des Kaiserreiches und den daraus folgenden politischen, wirtschaftlichen und seelischen Erschütterungen geprägt. Enttäuscht von der industriellen Welt und der sie tragenden republikanischen Staatsform bildete sich unter den jungen Schriftstellern ein Solidaritätsgefühl heraus. Das sich seit 1925 in Weimar rasch ausbreitende Schlagwort von der »Nachkriegsjugend«, den »Jüngsten« oder der »Jungen Generation« bezeichnet Ambivalentes. Zweifellos wirkt in dem Jugendkult der »Goldenen zwanziger Jahre« optimistisch das Lebenspathos der Jahrhundertwende weiter, doch die Neigung zu Gruppenbildungen, Zeltlagerfahrten und bündischen Zeitschriftengründungen weist bereits auf grundsätzlich neue gesellschaftliche Verhaltensweisen. Ernst Wilhelm Eschmann grenzte schon damals die zwischen 1900 und 1916 Geborenen von der Frontgeneration ab und betonte ihr extremes Sicherheitsbedürfnis.[1] Aufgrund einer früh erlittenen Erschütterung entwickelte die Jugend nicht die notwendige Kraft, sich den Ursachen für den »Zusammenbruch« im Ersten Weltkrieg zu stellen, sondern sehnte sich verzweifelt nach »Ruhe und Größe, nach Einfachheit und Geradheit, nach Harmonie und Form.«[2] Das plötzliche Verschwinden der Monarchie hatte eine Bewußtseinslähmung ausgelöst, die der von Krisen zerrüttete Weimarer Staat nicht heilen konnte. Das Wilhelminische Deutschland ruhte bis in die Familien hinein auf hierachischen Ordnungsstrukturen; ein demokratisches Denken war nur in Ansätzen gefördert worden. Angesichts des republikanischen Chaos drängten die Menschen auf eine Wiederherstellung der verlorenen Ordnung. Vor allem die junge Generation distanzierte sich von politischen und künstlerischen Freiräumen und hoffte auf gebündelte Energien, die sie zumeist nicht in der Herausarbeitung von Eigenverantwortung und Offenheit suchte, sondern im Schutz der Gruppe oder Sache. Immer wieder feierte die Jugend in Schriften und Manifesten die Faszination an Sport, Gymnastik und Körperpflege, die Konzentration auf kühle und klare Linien des Denkens und die Fähigkeit, durch Einordnung zu einer neuen »Lebenshaltung« und »Lebensform« zu gelangen. In der Zeitschrift *Jüngste Dichtung*, an der u. a. Joseph Breitbach, Günter Eich, Klaus Mann, Martin Raschke und W. E. Süskind mitarbeiteten, notierte Erich Ebermayer 1927: »Ordnung ist ja nur ein vages Wort für einen noch vageren Begriff. Wir haben bereits ›Zucht‹ dieser ›Ordnung‹ gleichgestellt; wir könnten auch von ›Beherrschung‹ reden, von ›Klarheit‹, ›Dienst‹, ›Demut‹, oder noch nach viel großartigeren Worten suchen. Vielleicht ist Ordnung nur der neutralste, der bescheidenste Ausdruck für das, was wir meinen.«[2] Martin Raschke bezeichnete sich 1940 rückblickend als einen »Ordnungssüchtigen«[3]; den sozialen, geistigen und psychologischen Raum der Republik empfand er 1932 in der *Literarischen Welt* als ein einziges »Trümmerfeld.«[4] Die einen betonten – idealistischer – in dem »Chaos gestürzter Werte« die »neue Ordnung« bzw. den Aufbau[5], andere bekannten sich zum »Kulturpessimismus«[6] und propagierten einen radikalen Rückzug auf den »inneren Weg«, »denn wir sind Einzelne« (Ernst Kreuder[7]). Die meisten jungen Schriftsteller erfuhren schon früh materielle Not. Auch wenn sie es nicht eingestanden, sahen sie in den Sachwerten ein Stück »festen Boden« und verschlossen sich vor der Einsicht, daß Verweigerung mit dem Streben nach wirtschaftlicher »Sicherheit« nicht in eine wirkliche Übereinstimmung zu bringen war.

Der für die kommenden zwei Jahrzehnte so typische Gegensatz von Gebrauchskunst und tendenzfreier Literatur ist in den widerspruchsvollen Grundhaltungen vorgeprägt; sowohl die kollektiven wie die individualistischen Neigungen verschwammen allerdings oft ineinander und erhalten durch die Depression einen Zusammenhang. Denn Identifikationen durch Gruppen und Gruppenführer oder durch ichbezogenes, auf die Sache, nicht auf das andere Subjekt konzentriertes Abkapseln sind gleichermaßen Ausdruck eines passiv-fatalistischen Lebensgefühls.[8] Die Unterwerfung unter die zahlreichen miteinander konkurrierenden Glaubenslehren oder der Rückzug auf die Innenwelt darf von der Identitätskrise und der eingeschränkten Wirklichkeitswahrnehmung nicht getrennt werden. Dabei fehlte es nicht an Deutungsversuchen. Wiederholt wiesen die jungen Schriftsteller auf ihre Angst und »Verlorenheit« hin.[9] Klaus Mann z. B. erkannte in dem Neben- und Gegeneinander verschiedener Ordnungsversuche das Gemeinsame, denn »wir sind eine Generation, und sei es, daß uns unsere Verwirrtheit vereine.«[10] Folgerichtig fand sich das »junge literarische Deutschland« nach 1933 sowohl in den Reihen der Nationalsozialisten und im Exil, in der Inneren Emigration der Kirchen, aber vor allem auch in vielen »zwischen den Barrikaden«[7] liegenden »statischen« Positionen. Die politischen Ereignisse hatten lediglich die weltanschauliche Zersplitterung mit einem Schlag transparent gemacht.

Die Antinomie von Technikkult und Landschaftsdichtung ist für die zwanziger Jahre ebenso charakteristisch wie das Nebeneinander von Gebrauchskunst und zweckfreier Literatur. Der Siegeszug der Technik wirkte durch die objektiv meßbaren ökonomischen Krisenerscheinungen nicht mehr selbstverständlich. Man reagierte auf diese Unsicherheit mit einer eigentümlichen Verklärung der Industrie, aber auch mit deren Tabuisierung und einem Ausweichen in die konkret erfahrene Landschaft der unmittelbaren Umgebung, »denn nichts, – außer der Natur: den Zeichen, die die Jahreszeiten auf die Erde schreiben [...] schien noch beständig zu sein.«[11] Die Untersuchung zahlreicher Gruppenzeitschriften der späten zwanziger Jahre wie *Jüngste Dichtung, Forum der Jugend, Signal, Fischzug* und *Kolonne* zeigt, daß bald das kritisch-analytische Denken zurückgedrängt wurde und die Auseinandersetzung mit dem Industriestaat in grundsätzlich metaphysische Fragestellungen einmündete. Die Künstler der jungen Generation bejahten den raschen Wechsel ihrer Identifikationsmöglichkeiten nicht mehr wie in der Neuen Sachlichkeit als Ausdruck des Lebenstempos; die immer offenbarer werdende Instabilität des politischen und sozialen Gefüges drängte sie zur Anerkennung von Autoritäten der Vergangenheit. Spätestens seit der Weltwirtschaftskrise 1929-1932 hat sich auch außerhalb der jungen Generation die Werbekraft technologiefeindlicher Ordnungen wie Landschaft, Geschichte und Mythos durchgesetzt. Das »Aufsaugen der Utopie« (Mannheim) und das allmähliche Ausblenden der komplexen seelischen und technischen Wirklichkeit begünstigten ein Vordringen klassizistischer Formelemente. Schon 1927 hatte Emil Utitz die Ausbreitung eines klassischen Lebensgefühls beobachtet und Wölfflin zitiert, der in der Klassik »die Stimmung unbedingter Sachlichkeit« verwirklicht fand, den »Willen, die Dinge rein und vollkommen darzustellen, wie sie ihrer Natur nach sind, ohne irgendwelche malerische Aufmachung oder sentimentalische Assoziationen.«[12] Man kultivierte zwar nach wie vor Ausdrucksmittel der Kunstrevolution, wollte jedoch jetzt gegenüber der Vorepoche Komposition, zwingende Faßlichkeit, Reinheit der Gattungen, Abbau der Rhetorik usw. Dabei herrschte Übereinstimmung, daß nicht eine weitere »Stilepisode« aufgebrochen sei; der neue Ausdruck, heißt es in einem Manifest von 1932, werde der »reifeste sein und Erbe aller anderen«.[12a] Zweifellos engte die nationalsozialistische Machtergreifung diese Entwicklung ein, doch der Wille, in der Kunst die »Auflösungen« der gegenwärtigen Zeit zu überwinden und eine formbewußte Moderne Klassik zu schaffen, war epochal und behauptete sich selbst unter der Diktatur Hitlers, die in ihren Klassizismus-Programmen den Wandel – auf Unterwerfung aus – mitvollzogen hatte.

Wenn Horst Lange gemeinsam mit V. O. Stomps 1934 im Vorspruch zum *Weißen Raben* eine »statische Kunst« forderte, dann geschah das nicht ohne einen ausdrücklichen Verweis auf die ökonomische und politische Zerrüttung.[13] »In einer so ausgesprochen ›entformten‹ Zeit, wie es die unsrige ist, sollte man die Kunst-Formung ganz bewußt höher stellen als wir es bisher getan haben. Den Anarchismus atmet man ohnehin täglich und stündlich ein«, faßte er in einem Brief an Kreuder vom 6. 3. 1939 diese Haltung später noch einmal zusammen. Das Statische in der Kunst bedeutet für Lange ähnlich wie für Benn einen »Rückzug auf Maß und Form«[14] mit dem Versuch, das Urtümliche des Expressionismus zu bewahren. Bei diesem Vorhaben handelte es sich nicht um einen bloß restaurativen Vorgang, die Formulierung einer neuen, auf dem Prinzip der Synthese beruhenden Kunst hatte einen durchaus offensiven Charakter. Lange stellte sich dabei öffentlich in Opposition zur nationalsozialistischen Kunstauffassung. 1933-1935 grenzte er sich einerseits gegen die »öde, geheimnislose Sachlichkeit«[15] und eine »nihilistische‹ Vernunfts- und Aufklärungsliteratur«[16] ab, anderseits polemisierte er heftig gegen die konjunkturbedingte Heroisierung des Bauerntums in der Hamsun-Nachfolge.[17] Ein zentrales Dokument für die Poetologie der neuen Epoche ist der im *Inneren Reich* 1935 gedruckte Essay über Heym. Lange betonte dort das Unidyllisch-Dämonische des Expressionisten, gleichzeitig jedoch auch die strenge sprachliche Ordnung, die er den »Wortverdrehern und Dithyramben-Stammlern« des Nachexpressionismus verteidigend entgegenhielt.[18] Das nicht rhetorisch wuchernde, sondern letztlich durch die Form gebannte Düstere war für Lange damals mehr als bloß subjektive Erfahrung. In einem Brief an Hermann Hesse vom 20. 10. 1937, der die Einbindung des Dumpfen in den Roman *Schwarze Weide* kritisiert hatte, erklärte er seine typologische Grundhaltung: »Er [der Geist] braucht den Widerstreit mit den dunklen Schatten und mit den trüben Dünsten des Blutes, um lebendig und stark zu werden. Und diejenigen, welche ihn mitunter haben auslöschen und zunichte machen wollen, trugen unwissentlich dazu bei, daß er sich stärker und gereinigter wieder erhob.«[19] Das barocke Denken ermöglichte Lange – ähnlich wie Elisabeth Langgässer – in breitem Maß die Integration von tabuisierten Negativbezirken wie z. B. sexuelle Gier, Verödung menschlicher Beziehungen, das Vordrängen der Sumpf- und Unkrautwelt in die Wohnbezirke usw., ohne daß dabei das allgemeine Ordnungsdenken und die Heilsperspektive aufgegeben werden mußten. So konnte Lange Kreuder gegenüber neben den religiösen und moralischen Problemkreisen der *Schwarzen Weide* auch die zeitkritische Dimension betonen, da er in der Figur Smorczaks und in seiner Sekte die hypnotische Massenwirkung Hitlers gestaltet hatte (Brief vom 12. 12. 1938). Wenn Heißenbüttel Lange einen »Traditionalisten« nennt, »ja, in mancher Hinsicht, politisch wie ästhetisch, einen Reaktionär«, weil er den *Ulysses* von Joyce als »Auflösungsliteratur« ablehnte[20], dann übersah er die Einschmelzungsarbeit gerade dieser Auflösungen in eine die Schuld aufdeckende moralisch-religiöse Konzeption, die sich in bewußte Konkurrenz zum Ordnungsdenken der Nationalsozialisten stellte. In seiner Kritik an Joyce konnte sich Lange auf die modernen Amerikaner berufen, die ihn ebenfalls »bereits überwunden« hätten, »indem sie seine Methode übernahmen und um das feingliedrige Skelett seiner Psychologie das solide Fleisch ihrer Realität bauten.« Im selben Zusammenhang rief er Ernst Kreuder über die nun zurückliegende Kunstrevolution beschwörend zu: »Aber wir haben es ja noch mitbekommen, in unserem Bewußtsein lebt es, und in dem, was wir schreiben, zeugt sich's fort, und so existiert es weiter, wenngleich geheim und indirekt« (Brief vom 6. 3. 1939).

Daß die *Schwarze Weide* bei Erscheinen geradezu enthusiastisch gefeiert und Lange als »Dichter europäischen Ranges« (Sebastian Haffner[21]) empfunden wurde, ist Ausdruck des kulturellen und publizistischen Pluralismus, der das Dritte Reich bis 1938 charakterisiert und nur zu einem Teil durch das »Führungs-Chaos im Führer-Staat«[22] erklärt werden kann. Daß die von der nationalsozialistischen Ideologie bekämpfte Moderne zunächst geduldet wurde, hat nichts mit einer angeblichen Liberalität Hitlers[23], sondern vor allem mit der vorsätzlichen Blendung und dem Bemühen der Diktatur um Ansehen und Stabilität zu tun. Es gab in den ersten, bislang nicht deutlich genug von einander abgesetzten Etappen ganz allgemein mehr Freiheitsräume als in den durch militärische Siege, Luftkrieg und Niederlage geprägten vierziger Jahren. 1933-1938 herrschte durch die wirtschaftlichen und wie durch ein Wunder friedlich erreichten außenpolitischen Erfolge[24] eine beinahe weltläufige Stimmung, zumal der befürchtete Terror am Anfang für viele nur am Rand in Erscheinung trat; die von den Deutschen als »blitzartig« empfundene Überwindung des Chaos faszinierte auch verschworene Hitler-Gegner. Wie in der Plakatwerbung, den Bauten für die Olympischen Spiele 1936, dem VW-Design und in der Mode Art Deco und Bauhaus-Sachlichkeit weiterlebten, so flackerte in den Vergnügungspalästen, den Kinos, aber auch im Alltag noch einmal der Lebenskult der »Goldenen zwanziger Jahre« auf. »Mit jungen Attachés tanzte ich in ›Jonnys Nightclub‹, im ›Jockey‹, im ›Ciro‹ und in der ›Königin-Bar‹«, erinnerte sich Ursula von Kardorff.[25] Berlin »war nach wie vor großartig« (Felix Hartlaub[26]). Die jungen Mädchen schwärmten für die schwarze Uniform der Reiter-SS oder für »schnittige Fliegerleutnants«. Der Amerikanismus wurde in zahlreichen auflagenstarken Zeitschriften uneingeschränkt kultiviert. Das Magazin *Die Koralle* brachte noch 1938 auf seinen Titelseiten Porträtfotos von Marlene Dietrich (16. 1.), Robert Taylor (23. 1.), Frances Dee (28. 8.), Rudolph Valentino (31. 8.), Dorothy Lamour (25. 9.) und Ginger Rogers (23. 10.). In ausführlichen Bildberichten wurde der Leser über Walt Disney (6. 3.), den auch in Deutschland erfolgreichen Film *Broadway Melodie* (27. 3.) und über die Ehen von Clark Gable und Gary Cooper (14. 8.) unterrichtet, aber auch über amerikanische Krankenschwestern (24. 4.), Probleme der Kleinstaaten (12. 6.) und *New Yorks neuen Mittelpunkt: Radio City* (5. 11.). Zweifellos sah man in der Härte und Unkompliziertheit der Amerikaner ein verwandtes Lebensgefühl; erst am Vorabend des Weltkrieges erschienen in der *Koralle* kritischpolemische Artikel über Korruption in USA (25. 8. 1939), Kriminalität (18. 6. 1939) und soziale Konflikte (25. 6. 1939; 16. 7. 1939).

In Opposition zu dem in anderen Medien verkündeten nationalsozialistischen Heroismus rückte man im privaten Leben enger zusammen. Karl Korn, der von 1934-1937 Redakteur beim *Berliner Tageblatt* war, anschließend die *Neue Rundschau* Peter Suhrkamps und seit 1940 das Kulturressort des *Reichs* leitete, beobachtete in Berlin eine Zunahme an Geselligkeit. »Plötzlich fielen Schranken, die zuvor bestimmte Kreise von anderen eher abgekapselt haben. Was nicht Nazi war und sein wollte, empfand ein gesteigertes Informations- und Austauschbedürfnis. Man fand leichter zueinander.«[27] Ähnliches berichtete Oda Schaefer in ihren Erinnerungen.[28] Es ist wichtig zu wissen, daß ein Roman wie die *Schwarze Weide* nicht isoliert entstand, sondern in Kontakt mit Gleichgesinnten konzipiert wurde. In einem Brief an den Verleger Claassen erwähnte Lange ausdrücklich Gespräche mit Peter Huchel und Elisabeth Langgässer über das Buch. Außerdem traf er sich mit Eich, Raschke, Koeppen, Lampe und den Verlegern LedigRowohlt, Goverts und Stomps. Man verteidigte diesen »Rest einer verborgenen

Freiheit« (Oda Schaefer), las die bei Rowohlt gedruckten Bücher von Wolfe und Faulkner und organisierte in Buchhandlungen oder – wie V. O. Stomps – in den festlich erleuchteten Wohnungen Lesungen. Als sich mit der Ausstellung »Entartete Kunst« im Sommer 1937 eine kulturpolitische Radikalisierung ankündigte, schrieb Horst Lange selbstbewußt in einem Brief: »Ich bleibe, was ich bin: ein entarteter Künstler. Meinetwegen sollen sie mich gelegentlich in's Irrenhaus sperren [...]. Ich werde mich nicht biegen, und das Stiefellecken überlasse ich den Lakaien« (Brief an Clara Meyer vom 2. 8. 1937).

Die Haltung des Hitler-Staates gegenüber der modernen Literatur blieb zunächst widersprüchlich. Karl Korn hatte 1936 im *Berliner Tageblatt* Elisabeth Langgässers Roman *Der Gang durch das Ried* ähnlich wie ein Jahr später die *Schwarze Weide* als Buch zwischen »Chaos und Kosmos« gefeiert, denn ein »deutscher Roman muß notwendig ein europäischer und ein Weltroman sein«.[29] Wenige Monate später erhielt die Dichterin als Halbjüdin Publikationsverbot und wurde aus der Reichsschrifttumskammer ausgeschlossen. Nichtsdestoweniger konnte ihr neues Buch *Rettung am Rhein* 1938 im Otto Müller Verlag Salzburg/Leipzig erscheinen und im Reichsgebiet vertrieben werden; Klara Maria Faßbinder würdigte noch 1939 im *Hannoverschen Kurier* das Gesamtwerk der verbotenen Autorin (Nr. 194 vom 16. 7.). Auf ein ähnliches Phänomen verweisen die rund 4000 Fabrikausstellungen der »Deutschen Arbeitsfront«, in denen von 1934-1942 regelmäßig auch Arbeiten von entarteten Künstlern ausgestellt wurden.[30] Die Tatsache, daß mit der *Schwarzen Weide* ein Buch vom Rang der Werke Döblins oder Jahnns (Robert Minder[31]) 1934-1937 unter Hitler geschrieben und bis 1945 in mehr als 22000 Exemplaren verlegt werden konnte[32], ist offensichtlich nicht untypisch. Die Durchsicht der vierundzwanzig bisher bekannt gewordenen Rezensionen zeigt, wie wenig man sich damals an das Verbot der Kunstkritik hielt und – selbst im *Völkischen Beobachter* – zumindest in ästhetischen Fragen um eine Differenzierung bemüht war. Es gab zwar vereinzelt Versuche, die *Schwarze Weide* als schlesischen Heimat- und Grenzlandroman für die nationalsozialistische Literatur zu reklamieren (Kurt Martens, Dresdner Neueste Nachrichten vom 22. 11. 1937; Kurt Speth, Schlesische Monatshefte 29, 1939, S. 36), doch die meisten Kritiker arbeiteten wie Haffner in der *Dame* das Europäische dieses Romans heraus und würdigten die meisterliche Komposition (J. Antz, Kölnische Volkszeitung vom 13. 6. 1938), die typologische Erzählweise (W. Bergengruen, Deutsche Rundschau 64, 1938, S. 70), den umständlichen Beschreibungsempirismus (I. Molzahn, Deutsche Zukunft vom 7. 11. 1937, S. 11) oder das an Wolfe, Faulkner und Hemingway erinnernde tragische Weltgefühl (M. Beheim-Schwarzbach, Eckart 14, 1938, S. 92). Wenn in einer vertraulichen Information des Amtes für Schrifttumspflege aus dem Jahr 1940/41 geklagt wird, daß eine sich ständig ausbreitende Clique, die »mehr Verwandtschaft mit der Literatur aus der Zeit vor 1933, als mit der volkhaften Dichtung aufweist«, leider auch »Lob und Anerkennung [...] in nationalsozialistischen

Zeitungen gefunden hatte«[33], dann ist eine gewisse Offenheit in der damaligen Publizistik ziemlich genau umschrieben. So wurde Langes *Ulanenpatrouille* 1940 im *Völkischen Beobachter* hymnisch gefeiert, während zur gleichen Zeit gegen das Buch ein Verbotsantrag wegen Defaitismus, Destruktion und Lächerlichmachung der Wehrmacht gestellt wurde. Trotz der 1938/39 verstärkt einsetzenden Verlags- und Presselenkung durch den *Lektoren-Brief* des Amtes Rosenberg (1938-1944), dem *Zeitschriften-Dienst* (1939-1945) und den *Kulturpolitischen Informationen* (1941-1945) des Ministeriums für Volksaufklärung und Propaganda[34] blieb – wie die Neugründung des *Reichs* 1940 zeigt[35] – ein gemäßigter Pluralismus als konstitutives Element der nationalsozialistischen Kulturpolitik bis zum Ende des Regimes erhalten.

So richtig die Betonung der nicht bloß geheimen Kontinuität moderner Kunstauffassungen und liberal-konservativen Denkens für die Friedensjahre ist, so fahrlässig wäre ein Ausblenden der durch die Diktatur hervorgerufenen Verformungen. Die wirtschaftliche und politische Konsolidierung Deutschlands hatte Hitler durch eine rigorose Absperrung vom Ausland künstlich erzeugt; in den dreißiger Jahren entwickelte sich in Analogie dazu ein treibhausartiges, der freien Kunstentfaltung keineswegs förderliches Klima, zumal die genossene Stabilität ein stillschweigendes Inkaufnehmen von Unrecht und Unmoral bedeutete, denn »die Bevölkerung im Reich wußte soviel und sowenig als sie wissen wollte« (J. P. Stern[36]). Die nichtnationalsozialistische Literatur konnte einer Korrektur dieser Grundhaltung nur in begrenztem Umfang entsprechen. Dennoch fehlt es nicht an erstaunlich zahlreichen Versuchen, das Thema der Massenverführung und der Verfolgung Andersdenkender verhüllt darzustellen.[37] Auf der anderen Seite förderte die feindselige Geborgenheit, in der mit zynischer Konsequenz der Krieg vorbereitet wurde, eine preziöse, die Konflikte ins Ornamentale verlegende Schreibweise. Eines der auffälligsten Merkmale, das auch im Buchschmuck der dreißiger und frühen vierziger Jahre sichtbar wird, ist der Zug zum Kleinen, Niedlichen und Zierlichen. Wie im Rokoko und Biedermeier ereignete sich als Reaktion auf den politischen Heroismus eine Erneuerung der anakreontischen Literatur mit anspruchslos-intimen Themen (Friedrich Bischoff, Georg Britting, Karl Krolow, Anton und Friedrich Schnack, Georg von der Vring u. a.). Schon Ende der zwanziger Jahre hatte man bei einigen der Jungen einen »beschaulichen Quietismus«[38] festgestellt, jetzt begann sich diese Tendenz durch den – nunmehr auch erzwungenen – Rückzug der nichtnationalsozialistischen Literatur ins Private zu verstärken. Weit vor Gustav René Hockes denkwürdigem Nachkriegsaufsatz aus dem *Ruf*[39] prägte Horst Lange in Zusammenhang mit den Büchern Emil Barths die Formel von der »kalligraphischen Unzucht« (Brief an Kreuder vom 6. 5. 1939). Das Gefühl, in einem künstlerischen Vakuum zu leben, führte darüber hinaus zu einem ängstlichen Verschanzen hinter die ästhetischen Positionen der Jahrhundertwende. »Man hat nichts vor sich, nichts hinter sich, nichts neben sich, das einen anspornt«, heißt es in einem Brief Langes. »Man lebt wie der

Krebs in der Schale, und vielleicht ist es wirklich so, daß man in Wahrheit rücklings läuft, indem man vermeint, sich nach vorn zu bewegen« (Brief an Kreuder vom 27. 2. 1939). In diesem Bild drückt sich freilich auch ein grundsätzliches Problem der Modernen Klassik aus. Je weiter die Kunstrevolution zurücklag, desto schwerer ließ sich ihre Lebendigkeit bewahren und desto stärker legte man Wert auf handwerklich saubere Arbeit. Nicht ohne Zufall erlebten vor allem reproduzierende Künste – z. B. die moderne Opern- und Theaterregie – im Dritten Reich eine ausgesprochene Blüte. Lange konnte sich – ähnlich wie Ernst Jünger in seinen *Marmorklippen* – Ende der dreißiger Jahre von der Kalligraphie nur teilweise abschirmen. Drei Jahre nach der *Schwarzen Weide* veröffentlichte er die an Hofmannsthals *Reitergeschichte* anknüpfende *Ulanenpatrouille,* in der die Verfallsschilderungen außerordentlich verfeinert erscheinen. Die gewaltige Spannung der durch Sprache gebändigten Auflösung ist nunmehr ferngerückt und nur noch als leichtes Wetterleuchten spürbar. Das im Tagebuch wiederholt artikulierte Mißtrauen gegen den »allzuschönen Stil« des Buches (9. 2. 1940) und sein »gefühlsmäßiges Rokoko« (8. 1. 1945) zeigt den Willen, das Preziöse zu überwinden.

Das Nebeneinander eines spielerischen und schmucklos-harten Klassizismus schließt sich wie im 18. Jahrhundert nicht aus. Die vor allem in den Briefen an Kreuder 1939–1940 immer wieder vorgetragenen Forderungen nach einer »lebendigen«, »harten« und »klaren« Dichtung wurden von Lange mit dem von Hitler entfesselten Krieg in Verbindung gebracht, der »mit einem Schlage« die »verborgenen Tempel« zunichte gemacht habe, »in denen wir noch zu den alten Göttern beten durften« (Brief vom 13. 9. 1939). Das auch im Tagebuch formulierte Ziel, »viel sparsamer, einfacher und deutlicher« zu sein (13. 9. 1944), bedeutet kein Zurück zur Neuen Sachlichkeit, sondern ein Bekenntnis zur »klaren, gemessenen Form« an der Antike geschulter Kunstwerke (5. 12. 1943) und entspricht der »erzieherischen Tendenz«, die damals von Max Bense im Anschluß an Ernst Jünger als stiltypisches Phänomen beobachtet wurde. Die von ihm konstatierte »Selbstbeherrschung der Form« und die von Hans Georg Brenner an Langes Sammlung *Auf dem östlichen Ufer* (1939) gerühmte »zuchtvolle Sprache« verdeutlichen noch einmal den eingangs erwähnten Zusammenhang von Klassizismus und Ordnungsdenken.[40] Für die Erklärung des Stilwechsels sollte darüber hinaus berücksichtigt werden, daß Lange stärker als z. B. Benn leserbezogen gearbeitet hatte; die *Schwarze Weide* ist nicht zuletzt auch im Blick auf das »liberale« Berliner Publikum der Vorkriegsjahre geschrieben worden. Anders als Benn, der später seine Haltung mit folgenden Versen andeutete: »Die Gitter sind verkettet, / ja mehr: die Mauer ist zu –: / Du hast dich zwar gerettet, /doch *wen* rettetest du?«[41], vermied Lange jeden Hermetismus. In den nun vehement ausbrechenden barbarischen Ereignissen wurde für ihn die moralisch-ethische Aussage mit dem Ziel der »inneren Beherrschung« wichtiger als die experimentierende Herausbildung eines schönen Satzes, denn »immer wieder bewegt mich am dringlichsten die Frage nach dem Menschen« (4. 1. 1944). Dabei reagierte er ähnlich wie in den Krisenjahren der Republik, nur daß er noch einen erheblichen Schritt weiter von den Darstellungsmitteln und Themen des Expressionismus abrückte; von einer Synthese kann in den Erzählungen der vierziger Jahre nur noch mit Einschränkungen die Rede sein. Je mehr die Zerstörung in den äußeren Vorgängen Gestalt annahm, desto konsequenter bemühte er sich um Einheit und Komposition und drängte das Dumpfe auch rein stofflich aus seinen Dichtungen zurück. An die Stelle der dunklen Gestalt Starkloffs setzte er 1943 die ausgeglichene und opferwillige Figur des von Leuchtkugeln überglänzten Hermes, um in aller Klarheit »das Gegenbeispiel« zu geben. Die noch bei Kriegsausbruch geforderte formale Strenge wurde nunmehr durch das Goethesche Ideal der Ruhe und des Gleichmaßes gemildert. Es ist wichtig zu wissen, daß Lange mitten im zertrümmerten Berlin Kafkas Werk als »eine Welt ohne Ordnung« erfuhr und erschreckt ablehnte (16. 2. 1945). Während Ernst Jünger in seinem Tagebuch Lange als »östlichen Schilderer des Verfalls« mit Kafka verglich[42] und Eberhard Ter-Nedden in der *Schwarzen Weide* einen »Stil der Dekadenz« beobachtete und an Anschauungen von »Bernanos, Huysmans, Strindberg, Kafka und anderen« erinnert wurde, die »den Intellektuellen in der Systemzeit so außerordentlich beschäftigten«[43], las der Autor an der russischen Front Goethes *Kampagne in Frankreich* und lobte aus Verzweiflung den »wunderbaren Hang zur Ordnung« und die Ausgeglichenheit des Periodenbaus (1. 10. 1941; 4. 10. 1941). Doch außer der Apokalypse, die schon längst über »der bürgerlichen Gemütlichkeit, dem Plüschsofa und der Kuckucksuhr« drohte (29. 7. 1943), fühlte sich Lange auch aus einer latent psychischen, die Nerven bloßlegenden Unruhe zur Dämpfung gedrängt. »Ich sehne mich nach einer klaren und eindeutigen Ordnung und bin bis jetzt nicht imstande gewesen, sie zu schaffen oder sie, wenn ich sie mir vorübergehend gewonnen hatte, zu bewahren« (1. 10. 1941). Mit körperlichem Unbehagen reagierte er bei der Lektüre auf alles Experimentell-Geometrische und Zerfaserte, ohne sich ganz der Faszination der formalen »Auflösung« entziehen zu können. Im letzten Kriegsjahr las er nicht nur Kafka, sondern auch Georg Kaiser, Thomas Mann, Joyce, Benn, Maurois und Green. Mit dem Hunger nach äußerer und vor allem auch innerer Stabilität erschien ihm folgerichtig die *Schwarze Weide* »untergegangen wie ein Kontinent, über dem fortwährend Gewitter hingen, und dessen Boden von vulkanischen Kräften in andauernder Vibration gehalten wurde«. Noch vor Eintritt in das Inferno des Krieges rief er sich beschwörend zu: »Mein Himmel wird heiterer werden, meine Erde fester und gesicherter, das weiß ich und will ich auch« (16. 4. 1940). Diese sehr persönlich begründete Entwicklung Langes, der nicht über die arktische Kälte Benns oder Jüngers verfügte, mußte angedeutet werden, weil das Tagebuch sich nahezu ausschließlich auf die vierziger Jahre beschränkt und die dort getroffenen Feststellungen nicht ohne weiteres auf die Zeit vor Kriegsbeginn projiziert werden dürfen. Die Aufzeichnungen enthalten viel radikalere Positionen, als sie Lange in der ersten Phase des Hitler-Staates bezogen hatte. Das Anwachsen des Traditionalismus ist zeittypisch. Die noch in relativer Breite vorhandene Moderne der dreißiger Jahre hatte in den Kriegsjahren ihre Basis verloren. Unter dem Eindruck des neuen, die Erschütterungen der Weltwirtschaftskrise übertrumpfenden Chaos sahen sich die meisten in Deutschland gebliebenen Schriftsteller nicht mehr in der Lage, empirische und allegorische Elemente zu einer kühnen Wirklichkeitsdeutung zu verbinden. Ängstlich wehrten sie ein analytisches Begreifen der durch den nationalsozialistischen Eroberungskrieg ausgelösten Schrecken ab. Die Tabuisierung von Angst, Scham usw. und die verstärkte Hinwendung zu tröstenden Gegenbildern darf nicht von vornherein moralisch verurteilt werden. Der Traditionalismus der vierziger Jahre bedeutet ein Eingehen auf die nach Linderung bzw. Beschönigung drängenden Bedürfnisse der Lebens- und Staatswirklichkeit. Gleichwohl stehen Benns *Statische Gedichte* und seine experimentelle Prosa, die Tagebücher Jüngers und Hartlaubs sowie die Arbeiten von Elisabeth Langgässer und Nossack für eine Unterströmung, die sich dem Verklärungsmechanismus widersetzte und der es deshalb gelang, das Erbe der Literaturrevolution – allerdings nahezu unter Ausschluß der Öffentlichkeit – in Umschmelzungen zu erneuern. Auch während des Zweiten Weltkriegs war in Deutschland Kunst von europäischem Niveau möglich; ihre Hervorbringung mußte allerdings mit einer außerordentlichen Unberührbarkeit und Härte erkauft werden.[44]

Anders als die meisten seiner Schriftstellerkollegen verweigerte sich Lange dem spätestens um 1950 nicht mehr aufzuhaltenden Siegeszug der Modernen Klassik. Er kehrte nicht zum Ausgang der Epoche zurück und distanzierte sich folgerichtig sowohl von Elisabeth Langgässers *Unauslöschlichem Siegel* (1946) wie von Ernst Kreuders *Gesellschaft vom Dachboden* (1946), dem er spielerischen Nihilismus, Wirklichkeitsvertauschung und mangelnde Ordnungsbildung vorwarf (Brief an Kreuder vom 10. 1. 1947). Lange beharrte auf den Positionen eines volkstümlichen Klassizismus. Da sich bei ihm der Krieg als Trauma wachgehalten hatte, glaubte er, auf formale und inhaltliche Aufsplitterungen verzichten zu müssen und bemühte sich um eine immer einfachere, aufs Versöhnliche drängende Ausdrucksweise. An den Rand eines Prospekts des Goverts-Verlags zur *Schwarzen Weide* hatte er vermutlich kurz nach seiner Verwundung geschrieben: »Der hier ist tot. Und das ist vielleicht gut so!« Langes Selbstisolierung und sein – nicht einmal zu Unrecht geäußerter Verdacht – bei der Kunst der Adenauer-Restauration handle es sich um ein »neues Rokoko«, trug mit dazu bei, daß man in den fünfziger Jahren sein Werk nicht mehr in den Kanon der Moderne einbezog. Da man darüber hinaus sorgsam die Traditionen der dreißiger Jahre zugunsten eines angeblichen »Kahlschlags« aus dem Bewußtsein verdrängte, blieb der *Schwarzen Weide* weitgehend die Anerkennung als eines der stärksten Prosawerke der Epoche versagt.

II

Die 1979 zum ersten Mal zusammenhängend veröffentlichten Tagebücher besitzen im Unterschied zu den Aufzeichnungen Ernst Jüngers keinen einheitlichen Charakter. Das Tagebuch wurde nicht kontinuierlich geführt und offensichtlich mit Ausnahme der Rußland-Abschnitte nicht im Hinblick auf eine Veröffentlichung geschrieben. Es gab Notizen aus der Zeit vor 1939; sie sind nicht erhalten. Lange hat in den ersten Nachkriegsjahren und z. T. auch später Tagebuch geführt, die Aufzeichnungen befinden sich zusammen mit den Druckvorlagen in der Handschriften-Sammlung der Stadtbibliothek München. Abschnitte des Rußland-Tagebuchs erschienen im Modemagazin *Die Dame* 1942 (Nr. 9, S. 28 bis 30)[45]; unter dem Titel *Vorspiel zur Apokalypse* brachte die *Süddeutsche Zeitung* in zwei Teilen bearbeitete Aufzeichnungen aus den letzten Monaten vor dem Zusammenbruch (26. 2. 1946; 1. 3. 1946).[46] Teile der Berliner Notizen 1939-1940 veröffentlichte Lange 1968 in *Hommage für Peter Huchel* (München, S. 27-33). Aus Briefen an den Verleger Claassen geht hervor, daß Lange 1942 an die Herausgabe seiner Rußlandaufzeichnungen dachte. Am 18. 1. 1942 schrieb er aus dem Kriegslazarett Lublin: »Ich könnte mir ein Buch von etwa 200 Seiten denken, in dem neben den Tagebuchnotizen auch Briefstellen und vor allem meine Landschaftszeichnungen veröffentlicht werden müßten, die ich an der Front gemacht habe. [...] Ein farbiges, humanes und sehr lebendiges Kriegsbuch ohne jeden Heroismus – wie denken Sie darüber?« Offensichtlich hat Lange noch im selben Jahr eine maschinenschriftliche Abschrift mit einem Nachtrag hergestellt; am 18. 10. 1942 kündigte er die Übersendung an Claassen an mit der Bitte, »das Manuskript als *streng vertraulich* zu behandeln«. Eine Publikation wurde wegen der negativen Schilderungen der Kriegsereignisse vermutlich nicht einmal versucht.[47]

»Es scheint, daß seit einigen Jahren das Tagebuchführen im allgemeinen wieder zunimmt, ungeachtet des Totalanspruchs, den das heutige Leben an die Zeit des Einzelnen stellt«, bekannte Ursula von Kardorff damals in der *Deutschen Allgemeinen Zeitung*.[48] Eine ähnliche Entwicklung beobachtete kurz nach Kriegsende Franz A. Hoyer[49], und Erich Kuby sprach bereits 1941 in einem Brief an den Verleger Paul List von einer »Flut« von Kriegstagebüchern.[50] Für Gerhard Nebel war sogar ein »Zeitalter des Tagebuchs« angebrochen.[51] Das Bewußtsein, eine »historische Epoche« zu erleben und den Strudel, der den einzelnen vor allem im Krieg erfaßt, machte Ursula von Kardorff für diese Mode verantwortlich. Man war sich einig, daß die Niederschrift »Besinnung« (Fritz Dehn[52]) vermittle und »Ordnung« wolle (Gustav René Hocke, Ernst Jünger[53]). Nebel definierte das Journal als »Literaturform des Kerkers«, denn im Tagebuchführen »sucht sich der Mensch zu behaupten«[51]; Jünger arbeitete demgegenüber das kommunikative Element heraus, das Tagebuch sei »im totalitären Staat das letzte mögliche Gespräch«, die Isolation des Schreibens nähere die Gattung dem Logbuch an.[54]

Alle literarischen Strömungen sind – allerdings in höchst unterschiedlicher Weise – an der Tagebuch-Kultur der dreißiger und vierziger Jahre beteiligt. Tagebücher bzw. tagebuchartige Essays mit hohem Kunstanspruch schrieben neben Jünger und Nebel u. a. Benn, Doderer, Hartlaub, Nossack, E. G. Winkler. Für diese »Logbuch-Schreiber« war die Gattungsform auch aus ästhetischen Gründen wichtig. Man betonte das Abgerissene und Bruchstückhafte der Notizen (Nebel), die Nähe zum Essay (Bense) und fühlte sich vom Fehlen der Kausalität angezogen (Hocke). Im Zusammenhang mit Ernst Jünger, der »heute schon eine unmerkliche Herrschaft der Sprache und des Stils« ausübe, entwickelte Max Bense bereits 1943 im *Reich* die Poetik einer »experimentellen Literatur«.[55] Das Zeichenhafte und Kombinatorische der fragmentarischen Tagebuchnotizen sei »existentiell gerichtet«. »Erst wird der Gegenstand herausexperimentiert im Glanz der Kombinatorik von Begriffen und Ideen, Bildern und Vergleichen, dann schimmert langsam die Tendenz durch das Gespinst der literarischen Essayistik, und schließlich wird vom Standpunkt der Tendenz aus appelliert.« Die Tagebuchautoren hatten dabei das Gefühl, an einem »absoluten Nullpunkt« zu stehen (Ernst Jünger[56]) bzw. an einem »Wendepunkt [...] oder vielleicht sogar schon ein paar Schritte darüber hinaus zu sein« (Nossack[57]). Neben existentialistischen Schriftstellern verfaßten viele Christen Journale. Auch sie drängten auf eine »Inventur« (Nossack), doch Dietrich Bonhoeffer, Albrecht Haushofer, Theodor Haecker, Jochen Klepper und Friedrich Reck-Malleczewen ging es weniger um die Beschreibung von Sachverhalten als um einen »Dialog mit Gott«. Man sah im Tagebuchschreiben einen »Ausdruck religiöser Innerlichkeit«, fühlte sich allerdings in Widerspruch zur Zeit, in der »nur das Wort ›Tat‹ gilt.«[58] Eine dritte Tagebuch-Gruppe bilden Aufzeichnungen von Augenzeugen mit dem Ziel, den nachfolgenden Generationen authentische Zeugnisse zu hinterlassen. Tagebücher über das Jahr 1945 veröffentlichten die Journalisten Margret Boveri, Joachim Günther und Ursula von Kardorff. Eine ähnliche Motivation liegt den Berichten aus Konzentrationslagern (Nico Rost), Verstecken (Anne Frank) und den zahlreichen »Tagebüchern der Vertreibung« (Hans Hartung, Käthe von Normann) zugrunde. Daß es sich dabei um keine künstlerische Bewegung handelt, zeigt der große Anteil unbekannter deutscher und europäischer Autoren.

Doch damit ist die Gattungsgeschichte noch nicht abgeschlossen. Neben dem existentialistischen und christlichen Tagebuch sowie dem Augenzeugen-Bericht stehen mit dem Reise- bzw. Kriegstagebuch Formen, die in den dreißiger Jahren bereits eine feste literarische Tradition besaßen und eine große Verbreitung fanden. Max Frisch schrieb nicht nur *Blätter aus dem Brotsack* (1940), sondern auch ein *Kleines Tagebuch einer deutschen Reise* (1935). Die Reisereportage veränderte sich bei Ernst Wilhelm Eschmann (1936), Karl Eugen Gass (1937/38) und Richard Gerlach (1940) zum intimen, kulturgeschichtlich angereicherten Landschaftsbild. Erhart Kästner verband mit seinem im Auftrag des Kommandierenden Generals im Luftgau Südost geschriebenen Griechenlandtagebuch (1943)

Kriegs- und Reisejournal; den militärischen Bereich reduzierte er zugunsten von Naturschilderungen und Exkursionen in die antike Welt, ohne freilich ganz die Heroisierung der »blonden Achaier« mit ihren kupferbraunen, in der homerischen Luft funkelnden Körpern zu vermeiden. In den dreißiger Jahren setzte sich die Publikation völkisch-nationaler Tagebücher aus dem 1. Weltkrieg vehement fort. »Vaterlandsliebe heißt ihr ewiges Testament, Treue, Gehorsam und Glaube«, schreibt z. B. Gerhard Scholtz in seinem *Tagebuch einer Batterie*[59], und Gustav Goes und Hermann Cron rufen in ihrem Kriegstagebuch den Lesern zu: »Sollte Euch je des Vaterlandes Stimme rufen, seid unser würdig!«[60] Die Publikationsflut mündet konsequent in zahllose, den 2. Weltkrieg propagandistisch feiernde Tagebuchveröffentlichungen. Jüngers *Gärten und Straßen* erschien im Verlag Mittler und Sohn (Berlin), der 1940/41 folgende Bücher auf den Markt brachte: Wilhelm Doms: *Vormarsch in Polen. Mein Kriegstagebuch;* Kurt Bernhard: *Panzer packen Polen. Erlebnisberichte;* Hans Joachim Kitzing: *Wir liegen in Paris;* E. Falckenthal: *Artillerie nach vorn. Erlebnisse einer Batterie in Polen und Frankreich* u. a. Die deutschen Soldaten wurden zu Beginn des Krieges dazu aufgerufen, ihre persönlichen Eindrücke festzuhalten. Im Gauverlag der NSDAP Schlesien (Breslau) erschien 1941 ein vorgeprägtes Kriegstagebuch, es enthielt »Raum für Photos, eine gedruckte Kriegschronik [...], dazu als Beilagen 5 Landkarten, ein Kalendarium für eigene Eintragungen, 60 freie Seiten bestes Papier und Vordrucke für Heimatanschriften von Kameraden.«[61] Das Stadtarchiv Berlin bat 1940 und 1944 die Bevölkerung um die Einsendung von Tagebuchaufzeichnungen, »in denen zum Ausdruck kommt, wie sich der Berliner mit dem Kriege auseinandersetzt.«[62] Außerdem kleideten die Kriegsberichterstatter der Presse ihre Erlebnisse gern in die Form persönlicher Aufzeichnungen und knapper Stimmungsbilder. Das Tagebuch war im Dritten Reich somit keineswegs nur »Literaturform des Kerkers«, sondern auch eine populäre Gattungsart der Nationalsozialisten. »Wo die Wucht siegerischer Leistungen, das Übermaß der Räume und Zahlen in unserem soldatischen Ringen unsere Vorstellungskraft übersteigt und verwirrt«, schreibt die *Neue Schau* 1942, »vollzieht sich in diesen Tagebüchern unter der deutenden Hand ihrer Schreiber die Enthüllung des Gewaltigsten im schlichtesten Bild oder Vorgang.«[63] Eng verquickt mit derartigen Diarien sind Aufzeichnungen einer existenzphilosophisch und konfessionell unstrukturierten Innerlichkeit, die den Krieg nicht völkisch verklärt, sondern das Grauen idyllisiert oder durch Verwebungen mit der »zeitlosen« Kunst aus der Zone des Lebens rückt. Das Ästhetische erscheint in den so erfolgreichen Aufzeichnungen Walter Bauers (*Tagebuchblätter aus Frankreich*, 1940; *Tagebuchblätter aus dem Osten*, 1944) oder Franz Tumlers, Kurt Lothar Tanks und z. T. auch Martin Raschkes nicht als humane Antithese zum Krieg, sondern als gleicher, bestenfalls tröstender Klang.

Im Zusammenhang dieses breiten Gattungsspektrums muß man Horst Langes Tagebücher sehen. Der heroische, in den Krieg treibende Anspruch fehlt, aber auch das Idyllische, der von Max Bense beschworene »kalkülatorische Geist« sowie die christliche Gewissenserforschung z. B. Kleppers. In den Aufzeichnungen herrscht der Eindruck eines intimen Journals vor, doch die »Schatten aus einer Großstadtnacht«, die an das *Zwischenspiel* der *Schwarzen Weide* und an die Berlin-Passagen des *Heym*-Essays erinnern, verdeutlichen bereits am Anfang den enthüllenden, die Zeit bloßlegenden Charakter. Berlin erscheint im November 1939 ganz ohne Kriegsbegeisterung. Die »riesige verrammelte Synagoge« und der Wartesaal des Bahnhofs Friedrichstraße voller schlafender, von der Polizei mit Gewehren bewachter Soldaten weisen in unbeabsichtigter Typologie auf die Vernichtung der Reichshauptstadt, die Lange als Obergefreiter und Unteroffizier in der Pionierabteilung des OKH miterlebte. Anders als im Rußland-Tagebuch sind in den Berliner Aufzeichnungen 1943-1945 die Sachschilderungen auf ein Minimum reduziert. Lange versuchte in Analogie zu den Kalendergeschichten Hebels das Grauen durch *Geschichten aus den Bombennächten* zu bannen; die täglich mit dem Fahrrad durchquerte Stadt wirkt als »Ruinenstadt« und »Vineta« zumeist eher wie eine zerfetzte Kulisse für die Schilderung innerer Bedrängnisse. Dennoch teilt sich dem aufmerksamen Leser einiges von dem Zerfall Berlins mit, dessen Stadtteile durch die Luftangriffe voneinander isoliert wurden und in dessen Zentrum Steppenluft wehte. »In manchen Straßen und Lokalen hört man tatsächlich kein Wort deutsch und hat das Gefühl, durch ein eigenartiges Babylon zu wandeln«, beobachtete Hartlaub[64] ähnlich wie Lange, der sich etwa zur gleichen Zeit bei Aschinger wie »unter Tage geraten« vorkam (19. 10. 1944). Hartlaub registrierte im August 1944, »daß das Leben im übrigen weitergeht und sogar nicht ohne eine gewisse sommerliche Eleganz.« Bei Ursula von Kardorff heißt es am 19. 1. 1944: »Ich gehe die Bayreuther Straße entlang, an ausgebrannten Fassaden vorüber, in ein zufällig noch erhaltenes Haus. Mit dezenter Schrift steht dort: Newa-Grill.«[65] Von einer ähnlichen irrealen Wirklichkeit wie das »Luxus-Lokal mit höflichen Obern« wirkt für Horst Lange ein Furtwängler-Konzert mitten in Ruinen »an einem kalten, winterlichen Tag« (26. 3. 1944), das Präsentieren der Gewehre vor der Reichskanzlei und das übriggebliebene, höchst zerbrechliche Vordach des Hotels »Kaiserhof«, das vor einem plötzlichen Regensturz schützt (19. 10. 1944). In dieser »absurden Stadt«[66] scheinen lediglich die sich rührenden Sträucher ein »Schweben im luftleeren Raum«[67] zu verhindern. Am 22. 2. 1945 vermerkt Langes Tagebuch: »Gestern Nacht schlug es rings um uns ein. – Zaghafter wundervoller allererster Vorfrühling! Im Garten schon erste Rosetten der Akeleien und dicke Stachelbeerknospen. Mondnächte mit silbrigem Dunst. Wenn die Bomben fallen und die Geschütze der Flak loslegen, flüchten die Vögel und tschilpen leise und ängstlich.« Berlin wirkt allegorisch, und die Angst, »ohne Zukunft leben zu müssen«, nimmt die Atemluft weg (8. 2. 1945). Ein herabgestürzter Engel in der Kochstraße mit der Friedenspalme in der Hand »auf den Schutt gebettet« wird ebenso sachlich registriert wie die Worte eines Pförtners: »Sei doch froh, sa' ick dir, daß er ins Massengrab gekommen is. Da is er wenstens nich alleene« (10. 2. 1945). Solche Sätze wirken wie eingedrückte Gegenstände, die aus den Trümmern geborgen werden. Selten schreibt Lange die Gespräche mit Freunden auf, die flüchtig notierten Namen genügen und stehen für das zu beschützende Leben. Aus dem Tagebuch geht hervor, wie sehr jedes in den Pausen der Luftangriffe geschriebene Gedicht und jede Zeichnung als tiefe Beruhigung und als Versprechen einer Rettung empfunden wurden. Aus manchen Notizen dringt schon das Pathos des »Nullpunkts«, man will es »besser machen« (9. 3. 1945) und beschwört den Neubeginn.

Lange spürte vermutlich wie Hartlaub, daß der Luftkrieg als »Stoff eigentlich ja viel gewaltiger [ist] als das Frontgeschehen«[68], doch die hier aufgeführten Beispiele könnten den falschen Eindruck erwecken, als sei es ihm wie z. B. Nossack mit seinem Bericht über den Untergang Hamburgs um eine künstlerische, die Zerstörung exakt wiedergebende Darstellung gegangen. Es dominieren private, das tägliche Leben sichernde Aufzeichnungen über Lektüre, schriftstellerische Arbeiten, Wehrmachtsberichte usw. Die reine Deskription löst sich immer wieder in oft kunstlose Rede auf, nicht zuletzt deshalb, weil die Bilder der Zerstörung so leibhaftig und daher »unbeschreiblich« sind (10. 2. 1945). Je näher der Zusammenbruch kam, desto stärker drängte es Lange, die Ereignisse philosophisch-religiös zu deuten. Das Eingeständnis, daß in den Gedichten die »Bilder [. . .] nicht mehr das Primäre und Beherrschende« seien, sondern das »Gedankliche« (10. 3. 1945), läßt sich auch auf die Tagebucheintragungen der letzten Kriegsjahre beziehen.

In den Rußlandaufzeichnungen von 1941 hatte Lange demgegenüber noch eine selbstbewußte Zuschauerhaltung behauptet, das liegt vermutlich weniger in einer veränderten Wirklichkeitserfahrung begründet, als in einer – zunächst – sicheren militärischen Stellung, die kurz erläutert werden muß. »Mein Tagesablauf beginnt damit, daß ich zwei Öfen heize«, schrieb er am 2. 12. 1940 an seinen Verleger Claassen. »Wenn die Öfen brennen [. . .], setze ich mich an die Maschine und schreibe einen nach dem anderen von jenen militärisch-idiotischen Briefen, die allesamt von Tucholsky erfunden sein könnten.« Freistellungsgesuche des Verlags wurden abgelehnt. Angeekelt von der Militärbürokratie erwog Lange, »sogar die Propaganda-Kompanie in Kauf zu nehmen« (Brief an Claassen vom 18. 1. 1941), denn »man braucht eine andere Luft, mehr Freiheit und Selbständigkeit« (Brief an A. M. Vogler vom 6. 12. 1940). Offensichtlich bewarb sich Lange um Propaganda-Aufträge. Im Sommer 1941 erhielt er dafür einen längeren Urlaub. Kubin gegenüber bekannte er: »Ich schreibe zweckbetonte Propaganda für den Rundfunk und die Presse, Dinge, die sich nicht mit politischen, sondern mit rein militärischen Fragestellungen befassen« (Brief vom 8. 7. 1941). Anfang September 1941 erfolgte eine Versetzung zum Armee-Pionier-Führer der 6. Armee nach Rußland, »mit dem besonderen Auftrag, Berichte über die Stimmung in der Pionier-Truppe über taktische Einzelheiten, Anwendungs-Ergebnisse neuer Waffen usw. zu schreiben, die *nicht* für die Presse bestimmt waren.«[69] Eine

Schlägerei in Siedlce am 3. 10. 1941 führte zu einer Bestrafung mit drei Wochen geschärftem Arrest und zu einer Strafversetzung zum Pionier-Bataillon 23 (Berlin-Spandau). Lange geriet damit in den Angriff der Heeresgruppe Mitte auf Moskau (Unternehmen »Taifun«), an der vierzehn Panzerdivisionen, acht motorisierte Divisionen und sechsundfünfzig Infanteriedivisionen beteiligt waren. Nach einer erzwungenen Pause durch den Beginn der »Schlammperiode« (6. 10.) begann am 17. 11. die zweite Angriffsphase, die nach anfänglichen Erfolgen aufgrund ungenügender Winterausrüstung und Erschöpfung der Truppe steckenblieb. Im Zusammenhang mit der russischen Gegenoffensive (5./6. 12.) wurde Lange am 9. 12. 1941 verwundet. Ein Vergleich mit dem Kriegstagebuch des Oberkommandos der Wehrmacht bestätigt die Authentizität der Aufzeichnungen[70]; durch die Perspektive von unten werden abstrakte Begriffe wie Schlamm- und Frostperiode sinnlich gefüllt. Militärhistoriker sind sich heute einig, daß nicht erst mit Stalingrad, sondern in dem gescheiterten Vormarsch auf Moskau und der begrenzt erfolgreichen sowjetischen Gegenoffensive die Niederlage Hitlers eingeleitet wurde. Lange war somit Augenzeuge des Wendepunkts. Erstaunlich ist die sachgetreue, das Scheitern in allen Einzelheiten protokollierende Schreibweise. Ursula von Kardorff berichtete, daß ein Luftwaffenhauptmann zum Tode verurteilt wurde, »weil er in sein Tagebuch, das nach einem Luftangriff in falsche Hände kam, gestanden habe, er glaube nicht mehr an einen Sieg.«[71] Lange mag über die juristische Formel von der »Wehrkraftzersetzung der eigenen Person« nicht informiert gewesen sein oder er fühlte sich durch den offiziellen Auftrag, die Stimmung in der Pioniertruppe zu protokollieren, auch noch nach seiner Strafversetzung geschützt, jedenfalls bewahrte er einen höchst subjektiven, von keinem Heroismus verklärten Blick, der ihn schon in seinen dichterischen Arbeiten von der Mehrzahl seiner publizierenden Schriftstellerkollegen unterschied.

Gleich zu Beginn in Warschau am 3. 9. 1941, also vor der Offensive gegen Moskau, vermerkte er: »Im Wartesaal des seltsam verbauten und unfertigen Bahnhofs Gespräche mit Kameraden, die von meinem Jahrgang sind (lustlos, müde, Angst vor dem Winter in Rußland!).« Am 15. 10. heißt es: »Keine Lust zum Krieg mehr. Sie sprechen offen darüber, beim nächsten Angriff ›stiften‹ zu gehen.« Für den 1. 11. berichtet das Tagebuch: »Wachsender Widerwille der Leute gegen Rußland und den Krieg.« Die Desillusionierung dringt in die Darstellung ein: »Die Leute, die von der Front kommen, sind fahl, übermüdet und ausgepustet wie leere Eier, hängen nur in den Uniformen und haben flackrige Augen« (3. 9. 1941). Bereits in solch einer Passage wird deutlich, wie es mit dem »Geist der Truppe« steht. Das Subjektive scheint an einer anderen Stelle bis ins Äußerste getrieben: Die Offiziere bekommen die Züge gedunsener Maulwürfe; im Gedächtnis bleiben »fahle, verschlissene Uniformen, graue Haut, glänzende wie im Fieber schwimmende Augen« (17. 9. 1941). Der »prophetische« Charakter des Tagebuchs, der in solchen Details sichtbar wird, entspricht nicht metaphysischer Spekulation, sondern im Gegenteil genauer Wirklichkeitsschau. Eindrucksvoll schilderte Lange den im Schlamm steckengebliebenen Vormarsch: »Mitten in der Dämmerung und im eiskalten Wind stellen wir das Radio an und hören Musik aus Deutschland. – Gefühl des Sichverlaufenhabens in der Nacht. Hin und her und vor und zurück. Überall fallen die Männer um. Man stolpert und rutscht und wartet und geht wieder ein Stück und wartet wieder« (26. 11. 1941). Die Desillusion ist vollkommen, zumal vorher auf einer Anhöhe und in den Straßengräben die ersten gefallenen Russen entdeckt wurden. (»Manche in Stellungen, wie erstarrt, hingekauert, vornüber, auf den Knien liegend. Ausgeplündert, ohne Stiefel und Hosen.«) Lange schilderte nicht einfach »wertfrei«, seine Beschreibung ist parteilich, das Tagebuch enthält eine, wenn auch versteckte Tendenz. Die Toten erinnerten ihn »an ein Photo, das die verkohlten und versteinerten ausgegrabenen Leichen von Herkulaneum und Pompeji zeigt, das ich vor 1914 sah« (15. 10. 1941). Langes Reaktion war zweideutig. Der Verweis auf das Foto dient der Entwirklichung des aktuellen Geschehens, gleichzeitig deutet es die Kriegsgreuel als apokalyptische Naturkatastrophe aus; die dazu führenden historisch-politischen Zusammenhänge bleiben im Dunkeln. Diese Passage ist von zentraler Bedeutung für die Beschreibungstechnik, weil sie deutlich macht, daß der Wechsel zu fernliegenden Augenblicksbildern über das bloß Faktische hinausführt. Die Eintragung vom 26. 11. 1941 nennt u. a. in einem Panorama »Kampfspuren, zerschossene Häuser, Brandruinen, Reste von Waffen, Stahlhelmen, Gewehren«, um plötzlich ein scheinbar nebensächliches Detail aus dem Kontext herauszulösen: »Ich fand im Nachbardorf zwischen dem Schutt eines zerstörten Hauses eine ungebrauchte Briefmarke aus der Zarenzeit mit dem Bilde des Zaren.« An einer anderen Stelle teilt sich dem Leser durch das rasche Anleuchten von Familienfotos nicht nur etwas vom eintretenden Tod mit, gleichzeitig drückt die Beschreibung die innere Haltung des beobachtenden Subjekts aus: »Erschrocken und mit angehaltenem Atem sitzen die Eltern, die Söhne (Bügelfalten!) und Töchter da« (26. 9. 1941). Lange hatte über seine Beschreibungsverfahren reflektiert. Er sprach von »kurzen, blitzlichtartigen Bildern«, die nur »Einzelheiten aufnehmen« (26. 11. 1941). Charakteristisch dabei ist das Aussparen der verbalen Dynamik, mit der solche Ausschnitte vor die Augen rücken. Die während des Marschierens vorbeiziehende Kirche (»mit gedrehtem Turm, auf dessen Spitze der Sowjetstern angebracht ist«, 15. 10. 1941), eine Villa (»in einer Mischung aus gotischer und asiatischer Bauweise«, 9. 11. 1941), schließlich die auf einem Hügelrücken knarrenden übergroßen Flügel von Windmühlen (9. 11. 1941) oder der vor dem Einfall eines Schwarms Zugvögel hoch oben silbrig aufleuchtende russische Flieger (3. 10. 1941) werden in ihrer Erscheinung festgehalten wie auf einem erstarrten Filmbild. Lange war Maler.[72] Im Tagebuch ist mehrfach die Herstellung von Zeichnungen erwähnt, die ähnlich wie das Tagebuchschreiben die massiv auf das Subjekt einstürzende Wirklichkeit ordnen und konservieren sollen. (»Ich hocke mich in den Windschatten eines Strauches und zeichne. Der körnige Schnee knistert auf's Papier«, 7. 10. 1941.) In manchen Beschreibungen wird die Welt wie auf einem Aquarell zu einer Funktion von Licht und Farbe verändert; die Vorliebe für metallische Vergleiche entrückt die Natur in einen unbetretbaren und dem Kriegsgeschehen kalt und gleichgültig gegenüberstehenden Bezirk. Der Fluß wirkt an manchen Stellen »wie polierter Stahl, an anderen blind und wie brüniert« (27. 10. 1941), selbst die Stauden erscheinen »starr, wie aus Draht und Metall gemacht [...] ohne jede Biegsamkeit« (7. 10. 1941). Rußland wird so für Momente entleert von allen Realien; die Erhabenheit des Himmels hat kaum etwas Tröstliches, sondern probiert in der Dominanz von Farben ein kaltes »Lächeln der Ewigkeit«, für das der Mensch nur eine Episode ist: »Am Vorabend hatte es geschneit. Blaugrauer Morgen mit messinggelbem Licht am Horizont. Der Mond hatte einen großen Hof. Welch anderes Bild als zwei Tage vorher auf der Hinfahrt, nun denselben Weg zurück. Vorhauch des Winters. Grelles, wie mit Rosa lasiertes Azurblau, mit taubengrauen Dunstschichten am Horizont« (11. 10. 1941).

Solche beschreibenden Passagen wechseln unvermittelt mit Banalem, privaten Notizen, Lektürekommentaren oder nur die militärischen Ereignisse knapp berichtenden Abschnitten. Anders als bei Jünger herrscht die stilisierte, den Krieg in einen tauben Raum rückende Schreibweise nicht vor; Langes Tagebuch bleibt seelisch nicht stumm, sondern gerade durch das Nebeneinander teilt sich sehr viel von dem inneren Leben des Chronisten mit. Das Eingebundensein in den militärischen Ablauf wirkt – paradoxerweise – auf Lange befreiend: »Hier ist es nicht mehr sinnlos, wie in Berlin, Soldat zu sein [...]. Die Reflexionen sind wie weggeblasen. Es ist gut, draußen zu sein und Tuchfühlung mit dem Krieg zu bekommen« (17. 9. 1941). Gleichzeitig wird die Strafversetzung in das Frontbataillon als Bewährung empfunden. (»Ich zwinge mich selbst, meine soldatischen Qualitäten zu verbessern«, 3. 10. 1941). Gegen die negativ gezeichneten Soldaten und Offiziere rückt das positive Bild des Majors (»immer voller Energie und sozusagen ohne Nachlassen straff gespannt, natürlich mit den Leuten umgehend [...]«, 16. 9. 1941). Über die ins Stocken geratene Offensive gegen Moskau heißt es: »Das Ganze funktioniert trotzdem immer wieder. Es ist wie ein Wunder. Der gute Kern setzt sich durch und triumphiert über die hemmenden und negativen Züge und Triebe« (5. 12. 1941). Daß es sich hierbei nicht nur um Stimmungen handelt, sondern um den Ausdruck einer antithetisch gespaltenen Wirklichkeitserfahrung, zeigt z. B. die Idealisierung der Helden in den beiden Erzählungen *Der Sohn der Hauptmannswitwe* (1939) und *Die Leuchtkugeln* (1944). Auch das Kriegsgeschehen ist für Lange in den Kampf von Materie und Geist gestellt. Über allen Tagebucheintragungen, also auch über den russischen, leuchtet die Hoffnung auf eine Zeit, »wo sich die Menschen aus der Versklavung durch die Materie befreien« (31. 12. 1939). Diese Grundhaltung entführte Lange allerdings nicht in einen moralischen Indifferentismus, der damals das Denken so vieler zerstörte. So urteilte Curt Hohoff in seinem Bericht *Östliches Land* 1941 über die in den eroberten Gebieten lebenden Menschen: »Sie waren tief gefallen, aber man merkte ihnen nicht mehr an, daß sie ehedem oben gestanden hatten. Darin offenbarte sich zutiefst, daß ihr Wert gering war, daß sie, wollte man streng sein, auch nichts anderes verdient hatten; sie waren gewogen und zu leicht gefunden.«[73] Ganz anders äußerte sich Lange: »Es ist mir unvorstellbar, was die eigentliche Realität dort drüben sein mag. Die anderen bedenken nur, daß es der Gegner ist: schlecht, minderwertig, verdammenswert, zur Ausrottung bestimmt. Ich möchte dahinterkommen und weitersehen« (22. 9. 1941). An anderer Stelle heißt es: »Wälder, in denen noch versprengte Russen sind. Einer wurde in der Nacht von unserer Feldwache gefangen. Schüchterner, verhungerter Siebzehnjähriger. Diskussion über seine Behandlung. Ein beschränkter Uffz. läßt das Wort vom ›Herrenmenschentum‹ fallen« (5. 10. 1941). Die Russen, »die man aus der Nähe erst richtig beurteilen kann«, werden differenziert porträtiert. Erinnert sei an die Gefangenen in Barinowa (»Rührende Existenz der Liebe inmitten der Barbarei und der tödlichen Entmenschlichung«, 26. 10. 1941), an den schwitzenden Alten mit »Krempenhütchen, Brille und Stupsnase«, der in der Nähe einer verwüsteten Kirche Birkenholz sägt (»Immer wieder Trost durch Existenzen, in denen sich der Frieden bewahrt hat«, 27. 10. 1941) und nicht zuletzt an die Begegnung mit den russischen Frauen (12. 11. 1941), die später in die *Leuchtkugeln* eingearbeitet wurde.

Wer von diesem Tagebuch allerdings nähere Aufklärung über historisch-politische Zusammenhänge oder ein heilsames Durcharbeiten der Verstörung erwartet, verkennt das Leid, das die Menschen – vor allem während des Krieges – in eine immer tiefere Lähmung versetzte. Am Altjahrsabend 1939 bekannte Lange noch selbstbewußt: »[. . .] ich richte mich darauf ein, aufrecht zu bleiben und mich gegen alles zu wappnen, was dem Leben und der inwendigen Freiheit (eine äußere wird es nie geben!) feindlich und abträglich ist.« Zwei Jahre später, am 19. 11. 1941, heißt es desillusioniert: »Man glaubt noch, seine Freiheit zu haben und unterliegt einem Zwang, dem man nicht mehr entgehen kann.« Dennoch gab Horst Lange den Kampf nicht auf; das Tagebuch diente ihm als wichtiges Mittel, die Ereignisse zu ordnen und die Reste seiner Unabhängigkeit im Widerspruch zur falschen Ordnung der Nationalsozialisten zu stärken. Es gelang ihm, inmitten des Schreckens auf einer menschlichen Rückzugsposition auszuharren; daß trotz aller Abschirmungen und das Innere überflutender Depressionen etwas von der Zeiterfahrung zur Sprache kommt, ist ein willkommenes Ereignis.

Oskar Loerke: Winterliches Vogelfüttern

Winterliches Vogelfüttern

1
Schwirren sie von allen Seiten,
Die Gereisten, die Gescheiten,
Hör ich sie das Mahl begleiten,
Fabelnd ihre alten Zeiten.

Der von Singenberg war Truchseß,
Der von Landegg war der Schenk,
Und der Kämmerer war Göli,
Wir sind ihrer eingedenk.

Bei dem Abte von Sankt Gallen
Hat es ihnen wohlgefallen,
Und er streute Futter allen
Seinen Minnenachtigallen.

2
Aber Walther sehn wir nie.
Wie er sang, ging er zur Ruhe:
»Er ging schleichend wie ein Pfau,
Drückte ein die Kranichschuhe,
Und sein Haupt hing ihm aufs Knie.«
Er versank im Himmelsblau.[1]

Loerke schrieb dieses Gedicht am 11. Januar 1936, es fand in der im selben Jahr veröffentlichten Sammlung *Der Wald der Welt* Aufnahme. Der kleine Text besteht aus wenigen reizvollen Wörtern, die so angeordnet sind, daß der Leser seine ganze intellektuelle und emotionale Aufmerksamkeit in die Lektüre einbringen muß. Der Vorgang des Vogelfütterns im Winter ist nicht beschrieben; Loerke deutete bloß zeichenhaft an oder setzte vorgefundene Namen und Wortreihen ein. Je weniger über das Füttern gesagt ist, desto stärker wird der Leser bemüht sein, das nicht ausformulierte Bild zu ergänzen. Daß es sich dabei um ein Sinnbild handelt, wird in der zweiten Zeile sogleich deutlich. Die Vögel sind – wie auch in anderen Gedichten Loerkes – mit besonderen Gaben ausgestattet; der Gesang der »Gereisten« und »Gescheiten« weckt während des Körneraufpickens »alte Zeiten« auf. Diese verschollene, im Vogelgezwitscher aufbewahrte Welt versinnlichte Loerke im folgenden durch die Schallfreudigkeit mittelalterlicher Namen und

Hofstellen: Truchseß von Singenberg, Schenk von Landegg, der Kämmerer Göli. Die dritte Strophe gibt diese Beamten als »Minnenachtigallen« aus und nennt mit dem Kloster von Sankt Gallen den Ort ihrer ökonomisch gesicherten Tätigkeit.

Der zweite Teil erwähnt Walther, den größten Minnesänger der Zeit; der ausgesparte Zuname »Vogelweide« kann vom Leser hinzugedacht und mit dem Titel »Winterliches Vogelfüttern« in Zusammenhang gebracht werden. Loerke rief ihn ohne Hofstelle auf, offensichtlich hat Walther an der Fütterung durch den Abt von Sankt Gallen keinen Anteil. Sein Fehlen in der herbeigeschwirrten Schar wird ausdrücklich betont. Im Unterschied zu den »Minnenachtigallen« läßt das Gedicht Walther singen; die in Anführungszeichen gesetzten Zeilen geben in freier Nachdichtung Teile aus einem Spruch wieder:

Dô Friderîch ûz Ôsterrîchę alsô gewarp,
daz er an der sêle genas und im der lîp erstarp,
dô vuortę er mînen kranechen trit in derde.
Dô gienc ich slîchendę als ein phâwe swar ich gie,
daz houbet hanctę ich nider unz ûf mîniu knie:
nû rihtę ich ez ûf nâch vollem werde.
Ich bin wol ze viure komen,
mich hât daz rîchę und ouch diu kronę an sich genomen.
wol ûf, swer tanzen welle nâch der gîgen!
mir ist mîner swære buoz:
êrste wil ich ebene setzen mînen vuoz
und wider in ein hôchgemüete stigen.[2]

Mit Friedrichs Tod auf dem Kreuzzug im April 1198 endete für Walther die finanzielle Unterstützung des österreichischen Hofes; er ergriff jetzt als der »erste unter den ritterlichen Dichtern das Gewerbe eines fahrenden Spielmanns.«[3] Walther hielt sich an mehreren Höfen auf, doch es kam zu keinem dauerhaften Verhältnis, er war genötigt, »von Tag zu Tag [. . .] sein Quartier zu wechseln«[4], erst 1220 setzte Friedrich II. dem unsteten Wanderleben mit einer Schenkung ein Ende. Der Spruch Walthers feiert die kurzfristige Aufnahme in den Dienst König Philipps 1198/99. Loerke tilgte den selbstbewußten, auf der Illusion einer dauerhaften Existenzsicherung durch Philipp sich gründenden zweiten Teil und übernahm nur die resignativen, rückwärtsgewandten Verse 3-5. Darüber hinaus versetzte er das Zitat von der Ich- in die Er-Perspektive und rückte es in einen anderen Zusammenhang: nicht Friedrich von Österreichs Tod, sondern Walthers Ende wird äußerst knapp als ein »Versinken im Himmelsblau« beschworen. Das »Himmelsblau« verstärkt die im Zitat aufleuchtenden und das unscheinbare Gefieder der Minnenachtigallen überstrahlenden kostbaren Attribute des »Meisters« (Pfau, Kranichschuhe). Der ökonomische Entzug und die demütige Reaktion Walthers (»er ging schleichend wie ein Pfau«) erscheinen auf diese Weise als Voraussetzung der Verklärung. Die von Walther erwähnte und von Loerke ausgesparte erneute gastliche Aufnahme durch die irdischen Mächte wird nunmehr ausschließlich in den nicht betretbaren Bezirk des »Himmelsblau« verlegt, aus dem die Vögel am Gedichtanfang zur Fütterung herniederschwirren; das »Himmelsblau« ist den Vögeln übergeordnet, es bezeichnet einen geistigen Raum, der offensichtlich sowohl die Tiere wie auch die Menschen umschließt.

Die 1822 erschienene Walther-Biographie von Uhland[5] enthält einige Einzelheiten, die Loerke nur dort gefunden haben konnte und welche die Richtigkeit einer derartigen Deutung bestätigen. Gleich zu Beginn ist die Rede vom Stift Sankt Gallen: »Die dortigen Klosterbrüder waren im 9ten und 10ten Jahrhundert gepriesene Tonkünstler [...]. Ebenso frühe wurde zu St. Gallen in deutscher Sprache gedichtet.« Und wenig später heißt es: »Der von Singenberg war des Abtes zu St. Gallen Truchseß, der von Landegg dessen Schenk, Göli (jedoch nur muthmaßlich) dessen Kämmerer, und also sehen wir diesen fürstlichen Abt von einem singenden Hofstaat umgeben.« Uhland betonte, daß von Walthers Anwesenheit in Sankt Gallen keine Zeugnisse vorliegen, der »Ursprung des Dichters in jener Gegend« bleibe noch immer zweifelhaft. Auf der anderen Seite sei die Kenntnis seiner Lieder im Kloster mehrfach belegt. Der Truchseß von Singenberg habe in einem Gedicht dem »mißlichen Loose Walthers sein eigenes behagliches und unabhängiges Leben« gegenübergestellt. Wie Uhland über die Herkunft Walthers nichts Konkretes berichten konnte, so auch nichts über dessen Ende. »Unsere Blicke sind dem Dichter in das Gebiet des Unendlichen gefolgt und hier mag er uns verschwinden. Es ist uns keine Nachricht von den äußeren Umständen seiner letzten Zeit geblieben, gleich als sollten wir ihn nicht mehr mit der Erde befaßt sehen, von der er sich losgesagt, und von seinem Tode nichts erkennen, als das allmähliche Hinüberschweben des Geistes in das Reich der Geister.«

Die Biographie erzählt am Schluß folgende Sage: Walther habe in seinem Testament »verordnet, daß man auf seinem Grabsteine den Vögeln Weizenkörner und Trinken gebe; und, wie noch jetzt zu sehen sei, hab' er in den Stein, unter dem er begraben liege, vier Löcher machen lassen zum täglichen Füttern der Vögel.« Uhland erinnerte immer wieder an das Unstete, Ungesicherte von Walthers Existenz, aber auch an dessen Anonymität, er sei einer der Zwölf gewesen, »von denen spät noch die Singschule gefabelt, daß sie [...], gleichsam durch göttliche Schickung, die edle Singkunst erfunden und gestiftet haben«. Loerke übernahm die religiös-romantische Dimension von Walthers allmählichem »Hinüberschweben« in das »Reich der Geister« und verstärkte durch die Konfrontation mit den Minnenachtigallen den Eindruck seiner Auserwähltheit, doch anders, als es etwa Autoren des George-Kreises getan hätten, akzentuierte er pietistisch-tröstend die Wirkungsfunktion des Gesangs. Vermutlich hatte ihn die Vorstellung vom umzwitscherten Grab gerührt, sie ist in die Überschrift eingegangen, von hier aus muß auch das Ende gelesen werden: Walther ist zwar ins Geisterreich entrückt, doch sein Gesang – der in einem Zitat gegenwärtig ist – erscheint letztlich als Laut- und Textfutter für das in winterlicher Not hungernde Ich.

Bei dem vorliegenden Gedicht handelt es sich um ein literarisches Dokument aus dem Dritten Reich; die geschichtlichen und autobiographischen Zusammenhänge lassen sich leicht erschließen. Seit Oktober 1917 war Loerke Lektor des S. Fischer Verlages und seit Februar 1928 zusätzlich Sekretär der »Preußischen Akademie der Künste (Sektion Dichtkunst)«; durch die Machtübernahme der Nationalsozialisten wurde der jüdische S. Fischer Verlag in seiner Existenz bedroht, aber auch Loerkes Stellung als Akademie-Sekretär. In den *Tagebüchern*[6] verstärken sich die Befürchtungen um den Verlust der wirtschaftlichen »Sicherung«:

Meine Stellung in der Akademie ist über kurz oder ganz kurz dahin – die im Verlage auch gefährdet (19. Februar 1933). Mein Amt bei der Akademie ist mir abgenommen worden. So hart die wirtschaftlichen Folgen sind, das Schlimmere war die Entehrung (11. April 1933). Auch der Verlag muß durch große Schwierigkeiten und legt mir übermäßig Arbeit notgedrungenerweise auf, während die Bezahlung nach der langen Zeit der Mitarbeiterschaft nicht die [angemessene] Höhe hat [. . .]. Ohne eine Sicherung des Dichters kann die übrige Person nicht arbeiten, und wenn dieser die Arbeit genommen wird, durch unerfüllte Bedingungen oder durch Entziehung – da bleibt eben nur das Nichts übrig (11. April 1933). Die wirtschaftlichen Aussichten sind sehr trübe (29. Juni 1933). Wirtschaftlich wird es immer ärger (25. August 1933). Wirtschaftlich eingepreßt (14. September 1933). Mittwoch teilte mir Bermann mit, daß von Neujahr ab wieder zehn Prozent abgezogen werden (8. Oktober 1933). Zeit der Unruhe und vieler Verzweiflung. Die wirtschaftliche Vernichtung, also die Vernichtung selbst rückt immer näher. Ehre, Freiheit, Recht –? (20. Oktober 1934). Im Verlage steht es schlimm [. . .]. Immer neue Bücher werden umgebracht. Was alles in letzter Zeit: Schickele, Kessler, Maaß, ›Bohème ohne Mimi‹, neuerdings der dreitausendfach vorbestellte Zuckmayer. Alle Arbeit umsonst (12. Dezember 1935). Preisgegeben mit den Freunden, wie die Vögel im harten Winter – nun gut. Ich wachse immer tiefer in meinen Stolz und meine Ehre (17. Dezember 1935). Er [Schauer] sagte recht klug: Ob man zu arbeiten hat und auch Lohn empfängt, sichert einen in keiner Weise auf den nächsten Tag. – Man lebt eben hin wie die Amsel im Schnee (20. Dezember 1935).

Loerke beklagte nicht nur seine schlechte ökonomische Lage, sondern auch den politischen Terror, der zu Verboten und zu Vertreibungen zahlreicher Freunde führte. Im Tagebuch findet sich dafür das Bild der »Vögel im harten Winter« (17. 12. 1935) und der »Amsel im Schnee« (20. 12. 1935). Doch gerade die Vögel erschienen Loerke als Exempel des Überlebensprinzips; am 6. Januar 1936 notierte er: »Meisen, Amseln, Sperlinge geben weiter das gute Beispiel: ›Und der Himmlische Vater ernähret sie doch.‹« Wenige Tage später – am 11. Januar 1936 – entstand das kleine Gedicht. Die Lektüre Walthers läßt sich in den Tagebüchern schon früh nachweisen.[7] Leseeindrücke sind auch für die Zeit vor und nach der Niederschrift des Textes belegt (31. Juli 1935; 19. Januar 1936). Es liegt nahe, daß sich Loerke vor allem vom »Kummergeschrei« Walthers über die persönliche Not und das politische Chaos der Zeit angezogen fühlte (»untriuwe ist in der sâze, / gewalt vert ûf der strâze: / fride unde reht sint sêre wunt«).[8] Auf der anderen Seite ist Walther »Meister«; im Lebenslauf für die Akten der Preußischen Akademie erscheint sein Name in der Reihe der Vorbilder.[9] Die »Beispiele« aus dem Natur-

und Kunstkosmos besaßen für Loerke einen mehrfachen Verweisungscharakter; man hat daher zu Recht seine Bildlichkeit mit der mittelalterlichen Typologie oder der barocken Emblematik verglichen. So steht der Gesang Walthers in dem vorliegenden Gedicht inhaltlich für das Leid des in winterlicher Not hungernden Ich, in seiner meisterlichen Fügung ist er darüber hinaus Ausdruck der Schmerzüberwindung. Der spirituelle Bereich, auf den Loerke die Erscheinungen bezog, ist durch das alles überstrahlende Schlußwort »Himmelsblau« gegenwärtig; das Gedicht zielt nun darauf ab, das Ich – in Entsprechung zum Titel – in diese Welt hereinzuholen. Die Zweiteilung ist dabei von aufschlußreicher Bedeutung. Im ersten Teil führt das Hören des Vogelgezwitschers zum Eingedenken der »alten Zeiten«, dieser Prozeß der sinnlichen Wahrnehmung und der sich daran anschließenden Meditation (»Wir sind ihrer eingedenk«) wird im zweiten Teil – auf einer höheren Stufe – mit der spirituellen Fütterung durch Walthers Gesang belohnt. Die Tagebucheintragungen aus der Entstehungzeit des Gedichtes verdeutlichen, daß ein solches typologisches Denken Ausdruck von Loerkes tatsächlicher Welterfahrung war. Am 19. Januar 1936 heißt es: »Die Bach-Variationen [von Reger], die a-moll-Sonatine, Fugen 4 bis 6 für Klavier. Trotz allem und allem: Die Welt, die wahre, läßt sich nicht verdrängen. Mit merkwürdiger Ergriffenheit lese ich die Briefe Busonis weiter. – Viele Gedichte: Goethe, Hölderlin, Walther von der Vogelweide. Konrad Weiss, Rilke, Lasker-Schüler usf.«

Angesichts der falschen Ordnung des Nationalsozialismus rücken Musik und Gedichte »trotz allem« als Exempel die »wahre Welt« ins Bewußtsein; mit der Niederschrift wollte Loerke den Leser an einem solchen Vorgang beteiligen, er bezog ihn ausdrücklich ein (»*Wir* sind ihrer eingedenk«). Für das Verständnis wichtige biographische, historische oder literarische Elemente bleiben dabei ungesagt. Die bloß andeutende Schreibweise mag Schutz des Autors sein, zugleich ist sie jedoch auch notwendige Voraussetzung der Einbildungs- und Erinnerungskraft. Darüber hinaus befreite Loerke durch Leerstellen die Exempel aus einer eindeutigen inhaltlichen Festlegung, die damals in besonderem Maße von offizieller Seite gefordert wurde. Seinem »Spruch« geht es nicht um Polemik und Didaktik, sondern um den Mitvollzug der metaphysisch-humanen Kunsterfahrung. Indem die Realität der Wörter in der Einbildungs- und Erinnerungskraft des Lesers liegt, besitzen sie »prinzipiell eine größere Chance, sich ihrer Geschichtlichkeit zu widersetzen.«[9] Es sind nämlich nicht die ewigen Werte, die dieses Gedicht »geschichtsresistent« erscheinen lassen, sondern die Struktur, weil sie den Leser immer wieder von neuem mobilisiert, das Nichtausformulierte zu ergänzen; er wird zu einem zweiten Vogel und nimmt – im Akt der Lektüre – »fabelnd« an der Fütterung teil.

Johannes R. Becher im Exil

In einem Brief vom 27. Februar 1947 an Hans Carossa schrieb Johannes R. Becher: »Die zwölf Jahre, die ich außerhalb Deutschlands leben mußte, waren für mich die härtesten Prüfungen meines Lebens; ich möchte beinahe sagen: es war das Fegefeuer, wenn nicht die Hölle.«[1] Gegen diese private Äußerung lassen sich zahlreiche öffentliche Bekenntnisse stellen, die das Gegenteil behaupten. Die offizielle Becher-Monographie der DDR verschweigt den Brief an Carossa und zitiert eine andere Quelle, in der es heißt: »Das Jahrzehnt meines Aufenthalts in der Sowjetunion von 1935-1945 wurde mir zur fruchtbarsten Periode meines Schaffens. Fern von Deutschland und doch zugleich so nahe ihm wie noch nie, habe ich hier in der Sowjetunion die große deutsche humanistische Tradition auf allen Gebieten erst wahrhaft entdeckt und sie zum Mittelpunkt meiner Dichtung werden lassen.«[2] Diese widersprüchliche Beurteilung des Exils spiegelt sich in den Dichtungen der Jahre 1935-1945 wider, die zwischen hymnischer Verklärung des Gastlandes und schmerzlicher Klage um die verlorene Heimat pendeln. Beide extremen Haltungen liegen in der Gespaltenheit Bechers begründet, der in einer späten Aufzeichnung einmal notierte: »Sie waren nicht in Übereinstimmung miteinander zu bringen, der Dichter und der Funktionär, die er beide in einer Person vereinigte.«[3]

In verschiedenen Phasen wurde Becher in den zwanziger Jahren ähnlich wie einige französische Surrealisten von einer Wortrevolte hin zu einer Revolution der gesellschaftlichen Verhältnisse geführt. An die Stelle einer radikalen Innerlichkeit rückte nach dem Zusammenbruch der expressionistischen Bewegung ein radikales Engagement für die Weltveränderung. Doch zunächst war Bechers soziales Pathos nur eine Variante des Individualisierungsprozesses. Erst gegen Ende der Weimarer Republik ordnete sich der Dichter endgültig den straffen Kadern der KPD unter und bekannte sich als Erster Sekretär des ›Bundes proletarisch-revolutionärer Schriftsteller‹ (1928), als Redakteur der *Linkskurve* (1929-32) und der *Roten Fahne* (1932) zu einer Literatur mit einem »eindeutigen, klassenkämpferischen Inhalt in einer einfachen, überzeugenden Form.«[4] Seit dieser Zeit läßt sich in den theoretischen und dichterischen Äußerungen Bechers eine Ausrichtung auf die sowjetische Kulturpolitik feststellen. Schrittweise geriet er in immer stärkere Abhängigkeit zu den jeweiligen Parteirichtlinien. So verurteilte er den russischen Schriftsteller Pil'njak als »Konterrevolutionär«[5], wandte sich gemäß den Empfehlungen Bezymenskijs von den kosmisch-abstrakten Proletkult-Tendenzen seiner *Maschinenrhythmen* (1926) ab, leistete mit dem dramatischen Epos *Der große Plan* (1931) einen vielgelobten Beitrag zur sowjetischen Aufbaukampagne und schrieb didaktisch-agitatorische »Plakatverse«, die unmittelbar in die politische Auseinandersetzung der Weimarer Republik eingriffen. Als sich im Frühjahr 1932 ein entscheidender Kurswechsel in der sowjetischen Literaturpolitik zugunsten traditionalistischer Tendenzen abzeichnete, hielt sich Becher in seinen theoretischen Äußerungen auffällig zurück. In den letzten Nummern der von ihm geleiteten *Linkskurve* ließ er Georg Lukács die Initiative zu einer umfassenden Abrechnung mit »bürgerlichen Experimenten« wie Montage, Reportage usw. ergreifen.[6] Erst im Exil verteidigte er – im Gegensatz zu Brecht, Bloch und Hanns Eisler – die Ausrichtung auf die Erzählweise des 19. Jahrhunderts, die Rückkehr zu klassischen Formen und die Aktivierung nationaler Stoffe. Die Erhärtung des Kurswechsels fällt zeitlich ungefähr mit Bechers Flucht aus Deutschland zusammen. An dem wichtigen 1. Unionskongreß der Sowjetschriftsteller im August 1934 in Moskau, der die Industrialisierungs- und Agitprop-Literatur der RAPP angriff und den patriotischen, an klassischen Vorbildern ausgerichteten »sozialistischen Realismus« propagierte, nahm der Schriftsteller bereits nicht mehr als Gast, sondern als Delegierter mit beschließender Stimme teil.[7]

In seiner Rede forderte er in Analogie zu Gor'kij und Fadeev[8] »die wahrhafte Aneignung und Entwicklung des künstlerischen Erbes«[9] und korrigierte seine eigene frühere Position.[10] Damit machte sich Becher offiziell zum Wortführer der »rechten« an der KPdSU orientierten Gruppe deutscher Exilschriftsteller, die in der kurz darauf von Lukács ausgelösten Realismus-Debatte im Expressionismus lediglich den Wegbereiter zum Faschismus sahen. In der Tat ist im Moskauer Exil eine paradoxe Situation zu konstatieren: Das Werk des bürgerlichen Schriftstellers Thomas Mann galt in vielen Passagen als offizielles Vorbild für den neuen, sozialistischen Realismus, Bertolt Brechts experimentelle Methode wurde dagegen der formalistischen Tradition und der westlichen Dekadenz zugerechnet. Auf dem Hintergrund dieser restaurativen Literaturpolitik vollzog Becher seine Annäherung an bürgerliche Schriftsteller. Im Auftrage der ›Internationalen Organisation für Revolutionäre Schriftsteller‹ (MORP) bereiste er von 1933-1935 zahlreiche west- und mitteleuropäische Länder, um die Emigranten zu einer gemeinsamen Kampffront zu aktivieren. In einem Brief an Alfred Kerr vom 5. Dezember 1933 bekannte er, wichtig sei nicht der Glaube, »daß nur Marxisten wirkliche Schriftsteller sein können«, sondern daß es darauf ankäme, »alle antifaschistischen Kräfte zusammenzuschließen« und von der geschickten Integrationsfähigkeit des Gegners zu lernen.[11] Höhepunkt von Bechers Bemühungen war der von ihm vorbereitete ›Internationale Kongreß der Schriftsteller zur Verteidigung der Kultur‹, der vom 21. bis 25. Juli 1935 in Paris tagte. Hier rechtfertigte er zum erstenmal den restaurativen Kurswechsel von 1932 mit einem Hinweis auf die Situation in Deutschland seit 1933. Er forderte, das Erbe »aus den Händen derer, die es widerrechtlich in Besitz genommen haben«, zu befreien und die Errungenschaften der humanistischen Literatur der Welt und der Nation fortzuführen.[12]

Bechers Anpassung an die Parteilinie zahlte sich aus: Im Herbst 1935 erhielt er endgültig das sowjetische Asylrecht, um von Moskau aus bis Kriegsende als Chefredakteur der Zeitschrift *Internationale Literatur. Deutsche Blätter* seine kulturpolitische Tätigkeit fortzusetzen. Er gehörte mit Friedrich Wolf, Erich Weinert, Willi Bredel u. a. zu der kleinen Gruppe deutscher Exilschriftsteller, die von der Sowjetunion für ihre Verdienste innerhalb der internationalen kommunistischen Bewegung mit einem Visum belohnt und finanziell unterstützt wurden. Im Gegensatz zu kommunistischen Darstellungen[13] war die sowjetische Asylpolitik alles andere als weitherzig und legte an die Einbürgerungsanträge noch strengere Maßstäbe als die meisten westlichen Gastländer. In einem Rundschreiben der ›Internationalen Roten Hilfe‹ von 1936 wurde ein Asylrecht nur in äußersten Notfällen in Aussicht gestellt: »Die Hauptrichtlinie ist, daß die Emigranten in den kapitalistischen Ländern untergebracht werden müssen.«[14]

Becher mußte sich auf Grund des sowjetischen Entgegenkommens und angesichts der stalinistischen Säuberungsmaßnahmen, die auch die deutsche Emigrantenkolonie dezimierten[15], in der Sowjetunion noch enger als vorher der Partei anschließen. Seine Exildichtungen gliedern sich in zwei Hauptgruppen, die jedoch nicht immer in völlige Übereinstimmung mit der jeweils herrschenden Literaturtheorie zu bringen sind. Neben der Gebrauchskunst des Funktionärs (Hymnen auf Stalin und die Sowjetunion, Agitation gegen Hitler-Deutschland, Literaturpolemiken usw.) stehen zum Teil höchst subjektive und »formelitäre« Arbeiten des Dichters wie Klage über das Abgeschnittensein, Beschwörung der verlorenen Heimat, Ringen um einen Dialog mit Deutschland. Das Gefühl der Isolation ist bei Becher seit seinen Anfängen thematisiert, durch die politischen Ereignisse bekam es 1933 plötzlich einen konkreten historischen Bezug. Becher war von seiner Gefühlsstruktur her vorbereitet, die Exilsituation stellvertretend für seine Schicksalsgefährten lyrisch auszudrücken. Die nicht für die Agitation bestimmten Gedichte der ersten Emigrationsphase (1933-35) sind mit wenigen euphorischen Ausnahmen im Ton resignativ. Becher ahnte, wie viele seiner Dichterkollegen, daß die Hoffnung auf eine baldige Rückkehr in die Heimat eine Illusion war. Im Pariser Exil dichtete er: »Was spricht die Nacht zu mir, wenn ich allein, / Ich Fremder, der die Sprache nicht versteh, / die Nacht befragend, durch die Straßen geh?! / [...] Die Nacht schweigt still.«[16] In den Paris-Dichtungen der Jahre 1933-35 knüpfte der Schriftsteller erfolgreich an die antizivilisatorischen Tendenzen der expressionistischen Lyrik an und zeichnete die Stadt als untergangsgeweihte, feindliche Welt mit den Lockungen falscher Liebe und Ware, wobei das apokalyptische Pathos stets durch eine neusachliche Konkretisierung und satirische Überzeichnung abgelöst wird wie in den Gedichten *Yvonne*[17], *Place Clichy*[18] und *Fleischhallen.*[19] Nach der Übersiedlung Bechers in die Sowjetunion setzte ein Wirklichkeitsschwund ein; Becher gelang es fortan nicht mehr, seine Erfahrungen unmittelbar auszusprechen. Zweifellos teilte er damit das Schicksal vieler Emigranten, die ohne Echo, von der deutschen Sprache abgeschnitten, im Ausdruck unsicher wurden und ihre Zuflucht in abstrakterer Redeweise und gelegentlichen Stilisierungen suchten. Max Herrmann-Neiße formulierte in seinem Gedicht *Dichter im Exil* diese Situation am prägnantesten: »Taub gemacht im Irrgarten der Stimmen, / hör' ich hinter einem Nebelwall / die Geräusche undeutlich verschwimmen, / und mein Wort hat keinen Widerhall.«[20]

Die Entwicklung Bechers im Moskauer Exil darf jedoch nicht losgelöst von der sowjetischen Literaturpolitik und der Realismus-Diskussion der dreißiger Jahre gesehen werden. Becher hätte gegen die 1934 von Gor'kij formulierten Grundsätze verstoßen, wenn er Moskau mit den Mitteln seiner Paris-Dichtungen darstellte. Gor'kij hatte sich scharf vom kritischen Realismus der bürgerlichen Literatur distanziert, der nur brauchbar sei, »um die Überreste der Vergangenheit sichtbar zu machen, zu bekämpfen und auszurotten.«[21] Der sozialistische Realismus sei dagegen seinem Wesen nach optimistisch und bejahe das Leben. Bechers Gedichte auf Moskau wirken daher folgerichtig schattenhaft und blaß und bekommen durch Stereotype wie Springbrunnen, Park und wehende Musik kaum Konturen. Das Stilmittel der Groteske wurde aufgegeben. Trauer und Angst scheinen fast gänzlich geschwunden, das Moskauer Exil wurde ins Schöne und Weltlose umgefärbt: »Das Abendrot ist eine milde Blüte, / Die, wenn sie welkt, uns bringt den Duft von Schlaf.«[22]

Becher mußte einen neuen Stoffbereich erschließen, der in Einklang mit den Parteirichtlinien stand, aber die Möglichkeit zu einer optimalen Ausnutzung der dichterischen Freiheit ließ. Er begann zunächst, zahlreiche Personengedichte zu schreiben, u. a. auf Walther von der Vogelweide, Luther, Riemenschneider, Bach, Gryphius, Hölderlin, Goethe, Hebbel. Sein Ziel war, das humane »andere Deutschland« sichtbar zu machen. Viele dieser Porträtgedichte wirken wie die damaligen Verse der Sowjetschriftsteller auf »Helden des Vaterlandes« gipsern. Poetische Glaubwürdigkeit dringt lediglich aus denjenigen Versen, in denen eine Verwandtschaft zur Exilsituation anklingt. In dem Hölderlin-Gedicht artikulierte Becher sein poetologisches Prinzip: »Er mußte, um zu sehn, die Augen schließen. / Er dachte dies: was ist das, Vaterland? / Und sah vor sich den Strom, den Neckar, fließen.«[23] In der Haltung des Augenschließens, dem »Hinabhorchen in Verschüttetes und Verschollenes«[24] und dem Emporheben der verlorenen Kindheitslandschaft hat sich Becher mitporträtiert. In seinen Deutschland-Gedichten um 1935 und seinem gleichzeitig konzipierten Roman *Abschied*, der die Jugend des Dichters vor 1914 schildert, liegen die bedeutendsten poetischen Leistungen der Exiljahre. Während in den Versepen und den längeren Gedichten, die sowohl die sowjetische Wirklichkeit wie auch die unmittelbaren Zustände in Deutschland zu begreifen suchen, eine ausgesprochene Abstraktheit festzustellen ist, findet man in den thematisch rückwärtsgewandten Dichtungen eine gegenläufige Bewegung. Hiermit kündigt sich ein grundlegendes Phänomen der damaligen Dichtung an, das auch auf die Literatur der Nichtemigranten zutrifft. Seit den späten zwanziger Jahren ist allgemein eine Tendenz zu beobachten, die Konflikte der Gegenwart in die Vergangenheit zu verlegen. Man griff zurück hinter Krieg und Revolution und suchte »nach den verlorenen Zusammenhängen, einem Lebensganzen, Urbildern, nach Naivität.«[25] Dietrich Bode konnte im Hinblick auf diese landschaftlich verwobenen Kindheitsdarstellungen von einer »postrevolutionären Mode« sprechen, in deren Umkreis so unterschiedliche Autoren wie Emil Barth, Ernst Bloch, Walter Benjamin, Georg Britting, Hans Carossa, Günter Eich, Karl Jakob Hirsch, Peter Huchel, Horst Lange, Elisabeth Langgässer, Hermann Lenz, Theodor Lessing, Oskar Loerke, Klaus Mann, Martin Raschke u. a. gehören. Zweifellos hat Ernst Fischer recht, wenn er in Bechers »Roman vom Anderswerden« eine aktive, »vorwärtsgewandte Erinnerung« konstatiert, welche die gesellschaftliche Zukunft von morgen gestalten will.[26] Das ändert jedoch nichts an der Tatsache, daß Becher mit seinem Thema aus dem Exil in die vergleichsweise noch ungetrübte Harmonie des vorfaschistischen Deutschlands zurückkehrte, wo die späteren Konflikte lediglich als Wetterleuchten am Horizont erscheinen.

Ähnlich wie in dem Roman *Abschied* heben sich in den Naturgedichten jener Jahre detailgesättigte Landschafts- und Kleinstadttableaus heraus, über denen zuweilen ein verklärendes Fernblau dämmert. Die Gedichte tragen die Titel *Tübingen oder die Harmonie, Jena oder die schwebende Stadt, Erinnerung an Urach, Auf der Landstraße nach Kempten, Bei Füssen, Neckar bei Nürtingen, Kufstein, Maulbronn, Bayerische Hochebene, München*. Schon auf dem Pariser Kongreß verteidigte Becher seine rückwärtsgewandte Poesie: »Man kann nicht sagen: Heimat, das gibt es nicht, wo ein Haus, ein Hof, eine Straße, ein Platz waren und wo die Murmeln gerollt sind.«[27] Becher konnte sich auf die patriotische Komponente des sozialistischen Realismus beziehen und argumentierte gegenüber seinen Kollegen, die wirklich antifaschistische Dichtung könne »Probleme wie Liebe, Tod, Natur etc.« nicht ausklammern. Es gelte zu zeigen, »daß wir Deutschland mehr lieben als die, die diese Liebe gepachtet zu haben vorgeben.«[28] Der völkischen Landschaftslyrik, welche durch ihren Blut-Mythos die Schönheit verhäßliche, müsse eine eigene gegenübergestellt werden. An die Faschisten gewandt dichtete er: »[...] den Feldweg / muß man Euch streitig machen, jeden Halm / Und jedes Käferchen.«[29] In solchen Passagen wird ein nationales Pathos deutlich, das viele Augenzeugen seinerzeit irritierte.[30] Zuweilen kommt es zu einer eigentümlichen Mischung von Idyllik und Heroismus, die schon im 19. Jahrhundert Zeichen großer Unsicherheit war.[31]

In dem Gedichtband *Der Glücksucher und die sieben Lasten* (1938) gelangen Becher jedoch einige Verse, die frei von jeglichem rhetorischen Ballast sind. Ein Gedicht wie *Oberbayerische Hochebene* zählt zu den wenigen Arbeiten, in denen das Ich gänzlich zurückgedrängt ist. Die scharf konturierten Dinge wirken wie elektrisch aufgeladen und stehen in einer magisch-reinen Zuordnung. Die vom Regen niedergedrückten Ähren scheinen sich am Himmel in gebündelten Blitzen aufzurichten:

Kornfelder; und ganz hinten an dem Rand
Ziehn Pappeln hin, dort, wo die Straße schleift
Die Ebene aufwärts. Aus dem Walde greift
Ein Mast heraus. Draht schwingt ins Land.

Dies alles menschenleer und unnahbar.
Die Wolken, drin die Berge sich verstecken:
Schon donnernd. Kläglich läutet die Gefahr
Ein Kirchlein an. Die Pappeln schrecken

Im Windstoß auf, schräg hingestreift vom schweren
Gewölk. Die Straße wird gehoben
In Säulen Staub. Und plötzlich Stille wieder.

Dann rauscht's im Raum. Wie weggewischt die Ähren.
Die Blitze hängen schon in Bündeln oben.
Der Mohn winkt noch. Da schlägt der Hagel nieder.[32]

Das Sonett hat alles Steife und Monumentale abgestreift, der Reim ergibt sich unmerklich und vermittelt fast den Eindruck eines freien Verses. Auffällig in dem ruhigen, ausgeglichenen Gedicht ist ein spätexpressionistischer Verbalismus, der die um 1930 weit verbreitete Gewitter-Thematik verdeutlicht. Die kalkulierte Dynamisierung der Landschaft erinnert an gewisse neusachliche Landschaften von Mangold[33] und Jansen[34], vor allem jedoch an die süddeutsche naturlyrische Schule von Britting, der in seinem Band *Der irdische Tag* (1935) zur gleichen Zeit wie Becher ähnliche Sujets kultivierte.[35] Bechers Exildichtungen wurden bislang immer isoliert gesehen und niemals in den innerdeutschen Kontext der dreißiger Jahre gestellt. Sie stehen der naturmagischen Dichtung der Daheimgebliebenen näher als der Sowjetlyrik, die damals in den von der Partei popularisierten Dichtungen Prokof'evs, Surkovs und Dolmatovskijs zum volkstümlichen Vers neigte. Bechers Interesse am Sonett hat in der russischen Literatur kaum Parallelen, sondern entspricht den Versuchen von Weinheber, Britting und vielen anderen, diese Form während der NS-Zeit zu beleben.[36] Die feste Form erschien den Daheimgebliebenen als zuverlässiger Kordon vor dem anstürmenden Gefühl. Krolow notierte damals im *Inneren Reich*: »Form wird Zuflucht, Rettung vor Überwältigung durch Trostlosigkeit und Überschwang.«[37] Ähnlich betrachtete Becher in Moskau das Sonett als »Rettung vor dem Chaos« und »feste Fassung und Wehr wider Verwahrlosung und Maßlosigkeit.«[38] Gleichzeitig bot diese »elitäre Form« eine »Bastion der Sprache« (Max von Brück) gegen das im Dritten Reich herrschende Triviale. Diese Haltung, die damals vor allem vom Kreis um die *Frankfurter Zeitung* praktiziert und theoretisch vertreten wurde, erscheint auch in der Argumentation Bechers, der sich in einem Brief an Heinrich Mann vom 8. März 1938 von seinem Band ausdrücklich »eine Reinigung und Bereicherung der Sprache gegenüber der faschistischen Sprachverarmung und Sprachverlotterung« erhoffte[39] und damit auf das VI. *Holzhaus*-Gedicht anspielte, das mit den Versen beginnt: »Kämpfen ist gut, doch einer muß auch sein, / Der sie bewahrt, die Landschaft und im Lied / Sie aufhebt. Auch das Wort will weiterwachsen / Und gepflegt sein. Brücken des Erinnerns: / Laßt uns darüber retten, was uns wert / Und teuer ist, die unverlorenen Schätze / Des Volks.«[40] Dieses Bekenntnis unterscheidet sich in wesentlichen Zügen kaum von den Vorstellungen der in Deutschland dichtenden Sprach- und Naturmagiker, die von so qualitativ unterschiedlichen Dichtern wie Oskar Loerke und Friedrich Georg Jünger erhoben wurden, wenn auch Becher Wert auf einen stärkeren nationalen Akzent legte und die patriotisch-humanistischen Elemente seiner »Rettung durch Sprache« betonte. Das im *Holzhaus* apostrophierte »Hinüberretten« meint auch den reichen Formenschatz, den Becher im Exil zu aktivieren suchte. Er benutzte nicht nur das Sonett, sondern auch die verschiedenen Möglichkeiten der Ode, die Elegie sowie die Terzine. Das Schwinden der lyrischen Kraft durch eine Überbetonung des Kunstcharakters kennzeichnete damals einen großen Teil der nichtnationalsozialistischen Lyrik und hat bei Emigranten und Nicht-Emigranten oftmals übertriebene Formen angenommen. Die Ursache lag in der programmatischen Hinwendung zum Leser, daher der Hang zum Althergebrachten, zum Rhetorischen, der Eindruck von Ansprache statt Zwiesprache. Diese Beobachtungen korrigieren die von Berendsohn wiederholt vertretene These, die Dichtung der Flüchtlingsliteratur stünde auf Grund ihrer angeblich immer konträren Erfahrungswelt in einem krassen Gegensatz zur Literatur der Daheimgebliebenen.[41] Becher fühlte sich – gerade weil er ähnlich wie viele Schriftsteller im Reich isoliert war – von dem seit dem Symbolismus verbreiteten Glauben an die »Macht des Wortes« erfüllt: »Im Gedicht [...] Bin ich selbst für den Tod unüberwindlich.«[42]

Eine solch aristokratisch anmutende Dichterhaltung mußte trotz aller patriotischen und marxistischen Beteuerungen im Moskauer Exil auf Widerstand stoßen. Erst durch den 1966 publizierten vierten Band der Gesamtausgabe wurde bekannt, daß sich bei der Publikation des *Glücksuchers* tatsächlich erhebliche Schwierigkeiten ergeben hatten. Nach mehreren Verhandlungen mit der Zensurbehörde und etlichen Umarbeitungen konnte der Band zwei Jahre nach der ersten Vorlage erscheinen. Ein Verlagsgutachten vom August 1936 konstatiert zwar die Befolgung des 1934 beschlossenen Kurswechsels, keine Agitprop-Literatur mehr herzustellen, doch habe sich der Autor verleiten lassen, »über das Ziel hinauszuschießen und in vielen Gedichten nun überhaupt von konkreten ökonomischen, sozialen und historischen Zusammenhängen zu ›abstrahieren‹, die Probleme auf ihren angeblich ›rein-menschlichen‹ Gehalt zu reduzieren und seinen privaten Gefühlen, Stimmungen usw. Ausdruck zu geben.«[43] Durch dieses Gutachten, das der später vom NKWD verhaftete Hans Günther[44] angefertigt hatte, gewinnen die Erinnerungen Willi Bredels an Bedeutung, in denen von »leidenschaftlichen Auseinandersetzungen« innerhalb der deutschsprachigen Emigranten über die Sonettform die Rede ist. Man sprach von einer »Flucht aus der Gegenwartsdichtung, von literarischer Verspieltheit, einer neoklassizistischen Marotte.«[45] Bechers Gedichtband wurde vermutlich in die Auseinandersetzung der »rechten« Gruppe um Lukács mit der »linken«, revolutionär-proletarischen hineingezogen, die schon vor 1933 in der *Linkskurve* zugunsten von Lukács entschieden wurde und im Exil anläßlich der Expressionismus-Kontroverse noch einmal heftig aufflammte. So bezeichnete Ernst Bloch in einer Erwiderung auf Kurellas Expressionismuskritik, die 1937 im 9. Heft der Moskauer Zeitschrift *Das Wort* erschien, Becher als »roten Wildenbruch.«[46] Hier liegen auch die Wurzeln der Vorbehalte, die Stephan Hermlin unmittelbar nach dem Krieg noch einmal aussprach: »Becher ist in neoklassizistischer Glätte und konventioneller Verseschmiederei gelandet.«[47] Diese Kritik trifft zweifellos auf den größten Teil der Prunkreden und rhetorischen Stucktexte Bechers zu, doch nicht auf die von der Zensur inkriminierten Arbeiten des *Glücksuchers,* die im übrigen bei »Gleichgesinnten«, vor allem nicht in der Sowjetunion lebenden Emigranten, eine positive Aufnahme fanden. Heinrich Mann verglich in seiner Rezension Becher mit Platen, der im italienischen Exil zu einer ähnlichen marmornen Kühle und Glätte fand, hinter welcher er sein tragisches Empfinden verbarg.[48] Berthold Viertel spürte durch die Formstrenge eine intensive Erfahrung hindurch und bekannte am 14. Juli 1938 in der *Neuen Weltbühne*: »Ich habe nirgendwo ein solches Heimatgefühl kennengelernt, wie dieses Emigrantengefühl eines ist.«[49] Feuchtwanger erklärte, für ihn seien Becher und Brecht »die deutschen Lyriker dieser Generation«[50], und Thomas Mann sprach von dem wahrscheinlich »repräsentativen Gedichtbuch unserer Zeit und unseres schweren Erlebens.«[51] Max Herrmann-Neiße, den Becher im Zusammenhang mit dem Streit um Gottfried Benn und die *Neue Bücherschau* 1929 noch heftig attackierte, entdeckte von seinem Londoner Exil aus in den Naturgedichten wie *Neckar bei Nürtingen* und *Oberbayerische Hochebene* eine tiefe Verwandtschaft zu seiner eigenen Poesie: »Immer wieder lange ich zu Ihrem Buch [...] und bin dann nicht mehr allein und das eigne Gedicht hat ebenbürtige Gefährten.«[52]

Konnte Becher in der Sowjetunion ein neues Publikum gewinnen? Im Gegensatz zu demokratischen Gastländern, wo das kommerzielle Denken und zahlreiche, nur schwer zu erhellende Imponderabilien über das literarische Schicksal der Exilschriftsteller entschieden, waren in einem totalitären Staat ausschließlich staatliche Organe für die Rezeption verantwortlich. Abgesehen von einigen Schwankungen hat sich Becher das Interesse der kommunistischen Partei auch während der Säuberungsprozesse erhalten können. Dennoch ist bemerkenswert, daß von ihm vor 1934 mehr Buchausgaben in russischer Sprache erschienen als während der gesamten Exilzeit.[53] Zwölf Erstausgaben der Jahre 1924 bis einschließlich 1933 stehen lediglich fünf für die Zeit von 1934-1945 gegenüber. Fast alle Gedichtbände erschienen in deutscher Sprache, die Auflagenhöhe war für sowjetische Verhältnisse gering. Trotz seines Einflusses als Chefredakteur der *Internationalen Literatur* fühlte sich Becher in Moskau zeitweilig isoliert. Über Kontakte mit sowjetischen Schriftstellern ist bisher wenig bekannt[54], sie waren vermutlich nicht sehr intensiv, da Becher die russische Sprache nicht beherrschte und auch im Exil nicht erlernte.[55] Unter den deutschen Emigranten war seine Stellung – wie die Diskussion um den *Glücksucher* gezeigt hatte – nicht unumstritten.

Das Gedicht *Tasso* aus dem Band *Wiedergeburt* (1940) ist ein poetisch verhülltes Zeugnis von Bechers damaliger Lage. In Tasso konnte sich der Dichter mehrfach spiegeln: Einmal fühlte er sich durch die kunstvolle und schöne Sprache des Italieners angezogen, zum anderen sah er in der sozialen Stellung des Renaissancedichters eine deutliche Verwandtschaft. Tasso war Hofdichter und mußte – ähnlich wie Becher – in prunkvollen Reden die Herrscher feiern, glaubte sich jedoch ständig von Intrigen des Hofstaates bedroht. »Geduldet zwar, wenn auch nur widerwillig, / und lau gegrüßt, und stets beargwöhnt/ [...] Bemerkt nur ab und zu, wenn sich ein Lob / Erhob von anderer Seite«, beginnt das Gedicht.[56] Wenige Strophen weiter heißt es: »Das ist die schlimmste der Gefangenschaften / Von solchem Schweigen eingemauert, / Siech ich dahin, und es gebührt euch noch / Als letztes Opfer, daß ich eurem Schweigen / Mich schweigend unterwerfe, daß es heiße, / Er lebte frei mitten der Gefährten –.«[57] Zu dem Gefühl des Eingemauertseins trat die Angst vor der Verhaftung, die während der großen Säuberung, der ›Tschistka‹, allein von 1936-1938 sechs bis sieben Millionen Menschen in die Untersuchungsgefängnisse des NKWD brachte. Ein Gedicht wie *O Nacht ist es [...]*, ebenfalls aus der Sammlung *Wiedergeburt,* spielt auf die Situation im Moskau der dreißiger Jahre mit den nächtlichen Abholkommandos an: »Und dennoch scheint das Zimmer grausam offen, / Nach allen Seiten ist es aufgedeckt.« Das Sonett endet mit der Frage: »Wer hat die Macht / Sich in uns einzumischen, / Und herrscht so übermächtig dieser Wahn, / Daß er uns heimsucht in geheimsten Stunden?«[58] Boris Pasternak, der zu dieser Zeit Zuflucht in den Übertragungen von Shakespeare-Dramen und georgischen Dichtungen fand, wußte am besten, Bechers Gedichtband einzuordnen, und bezeichnete ihn in einem Brief vom 25. September 1940 als eine »Insel im heutigen Lügenmeer«[59], eine Bemerkung, die erst durch den politischen Kontext verständlich wird: Im September 1940, gut ein Jahr nach dem Hitler-Stalin-Pakt, stand die sowjetische Kooperation auf außenpolitischem wie auf wirtschaftlichem Gebiet in voller Blüte. Erinnert sei an die Teilung Polens und die russischen Rohstofflieferungen für die faschistische Kriegsindustrie. Für die Flüchtlinge aus dem Dritten Reich mußte die unvorhergesehene Entwicklung wie ein Schock gewirkt haben. Eine weitere Folgeerscheinung des Bündnisses war die Tatsache, daß die Zensur die Agitation gegen die Kriegspolitik Hitler-Deutschlands einschränkte und noch stärker als bisher in die Publikationen der Exilschriftsteller eingriff. So konnten Bechers Gedichte – was Pasternak vermutlich nicht wußte – erst nach erheblichen Korrekturen erscheinen. Der Vergleich einiger von der *Internationalen Literatur* vor dem Hitler-Stalin-Pakt publizierter Fassungen mit den Texten des Gedichtbandes *Wiedergeburt* deckt die Praktiken der Zensurbehörde ebenso auf wie

Bechers leichte Manipulierbarkeit. Das Gedicht *Gewißheit* besaß im Vorabdruck (Dezember 1938) noch eine zusätzliche Strophe, welche die Appeasement-Politik geißelt: »Der Krieg verkündet mit Geschmetter, / Daß er jetzt Friede heißt.«[60] Das Poem *Das Werk* erhielt durch die geänderte Überschrift 1940 plötzlich eine Renaissanceverkleidung, sechs Strophen wurden eliminiert, darunter auch die zentralen Zeilen: »Nichtssagend war das Wort, / Und kein Verlaß / War auf Versprechen, gültig nur Befehle.«[61] In dem Gedicht *Barbarenzug* (Vorabdruck Februar 1939) mußte Becher die Angriffe gegen den deutschen Militarismus tilgen, so fielen nicht nur Wendungen wie »Hunnen«, »Femmörder« und »Menschenschinder« der Retusche zum Opfer, sondern auch die folgende Strophe, die durch die neue Bündnispolitik plötzlich einen doppeldeutigen Sinn bekommen hatte: »O unersättlich ist ihr Appetit! / Und groß sind sie im Rauben und Erpressen! / Sie halten Friedensreden, nur damit / Die Völker nicht erwachen unterdessen.«[62] Es liegt nahe, daß solche Eingriffe die poetische Struktur der Gedichte empfindlich störten. Eines der eindrucksvollsten Gedichte aus der Exilzeit, Bechers *Klage um Österreich,* die nach dem Einmarsch der deutschen Truppen in Wien im März 1938 konzipiert wurde, erscheint in dem Band von 1940 verstümmelt und unter dem Titel *Tirol* zu einem impressionistischen Erinnerungsbild verharmlost. Die mahnenden Ausrufe »Salzburg«, »O Donau«, »O Wien« fehlen, die an den barocken Klageliedern ausgerichtete Diktion ist damit gebrochen. Die Verse »Du Spielgefährte meiner Kindheit, Bruder, Hör mich an! / Ich klage an mich selbst, warum durft ich für dich nicht fallen —«[63] bog Becher ins Gegengeschichtliche um: »Du Spielgefährte meiner Kindheit, Bruder, hör mich an! / Ich bin der Jodler Jubellaut und bin dein stummes Trauern.«[64]

Es fällt auf, daß Becher — soweit nachgeprüft werden konnte — die ursprünglichen Fassungen der verstümmelten Texte nicht wiederhergestellt hatte oder nicht wiederherstellen konnte. Jürgen Rühle hat recht, wenn er den entscheidenden Bruch in Bechers Dichtung auf die Exilzeit datiert[65], da der Autor im Gegensatz zu Brecht in dieser Extremsituation nicht mehr zu einer Entscheidung für eine inhaltlich wie formal lebendige Dichtung fand. Becher paßte sich in Moskau der Partei an und vollzog alle Schritte der kommunistischen Sprachregelung choreographisch getreu mit. Seine Anpassungsfähigkeit an die jeweils herrschende Mode, die freilich schon in seinen Anfängen zu beobachten ist[66], ließ ihn nach der Niederlage des Faschismus zum gefeierten Kulturfunktionär und Staatsdichter der DDR werden. Die Wirkungsgeschichte seiner Exildichtungen ist daher ein Teil der genormten Wirkungsgeschichte der kommunistischen Kulturpolitik. Seine Arbeiten, die während der NS-Herrschaft aus Deutschland ausgesperrt blieben, wurden unmittelbar nach 1945 zielgerichtet in Massenauflagen verbreitet und mit Unterstützung aller Medien popularisiert. Auf der anderen Seite verhinderte die Ost-West-Spannung eine annähernd objektive Auseinandersetzung mit seinem Werk in der Nachkriegsphase der Bundesrepublik Deutschland, wo für den Autor im Unterschied zu zahlreichen anderen Emigranten gewisse

Rezeptionschancen bestanden. Bechers Bestätigung bleibender Kulturwerte, wie klassisches Erbe und deutsche Heimat, entsprach in einer Periode der wirtschaftlichen Not, der Vertriebenenprobleme und allgemeiner geistiger Unsicherheit den Erwartungen der Mehrheit. Daß seine Exildichtungen bei konservativen Erbauungsschriftstellern eine günstige Aufnahme erreichten, deutet ein Brief Hans Carossas vom 14. Februar 1947 an. (»Der nie ermattende große Schwung des Ganzen kommt aus Ihrer schmerzerfüllten Liebe zu dem wahren Deutschland.«[67]) Ähnlich äußerte sich damals Reinhold Schneider, der in den streng bewahrten Formen Bechers den tragisch-existentiellen Auftrag der Nachkriegsliteratur gespiegelt sah.[68] Doch eine sich in Ansätzen abzeichnende gesamtdeutsche Rezeption brach spätestens seit den Prager Ereignissen und der Berlin-Blockade von 1948 ab. Becher blieb in der Bundesrepublik Deutschland bis heute ein exilierter Autor. Aber auch in der DDR entrückte man ihn dem Kontakt mit dem Leser, da das positive Echo des Publikums wie das einseitig negative in der Bundesrepublik von der politischen Propaganda massiv beeinflußt wurde. Der Autor fühlte sich in Ost-Berlin ähnlich wie im Moskauer Exil zeitweilig isoliert und befürchtete zu Recht eine Verfälschung seiner individuellen Position, die er sich freilich durch den Erwerb von Ansehen und bedingter politischer Macht selbst eingehandelt hatte: »Die wenig gelungenen Stellen / Aus meinen kaum gelungenen Gedichten / Wird man auswählen, / Um zu beweisen, / Ich wäre euresgleichen. // Aber dem ist nicht so: / Denn ich bin / Meinesgleichen. // So werde ich auch im Tode / Mich zu wehren haben«, heißt es in dem Nachlaßgedicht *Auswahl*.[69] Die Staatskarriere verhinderte zwar nicht gelegentliche Attacken gegen das immer stärkere Auseinanderklaffen von gesellschaftlicher Wirklichkeit und politischer Utopie, doch seine Verse bewegten sich in der Spätzeit fast ausschließlich im antigeschichtlichen Raum eines »roten Arkadien«. Nie wieder erreichte Becher eine solche Dichte und Glaubwürdigkeit wie in einigen wenigen Werken des Exils, in denen sein zeitlebens für ihn typisches Ringen um Antwort und Dialog historisch konkretisiert und – als Welt- und Sprachnot des Ausgesperrten – ins Überpersönliche und Allgemeine gewendet wurde.

Nationalsozialistische Gebrauchsformen*

1937, im Jahr der Ausstellung »Entartete Kunst«, wurde Adolf Ziegler mit dem »Großen Deutschen Kunstpreis« ausgezeichnet. Sein Tryptichon *Die vier Elemente* (Abb. 1) erwarb Hitler für die Kaminwand des Führerbaus; es ist besonders gut geeignet, die für die NS-Kultur charakteristische Einschmelzung gegenläufiger Traditionen zu verdeutlichen. Ziegler knüpfte an das Schema einer klassizistischen Allegorie an und versinnbildlichte auf der linken Seite »Das Feuer«, im Mittelteil »Erde und Wasser« und rechts »Die Luft«. Dadurch rückte er die Frauen in eine zeitlose Sphäre; die dem christlichen Altarbild entlehnte Dreiteilung schafft eine sakrale Weihe herbei, welche in der Lage ist, das Banale zu erhöhen. Die von Hitler persönlich geförderte Aktmalerei richtete sich ausdrücklich gegen die »expressionistischen Experimente und die betonte Unsinnlichkeit der abstrakten Kunstideologie.«[1] Die klassizistisch-elitäre Tradition des 19. Jahrhunderts geriet dabei allerdings in Widerspruch zu einem photographischen Naturalismus, der Zieglers Bild aus der Drapierung löst und den Charakter von Darstellungen der Freikörperkultur oder des Herrenmagazins verleiht; auf diese Weise erhalten *Die vier Elemente* das voyeuristische Interesse der Menge und rechtfertigen ihren Platz überm Kamin. Ein Vergleich des Tryptichons mit Feuerbachs *Dante und die edlen Frauen von Ravenna* (Abb. 2) zeigt eine Auflockerung der strengen Linienführung. An die Stelle der kühlen Distanz Feuerbachs rückt ein penetrantes Körpergefühl, das durch das Mittel der Eindeutigkeit dem Betrachter seine Freiheit raubt und ihn an das biologische Denken, nach dem ein gesunder Leib die Voraussetzung jeder völkischen Wiedergeburt sei, zu fesseln versucht. Zieglers Tryptichon hat elementaren Charakter; es legt mit Klassizismus, sakraler Kunst und trivialem Naturalismus drei wesentliche Bestandteile der nationalsozialistischen Kultur offen, die – miteinander vermischt – den Zweck der seelischen Unterwerfung beabsichtigten.

Eine ähnliche Veränderung des klassizistischen Form-Kults durch den Gebrauchsanspruch läßt sich in der Sonettmode der dreißiger und vierziger Jahre nachweisen. »Die Sonette boten sich an wie Quader, mit denen man bauen konnte. In ihrer strengen Form [...] manifestierte sich schon äußerlich der Unwille gegen das Formlose, der Wille zu neuem Gesetz«, erinnerte sich Hagelstange.[2] Obgleich völkische Kritiker das Sonett als undeutsch verächtlich zu machen versuchten[3] und vor allem nichtnationalsozialistische Erbauungsschriftsteller diese Gattung aufgriffen, gibt es auch in der Parteiliteratur Autoren, die – wie Gerhard Schumann – in der strengen Form einen programmatischen Appell zum Gesetz erkannten.

---

* Vortrag auf dem germanistisch-polonistischen Symposion der Universität Regensburg am 25. Oktober 1979.

Auferstehung

Sirenen heulen und die Schlote qualmen,
Motoren donnern herrlich durch die Luft,
Maschinen surren und die Räder malmen.
Das Heer der Arbeit zieht. Ein Wille ruft.

Ein Atem weht vom Meer bis zu den Almen
Heiß und befehlend in die letzte Bucht.
Das schwere Korn wogt auf den hohen Halmen.
Die Frauen tragen stumm und stolz die Frucht.

Ein Marsch dröhnt auf, unendliche Kolonnen,
Ein Volk marschiert, das sich sein Schicksal sucht.
O wie ein Glanz von nie gekannten Sonnen

Auf unsre Fahnen stürzt! Die dunkle Wucht
Des *einen* Willens – Sehnsucht, Leid und Tat
Glüht sie zusammen – und sie schöpft den Staat.[4]

Das Sonett wurde 1933 als Reaktion auf die Machtergreifung geschrieben und der Sammlung *Die Lieder vom Reich* (1935) eingegliedert. Schumann näherte die Gattung dem im Buchtitel angekündigten gemeinschaftsorientierten Lied an, indem er die für das Sonett so typische Trennung von Quartetten und Terzetten durch den beide Gruppen umschlingenden Reim auflöste und die reflektierende, auf These und Antithese zulaufende Struktur zu einer einheitlichen Fügung verschmolz. Außerdem lockerte er wie Ziegler die Strenge durch naturalistische Stereotype auf, die dem Leser Lebensnähe einreden sollen: Sirenen heulen, Schlote qualmen, Motoren donnern, Maschinen surren usw. Geschickt vermeidet das Sonett den Eindruck eines politischen Kampfgedichtes und nimmt Farben der christlichen Erbauung an. Unausgesprochen parallelisiert der Titel die Auferstehung Christi mit der Machtergreifung Hitlers; der religiöse Vorstellungsbereich wird durch Wendungen wie »unendlich«, »schöpfen« und dem »Glanz von nie gekannten Sonnen« stets wachgehalten. Die Heilserwartung erfährt dabei allerdings eine entscheidende Umwertung: An die Stelle der Botschaft rückte Schumann den Willen, nicht an den Glauben wird appelliert, sondern an die Tat; Schöpfung hat es folgerichtig auf den Staat abgesehen, dem sich der einzelne zu unterwerfen hat. Die Verformung der Struktur erfährt durch die Tendenz, die Volksgemeinschaft zusammenzuglühen, eine inhaltliche Rechtfertigung.

Wie sehr das Sonett unmittelbar auf die Stimmung seines Entstehungsjahrs fixiert ist, zeigt ein Leitartikel aus der *Berliner Morgenpost*, der die »Deutsche Auferstehung« und den »tiefen, symbolischen Gedanken, von dem das christliche Osterfest getragen wird« in ähnlicher Weise in Verbindung brachte (Nr. 91/16. 4.

1933). Die Motive, mit denen Schumann diese allgemeine Empfindung umkleidete, bezog er aus dem Reservoir der damals von der Partei propagierten Ideale. Die erste Strophe ist der nach der Krise wiedererstarkten Industrie und dem Arbeitsdienst gewidmet, die zweite dem Vaterland (»vom Meer bis zu den Almen«), dem Acker und der Arterhaltung (»Die Frauen tragen stumm und stolz die Frucht«). Es war nicht schwer, Entsprechungen in der nationalsozialistischen Malerei zu finden. Die Vergegenwärtigung einiger dieser Bilder erleichtert die Rekonstruktion der völkischen Träume, an die das Sonett appellierte. Ein elementares Genre der Malerei des Dritten Reiches war die Industrielandschaft, die an einen Typus anknüpfte, wie er sich im Naturalismus gegen Ende des 19. Jahrhunderts herausgebildet hatte. Das Gemälde *Hochöfen im Bau* von Franz Gerwien aus einer Serie über die Hermann-Göring-Werke (Abb. 4) wird vom Eindruck des Monumentalen beherrscht, gegen den der Betrachter nur schwer eine unabhängige Position behaupten kann. Arbeiter wurden zumeist im Kollektiv dargestellt. *Wir sind die Werksoldaten* (Abb. 3) nannte Ferdinand Staeger ein Bild des Reichsarbeitsdienstes, das wie das Sonett (»Das Heer der Arbeit zieht«) den paramilitärischen Charakter in ein heroisches Licht rückt, denn »der eigentliche Sinn der Arbeit [liegt] nicht in dem Verdienst, den sie einbringt, sondern in der Gesinnung, mit der sie geleistet wird. Die Erhebung der Arbeit zum Dienst lehrt [. . .], daß Arbeit kein Fluch, sondern eine Ehre ist.«[5] Die völkische Kunst suggerierte neben der Aufbauillusion immer wieder das Zeitlose; auch Schumanns Sonett läßt mit dem Aufruf von Meer und Almen als äußere Begrenzung des Reiches der Industrielandschaft die »ewige Natur« folgen. Die Gemälde aus dem Bauern-Milieu – 24% der im »Haus der deutschen Kunst« bis Kriegsbeginn ausgestellten Arbeiten gehören dieser Gattung an – sollten die tatsächliche technische Welt verbergen und den einzelnen auf die vom Elementaren stürmisch geforderte Unterordnung festlegen. *Nordisches Meer* heißt eine Darstellung von Michael Mathias Kiefer (Abb. 6); ein Gemälde von Julius Paul Junghanns gibt im Stil der Genremalerei des 19. Jahrhunderts ein Hirten-Idyll (Abb. 5). Das im Sonett aufgerufene Bild des wogenden Korns lenkt den Blick auf die Frau. In der nationalsozialistischen Malerei erscheint sie ähnlich wie bei Schumann »stumm und stolz« als *Hüterin der Art* (Abb. 7) oder als weltliche Mutter Maria mit einem säugenden Kind (Abb. 8); Acker und Ähren stellen emblematisch den völkischen, über die christliche Überlieferung hinweg weisenden Zusammenhang her. Die Quartette rücken die vorgefertigten Traummaterialien lockend vor Augen; die Terzette dynamisieren die Muster und deuten durch Marsch- und Kolonnenbilder den Weg ihrer Verwirklichung an. Beide Gedichthälften erfahren jedoch durch anaphorische Wendungen eine Verwebung (»Ein Wille ruft«, »Ein Atem weht«, »Ein Marsch dröhnt auf«, »Ein Volk marschiert«) und sind undialektisch auf »Die dunkle Wucht / des *einen* Willens« ausgerichtet. Da Schumann die Figur des Führers und politische Ereignisse aussparte, erzeugte er ein Vakuum, in das die Ziele Hitlers um so ungehemmter einmünden konnten. Die Nähe des Sonetts zur Plakatkunst ist offensichtlich. Schumann entlehnte die Parole »Ein Volk marschiert« einem Wandplakat der obersten SA-Führung, das zum Beitritt in ihre Formationen aufruft.[6] Entsprechungen des Gedichts finden sich ferner in Mjölnirs Plakat *Nationalsozialismus – der organisierte Wille der Nation* (Abb. 34) oder in dem Anschlag *Ein Volk, ein Reich, ein Führer* mit dem Porträt Hitlers (Abb. 43). Das Sonett, bei George die Kunst vieldeutig preisend, hat sich auf diese Weise zur Unterwerfungspropaganda vereinfacht, denn – wie Schumann bekannte – »es gibt keine Freiheit in der Kunst«, es gibt nur eine, »die sich bewußt einordnet in die Gesetze des Lebens selbst, eine Freiheit, die freiwillig und stolz sich dienend einfügt in das Schicksal der Gemeinschaft.«[7] Das Sonett war nur noch Hohlform und hatte zur Aufgabe, die Absichten des Hitler-Staates zu rechtfertigen. Indem Schumann über die rohen Plakatparolen – blendend – das Gitterwerk des Sonetts legte, adelte er sie und gliederte sie in den Kosmos »ewiger« Werte ein.

An Schumanns Gedicht lassen sich grundsätzliche Aspekte der nationalsozialistischen Kunstauffassung zeigen. Schon früh hatte sich Goebbels im Zusammenhang mit einer Kritik an dem Film *SA-Mann Brand* gegen die direkte Agitation gewandt[8]; das 1937 ausgesprochene Verbot der Thingspielbewegung weist ebenfalls darauf hin, daß man im Reich keine Auseinandersetzung wollte und lieber die neue Ordnung durch die formale Verkörperung von Maß und Gesetz propagierte. Daß die Gesellschaft – auch in oppositionellen Kreisen – so intensiv eine Erneuerung des Klassizismus anstrebte, ist aus dem Chaos zu erklären, mit dem man die Republik depressiv identifizierte. Bei der völkischen Kunst kam allerdings der Wille zur Beherrschung hinzu. Um die Bindung an den Führer voranzutreiben, propagierte der Nationalsozialismus keinerlei wirkliche Individualität und attakkierte die das seelische Leben freilegende Aufsplitterung der expressionistischen Moderne; er setzte alles daran, durch die Kunst die Menschen passiv, unfrei und pathologisch abhängig zu halten. Viele nationalsozialistische Bilder – wie z. B. Staegers *Die Front* (Abb. 10) – ähneln in ihrem Geometrismus Schumanns Sonett oder den sich auf den Reichsparteitagen zu Mustern »eingefrosteten« Menschenblöcken (Abb. 9); sie wirken auf eigentümliche Weise kalt und tot und sind neben der Unterwerfung Ausdruck des Willens, »das, was lebendig ist, in etwas Unlebendiges umzuwandeln.«[9]

Es war ein Irrtum, in Arbeiten wie denen von Schumann die repräsentativsten Zeugnisse für die Literatur im Dritten Reich zu sehen. Das Sonett trägt trotz des klassischen Ordnungsmusters in seiner appellativen Zuspitzung noch Merkmale der Kampfjahre. Je weiter sich der Staat Hitlers festigte, desto rascher rückten solche Formen aus dem Zentrum der Beachtung. Die Propaganda wurde zunehmend der Kundgebung, die Aktion – seit 1939 – dem Kriegsgeschehen überlassen; die Kunst erhielt demgegenüber die Aufgabe, weniger die Macht als die Kräfte der Innerlichkeit zur Tarnung zu mobilisieren; man träumte, daß die »Heere des Weltkriegs niemals [...] ohne Ekkehart, ohne Goethe, ohne Nietzsche, ohne Dürer« hätten marschieren können.[10] Hinter diesem Wahn verbarg sich neben der

Kunstüberschätzung die Absicht, im Namen der Seele gegensätzliche Kräfte zu verschmelzen, wobei sowohl über die Lebenswirklichkeit des Industriestaates hinweggetäuscht werden sollte wie selbst über die Inhalte der völkischen Ideologie. Man öffnete dem Trivialen, das von jeher Feind jeglicher Individualität war, hemmungslos die Bahn. So wie Hitler durch die zur Schau getragene Fürsorglichkeit über seine zerstörerischen Absichten eine Tarnschicht legte, förderte der Staat jene Literatur, die sich zwar liebenswürdig gab, aber keinerlei wirkliche seelische Prinzipien, Werte und Überzeugungen vermittelte. Mehr oder weniger gehobene Unterhaltungspoesie, auf jeden Fall tendenzfrei, unter anderen historischen Voraussetzungen der Harmlosigkeit zugerechnet, wurde für die nationalsozialistische Kulturpolitik zur beherrschenden Zweckform. »Auch die Unterhaltungsliteratur ist heute staatspolitisch wichtig, wenn nicht sogar kriegsentscheidend«, notierte Goebbels am 8. 2. 1942 in sein Tagebuch.[11] Nicht das Thingspiel oder die SA-Dichtungen Schumanns, Anackers oder Böhmes, vielmehr Bücher wie z. B. Rudolf G. Binding *Moselfahrt aus Liebeskummer* (1944: 367. Tausend), Heinrich Spoerl *Wenn wir alle Engel wären* (1944: 325. Tausend), Ernst Heimeran *Trostbüchlein in allen Lebenslagen* (1944: 71. Tausend), Willy Reichert *Lerne lachen ohne zu klagen* (1944: 91. Tausend) oder Hans Carossa *Das Jahr der schönen Täuschungen* (1943: 128. Tausend) erfüllten am erfolgreichsten die Aufgabe, durch Zerstreuung oder säkularisierte Erbauung den Leser vom Widerspruch zum Hitler-Staat frei zu halten.

Eine Erörterung der nationalsozialistischen Gebrauchsformen bleibt ohne Einbeziehung der neuen Medien Film und Rundfunk unvollständig; sie wurden von Anfang an zielgerichtet gefördert und übertrafen in ihrer Wirkung den Buch- und Zeitungsmarkt. 1943 meldete Hans Hinkel, »daß die Zahl der Rundfunkhörer, die Anfang 1933 4 Millionen 427 600 betrug, [. . .] inzwischen auf 16 Millionen angewachsen« sei[12], u. a. deshalb, weil der Preis für Volksempfänger von 235 RM auf 35 RM gesenkt wurde.[13] Wie in den anderen Medien bestimmten auch im Reichsrundfunk unterhaltende oder erbauliche Arbeiten die Produktion, die bewußt keinen Zugang zur Realität aufschlossen. Während des Krieges erreichten den Hörer nicht nur Sondermeldungen, Wehrmachtsberichte und Führer-Reden, sondern auch genreartige Hörbilder wie *Abschied vom Heimaturlaub* aus dem Winter 1941:

Drei Uhr nachts. Wir rollen nach Osten. Nur die Gestirne scheinen sich nicht zu bewegen. Sie spielen mit ihrem silbernen Licht in den Gesichtern der schlafenden Männer, die im Osten gekämpft haben und in wenigen Tagen wieder vorn sein werden. Jeder Räderstoß bringt sie näher dorthin. Wir fahren den dritten Tag. Wir rollen jetzt in hohen, klapprigen Wagen. Die Türen schließen schlecht, und es weht ein kühler Wind, der sich im überhitzten Abteil überall herumtreibt. An den Fenstern blühen Eisblumen, und wenn wir ein Loch einkratzen, sehen wir die weite, weiße Fläche des Ostens mit schwarzen Waldstrichen, und in dieser einsamen Landschaft sind nur wir mit unserem langen, langsamen Zug.[14]

Die den Krieg vorantreibende Technik ist durch das gleichmäßige Räderrollen, das dem Hörbild unterlegt ist, gegenwärtig. Aber weder die Uhrzeit (»Drei Uhr nachts«) noch die einzelnen Versatzstücke »Räderstoß«, »klappriger Wagen« und »Abteil« können sich gegen das die schlafenden Männer verklärende Licht der Gestirne behaupten. Das Auge legt keine Zerstörungen bloß, sondern dringt durch das in die Eisblumen gekratzte Loch über die »weite, weiße Fläche des Ostens«, damit wird dem einzelnen das Vorhandensein eines seelischen Lebens suggeriert, das durch die Entpersönlichung schon längst ausgetrieben wurde. Ein solch scheinbarer Individualismus ist typisch; Stimmungs- und Landschaftsbilder ziehen sich leitmotivisch durch zahlreiche Kriegsberichte und Tagebücher. Das Hörbeispiel ist jedoch noch aus einem anderen Grund aufschlußreich. Der authentische Anspruch enthüllt sich als Täuschung; die schlafenden Männer werden durch Gestirn und Landschaft aus der Zeitlichkeit gerückt, und der Hörer gerät dadurch blindlings unter die von Schumann beschworene »dunkle Wucht / Des *einen* Willens.« Das dokumentarisch zurechtgemachte Idyll von der Fahrt an die Front bleibt ohne einen Bezug zu den wirklich authentischen Sendungen des Rundfunks in dieser Funktion unerkannt und soll daher mit einem Redeauszug Hitlers von einer Kundgebung am 8. 11. 1942 zusammengehört werden:

Daß ich die Sachen nun nicht immer so mache, wie die anderen es gerade wollen – ja, ich überlege mir, was die anderen wahrscheinlich glauben und mache es dann grundsätzlich anders. Wenn also Herr Stalin erwartet hat, daß wir in der Mitte angreifen – ich wollte nicht in der Mitte angreifen. Nicht nur deswegen, weil vielleicht Herr Stalin daran glaubte, sondern weil mir daran gar nichts mehr lag, sondern – ich wollte zur Wolga kommen, an einer bestimmten Stelle, an einer bestimmten Stadt. Zufälligerweise trägt sie den Namen von Stalin selber, aber denken Sie nur nicht, daß ich deswegen dort losmarschiert bin (Gelächter). Sie könnte auch ganz anders heißen; sondern nur, weil dort ein ganz wichtiger Punkt ist. Dort schneidet man nämlich 30 Millionen Tonnen Verkehr ab, darunter fast 9 Millionen Tonnen Ölverkehr. Dort fließt der ganze Weizen zusammen aus diesen gewaltigen Gebieten der Ukraine und des Kubangebietes, um nach dem Norden transportiert zu werden. Dort ist das Manganerz befördert worden. Dort war ein gigantischer Umschlagplatz – *den* wollte ich nehmen. Und – wissen Sie – wir sind bescheiden. Wir haben ihn nämlich! Es sind ein paar ganz kleine Plätzchen noch da. Nun sagen die anderen: warum kämpfen Sie dann nicht? Weil ich kein zweites Verdun machen will, sondern weil ich das lieber mit ganz kleinen Stoßtrupps mache. Die Zeit spielt dabei keine Rolle – es kommt kein Schiff mehr die Wolga hoch! Das ist das Entscheidende! (Stürmischer Beifall).[15]

Die Rede zeichnet sich in ihrer Saloppheit durch jene die Menge an sich bindende Trivialität aus, die schon die Arbeiten Zieglers und Schumanns charakterisiert hatten. Hitler entwirklicht und verharmlost das Kriegsgeschehen (»die Sachen«) und dokumentiert ungehemmt sein narzißtisches Machterlebnis. Das eingebrachte Zahlenmaterial verleiht ihm dabei den Anschein des wissenden Gottes, der durch eigene Machtvollkommenheit die industrielle Versorgung des Gegners wie Spielzeug zertrümmert. Die Rede läuft auf das Ich des Führers zu; acht Mal spricht Hitler von sich selbst: ich überlege mir, ich wollte nicht in der Mitte angreifen, ich wollte zur Wolga kommen, ich will kein zweites Verdun, ich mache das mit kleinen Stoßtrupps ... Mitscherlich hat erklärt, daß die Masse durch die Herausstellung des Führer-Ichs einen Druck von sich genommen fühlt. Der aufrauschende Beifall ist Ausdruck eines Hörigkeitsverhältnisses, »im falschen Bewußtsein wird es aber als Selbstgefühl, als ein Gefühl der Befreiung erlebt.«[16] Unter diesem Aspekt gewinnt das Hörbild von der Frontfahrt eine zentrale Bedeutung und erscheint als Stabilisator des Abhängigkeitsverhältnisses, weil die ausschweifende Phantasie nicht auf eigene Hoffnungen und Wünsche gelenkt ist, sondern sich passiv hält, so daß sie mit den Versprechungen des Massenführers verschmelzen kann. Die an die Innerlichkeit appellierenden scheinbar unpolitischen Dichtungen des Dritten Reiches sind in Wirklichkeit die politischsten, sie sind dazu geeignet, selbst in höchster Gefahr die Urteilsfähigkeit des Ich auszuschalten und eine latente Bereitschaft zu erzeugen, das Objekt »Führer« an die Stelle des Ich-Ideals zu setzen[17] und den Soldatentod paradox als Lebens- und Liebesglück hinzunehmen.

Die Wirkung von Hörbild und Rede fiel häufig mit den für Wochenschau und Rundfunk inszenierten Aufmärschen oder Feiern zusammen. Die eindrucksvollste Verbindung von industrieller Perfektion und seelisch maskierter Destruktivität demonstrierte die Ringfunksendung des Reichsdeutschen Rundfunks zu Weihnachten 1942. Von den entferntesten Stationen meldeten sich wie in einem Ritual formelhaft die Funker (»Ich rufe noch einmal Stalingrad!« »Hier ist Stalingrad! Hier ist die Front an der Wolga!«), um am Ende in das »schöne, alte deutsche Weihnachtslied ›Stille Nacht‹ mit einzustimmen.«[18] Die Beschwörung der Stationen führte am Heiligen Abend dem Hörer die Ausdehnung des Reiches authentisch als Wunder vor; die sich durch Halten der Stellungen äußernde Habgier verlangte nach sakraler Weihe und seelischer Einverleibung, für die das Weihnachtslied gleichermaßen sorgte. *Stille Nacht* veränderte sich im neuen Zusammenhang zur zynischsten Gebrauchsform des Eroberungskrieges; die Verse, in denen das traute hochheilige Paar »einsam wacht«, und die durch die Erinnerung an Familienfeste ins Träumen gebrachte deutsche Innerlichkeit verblendeten mit Hilfe der staunenswerten Rundfunktechnik wirksamer als jeder erfundene Text das Monströse. Die von Gerhard Schumann angespielte österliche *Auferstehung* des Deutschen Reiches kommt in der Geburt der *Stillen Nacht, heiligen Nacht* an ihr nahes Ende. Die Korrektur lieferte allerdings der historische Prozeß von außen, und in dem Choral der Ringsendung – 1942 am Eismeer und in der afrikanischen Wüste gesungen – sollten wir Deutsche *trauernd* die Stimmen von Geblendeten erkennen, um endlich die seelische Entleerung durchzuarbeiten, die wir – alle Energien in den Besitz von Sachen lenkend – bisher so erfolgreich abwehrten.

Das gespaltene Bewußtsein. Über die Lebenswirklichkeit in Deutschland 1933-1945

Das Dritte Reich ist von einem tiefen Gegensatz zwischen nationalsozialistischer Ideologie und Praxis gekennzeichnet. Eine von Rechtfertigungs- und Legitimationsinteressen abhängige Forschung und Publizistik hat diese Spaltung nach 1945 nicht nur nicht reflektiert, sondern weitergeführt. Indem sie Propandaformeln und den Terror gegen Minderheiten mit der umfassenden Wirklichkeit identifizierte, gliederte sie den Staat Hitlers aus der Zeitdauer aus. Schon Ende der sechziger Jahre deckten einige Wissenschaftler den Zusammenhang dieses Totalitarismusbildes mit Legitimationsbedürfnissen auf[1] und wiesen außerdem auf die Verfilzung halbstaatlicher und parteipolitischer Institutionen mit der Bürokratie hin, an deren Rivalitäten die Gleichschaltungsversuche in vielen Fällen zum Scheitern verurteilt waren.[2] Dennoch erfuhr das Stereotyp eines durchorganisierten und perfekt arbeitenden Herrschaftssystems im öffentlichen Bewußtsein keine Korrektur. Das Beharren auf dieser »bürokratischen Illusion« (Richard Löwenthal)[3] liegt vermutlich nicht nur darin, daß der totale Staat als Gegenbild zur »freiheitlichen Demokratie« in der Bundesrepublik Deutschland oder zum »friedlichen Aufbau des Sozialismus« in der DDR gebraucht wurde; eine entscheidende Rolle spielte auch das Bemühen, durch die Überzeichnung staatlicher Kontrollen und durch eine breite Erörterung der Unterdrückung von Minderheiten Eigenverantwortung der Mehrheit auszuschließen. Auch die überproportionierte Behandlung des kommunistischen oder konfessionellen Widerstandes sowie die Ausdehnung auf normales Konfliktpotential[4] lenkte vom gelähmten Bewußtsein ab. Lange Zeit hat die Forschung die Wahrheit abgewehrt, daß »die meisten Deutschen zu keinem Zeitpunkt die ständige Furcht vor dem Klopfen an der Tür in den frühen Morgenstunden« kannten und »bis zum Ausbruch des Krieges [...] immer noch den Eindruck hatten, daß innerhalb ihrer vier Wände das Leben im wesentlichen unverändert blieb.«[5] Die vorliegende Studie fördert aus Tageszeitungen, illustrierten Zeitschriften, Tagebüchern, Briefen und anderen Dokumenten die »unpolitische Seite« oder »staatsfreie Sphäre« zutage, die der Führerstaat ausdrücklich garantierte.[6] Dabei wird nicht nur überraschen, wie unbeeindruckt von der völkischen Ideologie sich damals das Denken und Fühlen zeigte, sondern auch, wie nah das Dritte Reich zu den Idealen der Menschen in beiden Teilstaaten Nachkriegsdeutschlands steht. Die unbefangene Darstellung von Konsum- und Zerstreuungswerten sowie des bruchlos im Dritten Reich weiterwirkenden Amerikanismus soll nicht nur die Frage klären, inwieweit das nationalsozialistische Selbstverständnis unterlaufen wurde, sondern auch die Motive zutage fördern, an denen sich die Mehrheit in ihren Beziehungen zum Staat orientierte. Aus diesem

Ansatz entwickelt sich die Beschreibung eines tiefgreifenden Unsicherheits- und Angstgefühls sowie die Rekonstruktion der Wechselwirkung von simulierter Fürsorge der NS-Herrschaft, Apathie und Wahndenken, um genauer zu erfahren, was die Selbstbefreiung aus dem Gefangensein im Hitler-Staat tatsächlich verhindert hat.

Hitler verdankte seinen Aufstieg vor allem der Weltwirtschaftskrise und seinen Versprechungen, die Depression zu überwinden. Unmittelbar nach der Machtergreifung leitete er eine »Ankurbelungs-Aktion« (BT v. 5. 12. 1933) ein, deren Ergebnisse im In- und Ausland in Analogie zur amerikanischen Hochkonjunktur der zwanziger Jahre als »deutsches Wirtschaftswunder« bezeichnet wurden.[7] Der Führer erklärte, daß der »deutsche Zusammenbruch« 1929-1932 auch eine psychologische Ursache hätte und forderte ein Ineinandergreifen »moralischer, politischer, psychologischer und wirtschaftlicher Maßnahmen«[8]; ähnlich wie die Politiker des westdeutschen Wirtschaftswunders versicherte die nationalsozialistische Partei, daß sie »keine Experimente« wolle[9] und appellierte an das Sicherheitsbedürfnis der deutschen Bevölkerung. Nicht nur völkische Parolen wie »Du bist nichts – dein Volk ist alles« (Berliner Morgenpost 285 / 27. 11. 1936) bestimmten das Klima, sondern auch solche, welche die Hoffnung des einzelnen auf Stabilität ansprachen. Mit der Aufforderung »Optimist sein, mein Herr!«[10] und dem Versprechen, eine »Erhöhung des Lebensstandards« (BT v. 28. 4. 1936) einzuleiten, begleitete das Regime den Konjunkturaufschwung. Trotz rüstungswirtschaftlicher Planziele und Rohstoffzuteilung blieb die industrielle Produktion vom Wettbewerb beherrscht; auch während des Krieges hielt das nationalsozialistische System »grundsätzlich an der Verantwortlichkeit des Unternehmers fest.«[11] Von nicht zu unterschätzender Bedeutung für die Entwicklung des Dritten Reiches ist die Tatsache, daß die Weltwirtschaftskrise die Einstellung des Arbeiters zur Sicherheit seines Arbeitsplatzes grundlegend verändert hatte. Indem das nationalsozialistische Regime diesem elementaren Sicherheitsbedürfnis entgegenkam, löste es die ehemaligen KPD- und SPD-Wähler aus der Distanz und band sie erfolgreich an sich. Schon in den dreißiger Jahren mußte Erich Fromm in seiner empirischen Studie über *Arbeiter und Angestellte am Vorabend des Dritten Reiches* eine geringe Widerstandsfähigkeit des deutschen Arbeiters gegen überkommene Autoritätsvorstellungen beobachten.[12] Die linken Parteien hätten in der Republik zwar die politische Treue und die Stimmen der meisten Arbeiter erhalten, es sei ihnen jedoch nicht gelungen, »die Persönlichkeitsstruktur ihrer Mitglieder so zu verändern, daß diese in kritischen Situationen verläßlich gewesen wären« (250). Die Analyse verarbeitete mehr als tausend zumeist 1929/30 beantwortete Fragebogen und wurde – wie sich Herbert Marcuse später erinnerte – aus »politischen Gründen« vom Institut für Sozialforschung unterdrückt. Man wollte nicht den Eindruck erwecken, als ob »die deutschen Arbeiter [. . .] im Kern schon immer faschistisch gewesen« seien.[13] Die Ergebnisse Fromms werden durch die *Deutschland-Berichte* der illegalen SPD eindrucksvoll bestätigt.[14] Es ist bezeichnend, daß die bedeutendste Widerstandsleistung der Sozialdemokraten im Dritten Reich bislang von der Partei nahezu verschwiegen wurde. Die kürzlich nachgedruckten Berichte bestehen aus Briefen, Dokumenten und Fotokopien, die zu Zehntausenden durch ein über ganz Deutschland verteiltes Netz von Auffangzentren gesammelt und durch Kuriere zunächst nach Prag, später nach Paris weitergeleitet wurden. Eindrucksbilder und Analysen vermitteln schonungslos die wachsende Hinwendung der deutschen Arbeiterschaft zur Diktatur. »Stimmungsmäßig verfügt die Regierung über den meisten Anhang in der Arbeiterschaft«, heißt es April/Mai 1934 (29); wenig später wird die »beschämende Tatsache« beobachtet, »daß das Verhalten der Arbeiter dem Faschismus gestattet, sich immer mehr auf sie zu stützen« (Juni/Juli 1934, 209); die Arbeiter seien »noch immer stark vom Hitlerismus besessen« (Jan. 1935, 24) und glaubten »trotz Terror, trotz Lohnherabsetzungen, trotz Versklavung« an den »großen Erlöser Adolf Hitler« (Nov. 1935, 1315); an zahlreichen Fahnen sei zu sehen, »daß das Hakenkreuz über Hammer und Sichel genäht« sei (Dez. 1936, 1558); der Widerstandswille, schreibt ein Berichterstatter aus Berlin im März 1937, sei nicht sehr weit verbreitet, man müsse zugeben, »daß gerade in der Arbeiterschaft die meisten nachgiebigen Elemente zu finden sind. Wäre es anders, dann könnte das Regime heute nicht mehr existieren« (322). 1938/39 verzeichnen die Berichte eine uneinheitliche Stimmung, Teile der Arbeiterschaft fühlten sich durch gestiegene Reallöhne in ihrer »Marktposition« bestätigt (April/Mai 1938, 452), andere wurden von »schweren Depressionen« (ebd. 451) und einem allgemeinen Fatalismus (Nov. 1938, 1163) erfaßt.

Es ist üblich geworden, Reallöhne des Dritten Reiches statistisch mit den Leistungen der Weimarer Republik zu vergleichen; zumeist beobachtete man ein Erreichen des alten Standards oder – wie in der übertariflichen Entlohnung 1938/39 in rüstungswichtigen Betrieben – ein geringes Überschreiten des Niveaus von 1928. Eine solche Blickweise übersieht den Schock, den die Krise 1929-1932 ausgelöst hatte. Die während der Rüstungskonjunktur erreichte Stabilität mobilisierte – anders als in der Weimarer Republik – kräftige systembindende Impulse. Ein Teil der Arbeiterschaft fühlte sich außerdem durch die Konjunkturüberhitzung Ende der dreißiger Jahre umworben; »die Erfahrung, daß sich individuelle Leistung unter Ausnutzung der Rüstungskonjunktur bezahlt machte, während das Modell gewerkschaftlicher Interessenvertretung in der Weltwirtschaftskrise versagt hatte«, unterstützte den Abbau des Klassenkampfdenkens[15]; der Arbeitskräftemangel, der 1939 zur Anwerbung von 200 000 ausländischen Arbeitern führte[16], erzeugte ein sozialpsychologisches Klima, das dem Wirtschaftswunder der Adenauer-Restauration näher steht als den Auseinandersetzungen in der Republik. Die symbolischen Belohnungen des Staates, Sonderzuwendungen der Industrie sowie KdF-Reisen und -Veranstaltungen stabilisierten nicht unerheblich die Beziehungen zum Hitler-Staat. 1938 nahm jeder dritte Arbeiter an »Kraftdurch-Freude«-Ferienreisen teil.[17] Geschickt hielt das Regime die Sehnsucht der Arbeiterschaft nach Verbürgerlichung wach. In wöchentlichen Programmen bot die Kreisdienststelle München neben Urlaubsreisen auch Theater- und Konzertbesuche an sowie Kurse in Sportarten wie Reiten, Segeln, Tennis und Schilaufen, die früher ausschließlich von gehobenen Gesellschaftsschichten gepflegt wurden. In den Vortragsveranstaltungen wurden zumeist politische Probleme ausgeklammert. Themen waren u. a. die Überquerung des Atlantik in einem Segelboot (29. 3. 1939), Krebserkrankungen (17. 5. 1939), die Farbenphotographie (15. 2. 1940), chinesische Weisheit (17. 4. 1940), das schwer erziehbare Kind (16. 6. 1941) und neue Forschungen vom Inkareich (26. 3. 1941). Es ist lange übersehen worden, daß sich der soziale Aufstieg im Dritten Reich nicht nur symbolisch vollzog. Grunberger berichtet, daß die Gesamtaufstiegsmobilität während der sechs Friedensjahre des NS-Regimes doppelt so groß gewesen sei wie während der letzten sechs Jahre der Weimarer Republik; die staatlich-bürokratischen Organisationen und privatwirtschaftlichen Verbände hatten eine Million Menschen, die aus der Arbeiterschaft kamen, absorbiert.[18] Die Tatsache, daß während der letzten Jahre des Dritten Reiches die »Arbeiter eine engere Verbundenheit mit der übrigen deutschen Gesellschaft als in den Endstadien des Kaiserreiches oder der Weimarer Republik« zeigten[19], ist u. a. Ausdruck der auch noch während des Krieges wirksam geförderten Integration.

Während die Diktatur die Arbeiterschaft vor allem durch Sicherheit und Aufstiegschancen überzeugte, band sie mittlere und gehobenere Schichten außerdem mit einer breiten Konsumgüter-Produktion an sich. In der Rüstungskonjunktur wurden mit Eigenheim, Auto / Wohnwagen, Rundfunk / Fernsehen, Fotoapparat, Küchengerät, Waschmittel, Hygiene / Kosmetik usw. jene Werte propagiert, die unser Bewußtsein fast ausschließlich den zwanziger Jahren oder der Adenauer-Zeit zuordnet. Die Werbung sprach sowohl nationalsozialistische Vorstellungen wie vor allem private Wünsche an. So warb man für den Rundfunk mit der Parole »Deutschland marschiert in Nürnberg! Erlebe es mit! Werde Rundfunkteilnehmer«[20] oder ließ den Volksempfänger auf einer vielköpfigen Menge schweben (Abb. 11), andererseits wurde der einzelne Rundfunkteilnehmer gezeigt, der – zurückgezogen von der Masse – seinem Blaupunkt-Super lauscht (Abb. 12). Die Sturm-Zigaretten GmbH, Dresden, versuchte mit den Marken Trommler, Alarm, Sturm und Neue Front die »Alten Kämpfer« für ihre Produkte zu mobilisieren (Abb. 14), individuelle Gesichtszüge wurden bewußt zurückgedrängt, der einzelne erscheint auf dem Plakat als Schatten oder – wie in den von Leni Riefenstahl gefilmten Marschkolonnen des Reichsparteitags (Abb. 9) – zur Sache umgeformt. Ein ganz anderes Gefühl spricht die Coca-Cola-Werbung an (Abb. 13), das lächelnde Gesicht erscheint in Großaufnahme; der Käufer wird mit jenem subjektiv-warmen Ausdruck angelockt, der bei der Trommler-Reklame erloschen ist. Die Formel »Unsereins ganz besonders – braucht ab und zu eine Pause, am besten mit Coca-Cola eiskalt« unterstützt das

Gefühl der politikfreien Sphäre. Einen etwas anderen Charakter trägt eine Coca-Cola-Anzeige in der vom OKW herausgegebenen Zeitschrift *Die Wehrmacht* aus der zweiten Oktoberhälfte 1938, in welcher die Besetzung des Sudetengebietes gefeiert wird. Vor einer Weltkarte hält eine Hand die Coca-Cola-Flasche in die Höhe: »... Ja! Coca-Cola hat Weltruf«, der Text daneben betont, daß von den 40 Millionen Kraftfahrern aus allen Erdteilen »in ständig steigendem Maße höchste Aufmerksamkeit und schärfste Anspannung aller Sinne verlangt« würden, sie schätzten daher die »erfrischende Pause mit Coca-Cola eiskalt.« Die Anzeige, die an den deutschen Soldaten appellierte, vermischte weltoffene und technologisch-sportliche Elemente, die von Anfang an in erfolgreicher Konkurrenz zu den völkisch-nationalen Idealen standen und die Mehrheit anlockten.

Es ist für den Zustand unseres Bewußtseins bezeichnend, daß wir Coca-Cola ausschließlich mit dem westdeutschen Wirtschaftswunder identifizieren, obgleich die 1929 in Essen gegründete Gesellschaft während der Rüstungskonjunktur eine starke Expansion erfuhr (Abb. 15). Die Zahl der Abfüllbetriebe stieg im Dritten Reich von 5 (1934) auf 50 (1939) [105 (1979)], die der Getränkegroßhändler im selben Zeitraum von 120 auf 2000. Coca-Cola richtete bei den Olympischen Spielen 1936 in Berlin einen Erfrischungsdienst ein, 1937 betreute die Gesellschaft die Deutschland-Rundfahrt der Radfahrer. Auf der Reichsausstellung »Schaffendes Volk« in Düsseldorf hatte die Organisation eine »komplette, dem neuesten Stand der Technik entsprechende Getränkefabrik« errichtet, »die vor aller Augen Coca-Cola abfüllte und mit ihrer Produktion dazu beitrug, die durstigen Besucher zu erfrischen.«[21] Eine Coca-Cola Verkäuferschule, aber auch eine Dauerreklame am Berliner Sportpalast und die für Kinos hergestellte »tönende Bildschau« machten das Getränk rasch populär. Die 1979 zum fünfzigjährigen Jubiläum herausgegebene Firmenschrift weist darauf hin, daß sich der »ungewöhnliche Erfolg der Coca-Cola Organisation für die ganze Branche positiv« ausgewirkt habe, der Markt für Erfrischungsgetränke sei im Dritten Reich erheblich ausgeweitet worden (12). 1940-1942 war wegen der Rohstoffsituation die Herstellung von Coca-Cola nur noch in beschränktem Maß möglich, die Werbung wurde gedrosselt.[22] Als 1947 eine Befragung nach den bekanntesten Markenartikeln durchgeführt wurde, stand Coca-Cola bei den alkoholfreien Erfrischungsgetränken im Bewußtsein der Befragten weitaus an der Spitze, »obgleich das Produkt fünf Jahre lang überhaupt nicht mehr [...] auf dem Markt gewesen war« (14). Bei dem zweiten Start von 1949 warb man folgerichtig an vielen Stellen in Deutschland mit dem Slogan »Coca-Cola ist wieder da!« (15).

Während die Präsenz von Coca-Cola im Dritten Reich nahezu vergessen wurde, verbindet unser Bewußtsein den Volkswagen als weiteres Symbol des westdeutschen Wirtschaftswunders auch heute noch mit dem Hitler-Staat (Abb. 17). Vermutlich wurde die Erinnerung an ihn deshalb leichter, weil die Nationalsozialisten ihr Versprechen, 1940 mehr als 100 000 Wagen für den Markt zu produzieren (DAZ 346/21. 7. 1939), nicht einhielten. Hitler hatte die Entwicklung des VW selbst eingeleitet und an der Gestaltung persönlich Anteil genommen. Bei der Eröffnung der Internationalen Automobilausstellung 1936 forderte er die Herstellung preiswerter Kraftwagen, denn »das deutsche Volk hat genau dasselbe Bedürfnis wie [. . .] das amerikanische« (BT 79 / 15. 2. 1936). Hitler propagierte die Käfer-Form (»Wie ein Käfer soll er aussehen. Man braucht [. . .] nur die Natur zu betrachten, wie sie mit der Stromlinie fertig wird«)[23] und entwarf Vorschläge für die Karosserie.[24] Die Grundsteinlegung für das Volkswagenwerk erfolgte im Mai 1938 (Abb. 16); die von Porsche entwickelten Prototypen wurden in München und Wien zur Herbstmesse ausgestellt und anschließend in Kolonnen durch mehrere Großstädte gefahren.[25] Das Vertrauen in das NS-Regime war so groß, daß bis November 1940 dreihunderttausend Käufer Sparbriefe erwarben. Von Anfang an hatte Hitler die Motorisierung Deutschlands zum Ziel der nationalsozialistischen Politik erklärt; die Automobilausstellungen wurden in das jährlich wiederkehrende Ritual von Feiern eingegliedert, um vor allem die Jugend an das System zu binden.[26] Sonderzüge und Autobusse brachten Besucher nach Berlin, die Presse druckte ausführliche Foto-Berichte und selbst in Spielzeugläden beherrschten »Rennautos mit Nummern« das Bild, man erkannte in den Schaufenstern »Tanks, Raupenschlepper, Motorräder, Kübelwagen, [. . .] Lastautos« und den »schwarzen Wagen des Führers, naturgetreu nachgeahmt, oft mit leuchtenden Scheinwerfern.« Man könne ohne Übertreibung feststellen, heißt es in einem Rückblick auf die Autoschau 1935, »daß das Auto erst mit dem Führer und durch ihn in Deutschland volkstümlich geworden ist.«[27] Zwar stieg im Dritten Reich die Zahl der Autobesitzer etwas schneller als in Großbritannien, doch ein Vergleich mit den USA zeigt, daß Deutschland noch weit entfernt vom Stadium einer modernen Konsumgesellschaft war.[28] Auch hier sollten allerdings weniger die statistischen Werte als die vom Regime geförderten Erwartungen berücksichtigt werden. Die in mehreren Stufen durchgeführte Preissenkung des Opel P 4 (RM 1650 → 1450)[29] sowie die relativ hohe Produktion anderer Klein- und Mittelklassewagen wie DKW-Reichsklasse (RM 1650), Opel-Kadett (RM 2100 → 1750), DKW-Meisterklasse (RM 2175), Opel-Olympia (RM 2500) und Ford-Eiffel (RM 2500) suggerierten, daß sich die Wirtschaft unter der Führung Hitlers an den Interessen breiter Verbraucherschichten orientierte. Während das Nationalsozialistische Kraftfahrerkorps mit seiner Zeitschrift *Deutsche Kraftpost* (Abb. 19) einen paramilitärischen Eindruck erweckte, bemühte sich der Deutsche Automobilclub um eine intime Atmosphäre und gestaltete sein Organ *Motorwelt* nach amerikanischem Vorbild (Abb. 20). Der Autokult der dreißiger Jahre ist – wie heute – Ausdruck der wachsenden Anziehung, die mechanische, nichtlebendige Artefakte auf den Menschen der Industriegesellschaft ausüben, aber »in einer Welt [. . .] der Unsicherheit« erschien der Motor damals als das »einzig Zuverlässige, exakt Arbeitende, niemals Enttäuschende.« Die Jugend, heißt es in einem der zeitgenössischen Manifeste, habe sich in der Wirtschaftskrise mit der Technik solidarisiert, weil sie »unzweifelhafte, meßbare Erfolge aufweisen konnte.«[30]

Wenn Peter Suhrkamp von der »starken und einfachen Einheit jedes Motors« schwärmte und spekulierte, daß aus dieser Verbindung »für den Menschen so etwas wie Rasse entsteht«[31], dann legte er sowohl über die paramilitärische wie die private Liebe zum Auto einen mythischen, den Menschen aus der Vereinzelung herauslösenden Glanz. Die Werbung sprach von der »Systematischen Unbarmherzigkeit der Opel-Planarbeit« und verschmolz die Technik mit der Gewalt unkontrollierbarer Naturvorgänge: »*Blitzschnell* im Anziehen – in wenigen Sekunden vom Fußgänger-Schritt auf D-Zug-Geschwindigkeit, temperamentvoll am Berge, unbedingt sicher in der Kurve – das ist der Hanomag ›Sturm‹« (Elegante Welt 17 / 1936). Der auf Härte und Sachlichkeit konzentrierte Werbstil nahm Wendungen vorweg, mit denen Göring 1940 die Kriegsstrategie Hitlers charakterisieren sollte: »Blitzschnell ändert der Führer, wo notwendig, Marschdispositionen der Armeen und Divisionen und vereinigt sie dort, wo er den wuchtigen Schlag zu führen gedenkt« (DAZ 243 / 21. 5. 1940). »Eiskalt« und »blitzschnell« kennzeichnen nicht nur Formeln der Coca-Cola- und Automobil-Werbung, sondern auch die seelische Vereisung Hitlers, der selbst beide Attribute gern zur Umschreibung seiner Handlungen benutzte. Diese Materialisation übte auf die Menschen eine große Anziehungskraft aus und gab politischen Ereignissen einen technischen und technischen oft einen politischen Charakter. Am 15. 6. 1933 wurde der »Blitzflugverkehr« mit dem Schnellverkehrsflugzeug He 70 eröffnet, die Flugdauer von Berlin nach Hamburg verkürzte sich auf fünfzig Minuten (BT v. 13. 6. 1933); wenige Tage später kündigte die Presse die erste Probefahrt des »Fliegenden Hamburger« an, der auf der Eisenbahnstrecke Berlin-Köln eine Höchstgeschwindigkeit von 160 Stundenkilometern erreichte. Illustrierte Zeitschriften wurden von Bildberichten über die Rekordjagden der Flieger und Rennfahrer beherrscht. Als Hitler zur Eröffnung der Automobilausstellung 1937 die bekanntesten deutschen Rennfahrer Caracciola, Rosemeyer, Stuck, von Brauchitsch u. a. vor der Reichskanzlei mit ihren Wagen aufstellen und sie »mit heulenden Motoren zur Ausstellungshalle fahren« ließ, konnten sich nur wenige Berliner dieser Faszination entziehen.[32] Die Rennfahrer verkörperten das Abenteuerliche und Elementare ebenso wie die Helden der gegen das ewige Eis kämpfenden Nanga-Parbat-Expeditionen[33] oder die Sahara-Flieger, bei denen es keine Kluft zwischen Herz, Kopf und Körper gab. 1937 notierten die *Deutschland-Berichte,* daß die Jugend nicht von der »Idee des Nationalsozialismus [...] innerlich beseelt« sei, »es ist die Begeisterung für den Sport, für die Technik [...]. Der junge Deutsche will heute nicht mehr Straßenbahnschaffner und Lokomotivführer, er will Flieger werden« (Juni, 843). Bei einer Veränderung des Regimes, z. B. einer Niederlage im Krieg sei »durchaus anzunehmen, daß sich dieser Teil der Jugend ohne besondere innere Komplikationen auf den Boden der neuen Tatsachen stellen würde« (844).

Die Diktatur warb nicht nur mit Sport und Technik, sondern auch mit einem breiten Erholungs- und Fremdenverkehrsangebot. Seit 1933 erklärte der nationalsozialistische Staat, daß Reisen kein Luxus, sondern eine »nationale Pflicht« sei (BT v. 10. 11. 1933) und propagierte den Urlaub als »seelischen Erneuerungsprozeß«[34] mit dem Ergebnis, daß 1937 die deutschen Reisebüros mehr als 10 Millionen Reisen vermittelten (BT v. 31. 12. 1937). Fremdenverkehrsexperten waren außerdem bemüht, »Deutschland mit seinen herrlichen Naturschönheiten« auch für Ausländer zu einem begehrten Reiseland zu machen.[35] Allein 1938 fanden auf deutschem Boden dreiundachtzig internationale Kongresse statt; die Zahl der ausländischen Besucher verdoppelte sich, wobei die Übernachtungsdauer überproportional zunahm (1932: 2 Mill. 267 000 Übernachtungen; 1937: 7 Mill.). Durch die »Ankurbelung des Fremdenverkehrs« erlebten traditionelle Feriengebiete wie die Nord- und Ostseebäder einen beträchtlichen Aufschwung (Abb. 22), durch KdF-Reisen wurden jedoch auch erstmals wirtschaftlich schwache Gebiete wie der Bayerische Wald, die Rhön und die Eifel neu für den Fremdenverkehr erschlossen. Auslandsreisen erfreuten sich – trotz der Devisenbewirtschaftung – einer steigenden Beliebtheit. 1938 sollen 180 000 Deutsche an Kreuzfahrten teilgenommen haben.[36] Nationalsozialistische Organisationen und private Reisebüros konkurrierten mit preisgünstigen Angeboten. So konnte man über den NS-Gauverlag Baden eine Schiffsreise in die Vereinigten Staaten buchen (»Durch den niedrigen Dollarkurs so billig wie noch nie«, Abb. 21) oder sich an KdF-Fahrten nach Skandinavien oder Italien beteiligen. Gleichzeitig boten Hapag Lloyd und die Hamburg-Amerika Linie für den Individual-Touristen Reisen in das Mittelmeer oder nach Nordamerika an. Jeden Donnerstag war es z. B. möglich, von Hamburg aus entweder mit den Schiffen »Hamburg«, »New York«, »Deutschland« oder »Hansa« eine »Erholungs-, Studien- und Besuchsreise« nach New York anzutreten (BT 597/98 v. 19. 12. 1937). Sechs deutsche Schiffe liefen regelmäßig Mallorca an (BT 88 / 21. 2. 1936); Silvesterfahrten nach Madeira und Wintertropenreisen waren beliebte gesellschaftliche Ereignisse (BT 538/39 v. 14. 11. 1937). Wer auf Gemeinschaftserlebnisse nicht verzichten wollte, wurde vom Deutschen Automobilclub aufgefordert, über seine Geschäftsstellen Überseefahrten zu buchen.[37] Ein besonderes Erlebnis versprach die Hamburg-Amerika Linie mit ihrem »Sonnenweg nach den Vereinigten Staaten« (Abb. 24), der den Passagier über Southampton, Cherbourg, Vigo und Habanna nach Miami, New Orleans oder Mexiko brachte.

Mit der »Ankurbelungs-Aktion« mobilisierte Hitler die schon von der Weimarer Republik geweckte »Sehnsucht nach dem Eigenheim« (BZ am Mittag 64 / 15. 3. 1934). Neben dem sozialen Wohnungs- und Siedlungsbau förderte er eine umfangreiche private Bautätigkeit. Die Verlage begleiteten diese Konjunktur mit einer Reihe praktischer[38] oder humorvoller Ratgeber. Edlef Köppen, der 1928 Nationalisten und Konservative mit seinem Roman *Heeresbericht* provoziert hatte, veröffentlichte jetzt ein Buch mit dem Titel *Vier Mauern und ein Dach*. Die Zeichnung auf dem Schutzumschlag (Abb. 25) zeigt ein von der Gartenwildnis halb verschlucktes Haus; der Eigentümer hält sich hinter Sonnendach und

Zeitung vor der Öffentlichkeit verborgen. Sehr schön illustrierte Karl Arnold für Felix Riemkastens *Wir bauen uns ein Haus, juchhei!* (1935) diese idyllische Grundhaltung (Abb. 26). Enten und Hühner, ein Baby in einem Kinderwagen mit nach oben gereckten Händchen, dahinter das eigene Dach, über welches die Sonne ihre Strahlen schickt, markieren die erträumte Welt. Eine ähnliche Atmosphäre vermittelt ein Standphoto aus Werner Hochbaums Film *Drei Unteroffiziere* von 1939 (Abb. 28). Die Verbindung zwischen dem Paar wird weniger durch Blicke, als durch das Sonderheft der Zeitschrift *Bauwelt* gestiftet, das mit »Einfamilienhäusern im Preis von 10 000 bis 24 000 Mark« das von Karl Arnold gezeichnete »Glück« dem Betrachter lockend vor Augen stellt. Der für das Dritte Reich charakteristische Rückzug in die Familie oder das eigene Haus war von Anfang an mit einem großen Interesse an neuartigen »amerikanischen« Haushaltsgeräten und Zerstreuungsgütern verbunden. Hitler selbst gab im Februar 1938 bei der Eröffnung der Automobilausstellung, auf der die Produktion des Volkswagens angekündigt wurde, das Signal zur Herstellung »zusätzlicher Konsumgüter«, die Einbeziehung aller Deutschen in den nationalen Produktionsprozeß sei abgeschlossen, jetzt käme es auf die fortgesetzte Verbesserung der Methoden an, um Arbeitskräfte für »zusätzliche Produkte« freizusetzen. Obgleich Hitler vermutlich auch an die Erhöhung des Rüstungsausstoßes dachte, sprach er ausschließlich vom »gesteigerten Volkseinkommen«, das eine entsprechend höhere Auswertung in Waren- und Gebrauchsgütern zur Folge habe, denn »was das Leben für alle Menschen immer schöner sein läßt, sind die Ergebnisse der Arbeit dieses Lebens« (BT 83/84 v. 19. 2. 1938). Schon in der ersten Hälfte der Rüstungskonjunktur hatte die »Gemeinschaft für Arbeitsbeschaffung im Elektrogewerbe« einen »Elektro-Angriff« auf die Hausfrau unternommen und den Wunsch nach einem Elektro-Herd zu wecken versucht (Abb. 23); nunmehr produzierte Siemens in großem Umfang elektrische Kaffeemaschinen, Grillgeräte, Küchenmotoren, Warmwasserspeicher, Wasch- und Bohnermaschinen.[39] In einer Schriftenreihe für die Hausfrau wurde die nationalsozialistische Parole »Sei deutsch« in *Sei praktisch* umgewandelt, denn es gelte »in den Tagen der fortschrittlichen Technik, des Sportes und der Körper- und Geisteskultur« der deutschen Frau die »Aufgaben und Pflichten der Haushaltsführung zu vereinfachen.«[40] Während Geschirrspülmaschinen nur einen kleinen Abnehmerkreis fanden (BT 106 / 4. 3. 1937), konnte die Industrie in einer Anzeigen-Reihe stolz darauf hinweisen, daß allein im ersten Halbjahr 1938 500 000 Elektro-Kühlschränke abgesetzt werden konnten (BT 321/322 v. 10. 7. 1938). Ab Oktober 1938 wurde der Fernseh-Rundfunk vom Reichspostmeister für die Allgemeinheit freigegeben; erste Geräte ermöglichten es, nicht mehr in Gemeinschaftsräumen, sondern zu Hause das Programm zu empfangen (BT 367 / 6. 8. 1938). In Parallele zum Volkswagenprojekt kündigte das Regime im Sommer 1939 die Produktion von 10 000 Einheits-Fernsehern an[41], die Herstellung wurde jedoch durch den Krieg verzögert und – in geänderter Ausführung – erst 1952 wiederaufgenommen. In erstaunlichem Maß expandierte in den letzten Friedensjahren die Freizeitindustrie. Die »schußbereite Leica« (Abb. 31) gehörte bald zu jedem Haushalt; man produzierte Faltboote mit und ohne Außenbordmotor[42], Wohnwagen (Abb. 27), Zelte und Campingzubehör bis zum »praktischen Picknick-Koffer mit übersichtlicher Einteilung, unzerbrechlichem Geschirr und rostfreien Bestecken« (Elegante Welt 15 / 24. 7. 1936). Einen bedeutsamen Auftrieb erhielt die deutsche »Autozelt- und Wohnwagenbewegung« durch das Welttreffen der »Internationalen Federation of Camping Clubs« 1937 in Wiesbaden-Biebrich, an dem 3000 Personen teilnahmen[43], 1938 erschien der erste *Zeltplatznachweis* des deutschen Automobilclubs, ein Jahr später kam eine neue Ausgabe heraus, »vermehrt [. . .] durch Hinzunahme zahlreicher neuer Kraftfahrer-Zeltplätze in der deutschen Ostmark, im Sudetenland wie auch im Altreich.«[44] Die Campingwelle brachte den Wunsch vieler Menschen zum Ausdruck, sich nicht nur von der Masse, sondern auch von der Verantwortung für den nächsten zurückzuziehen. »Niemand tritt mir zu nahe«, heißt es in einem zeitgenössischen Ratgeber. »Ich kann essen, was mir schmeckt und Spaß macht, kann nach dem Essen mich einfach hinunterkullern lassen, um mich Baum und Busch und Wasser, und nicht der Zivilisationsabfall anderer Leute. Und wenn man mich einen hoffnungslosen Materialisten schimpft, wenn schon.«[45] Ein aufschlußreiches Beispiel für diesen Rückzug bietet das Buch *Paradies auf Rädern* (1939). Der Schutzumschlag (Abb. 29) drückt in trivialisierter Weise – jenseits der völkischen Ideologie – das zwiespältige Lebensgefühl aus. Der Wohnwagen repräsentiert die moderne Freizeitindustrie, die jedoch durch biblische Elemente (Adam, Eva, Apfelbaum) sowie durch griechische (Hirtenflöte) und nordische Bildvorstellungen (Eichenblatt, Tanne, Hirsche) in einen mythischen Bezirk gerückt wird. Der Klappentext entwirft das Bild angeblicher Freiheit: »Wir leben wo und wie wir wollen, und niemand redet uns drein. Wahrhaftig ein Paradies! Verschlossen noch für viele. Aber der Schlüssel liegt bereit, wir brauchen ihn nur aufzuheben . . .« Die am Vorabend des Krieges durch den Wohnwagen versprochene Unabhängigkeit bekommt durch die Nacktheit der Frau eine erotisch-lockende Perspektive. In dieser Haltung, mit Hilfe der Technologie »elementare Ereignisse« – angeblich frei – auszukosten, äußert sich ein gemeinsames Grundgefühl der dreißiger Jahre, das auch die öffentliche Sphäre kennzeichnet; die so oft beobachtete Gespaltenheit wirkt – auf dieser biologischen Ebene – wie aufgehoben.

Erotisch gaben sich die Menschen im Dritten Reich »sehr freimütig, großzügig und unbürgerlich. Die Nacktheit war in keiner Weise tabu.«[46] Doch diese Einstellung war in nationalsozialistischen Kreisen nicht unumstritten. 1936 mußte sich Goebbels gegen den Vorwurf verteidigen, einige der von der Zensur freigegebenen Filme verletzten das Schamgefühl: »Wir leben nicht in einem Franziskanerkloster; eine gesunde Zeit nimmt auch eine gesunde Stellung zu delikateren Problemen ein« (BT 563 / 27. 11. 1936). Gegen das »Muckertum« wurde vor allem zur Karnevalszeit heftig polemisiert. Eine »Nacht ohne Mucker«

im Berliner Haus der Presse zeigte »eine riesengroße Figur des Übermoralinisten, eine waschechte Hafenstraße, im Keller eine Venusgrotte mit schwenkbarem Feigenblatt [...] und Nacktheit in Hülle und Fülle« (Berliner Morgenpost 44 / 20. 2. 1936).[47] In den *Deutschland-Berichten* heißt es 1937, daß die Münchner KdF-Faschingsveranstaltungen (Abb. 30) die traditionellen Schwabinger Künstlerfeste seit langem übertroffen hätten, »selbst Leute aus besseren Gesellschaftskreisen besuchen heute die KdF-Bälle, weil dort jeder auf seine Rechnung kam, der einmal die Schranken konventionellen Lebens überspringen wollte« (März, 300). Auch auf KdF-Kreuzfahrten soll die »Erotik wahre Triumphe« gefeiert haben (Juli 1936, 882). Zwar lehnten die Nationalsozialisten erotisches Raffinement ab, doch Ley forderte, daß sich die deutsche Frau »noch mehr in Schönheitspflege üben« müsse (DAZ 346 / 21. 7. 1939). In dem 1938 gegründeten und infolge des Krieges nur ansatzhaft verwirklichten BdM-Werk »Glaube und Schönheit« wurden 18-21jährige Mädchen in Kosmetik und modernem Gesellschaftstanz ausgebildet, sie sollten reiten lernen, Tennisspielen und »im müßigen Sonnenbad der Schönheit ihres Körpers huldigen.«[48] Die Deutsche Arbeitsfront richtete Kosmetik-Kurse ein, in Heften wie *Sei schön und gepflegt* propagierte das Dritte Reich Augen-Make-up, Pudertönung, Haar-Färbung und ließ 1939 nicht blond, sondern »goldbraun« zur »großen Mode« werden (DAZ / 27. 3. 1939). Ähnlich wie in den Vereinigten Staaten[49] warb man allerdings für eine »natürliche Kosmetik«[50]. Die Bademode zeigte sich »nicht mehr so bunt wie vor wenigen Jahren«, weinrote, marineblaue und goldfarbene Modelle bestimmten das Bild, eine besondere Neuerung brachte die »Sonnenschnur«, die es ermöglichte, »breiten Achselträger herunterzulassen, damit die Sonne ganze Arbeit leisten« könne (Wahre Geschichten 6/1937). Auch der Mann legte Wert darauf, durch »regelmäßige Zahn- und Mundspülung [...] in Form« zu sein.[51] Auch wenn ihn der »Organisierte Wille der Nation« (Abb. 34) abstieß, fühlte er sich durch den sportlichen Optimismus der Rotbart-Werbung bestätigt (Abb. 33) und achtete darauf, daß seine Haut durch Nivea-Creme »gut gerüstet« blieb. Die drei auf dem Titelblatt der *Koralle* ineinanderverschlungenen Mädchen, die mit dem Ausruf »Endlich, endlich!« am Strand dem anbrechenden Sommer entgegenliefen (Abb. 32), versinnbildlichen eine kollektive Lebensfreude, die das Magazin im Untertitel neben »Unterhaltung« und »Wissen« zu wecken versprach. Daß dieses Gefühl auch noch in der ersten Hälfte der fünfziger Jahre anzutreffen war, zeigt das Kosmos-Sammelalbum *Anmut und Schönheit*.[52] Die Frauen präsentieren sich nachwievor in »gebändigtem Übermut« (76). Über der Zeile »Neptun küßt ihre Füße ...« mußte in das leere Feld ein Foto mit einem in der Brandung watenden Mädchen eingeklebt werden (113). Bildtitel wie »Die Nixe auf dem Trockenen« (130), »Eine lächelnde Venus von klassischen Formen« (161) und »Eine Strandsirene« (185) verraten den mythologischen Filter, unter dem sich die »frauliche Anmut« zeigte. Eine ähnlich theatralische Erotik findet sich in dem Gedicht *Die Wellen* von Marie Luise Kaschnitz, das 1935 den Lyrikpreis der *Dame* erhielt:

»Von vielen Wogen ward ich überrannt, / Vom Prall gelähmt, vom Speer des Lichts geblendet [...]«.[53] Im Zusammenhang mit einer derartigen Materialisation setzte sich im Dritten Reich die gewandelte Einstellung zum Geschlechtsleben fort, die in der jungen Generation der Weimarer Republik zum Durchbruch gekommen war. »Die Sexualität«, erklärte Frank Matzke 1930, »ist uns nichts Verbotenes mehr, nichts Heimlich-Sündig-Reizvolles, sondern natürlich, selbstverständlich.«[54] Allerdings hatte auch schon bei Matzke die Frau eine klassizistische Fassung erhalten. Der Typ von heute sei der »Kamerad«; obgleich das Mädchen wie der Mann die »Zufälle des Lebens« erfahren habe, lodere in ihr die Liebe in einer klaren, gleichmäßig brennenden Flamme. »Man sehe nur ein äußeres Zeichen: auf der sonnenbraunen Haut ihres Gesichts den unerläßlich gewordenen Puder: die moderne Herbheit und das ›Ewigweibliche‹« (172). Diese Zwiespältigkeit wird auch durch eine Reihe von Selbstaussagen junger Frauen bestätigt. Einerseits waren sie stolz darauf, »wunderbare Pfannkuchen« zu backen, Pullover zu stricken und Slalomläufe zu gewinnen, andererseits fühlten sie sich von Eichendorff, Mörike und Kleists *Prinz von Homburg* angezogen und liebten »das Gebirge im Schnee, die Wintersonne und den klaren Himmel«. Die Formel »Wir sind nicht sachlich – aber auch nicht voll falscher Romantik« gehörte bald zum Standard-Repertoire privater und öffentlicher Bekenntnisse.[55]

Die Ideologie-Forschung hat bislang die völkisch-nationalen Bestandteile des nationalsozialistischen Gedankenkonglomerats überproportioniert dargestellt. In Wirklichkeit wurden sie – selbst noch im Krieg – von vagen Europa-Ideen überflutet. Ähnlich wie die Adenauer-Zeit setzte sich das Dritte Reich für die »Einheit Europas« ein (BT 147/ 28. 3. 1937) und erhob den Anspruch, die abendländische Kultur als Bollwerk gegenüber dem Bolschewismus zu verteidigen. Europa-Idee und antisowjetische Propaganda verfestigten sich schon damals zum Stereotyp. Während des Zweiten Weltkrieges wurde der Hitler-Staat nicht müde, immer wieder zu behaupten, er kämpfe für »Europas Freiheit und das Ende seiner vielen Bruderkriege« (Signal 2/1944); die in diesem Zusammenhang betonte kulturelle Autonomie der besetzten west- und nordeuropäischen Mächte konnte sich auf das nationalsozialistische Programm berufen, keinerlei »weltanschauliche Fronten gegen andere gesunde Völker aufzurichten.«[56] Folgerichtig kam es 1933-1939 zu zahlreichen staatlich geförderten Auslandskontakten, auf denen wie bei dem deutsch-englischen Gespräch in Oxford (Die Tat 29/ Aug. 1937) oder der Konferenz deutscher und französischer Lehrer über die »Entgiftung von Schulbüchern« (Nationalsozialistische Erziehung vom 8. 5. 1937) durchaus konträre Standpunkte vorgetragen wurden. Ein spektakuläres Echo fand Baldur von Schirachs Vorschlag, tausend französische Kriegsteilnehmersöhne für Sommer 1938 nach Deutschland einzuladen (BT 510/11 v. 29. 10. 1937). Außerdem gab es Lager, in denen deutsche und ausländische Jugendliche gemeinsam ihre Ferien verbrachten (Wille und Macht 6/1938). Neben der HJ knüpften vor allem Universitäten und Schulen Auslandskontakte. Die Universität Heidelberg veranstaltete zusammen mit angelsächsischen Wissenschaftlern einen Ferienkurs über »Das moderne England« (Die neueren Sprachen 43/1935) und die Universitäten Marburg und Paris vereinbarten einen Studenten- und Dozentenaustausch (Die neueren Sprachen 44/1936). Bemerkenswert ist, daß noch 1937 der Anteil deutscher Studenten an Hochschulen in Großbritannien mit 416 die Teilnehmerzahl der anderen Länder Europas weit übertraf (Die neueren Sprachen 45/1937). 1935 gründeten die Behörden eine »Zentralstelle für deutsch-ausländischen Schülerbriefwechsel«, die bis 1937 25 000 Partnerschaften vermittelte (BT 589/90 v. 15. 12. 1937), allein in Berlin erhöhten sich die Schülerreisen ins Ausland von 986 (1928-1932) auf 5370 (1933-1937).[57] Die beliebtesten Gastländer waren Frankreich und England, aber auch die Vereinigten Staaten bezog man verstärkt in den Austausch ein. 1938 wurde Amerikakunde fester Bestandteil des Englischunterrichts (Die neueren Sprachen 47/ 1939). Der Erfahrungsbericht einer Schülergruppe aus Hannover, die 1938 nach Baltimore reiste, hebt die »selbstverständliche Unbefangenheit« der amerikanischen Gastgeber-Familien hervor; die Haltung der regionalen Presse sei recht wohlwollend gewesen, erst nach Beendigung des Aufenthalts in Baltimore sei unter der Überschrift »The Nazi Kiddies« ein negativer Leserbrief erschienen.[58] Die deutschen Schüler besuchten auf einer Rundreise u. a. das Schlachtfeld von Gettysburg, die Konservenfabrik Heinz in Pittsburgh, die Detroiter Fordwerke sowie die Niagarafälle und verschiedene Sehenswürdigkeiten in New York wie das Rockefeller Center (162). Anschließend reisten die Kinder der amerikanischen Gastgeberfamilien nach Deutschland. Die Schüler zeigten sich besonders von den Jugendherbergen, der USA-Freundlichkeit und dem Friedenswillen der deutschen Bevölkerung beeindruckt. »There was no war spirit. I don't believe the german people want war; may be Hitler does«, schrieb ein Teilnehmer nach seiner Rückkehr (162). Noch im August 1939 verzeichnete die deutsche Presse Begegnungen mit ausländischen Schülern.[59] Es besteht kein Zweifel, daß diese Berichte die Täuschungsmanöver unterstützten, mit denen Hitler und Goebbels durch Friedensreden bis unmittelbar vor Kriegsausbruch ihre zerstörerischen Absichten verbargen.[60] Dennoch wäre es falsch, in den Auslandskontakten lediglich eine zynische Strategie der Desorientierung zu sehen; die Begegnungen entsprachen offensichtlich auch dem ehrlichen Wunsch vieler Stellen im Reich, durch einen »dauernden Kontakt mit dem Ausland« einen »gewaltsamen Konflikt« zu verhindern[61], die Begegnungen wurden nicht zuletzt dadurch erleichtert, weil »ungezählte [...] Ausländer von gewissen äußeren Erscheinungen des nationalsozialistischen Deutschland fasziniert waren.«[62] Auf der anderen Seite sind – sieht man von der Stimmung in den Großstädten zur Zeit der Luftangriffe ab – im Dritten Reich kaum feindselige Gefühle gegen die west- und nordeuropäischen Nationen zu beobachten. Noch im Krieg bemühten sich deutsche Soldaten im besetzten Frankreich um ein korrektes und höfliches Auftreten, »in der Metro boten sie ihren Platz alten Frauen an, ließen sich gerne von Kindern rühren und tätschelten ihnen die Wange.«[63] Sartre bezeichnete das deutsch-französische Verhältnis zur Zeit der Okkupation als eine Art »schamvoller und undefinierbarer Solidarität« (41).

Nach 1945 wurde der Anschein erweckt, die Alliierten hätten den Krieg aus moralischem Protest gegen Unterdrückung und Terror des NS-Regimes geführt. Doch die hitlerfreundliche Stimmung der Westmächte erlosch erst, als das System ihre wirtschaftlichen und politischen Positionen militärisch bedrohte. Für die Stabilität der Diktatur war es zunächst nicht nötig, sich vom westlichen Ausland hermetisch abzusperren. Der in einem anderen Zusammenhang erörterte bedeutende Anteil von Übersetzungen am deutschen Buchmarkt der Vorkriegsjahre (S. 12 ff.) findet in der großzügigen Einstellung des Regimes zu ausländischen Informationsorganen seine Entsprechung. So konnte man bis September 1939 in Deutschland – mit Ausnahme sozialistischer und kommunistischer Blätter – fast alle ausländischen Zeitungen kaufen. In größeren Städten gab es Händler, die vor allem auf amerikanische und englische Zeitungen und Zeitschriften spezialisiert waren.[64] In Cafés[65] und selbst in staatlichen Einrichtungen wie der Unteroffiziers-Schule in Eiche bei Potsdam war es üblich, westeuropäische und amerikanische Tageszeitungen auszuhängen (DB Juli 1938, 695). Zwar indizierten die Polizeipräsidien einzelne Nummern mit »deutschfeindlichen Artikeln« und führten Verbotslisten, doch erst 1938/39 mit der Verschärfung der englisch-deutschen Pressekampagne häuften sich die Beschlagnahmen.[66] Es überrascht daher nicht, daß alle Rundfunkzeitschriften im Dritten Reich bis Kriegsbeginn regelmäßig ausländische Programme abdruckten. Die *Deutsche Radio-Illustrierte* (Auflage: über 1 Mill.) brachte 1937 neben den elf deutschen Sendern die Programme von dreißig Stationen aus Großbritannien, Frankreich, der Schweiz, Italien, Österreich, der Tschechoslowakei, Ungarn, Rumänien, Polen, dem Baltikum und den skandinavischen Ländern. Allgemein war es noch 1939 üblich, daß die Zeitschriften mit ihrem »großen Europaprogramm« warben und sich in der Anzahl der Stationen zu übertreffen suchten. Das in der *Deutschen Radio-Illustrierte* fehlende Programm von »London National« fand man u. a. in *Berlin hört und sieht* (Auflage: über 1 Mill.) oder in der *Europa-Stunde* (Auflage: 230 000), die mit sechzig außerdeutschen Stationen das attraktivste Angebot vermittelte. Zusätzlich druckte die *Europa-Stunde* regelmäßig Sendertabellen ab, welche die Frequenzen von achtzig weiteren Programmen bekannt gaben. Eine wachsende Förderung erfuhr der internationale Programmaustausch, vor allem mit den Vereinigten Staaten. Die Menschen wollten wissen, »worüber man in Amerika spricht, [...] wie man dort arbeitet und sich vergnügt.« Ziel des Austausches, heißt es in einem zeitgenössischen Kommentar, sei ein Verstehen der anderen Lebensweise, »damit wir unsere Heimat um so bewußter lieben lernen.«[67] Zur Rundfunkausstellung 1937 brachte die Firma Blaupunkt »für den verwöhnten kritischen Hörer« einen Übersee-Empfänger heraus. In einer Anzeigen-Serie hebt sich aus dem Gerät die Gestalt der Freiheitsstatue (Abb. 35), der Slogan »Hier

Amerika!« verspricht die Nähe der neuen Welt, die auch im Staat Hitlers das Denken und Fühlen der Mehrheit bewegte.

In den Friedensjahren erschien eine Fülle amerikakundlicher Bücher, die ein zumeist wohlwollendes und z. T. verklärendes Bild entwarfen.[68] Einige Autoren sahen in den Vereinigten Staaten ein Land, das nach der Wirtschaftskrise durch die »Roosevelt-Revolution« ähnlich wie das Deutsche Reich eine »Wendung zur Volksgemeinschaft« versuche, denn die Amerikaner hätten am eigenen Leib erfahren, daß der einzelne *nicht* Meister seines Schicksals« sei.[69] Nationalsozialisten fühlten sich zudem von dem »wagemutigen Tatendrang« der Amerikaner und durch ihre Eroberung des »Goldenen Westens« in ihren Träumen, als »bewaffnete Kolonisten« im Osten neues Land zu erobern, bestätigt. Gegen Dogmatiker, die in der USA-Kultur lediglich eine traditionslose Mixtur sahen, betonte Otto E. Lessing in *Westermanns Monatsheften* die völkische Eigenständigkeit der Amerikaner und grenzte sie gegen die sowjetische ab. Amerikaner, Engländer und Deutsche müßten mit den übrigen »nordischen Völkern« zusammenarbeiten, »um ihre westliche Kultur vor der immer stärker anwachsenden Bedrohung aus dem roten Osten zu retten.«[70] Zwar fehlte es nicht an Stimmen, die schon vor dem Krieg davor warnten, die Reformen des New Deal »unter dem Aspekt eines amerikanischen Faschismus zu sehen«[71] und die starken Bindungen der Vereinigten Staaten an England unterstrichen, doch bestimmend war ein unrealistisches Bild, an dem offensichtlich auch die politische Führung lange Zeit festhielt. Noch zu Beginn der vierziger Jahre war man in Deutschland vielfach überzeugt, »daß die USA trotz aller Sympathien für die europäischen Demokratien neutral bleiben würden« (DB Feb. 1940, 116), zumal die Handelsbeziehungen bis dahin immer noch nicht vollständig abgebrochen waren[72] und Massenbefragungen – wie Elisabeth Noelle [-Neumann] 1940 erläuterte – in den USA eine verbreitete Kriegsmüdigkeit erkennen ließen.[73] Die gegen Kriegsende in Deutschland vielfach geäußerte Hoffnung, die Amerikaner würden sich gemeinsam mit den deutschen Truppen nunmehr gegen die Sowjetunion wenden, ist in diesen Illusionen verwurzelt. Es fällt auf, daß nach der Anti-Roosevelt-Rede Hitlers vom 20. April 1939 die von Goebbels angeordnete Zurückhaltung der Presse gegenüber den Vereinigten Staaten[74] zögernd aufgegeben wurde. Ausgesprochene Hetzschriften wie Giselher Wirsings *Maßloser Kontinent* (1942) oder A. E. Johanns *Land ohne Herz* (1942) sind erst für die Zeit nach der Kriegserklärung (11. 12. 1941) charakteristisch. Noch am 31. 1. 1941 hatte Hitler vermutlich der Wahrheit entsprechend erklärt, daß er keine Interessen auf dem amerikanischen Kontinent verfolge und zahlreiche Deutsche für die Freiheit der Vereinigten Staaten ihr Leben gelassen hätten (DAZ 55/ 1. 2. 1941).

In diesem für die USA bis in die ersten Kriegsjahre hinein relativ freundlichen Klima konnte sich der in der Weimarer Republik zum Durchbruch gekommene Amerikanismus kontinuierlich weiterentwickeln. Die positive Aufnahme, welche die Romane Thomas Wolfes und Faulkners sowie zahlreiche Bestseller wie *Vom*

Winde verweht, Antonio Adverso und *Nordwest Passage* im Hitler-Staat fanden, erhält ein eindrucksvolles Gegenstück in der Begeisterung für Hollywood und die – trotz Verbotsversuche – bis Kriegsende ungebrochen populäre Swing-Musik. Die USA-Filme, die aufgrund langfristiger Handelsverträge mit »Twentieth Century Fox«, »Metro Goldwyn Mayer« und »Paramount« eingeführt wurden, liefen in den Großstädten zum Teil drei bis vier Monate und übertrafen bei weitem den Erfolg aller deutschen Vorkriegsproduktionen[75], sie brachten »auch im Reich [. . .] volle Häuser«[76]; ihr Echo mußte selbst von Nationalsozialisten als »volkstümlich« anerkannt werden.[77] Anders als in der Weimarer Republik war die Einfuhr beschränkt, zumal der Niedergang des deutschen Filmexports (DB Juni 1937, 906) den Devisenausgleich erschwerte, dennoch war es in größeren Städten möglich, bis Mitte 1940 jede Woche einen Hollywood-Film in Originalfassung oder synchronisiert zu sehen; 1939/40 übertrafen allerdings Wiederholungen die Uraufführungen, da es mit Beginn des Krieges immer schwerer wurde, deutsche Filme auf dem nordamerikanischen Markt unterzubringen. Unmittelbar vor Kriegsausbruch zeigten in Berlin die UFA-Lichtspiele am Kurfürstendamm den Paramount-Film *Der große Betrug* mit George Raft; während des Vormarsches auf Paris im Juni 1940 liefen in Berlin u. a. *Mitternachts-Taxe* und *In der Maske des Bruders*. Jürgen Schüddekopf protestierte in seiner Besprechung dieser Filme gegen das »grausige Satyrspiel zur Wochenschau« und forderte ein dem Ernst des Krieges angemessenes Programm (DAZ 276/ 8. 6. 1940). Für den 25. 7. 1940 ist mit dem Musical *Irrwege der Liebe* die letzte amerikanische Produktion in Berlin nachgewiesen. Wenn das NS-Regime in Erfahrung brachte, daß einer der ausländischen Schauspieler oder Regisseure Jude war, wurden die Filme – wie im Fall von Silvia Sidney – sofort von den Programmen abgesetzt.[78] Die Zensur verbot außerdem zumeist künstlerisch anspruchsvolle Wildwest- und Gangster-Filme, dafür gelangten eine Reihe klassischer Komödien nach Deutschland wie Frank Capras *Es geschah in einer Nacht* (»It Happend one Night«), *Der Musterdiener* (»Ruggles of Red Gap«) mit Charles Laughton, *Sehnsucht* mit Marlene Dietrich und Gary Cooper sowie Abenteuer-Filme (*Meuterei auf der Bounty, Bengali, Piraten in Alaska*; Abb. 36). *San Franzisko* und seine spektakulären Erdbebenszenen wurden »der Gesprächsstoff vieler Wochen in Berlin und im Reich« (BT 2/ 2. 1. 1937). Ein ähnlich großes Echo fanden die Musicals *Broadway Melodie, Gehn wir bummeln, Zum Tanzen geboren, Maienzeit* u. v. a. Das Publikum reagierte auf diese Filme oft mit Szenenapplaus, die Kritik beobachtete bei den Zuschauern ein »Gefühl innerer Befreiung« (BT v. 25. 7. 1937); man war »restlos und primitiv glücklich«, heißt es noch im August 1939 in einer Besprechung, »Gangster der Ästhetik strömten den Kurfürstendamm entlang« (DAZ 385/ 13. 8. 1939). Die Zuschauer konnten über Buster Keaton ebenso lachen wie über Stan Laurel und Oliver Hardy, die als Dick und Doof außerdem im Januar 1937 zu einem Gastspiel in die Berliner »Scala« eingeladen wurden.[79] »Ein Abend mit Disney-Filmen bedeutet – wann auch immer er stattfindet – ein Weihnachtsgeschenk«, notierte damals das *Berliner Tageblatt* (567/ 30. 11. 1936). Die Mickey Mouse (Abb. 37) wurde im Dritten Reich nicht nur durch Filme[80], sondern auch durch Schallplatten[81] und Bücher[82] bekannt; ihre Popularität war so groß, daß sie im Zweiten Weltkrieg sogar auf dem Wappen eines deutschen Schlachtgeschwaders erschien (Abb. 38). Neben Walt Disneys *Silly Symphonies* fanden auch die Serien *Pop der Seemann* (»Popeye«) und *Betty Boop* von Dave und Max Fleischer ein begeistertes Publikum.

Nachwievor wurden auch ausländische Schauspieler in den Star-Kult miteinbezogen. Berliner Filmtheater wie die »Kamera«, Unter den Linden, veranstalteten Clark Gable-, Joan Crawford- oder Greta-Garbo-Wochen. Im Dritten Reich erschienen Zeitschriften wie u. a. *Die Koralle* (Auflage: 425 000; Abb. 39), *Deutsche Familien-Illustrierte* (Auflage: 145 000), *Das Magazin* (Auflage: 98 000; Abb. 40, 44), *Wahre Geschichten* (Auflage: 150 000; Abb. 41) und *Stern*, die bis 1938/39 neben Hitler-Bildern und Fotos deutscher Schauspieler immer wieder Porträts amerikanischer Stars auf den Titelseiten brachten[83] und ihren Beliebtheitsgrad diskutierten (Die Koralle 36/ 11. 9. 1938). Die *Wahren Geschichten* vermittelten in einem *Film-Briefkasten* auf Wunsch der Leser Autogrammanschriften und wiesen darauf hin, daß »bei Autogrammbitten ins Ausland ein internationaler Postschein beizulegen« ist (4/ April 1934); ähnliche Auskunftsmöglichkeiten finden sich noch 1938 in der *Deutschen Familien-Illustrierten* (»Die Welt des Films in Frage und Antwort«) und in der *Filmwelt* (»Fragen, die uns erreichen«). Der *Stern* veröffentlichte eine Rangliste von »Hollywooder ›Größen‹« und gab in einer Tabelle u. a. von Katherine Hepburn, Greta Garbo, Myrna Loy, Claudette Colbert, Sylvia Sidney und Joan Crawford Größe und Körpergewicht an (13. 12. 1938). Unter dem Stichwort *Kennwort Ähnlichkeit* startete dieselbe Zeitschrift ein Preisausschreiben, das diejenigen Leser suchte, »die einem Star ›wie aus dem Gesicht geschnitten sind‹«. Als Double von Greta Garbo brachte der *Stern* das Foto einer Berliner Sekretärin und als Entsprechung zu Robert Taylor das Bild eines kaufmännischen Angestellten (11. 10. 1938). Wolfgang Ebert erinnerte sich, daß das Berliner Boulevard-Blatt *BZ am Mittag* (Auflage: 220 000) noch lange im Dritten Reich seinen amerikanischen Charakter behielt. Meldungen und Kommentare lockerte die Redaktion durch Standphotos aus Filmen auch ausländischer Produktionen auf.[84] Die meisten Hollywood-Stars mieden auf ihren Europa-Reisen Deutschland, doch wenn sie wie Robert Taylor (BT 557/58 v. 26. 11. 1937) oder Wallace Beery (141/42 v. 25. 3. 1938) dennoch kamen, zeigten sie sich von ihrer »großen Popularität« überrascht und beeindruckt.[85] Interviews und Originalbeiträge wie von Clark Gable[86] waren in der deutschen Presse jedoch äußerst selten. Gleichwohl bemühten sich die Zeitschriften, die Stars aus den USA dem deutschen Leser körperlich näherzubringen, indem z. B. das *Magazin* die Schauspieler durch eine Kamera beim *Weihnachts-Shopping in Hollywood* beobachten ließ (160, Dez. 1937). 1938 veröffentlichte dasselbe Journal ausführliche Porträts von Robert Taylor

(163), Eleonor Powell (164), Charles Laughton (168) und berichtete in seinem *Englischen Filmspiegel* über Ann Todd, Laurence Olivier, Vivien Leigh und die Verfilmung von Edgar Wallace *Der Zinker* (162). Die *Wahren Geschichten* brachten – eingebettet in zahlreiche Berichte über Schicksale aus dem amerikanischen Alltag – Dokumentationen über Jean Harlow (8/1937) und Clark Gable (12/1937). Während Gable zumeist als »Mann der Wirklichkeit« erscheint, »um den ein Hauch frischer Waldluft weht, auch wenn er im Frack leicht und ungezwungen über die Szene läuft« (3), skizzierte man Marlene Dietrich nachwievor als Vamp »in Schwarz, mit langen schwarzen Handschuhen zwischen den ringgeschmückten Fingern«.[87] Ihre Popularität war in Deutschland ungebrochen, so daß das *Deutsche Nachrichtenbüro* Zeitungsmeldungen korrigierte, nach denen die Filmschauspielerin »die amerikanische Staatsangehörigkeit erworben oder sich durch Unterschreiben von Aufrufen bzw. durch Geldspenden für Rotspanien erklärt habe« (BZ am Mittag 277/ 19. 11. 1937). Die *Große Zarin* (»The Scarlett Empress«) wurde in Berlin 1934 »der große Erfolg des Jahres« (BZ am Mittag 239/ 5. 10. 1934). Obgleich der Film *Die spanische Tänzerin* (»The Devil is a Woman«) in den Vereinigten Staaten selbst heftig angegriffen wurde, zeigte man ihn in Deutschland ohne Schnitte der Zensur; Marlene Dietrich erhielt nach ihren einzelnen Chansons Szenenapplaus (BT 304/ 29. 6. 1935). Mit *Sehnsucht* (»Desire«; Drehbuch: Ernst Lubitsch) kam 1936 der letzte Dietrich-Film in Deutschland zur Uraufführung; später wurden nur noch ältere Filme gezeigt wie *Herzen in Flammen* (»Morocco«), *Die blonde Venus, Shanghai-Express* und hin und wieder *Sehnsucht*, der noch Mitte Januar 1939 – allerdings in Originalfassung – in der Berliner »Kamera« zu sehen war. 1935 entfesselten einzelne Presseorgane eine Kampagne gegen den Vamp, der »den Begriff der Frau vollkommen negiert und an seine Stelle die unverhüllte Erotik setzt.«[88] Obgleich man Marlene Dietrich und Joan Crawford deutsche Stars wie Paula Wessely und Marianne Hoppe als »Vertreterinnen der neuen Zeit, gesund an Leib und Seele, lebensfroh und selbstbewußt« gegenüberstellte, gelang es nicht, die Anziehungskraft der raffinierten, »nichtdeutschen« Erotik zu brechen und ihre Verbreitung zu verhindern. Das *Magazin* verteidigte vehement den attackierten Frauentyp, wie die zahlreichen Berichte über Marlene Dietrich zeigen[89] (Abb. 44), aber auch Großaufnahmen von Katherine Hepburn, Adrienne Ames (141/ Mai 1936), Carol Lombard (144/ Aug. 1936; 145/ Sept. 1936), Rochelle Hudson (159/ Nov. 1937), Gloria Grant (160/ Dez. 1937), Anna May Wong, Isa Miranda (160/ Juni 1938).[90] In einer 1936 gestarteten Serie *Solche Bilder wollen wir haben!* polemisierte die Zeitschrift gegen die von den Nationalsozialisten propagierte »hausbackene« Lebensfreude; unter Titeln wie *Die akrobatische Tänzerin Henrietta als Nixe am Waldsee, Wenn Vater in Arbeit geht . . ., Erntezeit* und *Ob mir Frauchen bald mein Futter bringt* wurden kleinformatige Familienfotos zu einem kunstlosen Mosaik zusammengefügt (145/ Sept. 1936).[91]

Die Kritik stand dem amerikanischen Film bis zu seiner kriegsbedingten

Ausschaltung im Sommer 1940 aufgeschlossen und fasziniert gegenüber, nur einzelne Rezensenten nahmen bei Gangsterfilmen Anstoß an der menschlichen Zeichnung der Verbrecher (BT 436/ 37 v. 16. 9. 1937) und lehnten den »ungebundenen Freiheitsbegriff« ab (DAZ 502/ 20. 10. 1939). Auf der anderen Seite bewunderte Erich Pfeiffer-Belli an dem Film *Zum Tanzen geboren* (»Born To Dance«, Musik: Cole Porter) »wie populär, wie beliebt und selbstsicher muß Amerikas Marine sein, daß sie auf so herzhafte Weise verulkt werden kann« (BT 605/ 22. 12. 1936). Wenn Willy Kramp in den Menschen des US-Films lediglich aufziehbare und künstliche Figuren sah[92], dann war er mit seiner Meinung isoliert. Das Presse-Echo auf die »Girls, Stepptänzer und Jazzsänger« aus *Broadway-Melodie, Broadway-Melodie 1938, Gehn wir bummeln* (»On The Avenue«, Musik: Irving Berlin) u. a. war meist enthusiastisch; man fühlte sich von der »Lockerheit und Leichtigkeit« angezogen (BT 97/ 26. 2. 1936), der Witz sei »in jeder Situation menschlich« und nicht krampfhaft-effektvoll (BT 173/ 13. 4. 1938) und betonte, daß durch Potenzierung, Karikatur und Tempo trotz der vielen Unwahrscheinlichkeiten eine »starke Vitalität« erzeugt würde.[93] Auch in Deutschland genoß vor allem die junge Generation die Konstruktionen dieser Komödien wie den »Aufbau einer klassischen Sonate«[94] und rühmte das »robuste Selbstbewußtsein« (DAZ 476/ 5. 10. 1939) und »ein ganz bestimmtes, primitives Lebensgefühl«[95], welche die Amerikaner nicht zu einer Unterwerfung unter die filmische Technik, sondern zur freien Handhabung der Mittel gebracht hätten. Hermann Christian Mettin bekannte freimütig: »Während es dem deutschen Film [. . .] nur gelingt, einige einzelne große schauspielerische Leistungen filmisch aufgefaßt herauszubringen, ist der gute amerikanische Film als ganzes ein Kunstwerk.«[93] Zum Abschluß seiner Kritik über *San Franzisko* forderte Pfeiffer-Belli, »systematisch zu lernen, nicht mit dem Ziel, Amerika zu übertreffen, aber mit der Absicht, auf deutschem Boden im Rahmen des Möglichen ähnlich vollendete Filme herzustellen« (BT 2/ 2. 1. 1937). Während des Zweiten Weltkrieges versuchte Goebbels, den europäischen Film – unabhängig von Amerika – auf ein neues Niveau zu heben.[96] Doch diese Bemühungen scheiterten. Nach der Vorführung des US-Films *Swaney River* lobte Goebbels in seinem Tagebuch am 3. 5. 1942 den Mut der Amerikaner: »Wir sind demgegenüber zuviel mit Tradition und Pietät belastet. Wir scheuen uns, unser Kulturgut in ein modernes Gewand einzuhüllen, und es bleibt deshalb historisch und museal.«[97]

Durch den Hollywood-Film traten die Vereinigten Staaten intensiv in das Leben des Dritten Reiches ein. Die Musicals und Komödien ermöglichten für viele junge Menschen eine erste Begegnung mit der von Nationalsozialisten als »Niggerei und jüdische Frivolität«[98] verurteilten Jazz- und Swingmusik. Negro-Spirituals wie *Old Man River, St. Louis Blues* – vom Hal-Johnson-Chor in *Mississippi Melodie* (»Banjo on my Knee«) gesungen – oder Sophie Tuckers *Some of these Days* (aus »Broadway Melodie 1938«) bewegten die Jugend ebenso leidenschaftlich wie Louis Armstrong, der in dem Film *Mal oben – mal unten* (»Swing High –

Swing Low«) aus der Trompete Fred McMurrays zu hören war. Obgleich Horst H. Lange schon 1966 in seinem Buch *Jazz in Deutschland* eine umfangreiche Darstellung der Swing-Bewegung im Dritten Reich vorgelegt und durch eine Discographie abgesichert hatte[99], ist die Tatsache bisher nicht nachhaltig ins öffentliche Bewußtsein gedrungen, daß die vom Hitler-Staat bekämpfte Musik eine zähe Widerstandskraft zeigte. Die von Joseph Wulf dokumentierten Verbotsversuche bezog man in das Bild des gleichgeschalteten und durchorganisierten Staates ein, ohne daß ihr appellativer Charakter und die bis Kriegsende vorgetragenen Ermahnungen als offensichtlich wirkungslos reflektiert wurden. Wolfgang Stumme charakterisierte die Situation realistisch, wenn er noch 1944 schrieb: »Die Jazzmusik ist zwar als artfremde Erscheinung häufig erkannt und als solche bezeichnet worden, eine aktive Abwehr auf breiter Front hat aber noch nicht eingesetzt.«[100] Zwar wurde 1935 der »Niggerjazz im Rundfunk« verboten, und es fehlte nicht an Vorstößen von Gauleitern in Pommern (1939) und Sachsen (1943), die das »Spielen aller amerikanisierenden Jazzweisen« zu unterbinden versuchten[101], doch der »Swing-Bazillus« geriet im Dritten Reich zu keiner Zeit unter Kontrolle; ein reguläres Verbot auf Gesetzesbasis hat es nie gegeben. Die Geschichte von Swing und Jazz im Staat Hitlers legt vier charakteristische Elemente der nationalsozialistischen Herrschaft modellartig offen, die – neben der pluralistischen Machtauffächerung – für die uneinheitliche Lebenswirklichkeit verantwortlich zu machen sind: 1. Personalisierte Zensur; 2. Anpassungsfähigkeit an die privatwirtschaftliche Eigendynamik; 3. Sicherung der Macht durch Duldung einer politikfreien Sphäre; 4. Begrenztheit der bürokratischen Kontrolle bei Interessen von Mehrheitsgruppen.

1. *Personalisierte Zensur:* Als im Februar 1937 nach einer elfmonatigen Tournee durch die Vereinigten Staaten die englische Swing-Kapelle Jack Hylton in der »Scala« gastierte, wurde sie von Goebbels als Orchester für den Presseball verpflichtet.[102] Goebbels und Göring tanzten zu den »negroiden Auswüchsen« der zweiundfünfzig Mann starken Kapelle[103], obgleich das Propaganda-Ministerium noch 1934 ein Gastspiel Hyltons scharf angegriffen hatte.[104] Da Hylton 1938 sein Orchester auflöste, verpflichtete die »Scala« als Ersatz für 1939 die BBC-Band unter Henry Hall, der am Schluß seiner Auftritte in Berlin mehrfach den *Lambeth Walk* intonierte (DAZ 58/3. 2. 1939), der in Deutschland verboten war, »weil Winston Churchill ihn nett fand« (Lange 87). Diese von der *Deutschen Allgemeinen Zeitung* seinerzeit negativ vermerkte Demonstration hinderte den Deutschlandsender nicht daran, die Tanzkapelle zwei Wochen später zu einer Sondersendung einzuladen und sie außerdem im Wunschkonzert für das Winterhilfswerk 1938/39 auftreten zu lassen.[105]

2. *Anpassungsfähigkeit an die privatwirtschaftliche Eigendynamik:* Trotz vereinzelter Auftritte ausländischer Tanzkapellen, die u. a. durch den internationalen Programmaustausch bedingt waren, blieb »Niggerjazz [...] im deutschen Rundfunk« ab Herbst 1935 weitgehend ausgeschaltet (BT 484/ 12. 10. 1935;

Lange 72). Im Gegensatz dazu gastierten ausländische Orchester wie Arne Hülphers aus Schweden und zahlreiche neu gegründete deutsche Swingbands wie die von Kurt Hohenberger, Ernst Höllerhagen, Heinz Wehner und Kurt Widmann in den Tanzlokalen aller größeren Städte. Während seit 1936 – verstärkt seit 1938 – das Swingtanzen verboten wurde, konnten Konzerte trotz partieller Behinderungen bis Kriegsende stattfinden. Die Begeisterung für die in den Vereinigten Staaten durch Benny Goodman 1935 zum Durchbruch gekommene Musik ergriff breite Massen, meistens drängten sich wie vor dem Berliner Delphi-Palast »noch Hunderte, die keinen Einlaß fanden.«[106] Eduard Duisberg, der 1937 Jack Hylton in die »Scala« eingeladen hatte, bezeichnete in der *BZ am Mittag* (23/ 27. 1. 1937) die Gegner dieser Musik als »blutleere Ideologen« und wies auf die Synthese des Swing hin, der die urtümliche Expression des Neger-Jazz mit der europäischen Neigung zur Präzision und Geschlossenheit gemischt hätte; in der formbewußten Verschmelzung sah Duisberg zu Recht den »Ausdruck eines Zeitgeistes«. Eine große Bedeutung für den »vehementen Siegeszug des Swing« (Duisberg) in Hitlerdeutschland hatte der Schweizer Teddy Stauffer, der mit seinen *Original Teddies* von Mitte 1936 bis zum Frühjahr 1939 vorwiegend in Berlin spielte (»Femina« Abb. 42, »Delphi«, »Faun«, »Kakadu«), aber auch in Hamburg (»Trocadero«, »Café Heinze«, »Atlantic«), in München und in einigen anderen deutschen Städten auftrat. Stauffer gastierte zwar schon seit 1932 mit einigen Unterbrechungen in Berlin, doch erst durch persönliche Kontakte zum amerikanischen Swing-Jazz – als Kapellmeister auf dem deutschen Kreuzschiff S. S. Reliance kam er 1935/36 mehrmals nach New York[107] – entwickelte er einen eigenen Stil, der in seiner Qualität den besten USA-Bands entsprach[108] und mit Titeln wie *Goody Goody, Good Night Ladies, Cross Patch, There's a Small Hotel* und *A Tisket, A Tasket* in Deutschland zu einem Massenerfolg kam. Die nationalsozialistische Kritik war erstaunt, »daß eine Kapelle sich so gar nicht den Sitten und Gebräuchen anpaßt und allen Verfügungen und Bestimmungen zum Trotz eine Tanzmusik fabriziert, die mit Musik [. . .] absolut nichts zu tun hat.«[109] Daß diese »Sabotage deutscher Kultur« ungehindert möglich war, verdankte der Swing vor allem der Schallplattenindustrie. Allein 1937 nahm Teddy Stauffer für Telefunken neununddreißig Titel auf.[110] Erstaunlich ist, daß nahezu alle wichtigen ausländischen Aufnahmen u. a. von Louis Armstrong, Count Basie, Tommy Dorsey, Duke Ellington, Nat Gonella, Coleman Hawkins, Jimmi Lunceford, Artie Shaw, Fats Waller und dem Casa Loma Orchestra in Deutschland herauskamen; 1939 erschienen sogar noch die neuesten Titel von Glenn Miller und Harry James. Die Präsenz dieser unerwünschten Musik auf dem deutschen Markt wurde durch die kapitalmäßige Verflechtung der verschiedenen Schallplattenmarken aus USA, England und Deutschland erzwungen. Einen guten Überblick über den Matrizenaustausch dieser Firmen bis Herbst 1939 vermittelt Dietrich Schulz-Köhn in seiner 1940 veröffentlichten Königsberger Dissertation.[111] Es gab jedoch immer wieder Versuche der Nationalsozialisten, den Markt von ihren ideologischen Werten aus zu beeinflussen. Als Benny Goodman im Herbst 1937 bei einer »Wohltätigkeitsveranstaltung für die im Spanischen Bürgerkrieg auf republikanischer Seite Kämpfenden mitwirkte«, entdeckte man die jüdische Abkunft des Swing-Musikers und verbot bis Ende des Jahres alle seine in Deutschland vertriebenen Aufnahmen (Lange 86). 1938 veröffentlichte die Lindström AG eine 90 Platten (180 Titel) umfassende Odeon-Swing-Music-Serie; da sich die Reichsmusikkammer nicht in der Lage sah, »Arier und Nichtarier« zu unterscheiden, verhinderte sie die Werbung; Odeon stellte dennoch für den Handel Listen in Matrizenabzug her und gab vor, die Richtigstellung des umstrittenen Begriffs »Swing-Music« an »typischen Plattenbeispielen« ermöglichen zu wollen (Lange 88). Die Tatsache, daß von Harry Roy [Lipman] noch bis Herbst 1939 rund 600 Titel verkauft werden konnten, zeigt, daß trotz des Verbots von Benny Goodman die Verdrängung der »Swing-Juden« vom deutschen Plattenmarkt bis Kriegsausbruch inkonsequent betrieben wurde. Während das Dritte Reich im September 1939 die Verbreitung englischer Aufnahmen stoppte, konnten amerikanische Hotplatten bis zum Sommer 1941 öffentlich verkauft werden, »wenn auch nur auf Kundenbestellung und ohne jedes Vorspielen im Geschäft« (Lange 98). Doch eine nichtlegale Beschaffung dieser »artfremden« Musik blieb auch während der übrigen Kriegsjahre möglich. Da Deutschland die größten Schallplattenfabriken des Kontinents besaß, produzierte der Hitler-Staat bis Ende 1944 für die besetzten und neutralen Länder mehrere Millionen Swing- und Jazzaufnahmen, darunter befanden sich auch neueste amerikanische und englische Titel u. a. von Duke Ellington, Nat Gonella, Benny Goodman, Glenn Miller und Artie Shaw. Zahlreiche dieser Platten wurden in Frankreich, Belgien, Holland, Dänemark und Norwegen von deutschen Soldaten »kofferweise« aufgekauft und während des Urlaubs nach Deutschland zurückgebracht; sie gehörten auf dem Schwarzen Markt zu den begehrtesten Handelsobjekten (Lange 100). Für das Weiterleben der Swing-Musik war ferner von Bedeutung, daß etliche deutsche Schallplattenorchester wie die Big Bands von Willy Berking und Michael Jary sowie die kleineren Gruppen Peter Kreuders, Helmut Zacharias', Teddy Kleindins, Fredie Brocksiepers u. a. unter harmlosen Titeln wie *Karo Sieben, Feuerwerk, Ping-Pong* (Berking/Jary), *Gut gelaunt, Hallo Hella* (Zacharias) oder *Klarinetten-Zauber* (Kleindin) die bekämpfte »heiße« Musik – unbeeindruckt – durchbrechen ließen.[112]

3. *Sicherung der Macht durch Duldung einer politikfreien Sphäre:* Nach der siegreichen Beendigung des Westfeldzuges (22. 6. 1940) bemühte sich das NS-Regime um eine Wiederbelebung der Unterhaltung. Das öffentliche Tanzverbot wurde – mit einigen Pausen – bis zu Beginn des deutschen Angriffs auf die Sowjetunion (22. 6. 1941) aufgehoben. Da viele deutsche Gruppen durch die Einberufung zur Wehrmacht auseinandergebrochen waren, verpflichtete man eine Reihe ausländischer Musiker und Big Bands aus den besetzten und mit dem Dritten Reich verbündeten Ländern. Nach Deutschland kamen u. a. die Belgier Fud Candrix und Jean Omer, Lubo D'Orio aus Bulgarien und der Holländer Ernst

van t'Hoff, die im Stil Tommy Dorseys und Artie Shaws mit »schleppendem Rhythmus und knalligem Einsatz« begeisterten (Lange 114). Selbst Django Reinhardt, der sich als Zigeuner durch die Rassenpolitik des Regimes gefährdet fühlte, drängten offizielle Stellen noch 1942, nicht nur Konzerte in Paris, Nizza, Brüssel und Nordafrika zu geben, sondern auch »eine Tournee durch Deutschland zu machen.«[113] Die ausländischen Orchester waren gehalten, deutsche Tanzmusik zu spielen. Doch in einem Bericht des Reichsjugendamtes vom September 1942 heißt es über die im Berliner Delphi-Palast gastierende Band von Fud Candrix: »In den ersten 14 Tagen spielte die Kapelle auch durchaus anständige Musik, dann aber sei laufend zu beobachten gewesen, wie sich jugendliche Besucher um die Kapelle drängten und immer ungestümer nach amerikanischen Schlagern verlangten, die dann auch angeboten wurden.«[114] Die Swing-Musiker sagten die einzelnen Stücke oft mit deutschen Phantasietiteln an, um die Gestapo zu täuschen, so wurde der *St. Louis Blues* zum *Lied des blauen Ludwig*, *Big Noise of Winnetka* zu *Großer Lärm vom Ku'damm*, *Tiger Rag* zu *Schwarzer Panther* usw. Die meisten ausländischen Bands traten 1941-1942 in Hitlerdeutschland auf; sie konkurrierten mit einer Vielzahl deutscher, heute teilweise unbekannter Tanzorchester, die einen ähnlichen »anglophilen« Stil pflegten. So meldete ein SD-Bericht im April 1942 aus Hamburg, daß die Kapelle Wolff in der Caricata-Bar andere Schlager gespielt hätte, als angesagt wurden. Wolff selbst habe sich mit »seinen Verrenkungen, Grimassen und der häufigen Aufeinanderfolge von Pralltrillern eng an das Vorbild der ausgefallensten amerikanischen Negersänger« gehalten.[115] Auch noch nachdem Goebbels am 18. 2. 1943 im Sportpalast den »Totalen Krieg« angekündigt hatte, wagte das Propagandaministerium nicht, derartige Veranstaltungen ganz zu verbieten. Einigen Tanzorchestern entzog man die Spielerlaubnis und schickte die Musiker in die Rüstungsindustrie oder an die Front, doch gleichzeitig wurden neue Bands aus Angst vor der Stimmung in der Zivilbevölkerung und Wehrmacht gebildet. Nach Aufhebung seines Arbeitsverbots soll Kurt Widmann 1944 einem Freund über die Straße zugerufen haben: »Die entartete Kunst hat doch gesiegt!« (Lange 118). Christa Rotzoll erwähnte noch im Herbst 1944 im *Reich* (Nr. 41/ 8. 10.) ausdrücklich Berliner Lokale »zwischen Schutt [. . .], wo die Rhythmen ausländischer Kapellen zappeln und die jungen Soldaten und Lehrlinge mit ihren Mädchen ein wenig mitzucken.«[116] Eine solche »Insel [. . .] inmitten von Zufall und Verzicht« war das Café Leon am Kurfürstendamm; hier soll – »hinter verpappten Fenstern« – bis Anfang 1945 Lubo D'Orio Swing-Musik gespielt haben.

4. *Begrenztheit der bürokratischen Kontrolle bei Interessen von Mehrheitsgruppen:* Anders als bei der vom Nationalsozialismus angegriffenen modernen Kunst handelte es sich bei Jazz und Swing um ein nicht auf eine Minderheit beschränktes Interessengebiet; die Machtapparaturen hatten es von Anfang an mit einer Massenbewegung zu tun, vor der sie schließlich kapitulieren mußten. Während nationalsozialistische Ideologen nachwievor gegen den »volksfremden

[...] Amerikanismus«[117] polemisierten und die Unvereinbarkeit von »Jazz und Uniform«[118] zum Dogma erhoben, sollten in der Wehrmacht Verwarnungen für Anhänger der »schrägen Musik« nicht mehr ausgesprochen werden, »um den meisten jungen Soldaten ihr bißchen Freude und Zerstreuung zu gönnen« (Lange 103). Auf der anderen Seite entzog sich die Swingbewegung der Kontrolle. Seit 1932 gab es in Berlin den »Melodie-Club«, der in der Redaktion Dietrich Schulz-Köhns Nachrichten drucken ließ, die nicht nur neueste Platten und ihre Bezugsquellen vorstellten, sondern auch über amerikanische Filme und Bücher informierten. Während des Krieges verschickte der Club als Fotokopien *Briefe an die Front;* neben den »kuriosen Anti-Swingtiraden« der Nationalsozialisten brachten sie »Neuigkeiten des Jazz (vom BBC entnommen), Jazzberichte aus den besetzten Gebieten und sogar Discographien« (Lange 101). Repräsentativer als dieser eher akademische Club waren Freundeskreise von Oberschülern und Lehrlingen, die sich seit 1937/38 in zahlreichen Städten als Opposition zur Hitlerjugend locker zusammenschlossen. Die Swing-Musik verschaffte man sich durch Mitschnitte von BBC-Aufnahmen; während des Krieges wurden Zehntausende dieser Tonfolien vor allem an Gymnasien verbreitet; der Gestapo gelang es nicht, durch Razzien diesen illegalen Plattenhandel zu unterbinden. Zu festeren Clubbildungen kam es u. a. in Hamburg (»Eisbahn-Clique«), in Frankfurt (»Harlem-Club«, »OK-Gang-Club«) und in Karlsruhe (»Cic-Cac-Club«). Schon äußerlich versuchten sich die Jugendlichen von ihrer Umgebung abzusetzen. Die männlichen Mitglieder trugen lange, »oft bis zum Rockkragen reichende Haare«, karierte Sakkos, Schuhe mit dicken, hellen Kreppsohlen, auffallende Schals und »als Abzeichen im Knopfloch einen Frackhemdenknopf mit farbigem Stein.«[119] Sie grüßten mit »Swing-Heil« und redeten sich mit »Old-hot-boy« an. Seit 1940 traf sich die Hamburger »Swing-Jugend« nicht mehr nur zu Hausfesten, sondern trat immer auffälliger in Badeanstalten, Eisdielen und bei Vernügungsveranstaltungen in Erscheinung. Als im »Alsterpavillon« dreihundert Jugendliche eine Session veranstalteten, Jitterbug tanzten und eine HJ-Streife verprügelten, forderte Himmler die Einweisung der Teilnehmer in ein Konzentrationslager. An Heydrich schrieb er am 26. 1. 1942: »Nur, wenn wir brutal durchgreifen, werden wir ein gefährliches Umsichgreifen dieser anglophylen [!] Tendenz in einer Zeit, in dem Deutschland um seine Existenz kämpft, vermeiden können.«[120] Obgleich sechzig Mitglieder verhaftet und teilweise mit »Schutzhaft von mehreren Wochen« bestraft wurden, verzeichneten SD-Berichte bereits im April und August 1942 neuerliche Demonstrationen der »Swing-Jugend«: »Die Annahme, durch die [...] staatspolizeilichen Maßnahmen die fraglichen jugendlichen Kreise zur Vernunft gebracht zu haben, hat sich als irrig erwiesen. [...] Die Schockwirkung [...] ist [...] längst aufgehoben.«[121]

Die Geschichte des Swing im Dritten Reich ist nicht nur für die Praxis der nationalsozialistischen Herrschaft und die Weiterkultivierung des Amerikanismus aufschlußreich, sie lenkt den Blick auf eine ausdrücklich gegen die Volksgemeinschaft gerichtete Haltung, mit der viele Menschen auf die staatlichen Appelle und Einschüchterungen reagierten. Die »Swing-Jugend« steht in der Nähe anderer Gruppen, die sich – in oberflächlicher Anknüpfung an die bündische Tradition – als »Edelweißpiraten«, »Freibeuter« oder »Navajos« in Städten des Rhein- und Ruhrgebietes zusammenfanden und bei abendlichen Luftangriffen, in Parks und auf Wochenendfahrten die »Freiheit von allen Bindungen«[122] zu verkörpern suchten. Die zumeist aus der Arbeiterschaft kommenden Jugendlichen trugen karierte Sporthemden, kurze Hosen, weiße Schals und Strümpfe, Fahrtenmesser, Hirschfänger und vielfach auch Schußwaffen; sie sprachen sich mit »Jonny«, »Texas-Jack«, »Alaska-Bill« und »Whisky-Bill« an und sangen Lieder, in denen sich bündische Lagerfeuer-Romantik (»Wenn der Büffel über die Prärie jagt, / und der Cowboy sein Lasso schwingt«) und der Abscheu vor der nationalsozialistischen Volksgemeinschaft auf eigentümliche Weise vermischten (»Was hat das Leben Hitlers zu geben / Wir wollen frei von Hitler sein«).[123] Ähnliche Zusammenschlüsse bildeten in Leipzig die »Meuten« mit zeitweilig eintausendfünfhundert Sympathisanten (»Schlagt die HJ, wo ihr sie trefft!«)[124], in Dresden der »Mob«, in München die »Blasen«; auch in einigen weniger großen Städten wie Erfurt (»Trenker-Bande«) und Landshut (»Ankerbande«) beobachtete die Gestapo verwandte Cliquen[125]; bemerkenswert ist, daß kommunistische oder konfessionelle Ideen nur einen geringen Einfluß besaßen. Dem Staat gelang es weder durch Überwachung noch durch Strafmaßnahmen (Jugenderziehungslager, Sonderschulungen, Wochenendarreste u. a.), den Protest dauerhaft zu unterdrücken; seit August 1940 wurde den Jugendlichen unter achtzehn Jahren der Aufenthalt im Freien bei Einbruch der Dunkelheit sowie der Besuch von Gaststätten, Kinos und Vernügungsstätten ohne Erwachsenenbegleitung verboten, doch selbst diese *Polizeiverordnung zum Schutze der Jugend* ermöglichte keine lückenlose Kontrolle. Bei der »Verwahrlosung« handelt es sich nicht – wie man annehmen könnte – um eine kriegsbedingte »Auflösungserscheinung«; der Krieg verstärkte lediglich ein Verhalten, das sich schon vorher gezeigt hatte. Es fällt auf, daß erste Ansätze zur Bildung »wilder Jugendgruppen« 1936/37[126] zeitlich mit der Zwangsmitgliedschaft zur Hitlerjugend zusammenfallen; eine Ausweitung erfolgte jedoch erst zwei Jahre später, als verschiedene Verwaltungsverordnungen zum Hitlerjugendgesetz die letzten Möglichkeiten, sich dem Beitritt zu entziehen, versperrten.[127] Die *Deutschland-Berichte* erwähnen für Sommer 1938, daß sich »Jugendliche [...] mit allen Mitteln vom Landdienstjahr zu drücken« versuchten und Polizeistreifen »ganze Lastautos voll« aufgegriffener Jungen und Mädchen aus dem Grunewald, dem Tegeler Forst und dem Wannsee-Gebiet nach Berlin zurückbrachten (Dez. 1938, 1393).

Diese Zeugnisse stehen in Gegensatz zu den Vorstellungen von Ordnung und Disziplin, mit denen man noch heute das Dritte Reich identifiziert. Unverändert wirken Stereotype der Nationalsozialisten nach, die mit heftiger Propaganda der

Bevölkerung und dem Ausland das Bild eines »sauberen Reiches« einzureden versuchten. Nach der Machtergreifung leitete die Diktatur eine Reihe spektakulärer Korruptionsprozesse gegen führende Politiker und Funktionäre der Weimarer Republik ein; sie vertuschte damit zynisch die eigene Bestechlichkeit, die durch das rivalisierende Nebeneinander der verschiedenen alten und neuen Machtapparaturen eine für Deutschland bislang unbekannte Wucherung erreichte. Die Menschen registrierten die vielen, schwer zu verheimlichenden Fälle jedoch mit Gleichgültigkeit (DB Nov. 1937, 1599). Denn die Freßgier und Bestechlichkeit Görings, dessen »legale« Einkünfte jährlich 1,25 Mill. RM betrugen, die Sexbesessenheit von Goebbels (»Bock von Babelsberg«) und die Trunksucht Leys[128] sind nicht nur für die Führung des Dritten Reiches charakteristisch, sondern auch für die Lebenswirklichkeit des einzelnen, der in »Argwohn und Verrat« vegetierte, während »Vertrauen, mitmenschliche Liebe, Aufrichtigkeit [...] in dieser beklommenen Moderluft« abstarben.[129] Seinem persönlichen Handeln drohte Gefahr, immer weiter vom moralischen Bewußtsein abzudriften. »Je mehr in den Zeitungen und in den öffentlichen Kundgebungen die Volksgemeinschaft gepriesen« wurde, beobachteten die *Deutschland-Berichte* im September 1938, desto stärker kamen in den Betrieben »Eigennutz, Haß und Neid« zum Durchbruch (984). Denunziationen und die »Korruption im Kleinen« durch Schleichhandel und Handwerker-Bestechung gehörten als feste Bestandteile zum Friedens- und Kriegsalltag. Die persönliche Liebe wurde von vielen durch sexuelle Hemmungslosigkeit ersetzt. In der Hitlerjugend akzeptierten die Führer die »Promiskuität [...] als tatsächlichen Zustand« (DB Aug. 1937, 1070). Vom Reichsparteitag 1936 kehrten neunhundert BdM-Mädchen zwischen fünfzehn und achtzehn Jahren schwanger nach Hause zurück[130], und im ostpreußischen Bezirk Holland soll Ende 1939 bei einer ärztlichen Reihenuntersuchung von Schulmädchen festgestellt worden sein, »daß viele von ihnen kurz zuvor einen Beischlaf vollzogen haben mußten.«[131] Aber auch die in Opposition zur HJ gegründeten Cliquen erzeugten durch eigene Kluft und Swing sowie durch die häufig wechselnden sexuellen Kontakte nur eine kurze Wärme. »Zumeist spielten persönliche Neigungen zueinander weniger eine Rolle als vielmehr die bewußte Wahl eines Partners für den Geschlechtsverkehr. Die Mädel wechselten in unserem Kreise, wobei derjenige [...] den Vorzug hatte, dem eine sturmfreie Bude zur Verfügung stand.«[132] Die in solchen Zeugnissen zum Ausdruck kommende Materialisation ist vermutlich weniger auf die frühe, durch den Staat erzwungene Herauslösung der Jugendlichen aus den Familien zu erklären, als aus der Unfähigkeit der Eltern, die Ursachen für diesen toten, auf Vernichtung zulaufenden Prozeß zu erkennen. Alle fühlten sich wie in einem Mahlstrom und starrten – ängstlich – auf die »begrenzte Lebensperspektive«[133], die sich durch den schon im Frieden ständig gegenwärtigen Krieg abzeichnete. In den Tagebüchern aus dieser Zeit liest man immer wieder von einem »Lebenshunger«.[134] Hans-Georg Studnitz schilderte, wie die Menschen am Morgen nach einem Luftangriff von einer »bacchantischen

Verwirrung« ergriffen wurden, »vor den brennenden Ruinen umtanzten sie einander, umarmten sich.«[135] Man stürzte sich mit »Heißhunger auf jede Gelegenheit, ein Fest zu feiern.«[136] Die nach dem Krieg häufig durch die russischen Besatzungsmächte oder durch Hunger erzwungene Prostitution wurde mit der »Aussicht auf ein paar unbeschwerte Stunden« teilweise schon vorher freiwillig ausgeübt.[137] Aus den Ruinen des Kurfürstendamms lockten Ehefrauen die Passanten mit Pfiffen und Schnalzlauten zu sich. Andere stellten Urlaubern mit ihrem Sonderzuteilungsschnaps nach, »und benutzten die Frage nach einem Korkenzieher als Anknüpfungspunkt. Wenn der Soldat keinen bei sich hatte, holten sie einen aus der Handtasche.«[138] Die von Ursula von Kardorff 1944 beobachtete Mischung von »Apathie und Vergnügungssucht«[139] hatte die Menschen bereits in den letzten Friedensjahren erfaßt. Ein sichtbares Symptom ist der von Jahr zu Jahr wachsende Alkoholkonsum[140], wobei der überproportionierte Anstieg des Wein- und Sektverbrauchs von der »Mobilmachung der Verbraucher« durch Weinwerbe-Wochen und Anzeigen verursacht wurde (»Schaumwein bringt Lebensfreude! Deutscher Schaumwein ist kein Luxus mehr!«, BT 10. 3. 1934). 1939 berief das Gesundheitsministerium einen Lehrgang über »Rauschgiftbekämpfung im Gau Berlin« ein, dort wurde die Zahl der Alkoholgefährdeten im Deutschen Reich auf eine Million geschätzt.[141] Der Alkoholismus spiegelt den wachsenden Wohlstand wider, gleichzeitig ist er jedoch Ausdruck eines tiefen Unsicherheitsgefühls, das die Bevölkerung trotz des Lebensstandards erschütterte. Die *Deutschland-Berichte* erwähnten erstmals im Juli 1936 eine »Stimmung des Augenblicks« (830), Menschen flüchteten in »Ablenkung und Betäubung« (Feb. 1938, 142) und kapselten sich von den Ursachen ihrer Niedergeschlagenheit ab. Im September 1938 heißt es desillusionierend über Ludwigshafener Arbeiter: »Sofort nach Feierabend und in den Pausen ging man in die Kantinen und Kneipen und [. . .] besoff sich; machte Krach, wenn Radiomeldungen kamen, wollte von dem Zauber nichts wissen, grölte Lieder wie: ›Wir versaufen unser Oma ihr klein Häuschen.‹ Es war eine Stimmung verzweifelter Gleichgültigkeit.« (978)[142]

Über diese Abstumpfung legte das nationalsozialistische Regime ein flackerndes Muster immer wiederkehrender Rituale, die – wie auf dem Theater – die nicht vorhandene Volksgemeinschaft simulieren sollten. Vom »Tag der Machtergreifung« (30. 1.) und dem Heldengedenktag im März über Hitlers Geburtstag (20. 4.), dem »Tag der Arbeit« am 1. Mai bis hin zu den alljährlichen Reichsparteitagen in der ersten Septemberhälfte, dem Erntedank auf dem Bückeberg (Anfang Oktober) und dem 9. November als Erinnerung an den Münchner Putsch von 1923 zog sich durch das Jahr ein Zyklus, der durch senkrecht in den Himmel strahlende Flakscheinwerfer, Pylonen, Fackeln, Fahnen und Massenchöre die »Volkwerdung« eindrucksvoll vortäuschte. Es spricht für den Pragmatismus des Regimes, daß es die Berliner Autoschau (Februar) ebenso in seinen Festkalender aufnahm wie die Rundfunkausstellung (August) und die Eröffnung der Bayreuther Festspiele durch den Führer (Juli). Allein die jährliche Wiederkehr suggerierte

– anders als das »Chaos« der Weimarer Zeit – Gesetzmäßigkeit und Stabilität. Die auf den Feiern regelmäßig als Wunder verkündeten innen- und außenpolitischen Erfolge gaben den Ritualen den Charakter von Aufzügen eines »einmaligen« und »gigantischen« Dramas, zu welchem das aktuelle Zeitgeschehen die Stichworte lieferte. Während die vor allem in der hereinbrechenden Nacht pompös inszenierten Kundgebungen[143] Leben als angestrahltes Schauspiel vorführten und die Menschen nur als Zuschauer aktiv werden ließen, simulierten die Eintopfsonntage zwischen September und März und die Reichsstraßensammlungen für das Winterhilfswerk – allen sichtbar – die Fähigkeit zu lieben, zu teilen und zu geben. Auch bei der »Hilfe gegen Hunger und Kälte« galt es, den einzelnen durch die vorgefertigte Struktur unspontan zu halten, aber dennoch die Illusion der improvisierten Volksgemeinschaft zu wecken. So konnte man die Eintopfmahlzeiten unter freiem Himmel an »weißgedeckten Tischen« einnehmen, die »mit den letzten Herbstblumen geschmückt« waren, während Musikeinheiten der Wehrmacht, der SS, SA und der Polizei Märsche spielten und die dampfende Gulaschkanone die Frontgemeinschaft des Weltkriegs ins Gedächtnis hob (BT 484/ 12. 10. 1936). Den Straßensammlungen verliehen die Nationalsozialisten demgegenüber oft den Glanz traditioneller Volksfeste; die verschiedenen Sammelgruppen bauten Schießstände auf, veranstalteten Versteigerungen, boten gebührenpflichtige Tänze mit Filmschauspielerinnen an und ließen Kinder auf Ponys, Kamelen und Elefanten reiten. Erfolgreich sprach das Regime mit den Abzeichen, die für eine Spende von mindestens 20 Rpf erworben werden konnten, den Erwerbs- und Sammelgeist der Bevölkerung an; mit den Anstecknadeln entwickelte sich bald ein reges Tauschgeschäft, so daß 1939 und 1940 Kataloge erschienen.[144] Zum Verkauf gelangten »Kunstharzabzeichen aus der deutschen Elfenbein- und Kammindustrie« oder Tiere aus Idar-Oberstein. »Die winzigen Tiere mit den leuchtenden Edelsteinaugen übten einen beruhigenden Einfluß aus«, schrieb die *Deutsche Allgemeine Zeitung* (59/ 4. 2. 1939). Es gab Kleeblätter aus Eisenblech, Märchenfiguren, aus Holz geschnitzte Mädchen, die auf Halbmonden, Sternen oder Kometen reiten und Glasplaketten mit Adler und Hakenkreuz, über welche die Schuppen des Ukleifisches einen »sanften Perlenglanz« geschoben hatten (BT 11. 3. 1934). Weiter konnten gewebte Seidenabzeichen in Wappenform, Trachtenfiguren aus deutschen Gauen, Hitler-Büchlein, Soldaten aller Waffengattungen, Bomben, Minen, Torpedos und Granaten an den Mantelaufschlag geheftet werden. Die Abzeichen enthüllten im Nebeneinander von privaten und militärischen Motiven die Widersprüchlichkeit der nationalsozialistischen Diktatur. Zudem wurde die Botschaft, zu teilen und zu geben, durch eine betont militärische Haltung der Sammler negiert. Politiker und Propagandisten redeten von den »Winterschlachten« (BT 475/ 8. 10. 1937), »einem Siegeszug der guten Herzen«[145] oder dem »Angriff auf die gebefrohen Herzen«, zu dem die »sammelnden Männer der SA und SS« angesetzt hätten (DAZ 528/ 2. 11. 1940).

Diese Zwiespältigkeit kehrte auch in anderen alltäglichen Erfahrungen wieder. Während sich allmählich ein wirtschaftlicher Aufschwung mit Arbeitsplatzstabilität und einer »amerikanischen« Konsumgüterproduktion abzeichnete, rief der Staat zu Sparmaßnahmen auf, propagierte den »Kampf dem Verderb«, veranstaltete »Knochensammelaktionen« und forderte die Hausbesitzer auf, die Einfriedungsgitter abzusägen, um aus dem abgelieferten Eisen Waffen, Panzer und Flugzeuge herstellen zu können. Die Bekenntnisse Hitlers zum Wirtschaftswunder wurden ständig durch feindselige Bilder von Wehrübungen, Wehrmachtsparaden, SA- und SS-Aufmärschen kommentiert, die in sich noch einmal gebrochen waren. Das Programm einer Wehrübung enthielt am Vormittag Hand- und Fußballspiele, mittags konnte sich jeder »unter den Klängen einer Bataillonskapelle aus der Gulaschkanone Essen holen«, Kinder durften reiten und Jugendliche auf den Schießständen kostenlos schießen. Nachmittags wurden militärische Schauspiele gezeigt, vom Exerzieren bis zum Manövrieren von Tanks und einem Infanterie-Angriff (DB Aug. 1937, 1089). Dem Staat gelang es auf diese Weise, Friedenserwartung und Kriegsfurcht gleichzeitig wachzuhalten. Die Rüstung wurde in aller Offenheit neben der verlockenden Produktion von Gebrauchsgütern – Sicherheit und Angst suggerierend – vollzogen. Charakteristisch war, daß immer wieder zwei Arten von Botschaften ausgedrückt wurden. So kündete Göring 1937 in Parallele zur Produktion von Volksempfänger und Volkswagen eine Volksgasmaske an und begleitete dieses Vorhaben mit Worten der Fürsorge. Doch die in Großformat von der Presse abgebildete Gasmaske flößte Angst ein; die Beschreibung selbst war geeignet, in ihrer Sachlichkeit die durch den Luftkrieg drohende Umwandlung des Lebendigen vorwegzunehmen (BT 270/71 v. 11. 6. 1937). Eine ähnliche zwiespältige Wirkung lösten auch andere Aktionen des Luftschutzes aus. Der Staat ließ Bunker bauen, die Dachböden entrümpeln und hielt praktische und theoretische Kurse ab, »an denen bezirksweise die Männer über 50 Jahren und die Jugendlichen von 14 bis zu 17 Jahren teilnehmen« mußten (DB März 1937, 311). Luftschutz- und Verdunklungsübungen wurden – verstärkt 1936/37 – in das formale Muster des »liebevollen Verhaltens« einbezogen, doch das Sirenengeheul und das Dröhnen der heranbrausenden Flugzeuge lösten Gefühle der Hilflosigkeit aus und hielten die Kriegsfurcht lebendig, welche die Bevölkerung seit dem Umsturz zu keiner Zeit verlassen hatte.[146] Die Folge war, daß viele Menschen die Sicherheitsillusion akzeptierten, weil die Kraft letztlich nicht ausreichte, die Täuschungsmanöver als solche zu erkennen oder gar zu korrigieren. Auf welche Illusionen man dabei verfiel, zeigt die Luftschutzübung vom 20.-26. September 1937 im Stadtgebiet von Berlin. »Berlins Einzug in die Dunkelheit« wurde als Erweiterung der Erfahrungsmöglichkeit begrüßt; über die Angst legte sich ein verführerischer Schimmer, der den einzelnen dazu verleitete, den Luftkrieg als »normale« Erscheinung zu nehmen. »Die Straßen wurden zu Schluchten mit toten Mauern, nur über den Sohlen dieser Schluchten bewegten sich winzige Lichter«, heißt es in einem Zeitungsbericht, »sie lugten weißlich aus den Schlitzen der Autolampenhauben, im zarten hellblau aus den zwei Etagen der Omnibusse, die wie riesige Nachtfalter durch die Straßen schwebten« (BT 446/47 v. 22. 9. 1937). Die Anziehung der »zum Flirten neigenden Verdunklungsnächte« war bedeutend. Die Leute blieben – auch noch nach Schließung der Lokale und Kaffeehäuser – unter freiem Himmel und orientierten sich »in dem ländlich gewordenen Berlin [...] wie Seefahrer nach den Sternen«. Während der Verdunklungsübung hatte der Reichsbühnenbildner Benno von Arent die Innenstadt für den Staatsbesuch Mussolinis heimlich in eine Theaterlandschaft verwandelt. Unter den Linden wurden in vier Reihen schneeweiße Säulen mit goldenen Adlern aufgestellt; an verschiedenen Plätzen installierte man zweiundvierzig Meter hohe Fahnentürme sowie Sockel, die mit Liktorenbündeln und Hakenkreuzen verziert waren; die Hausfassaden wurden von Fahnenwänden zugedeckt. Als sich am frühen Abend des 27. September die Wagenkolonne Hitlers und Mussolinis der Innenstadt näherte, flammten die Scheinwerfer auf und wurden – nach der Verdunklung – als seelisches Wunder erlebt. Die von der Siegessäule mächtig herabwallende deutsch-italienische Fahne wirkte »entmaterialisiert, wie farbiges Licht im Nachtwind wehend« und die Figur der Viktoria glitzerte »der Schwere enthoben«. Die stumm auf und ab strömenden Menschen fühlten sich wie in einer »Halle aus Licht«, deren Wände durch den noch sommerlichen Herbstwind in unablässige Wellenbewegungen versetzt wurden (BT v. 28. und 29. 9. 1937). Die während der Luftschutzübung belebte Kriegsangst kam auf diese Weise zu einer scheinbaren Ruhe, zumal Mussolini auf dem Maifeld feierlich erklärte: »Der ganzen Welt, die sich gespannt fragt, was das Ergebnis der Begegnung von Berlin sein wird: Krieg oder Friede, können wir beide, der Führer und ich, mit lauter Stimme antworten: Friede« (BT 458/59 v. 29. 9. 1937). Doch auch diejenigen, die sich von diesen Schauspielen abschirmten, waren nur selten in der Lage, die wirklichen Absichten der nationalsozialistischen Diktatur wahrzunehmen. Vom 25.-30. 9. 1937 wurde in der »Kurbel« am Kurfürstendamm eine Marlene-Dietrich-Woche veranstaltet. Während Mussolini die »Via triumphalis« entlangfuhr, konnte man in die Welt des Films *Shanghai-Express* eintreten, um anschließend in der »Femina-Bar« Teddy Stauffer zu applaudieren, der – schon während der Verdunklung – mit *Swingin' for the king* und *Goody Goody* auf andere Weise die kriegerisch-völkischen Absichten des Hitler-Staates verleugnete (Abb. 42). Am gleichen Abend begeisterte im »Marmorhaus« – wie schon zwei Monate lang – der 20th-Century-Fox-Film *Gehn wir bummeln,* und an der Kasse der Staatsoper bildeten sich Schlangen für die Premiere des Balletts *Der Kuß der Fee* von Igor Strawinsky (3. 10. 1937). Es gab viele Menschen, die diese der NS-Ideologie entgegengesetzte Welt zur realen erklärten; die in Wirklichkeit auseinanderklaffenden Widersprüche betrachteten sie als nicht existent und sperrten sich von der Wahrheit ab. Auch wenn die völkisch-nationale Mythologie abgelehnt wurde, lösten sich auch die Gegner von der Erfahrungswelt und umgaben sich mit anderen Mythen, z. B. aus der antiken Klassik, der Technik oder der Subkultur;

die Zusammenhänge zerbröckelten zu isolierten und damit geschichtslosen Fakten.

Unser Bewußtsein verbindet mit dem Dritten Reich Bilder von verzückten Massen. Häufig vergißt man, daß diese Szenen aus nationalsozialistischen Propagandafilmen geschnitten wurden. Lediglich in den ersten zweieinhalb Jahren bis zur Rückgabe der Saar und der »Wehrfreiheit« (Januar/ März 1935) und während der Blitzkriegseuphorie konnte sich das System auf eine herzliche Zustimmung der Mehrheit stützen. Auch noch nach 1935 fühlte sich die Bevölkerung von dem simulierten Friedens- und Fürsorgeverhalten Hitlers und seinen wirtschaftlichen und außenpolitischen Erfolgen angelockt, gleichzeitig erfuhr das kollektive Bedürfnis nach Sicherheit jedoch kräftige verbale und demonstrative Enttäuschungen. Dieser über Jahre hinaus betriebene Wechsel von Anziehung und Zurückstoßung trieb die Menschen in einen angstvollen Gegensatz zum Regime, der jedoch nicht in aktivem Widerstand Ausdruck fand, sondern in Selbstgenügsamkeit und Versteinerung. Während das Kinopublikum in den ersten Jahren nach der Machtergreifung bei Erscheinen Hitlers auf der Leinwand applaudierte, starrte später der Saal stumm auf das sich vor ihm abwickelnde Bild[147] und zeigte auch bei den übrigen Szenen der Wochenschau keinerlei innere Erregung.[148] Als Hitler im April 1938 in München sprach, verfolgten die Massen auf der Theresienwiese die Übertragung der Rede teilnahmslos: »Man unterhielt sich, machte sich Bewegung und niemand kümmerte sich um das, was aus dem Lautsprecher kam [. . .]. Als am Schluß die Nationalhymne gesungen wurde, sang [. . .] kein Mensch mit. Alles lief auseinander und durcheinander« (DB April/Mai 1938, 407). Der Anschluß Österreichs lockerte die Depression lediglich für zwei Wochen auf[149], nach der Eingliederung des Sudentengebietes im September 1938 herrschte lähmende Gleichgültigkeit.[150] Je lauter Presse und Radio den »Siegesrausch über die Erfolge des Regimes im Verlauf des Jahres 1938« verkündete, »um so pessimistischer wurde die Stimmung der Bevölkerung selbst« (DB Dez. 1938, 1310). Auch Idealisten, die der Hitler-Staat mit Appellen (Erntehilfe, Kinderlandverschickung usw.) für sich mobilisieren konnte, und alte Parteigenossen fühlten sich »wie in einem leeren Raum.«[151] Die *Deutschland-Berichte* sprechen für März 1939 sogar von einer »geheimen Wut im Volke, und zwar in allen Schichten« (305), doch die Kritik blieb zumeist Stimmung oder beschränkte sich auf oberflächliche Mißstände. Der Seufzer »Wenn wir über alles nachdenken wollten, [. . .] könnten wir nicht weiterleben« (DB Sept. 1937, 1237/38) drückt unvermittelt die Bewußtlosigkeit aus, die damals fast alle Menschen erfaßte. Die Wahrheit bekam lebensbedrohende Züge; die offensichtliche Tatsache, in Hitler einen haßerfüllten Kriegstreiber zu sehen, wurde als unerträglicher Gedanke abgewehrt, denn – wie Sullivan erkannte – »wo immer Angst auftritt, neigt sie dazu, die Umstände, von denen sie hervorgerufen wurde, der Aufmerksamkeit zu entziehen.«[152] Die Nationalsozialisten setzten alles daran, die Herkunft der Angst durch Scheinbilder zu verhüllen, so daß die Entwirklichung weiter vorangetrieben wurde.

Joseph Gabel hat die Hypothese aufgestellt, daß der Wahnbefallene »mit der Farbe der ›wesensmäßigen‹ Wahrnehmung« in Menschen, Objekten und Ideen »seinen eigenen Seelenzustand« wiedererkennt.[153] Die auf Plakaten brennenden spanischen Klöster zeigten – wie in einem Panorama – das Chaos der Deutschen, doch ferngerückt und damit im Schein bekämpfbar.[154] Eine ähnliche Abwehr vermittelten Folterwerkzeuge und Elendsfotos in den antibolschewistischen Ausstellungen (Abb. 47). Selbst im Propagandabild des Juden hatte sich der seelische Zustand nach außen gestülpt. Wenn man den Juden vorwarf, zugleich Pazifist und Kriegstreiber, revolutionärer Sozialist und reaktionärer Kapitalist zu sein, trägt diese Projektion alle Merkmale des eigenen Auseinanderklaffens. Solche Zerrbilder gehörten ebenso zum Ritual wie die positiven des Winterhilfswerks oder der Kundgebungen, auf denen die Masse mit dem Führer verschmelzen sollte; die geometrischen Muster (Abb. 9) sowie die von Hitler wieder und wieder vorgebrachte Versicherung »Ich habe das Chaos [. . .] überwunden, die Ordnung wiederhergestellt, die Produktion auf allen Gebieten unserer nationalen Wirtschaft ungeheuer gehoben« usw.[155], entsprachen der verzweifelten Neigung vieler Menschen, durch starre Formen die seelische Spaltung zu kompensieren; all diese theaterhaften Symbole und Wahnbilder begleiteten den Rückzug aus der lebendigen Wirklichkeit und beschleunigten die Unterwerfung. Eine Aufhellung dieses Prozesses ist erst dann vollständig, wenn der Zusammenhang der zwanghaften Ordnungs- und Angstbilder mit der zärtlichen Hinwendung zur toten Welt der Gebrauchswaren reflektiert wird (Abb. 48). Es fällt auf, daß die Angst vor dem Bolschewismus im Dritten Reich an Attraktivität bei weitem die judenfeindliche Propaganda übertraf; zu Recht bezeichnen die *Deutschland-Berichte* den Antibolschewismus schon 1934 als »negative Massengrundlage des Regimes« (Mai/Juni, 172). Anders als bei der Judenhetze konnten mehr aktuelle und historische Teilwahrheiten in die Halluzinationen integriert werden, doch von entscheidender Bedeutung ist vermutlich der Umstand, daß die antikapitalistische Einstellung die Liebe zu den Gebrauchs- und Konsumgütern und den Traum von privatem Hausbesitz massiv bedrohte. Wo diese Drohung nicht vermittelt werden konnte, blieb die nationalsozialistische Propaganda nahezu ohne Wirkung. Der Antisemitismus erreichte lediglich eine Minderheit; »im allgemeinen kann man sagen, daß die Rassenfrage als Weltanschauungsfrage sich nicht durchgesetzt« habe, resümierten die *Deutschland-Berichte* 1936 (Jan., 26). Ein Jahr später heißt es in einer Meldung aus Mitteldeutschland: »Die Bevölkerung ist im Grunde nicht – zumindest nicht aktiv – antisemitisch [. . .]. Wenn man mit dem einzelnen spricht, begegnet man in der Regel Achtung und Sympathie« (Juli 1937, 945). Trotz offizieller Boykottaufforderungen wurde bei Juden gekauft, jüdische Kaufhäuser verzeichneten eine Umsatzsteigerung.[156] Während auf dem Land und in kleineren Städten wenige Nationalsozialisten den jüdischen Bevölkerungsteil terrorisieren konnten, trat Feindseligkeit in der Anonymität der Großstädte nur selten in Erscheinung; die Deutschen bemühten sich um Höflichkeit, auch im »Verkehr mit der Polizei, dem Finanzamt, der Post herrschte die selbstverständliche Korrektheit, die früher im preußischen Dienst außerhalb der Diskussion stand.«[157] Das Pogrom vom November 1938 mußte durch die nationalsozialistische Führung angeordnet werden; SA und Gliederungen der Partei zerschlugen Schaufenster, plünderten Geschäfte und zündeten Synagogen an; am Kurfürstendamm raubten Straßenmädchen Pelzmäntel (DB Nov. 1938, 1208) und zogen Käthe-Kruse-Puppen »die Kleider aus und schichteten die [...] Stoffleiber übereinander, um sie mit roter Tinte zu begießen.«[158] Andere Dokumente berichten von Solidaritätskundgebungen mit den Geschäftsinhabern; so entrissen in Hamburg-Eimsbüttel Arbeiter dem plündernden Mob Gold- und Schmuckwaren und brachten sie »unter dem Beifall und Schutz einer Menschenmenge dem Besitzer zurück« (DB Dez. 1938, 1356). Doch spontane Handlungen kamen während des Pogroms nur selten vor. Als Heinemann Stern am Morgen des 10. November in der S-Bahn an der brennenden Synagoge Fasanenstraße zwischen den Stationen »Savignyplatz« und »Zoologischer Garten« vorbeifuhr, beobachtete er die Mitreisenden: »Wenige hoben den Kopf, sahen zum Fenster hinaus, zuckten zusammen und – lasen die Zeitung weiter. Kein Erstaunen, keine Fragen von einem zum anderen.«[159] Die Mehrheit der Bevölkerung lehnte die Ausschreitungen ab.[160] Als sich nunmehr die »Endlösung der Judenfrage« (BT 537/38 v. 13. 11. 1938) ankündigte, nahm man diese Erfahrungswelt jedoch nur noch fragmentiert in den Wahrnehmungsvorgang auf. Die Psychoanalyse hat diese Entwirklichung aus Angst mit dem kindlichen Spiel vom »Verschwindenmachen« verglichen, bei dem man die Hände vor die Augen tun kann und dabei erfährt, daß alles »weg« ist.[161] Die nach dem Krieg vielfach geäußerte Behauptung, man habe von der Judenverfolgung nichts gewußt, entspricht der Wahrheit. Durch das häufige Praktizieren dieser Entwirklichung entstand eine Automatisierung, die so perfekt arbeitete, daß alle unerträglichen Vorstellungen »draußen« und damit unerfahren blieben. An folgenden Sätzen läßt sich diese Ausfilterung gut erkennen. Als SA-Männer während des Pogroms einen Flügel von einem Balkon auf die Straße zu werfen versuchten, protestierte ein Passant mit den Worten: »Ein Flügel kann doch nichts für seinen Besitzer.«[162] Heinemann Stern reiste als einer der letzten Juden 1941 legal nach Palästina; ein Zollinspektor fragte, nachdem er das Gepäck abgefertigt hatte, verständnislos: »Warum wandern Sie eigentlich aus, wenn Ihnen nichts passiert ist und Sie die schöne Pension hier haben?«[163] Die Parteinahme für die Sache und die mangelnde Kenntnis der längst ins Werk gesetzten Judenverfolgung legt den Prozeß der Versteinerung (Petrifikation) offen, der für die Menschen des Dritten Reiches die Welt »leer an Möglichkeiten« erscheinen ließ, so daß sich das Ich in die »Erstarrung und Leblosigkeit« zurückzog.[164]

Die Darstellung ignorierte bisher die Tatsache, daß sich das Geschehen im Dritten Reich in einem dynamisch-prozessualen Akt vollzog und sich durch Friedens- und Kriegsjahre nur oberflächlich gliedern läßt. In Wirklichkeit verhielten sich beide

Zeiträume offen zueinander, so beherrschte die Kriegsfurcht in wachsendem Maß das Wirtschaftswunder, wiederum sind die Jahre 1939-1941 durch Momente des Friedens charakterisiert. Diese eigentümliche Fluktuation darf nicht darüber hinwegtäuschen, daß durch den Eroberungskrieg eine neue Qualität in die Beziehungen der Menschen zum nationalsozialistischen Regime trat. Von Bedeutung ist nicht nur, daß erst jetzt eine Reihe völkischer Vorstellungen wie die Absperrung von ausländischen Informationsquellen als kriegsbedingt durchgesetzt wurde, sondern daß durch die äußere Bedrohung die Bevölkerung mit dem Willen der Diktatur »total« zu verschmelzen begann. Zunächst löste der Ausbruch des Weltkrieges allerdings einen tiefen Schock aus und verstärkte die schon vorhandene Lähmung. »Keinerlei Spur irgendeiner Begeisterung ist zu sehen [...]. Die Truppen, soweit sie nicht auf Autos vorbeihuschen [...], ziehen vorüber wie Leichenzüge, ohne jede Äußerung. Und das Straßenpublikum steht ebenso still oder geht schweigend beiseite«, notierte Walter Tausk in sein Tagebuch.[165] Verwandte Eindrücke vermitteln die *Deutschland-Berichte*.[166] Die Niedergeschlagenheit war so massiv, daß sie Hitler zwang, in seiner Danziger Rede vom 19. September von einer Begeisterung zu sprechen, »die im Inneren lodert« und die sich vom Hurra-Patriotismus der Vergangenheit unterscheide (DAZ 449/ 20. 9. 1939). Zu dem apathischen, wirklichkeitsfernen Lebensgefühl gehört, daß sich eine aktive Antikriegsstimmung nicht einmal in Ansätzen entwickelte (DB Jan. 1940, 25). Demgegenüber zeigten sich bald erste Symptome einer wachsenden Solidarität mit dem Regime; große Teile der Bevölkerung übernahmen kritiklos die nationalsozialistische Propaganda und glaubten tatsächlich, »daß England an allem Schuld sei« (DB Nov. 1939, 1030) und den »Krieg angezettelt« habe (ebd., 1038). Selbst liberale Kaufleute, die traditionell enge Beziehungen zum Ausland unterhielten, vertraten die Ansicht, daß vor allem Großbritannien einen Vernichtungskampf gegen Deutschland führe (März 1940, 160). Die *Deutschland-Berichte* warnen bereits im Februar 1940 davor, den Krieg im Reich für unpopulär zu erklären und den Willen zum Sieg gering einzuschätzen (112). Auch zahlreiche Menschen, die sich früher dem nationalsozialistischen System entzogen hatten, spürten plötzlich eine heimliche Nähe zur Diktatur, »jetzt muß man zum Führer halten, eine Revolution wäre Verrat«[167], die alten politischen Differenzen seien vergessen, »wenn wir Krieg haben. Wir müssen alle mithelfen, den Krieg zu gewinnen.«[168] Ähnlich argumentierte Marieluise Fleißer in einem Brief an Erich Kuby, der ihr eine Abschrift seines pazifistischen Kriegstagebuchs zum Lesen gegeben hatte: »Ein Soldat verteidigt sein Land und sein Volk, er verteidigt nicht den Feind, das liegt in der Natur der Dinge begründet. [...] In Notzeiten kann man nicht aus der Reihe tanzen.«[169] Hans Fallada, der 1943 vom Propagandaministerium als Sonderführer im Majorsrang nach Frankreich geschickt wurde, um über den Reichsarbeitsdienst zu berichten, schrieb damals nach Deutschland: »Wir müssen an den Sieg glauben, sonst ist alles sinnlos [...]. Wir sind die Herren der Welt, bestimmt die von Europa.«[170] Dieser Glaube erfaßte die Mehrheit und machte als eine Art ganzheitliches Wahndenken die zerstückelte Welterfahrung der Friedensjahre teilweise wieder rückgängig. Auch wenn die Unterwerfung unter den Krieg vom Einzelfall her gesehen werden muß, kann man die »freiwillige« Verschmelzung vermutlich auf fünf Komplexe zurückführen:

1. Der verlorengegangene Erfahrungszusammenhang wurde durch die militärische Ordnungsstruktur scheinbar ersetzt.
2. Das »ideologiefreie« Militär erzeugte anders als die nationalsozialistischen Massenorganisationen eine breite Identifikation.
3. Die vom Hitler-Staat durch Anlockung und Zurückweisung mobilisierte Unsicherheit spaltete der Krieg nach außen ab und ermöglichte die feindselige Entladung; es herrschten »klare« Verhältnisse (»Hier hat man sich für die eine Seite entschieden und braucht nicht mehr hin und her zu schwanken [. . .]. Die Reflexionen sind wie weggeblasen. Es ist gut, draußen zu sein und Tuchfühlung mit dem Krieg zu bekommen«, Horst Lange, 17. 9. 1941).[171]
4. Die Angehörigen verlangten nach Rechtfertigung der Opfer und verinnerlichten durch christliche Stereotype das Wahndenken (»Trotz allem Unglück werde ich den Glauben nicht los, daß auch dieser Krieg seinen Sinn hat, nur daß wir den Sinn noch nicht erkennen, denn es passiert in der Welt nichts Sinnloses, nichts, was Gott nicht gewollt hat«, Jürgen von Kardorff).[172]
5. Der Mensch fühlte sich im Krieg auf sein biologisches Niveau gedrückt und beschränkte seine Aufmerksamkeit auf das Überleben.

Diese Komplexe verschwammen mit politischen Täuschungsmanövern und einer dumpfen Materialisation, welche die Bevölkerung schon im Frieden beherrscht hatte. Die Abfolge von siegreichen »Blitzkriegen« verharmloste außerdem die Gefahr und ließ die Menschen widerstandslos in den Rußlandfeldzug gleiten. So wie Hitler nach 1933 die Illusion einer »unblutigen Revolution« erzeugte[173], versuchte die Propaganda auch jetzt, den humanen Charakter der einzelnen Feldzüge zu betonen. Wilhelm Ritter von Schramm erklärte in der *Deutschen Allgemeinen Zeitung*, der Erfolg in Polen sei ein »deutscher Sieg der Humanität« gewesen. »Tausende von Polen« verdankten Hitler persönlich ihr Leben, denn er habe den Befehl gegeben, »den Krieg nur gegen Soldaten, befestigte Plätze und militärische Anlagen zu führen« (485/ 11. 10. 1939). Es wurde üblich, die »unglaublich geringen Verluste« der Feldzüge mit Zahlen aus dem Ersten Weltkrieg zu vergleichen. Die *Deutsche Allgemeine Zeitung* stellte z. B. den 27 074 in Frankreich gefallenen Soldaten die 58 000 Toten der Sommes-Schlacht von 1916 gegenüber.[174] Noch im Dezember 1941 verrechnete Hitler die Gefallenen des Ostfeldzuges mit den verlustreichen Schlachten des Ersten Weltkrieges.[175] Tatsächlich beobachteten die *Deutschland-Berichte* nach Abschluß des Polenfeldzuges ein erstes Umschlagen der Angstgefühle aufgrund niedriger Verlustzahlen (»Man kommt ja auch zurück«; »Es sind ja *nur* 10 000 gefallen, was macht das schon viel aus bei einem 90.-Mill.-Volk«, Jan. 1940, 29). Zur Bemäntelung des Krieges gehörte, daß amerikanische Artisten vor Verwundeten im Berliner Reservelazarett 101 tanzten (DAZ 443/16. 9. 1939) und daß sich französische Soldaten von der Maginotlinie aus am 1. Wunschkonzert für die deutsche Wehrmacht beteiligten, das Lied »Parlez moi d'amour« erbaten und damit an die gemeinsame Begeisterung für Lucienne Boyer – die noch 1938 in Berlin aufgetreten war[176] – erinnerten (DAZ 470/ 2. 10. 1939). Simone de Beauvoir berichtete, daß deutsche Soldaten am Westwall Plakate aufgestellt hätten mit der Parole: »Wir haben nichts gegen die Franzosen; wir werden nicht als erste schießen.«[177] Andererseits sollen französische Soldaten vor deutschen Stellungen nachts Zigaretten und Weingeschenke deponiert haben, um ihre Friedfertigkeit zu betonen (DB Feb. 1940, 119). Der befürchtete Bombenkrieg blieb bis 1942 fast ganz aus; die wenigen Angriffe »waren so harmlos, daß die meisten Berliner nicht einmal das Bett verließen, wenn die Sirene ertönte.« Man verspottete den »Silberblick« der Engländer, wenn die Bomben »daneben oder auf unwesentliche Objekte« fielen[178] und strömte zu »Hunderten zu den wenigen zerstörten Häusern, um sich die entstandenen Schäden anzusehen.«[179] Durch die siegreichen Feldzüge und die geringe Bedrohung durch Luftangriffe erhielt die nationalsozialistische Diktatur eine Zustimmung wie nie zuvor. »Auch als der allgemein erwartete Friede ausblieb, regten sich keine nennenswerten Zweifel mehr an der offiziellen Siegeszuversicht.«[180]

Für die Popularität des Eroberungskrieges darf das Streben nach Kriegsauszeichnungen und Beförderungen nicht unterschätzt werden. Die schon in den Friedensjahren sich abzeichnende Klassenvermischung wurde nunmehr auch im Offizierskorps praktiziert, das zur Zeit der Republik zu einem großen Teil noch vom Adel bestimmt war. Für zahlreiche Subalternbeamte, Volksschullehrer, Angestellte und andere bedeutete die Beförderung zum Offizier Aufstieg, soziales Ansehen und spätere Arbeitsplatzsicherheit. Noch im Februar 1944 warb die Luftwaffe für die Unteroffizierslaufbahn mit »Aufstiegsmöglichkeit bei Eignung zum Offizier oder in den gehobenen Beamtendienst (Inspektor, Oberinspektor, Amtmann)« [Berliner Morgenpost 36/ 11. 2. 1944]. Die hier angegebene Altersgrenze von siebzehn Jahren wurde später noch weiter herabgesetzt; nicht zuletzt aus Aufstiegs- und Prestigegründen meldeten sich für bestimmte Wehrmachtsteile in den »Höheren Schulen bis Anfang 1945 auch weiterhin ganze Klassen.«[181] Es ist bezeichnend, daß unmittelbar nach Kriegsausbruch eine Reihe von Plakaten erschien, die anstatt völkischer Parolen die materiellen Anreize des Soldatenlebens veranschaulichten. Die monatlichen Einkünfte einer deutschen Soldatenfrau mit zwei Kindern in Höhe von RM 110 ohne Miet- und Sonderbeihilfen wurden der vergleichsweise niedrigen Entlohnung in England und Frankreich gegenübergestellt.[182] Goebbels Parole, der Krieg sei ein »Kampf der Habenichtse um die vollen Schüsseln«[183], drückt die Stimmung vieler Soldaten aus, die keine Skrupel hatten, am Eroberungskrieg zu profitieren. Oskar Negt erinnerte daran, daß sich zu Beginn des Rußlandfeldzuges zahlreiche Bauern »als potentielle Rittergutsbesitzer mit Arbeitssklaven« gefühlt hätten.[184] Während Plünderungen auf breiterer Mannschaftsebene selten vorkamen, gab es für Offiziere und Angehörige der Besatzungsverwaltungen genug Möglichkeiten, sich illegal zu bereichern.[185] Der europäische Kontinent hatte sich außerdem durch künstlich festgesetzte Wechselkurse in einen attraktiven Käufermarkt verwandelt. Die Front schickte »Kaffee und Schokolade aus Holland, Butter und Sonnenblumenöl aus dem Osten, Speck vom Balkan, noch häufiger aber seidene Strümpfe, Stoffe und Parfum aus Frankreich, Pelzmäntel und Silberfüchse aus Norwegen [...]. Es war ein Krieg, mit dem sich gut leben ließ. Man genoß ihn angenehm fröstelnd in der Wochenschau«.[186]

Die von Hitler proklamierte »friedensähnliche Kriegswirtschaft«[187] war nur durch eine unbarmherzige Ausplünderung der besetzten Gebiete durchführbar, wo die Rationen weit unter den innerdeutschen lagen (79). Der Friede sollte möglichst lange als Illusion sichtbar bleiben. Noch 1941 und 1942 wurden in Deutschland Siedlungen und Blocks im Sozialen Wohnungsbau errichtet. Anders als Großbritannien weigerte sich das Dritte Reich, die zivile Produktion erheblich zu reduzieren, sie lag noch 1944 bei 93% des Stands von 1938 (76). Speers Auftrag von 1941, die Rüstungskapazität zu steigern, wurde nachträglich durch einen Führerbefehl begrenzt, »die Fabrikation von Produkten für die allgemeine Versorgung der Bevölkerung« wieder zu erhöhen.[188] Die Modeindustrie produzierte für die Benutzer der Kleiderkarte nachwievor attraktive Modelle (Abb. 49)[189], dabei wurden – noch mehr als in den Vorkriegsjahren – Ersatzstoffe verarbeitet. Ein großes Echo fanden »punktfreie« Sandalen aus Plexiglas, deren äußere Seiten angeschliffen waren und reizvolle Lichtwirkungen zeigten. »Das Märchen ist Wirklichkeit geworden«, schrieb die *Deutsche Allgemeine Zeitung*. »Der gläserne Märchenpantoffel ist da. In zierlichen, lichtdurchlässigen gläsernen Schuhen werden die Frauen an uns vorübergleiten und durch die gläsernen, ebenfalls durchsichtigen Bänder bewundert unser Blick den schlanken Fuß« (359/ 27.7.1940). Die Cafés boten für 30 Gramm Weißbrotmarken eine reiche Auswahl von Kuchen- und Tortenstücken an; 1943 wurde noch einmal die Speiseeisproduktion gesteigert. »Und wenn die Sonne über die Terrassen der Cafés und über die bunten Orangeaden und die Eisbecher streicht, dann ist für Augenblicke sogar die Illusion einer anderen Zeit da«, heißt es in einem Bericht (DAZ 221/ 9. 5. 1943). Durch die im Winter 1941/42 eingeleitete Niederlage verringerte sich die Versorgung mit Nahrungsmitteln und »Spinnstoffen« in mehreren Etappen erheblich; die Qualität verschlechterte sich. Das System war jedoch bemüht, die »verknappten« Waren immer wieder durch zeitweilige Angebote ins Gedächtnis zu rücken, so daß eine Anzeige 1944 mahnen konnte: »Sprecht darüber [...], daß immer noch jeder sein frisches Weißbrot bekommt und hin und wieder auch ein paar Eier und ein paar schöne Äpfel« (DAZ v. 8. 4. 1944). Obgleich der Anteil von Weißbrot- und Fleischmarken gering bemessen blieb, war ein Schweizer

Beobachter 1944 beeindruckt von den »Metzgereien mit verlockender Auswahl an Wurst und Fleisch« und den »Bäckereien mit frischen, knusprigen Semmeln und dicken Brotlaiben.«[190] Um Unruhen nach den Bombenangriffen zu vermeiden, verwandte der Hitler-Staat große Energie auf die Versorgung der Geschädigten[191] und entwickelte ein gestaffeltes System von Sonderzuteilungen; es gab eine halbe Flasche Trinkbranntwein, Zigaretten, eine Dose Fischkonserven und Bohnenkaffee (25-50 Gramm), aber auch tiefgekühltes Obst, Fruchtsäfte, Eier oder Trockengemüse in Zellglasbeuteln. In den »bombengefährdeten Gebieten« erhielten die Gastwirte wöchentlich eine bestimmte Menge Spirituosen, die einmal in der Woche ausgeschenkt wurden. »Sobald die Kellner mit den ersten Gläsern auf den Tabletts gesichtet werden, bestellen sämtliche Gäste (die eigentlich nur zum Abendessen gekommen sind) je einen Schnaps« (Das Reich 44/ 1. 11. 1942). Noch im März 1945 war in Berlin die Sitte verbreitet, wie bei einem Glücksspiel in den wenigen Restaurants markenfreie Stammgerichte, ein Stück Wild, Muscheln oder ein Glas Wein zu erobern.[192] Wenn Mathilde Wolff-Mönckeberg im Uhlenhorster Fährhaus in Hamburg zum ersten Weihnachtsfeiertag 1944 ohne vorherige Anmeldung oder Beziehungen ein friedensmäßiges Festessen mit einer Tasse Suppe, »einer großen Forelle mit echter Butter [. . .], Rehbraten mit Rotkohl und Kartoffeln und schließlich Eis« serviert bekam[193], dann entsprach das der Strategie der nationalsozialistischen Diktatur, die Verbindung zu den Werten der Vorkriegsjahre und des künftigen Friedens nicht abbrechen zu lassen. Eine ähnliche Funktion erfüllte die Konsumgüter-Werbung, welche in Zeitungen und Zeitschriften die Waren im Abbild vor Augen führte und ihre Herstellung für die »Zeit friedlicher Aufbauarbeit«[194] versprach. Die Reklame von Goldpfeil (Abb. 50) zeigt eine Damenhandtasche und kommentiert die Frage »Gefällt sie Ihnen?« mit dem Satz: »Auch im fünften Kriegsjahr beweist Deutschland durch sein kultiviertes Modeschaffen und die friedensmäßige Ausführung seiner Handtaschenmodelle die Unbesiegbarkeit der deutschen Leistung.« Verwandte Inserate erschienen – mit geändertem Text – 1946/47 in der deutschen Presse.[195] Der Wiederaufbau nach 1945 konnte sich nicht nur auf eine ungebrochene Konsumorientierung der deutschen Bevölkerung beziehen, sondern auch auf den Willen – zumindest auf dem Warensektor – die »Unbesiegbarkeit deutscher Leistung« der Welt unter Beweis zu stellen. Es überrascht nicht, daß Bausparkassen in den letzten Kriegsjahren ein lebhaftes Geschäft verzeichneten; 1943 gab Wüstenrot Neuabschlüsse in Höhe von 201 Mill. RM bekannt.[196] Im Februar 1945 erschien im *Reich* die letzte Anzeige der Ludwigsburger Bausparkasse mit dem Slogan »Im Kriege sparen – später bauen!« (Abb. 51). Kennzeichnend für die Kontinuität der Ideen und Ideale der Kriegs- und Nachkriegszeit ist der 1944 von der Propaganda-Zeitschrift *Signal* (Auflage: über 1 Million) veröffentlichte Bildbericht *Wofür wir kämpfen*.[197] Nach der Fotografie eines knienden Soldaten, der verwundet ist und aggressiv seine Befehle ruft (Abb. 52) werden u. a. folgende Kampfziele illustriert und erläutert: Freizeit, das Recht auf Ausbildung der Begabten, soziale Sicherheit, eigner Besitz – mit dem Bild eines im Bau befindlichen Eigenheims –, Europas Freiheit und das »Ende seiner vielen Bruderkriege«. Das abschließende Foto zeigt über der Parole »Daß wir so in Europa leben können« eine lachende Frau, auf deren Schultern zwei Kinder reiten (Abb. 53). Die Nähe dieser unvölkischen Propaganda zu der politischen Werbung nach 1945 ist offensichtlich, zumal der Bildbericht durch Anzeigen der Privatwirtschaft aufgelockert wurde. Vor einem Foto des Dresdner Zwingers verspricht Zeiss-Ikon »Tradition Präzision Fortschritt« und rät »Jetzt beraten lassen – im Frieden kaufen« (88).

Die erwähnte Begeisterung für Maschinen verlieh dem Eroberungskrieg eine zusätzliche Lockung. Viele Menschen fühlten sich wie Hans Egon Holthusen als »junge Generation eines eisernen Zeitalters« und reagierten verzückt auf den Umgang mit der militärischen Technologie: »Schön war es, die erdrückende Mannigfaltigkeit des Materials in zweckmäßige Bewegung gesetzt zu sehen. Schön war das einleuchtend Sachdienliche all dieser mit Schablonenschrift versehenen Fahrzeuge und Geräte.«[198] Das Ideal des Soldaten verband sich mit der Gestalt des Ingenieurs und Technikers; »früher sagte man, ein Chef kann nicht führen, wenn er nicht mit seinen Leuten eng verbunden ist. Heute sagt man, er tauge nichts, wenn ihm nicht die Kenntnis dessen, was das Material zu leisten vermag, zur zweiten Natur geworden ist«, bekannte De Gaulle in seiner Schrift *Frankreichs Stoßarmee,* die 1935 in Hitlerdeutschland erschienen war.[199] Der »technische Aberglaube« (DB Okt./Nov. 1934, 685) gehörte ebenso zum Bild des »totalen Krieges«, wie die Ausnutzung des Gesamtvolkes »bis auf die letzte Persönlichkeit [...] unter einheitlicher diktatorischer Führung.«[200] Die von Petain präzisierte Formel Ludendorffs vom »totalen Krieg«[201] wurde schon Mitte der dreißiger Jahre zum Stereotyp (DB Sept. 1936, 1207f.) und von Goebbels bereits 1940 auf das aktuelle Kriegsgeschehen bezogen (DAZ 422/ 2. 9. 1940). Der Blitzkrieg mit der »absoluten Präzision des deutschen Vormarsches« (DAZ 253/ 26. 5. 1940), dem »Einkalkulieren jeder Möglichkeit« (ebd. 53/ 31. 1. 1941) und der rationellen Auswertung des »Menschenmaterials« zeigen neben der Hypertrophie eine tiefgreifende kollektive Materialisation, die man jedoch auch noch nach Stalingrad als seelische »Nüchternheit« (Adolf Frisé) oder als »harte« und »spartanische [...] Romantik« verklärte.[202] Fromm hat auf die Nähe der modernen Kriegführung zu modernen Produktionstechniken hingewiesen; die sorgfältig ausgebildeten Piloten und Panzerschützen waren »sich kaum bewußt, daß sie Menschen töteten. Sie sahen ihre Aufgabe darin, ihre komplizierte Maschine entsprechend einem bis ins einzelne genau festgelegten Plan richtig zu bedienen.«[203] Daß sich der technisch-bürokratische Massenmord an den Juden ohne Leidenschaft und mit einem intakten Privatleben verbinden ließ, dokumentieren eindrucksvoll die Aufzeichnungen von Höß.[204] Aber auch Kriegstagebücher und Feldpostbriefe bestätigen eine verwandte Aufspaltung. So beschrieb

Jasper Mönckeberg in seinem letzten Brief den Angriff des Feindes während der russischen Winteroffensive 1941/42 in einer merkwürdigen, das Grauen »einfrostenden« Weise:

> Es sah aus wie eine Baumschule. In den Schluchten stellte er sich oft noch in Marschkolonne bereit. Auf 9000-10 000 m eröffnete ich das Feuer und konnte schon jeweils seine Bereitstellung so stören, daß nur ca. 60-70% sich noch entwickeln konnte, ein großer Teil blieb liegen oder ging zurück. [...] Ich schoß ohne Unterbrechung den ganzen Tag, und es gelang mir, die Angriffe so oft niederzuhalten oder zu zersprengen, daß er sich nach 10stündigem Angriff erst bis auf 800-1000 m mit ca. 300-400 Mann herangearbeitet [...], ohne daß die Infanterie bisher einen Schuß getan hatte. Wirklich nett war, daß die Infanteristen auch anerkannten, was die Batterie für sie leistete. Sie brachten mir heißen Kaffee raus, Decken, Fellschuhe, lösten meinen vor Kälte total erschöpften Fernsprecher alle ½ Stunde ab und trugen mich nach 4½ stündigem Schießen, bei −35° im Schnee liegend, in den Bunker, weil meine Beine und Hände so steif gefroren waren, daß ich überhaupt kein Gefühl mehr darin hatte und nicht mehr auf meinen zwei Beinen stehen konnte. [...] Mir langt's, aber schön war es doch. Nur die Schweinekälte, aber sie ist dem Verteidiger wohl doch eine Hilfe.[205]

Der Angriff wird durch das Bild der »Baumschule« entpersönlicht, das eigene Schießen durch Wendungen wie »Bereitstellung stören« und »Angriff niederhalten«. Auffällig sind die vielen Zahlenangaben (9000-10 000 m, 60–70%, 10stündig, 800-1000 m, 300-400 Mann, ½ Stunde, 4½ stündig, −35°), sie verwandeln das räumliche und zeitliche Geschehen in ein mathematisch-geometrisches Muster und rücken es damit aus der Erfahrungswelt, so daß die Massentötung als technische Arbeit – Befriedigung auslösend – empfunden werden kann (»aber schön war es doch«). Die Abstraktion drückt allerdings nur eine partielle Versteinerung aus; die Nähe der Kameraden und ihre Fürsorge dringen warm in das vom Kampf abgespaltene seelische Erleben ein.

Auch die Frauen und Rüstungsarbeiter ließen sich an der »Heimatfront« widerstandslos in den »totalen Krieg« integrieren. Privates und öffentliches Leben verschmolzen mit zunehmender Kriegsdauer immer dichter. Luftangriffe, die Zwangsverpflichtung zur Industrie oder zum öffentlichen Dienst sowie Sparmaßnahmen beherrschten das Alltagsleben. Mit an das Herz anrührenden intimen Kinderbildchen warb z. B. das *Buch der Hausfrau* für das Energiesparen (»ich esse brav und flink, damit mein Essen nicht immer aufgewärmt werden muß«) und stellte dem täglichen Kochen mit einer Gasflamme, dem Erwärmen des Spülwassers über Pellkartoffeln oder Eintopf und das engere Belegen von Kuchenblechen die im Monat möglich gewordene zusätzliche Produktion von 3 Gewehrläufen, 150 Handgranaten oder 100 Schuß Infanteriemunition gegenüber.[206] Speers Rüstungswunder, das den Ausstoß von Waffen und Geräten von 1941-1944 um 230% steigerte, steht an Intensität den Wirtschaftsaufschwüngen der dreißiger und fünfziger Jahre in nichts nach; die nationalsozialistische Propaganda appellierte erfolgreich an die Leistungsfähigkeit der deutschen Privatindustrie, denn »wir haben von Anfang an gewußt, daß in diesem Kriege unser Vorsprung nur durch eine Qualitätssteigerung der Rüstung gesichert werden kann. Unsere Erfahrungen sind größer als die der Gegner, unsere Techniker und Ingenieure besser geschult, unsere Betriebsführer wendiger und unsere Arbeiter intelligenter«.[207]

Je umfassender der einzelne auf das Niveau der mechanisch organisierten Arbeit bzw. Vernichtung gedrückt wurde, desto greller flackerten die Wahnbilder. Schon 1934 verzeichneten die *Deutschland-Berichte* den allgemeinen Glauben, »daß Deutschland über furchtbare, noch unbekannte Kampfmittel verfüge, die ihm die unbedingte Überlegenheit sichern.« Man dachte dabei an Todesstrahlen, elektrische und chemische Waffen und ferngelenkte Flugzeuge (Okt./Nov. 685). Nach den raschen Erfolgen erzählte sich die Bevölkerung »Wunderdinge [...] über die Überlegenheit der deutschen Waffen« (Nov. 1939, 1029) und verstärkte einen Optimismus, der noch gegen Kriegsende von Todesstrahlen, Eisgranaten und Fliegerabwehr-Geschossen halluzinierte, der »Führer« warte nur den »geeigneten Moment« ab[208], er wird »am Tage X auf den Knopf drücken.«[209] »Spätere Zeiten«, mutmaßte Joachim Fernau noch im August 1944 im Stuttgarter *NS-Kurier,* »werden einmal klar und deutlich sehen, daß es auf Millimeter und Sekunden ankam, und daß es auszurechnen gewesen wäre, warum Deutschland siegte.«[210] Die Befreiung von der Hitler-Diktatur wurde seelisch nicht gewollt; den 20. Juli 1944 schwieg man tot, »als habe es ihn nie gegeben«[211] oder solidarisierte sich mit der Führung. Nach der Niederlage von Stalingrad steigerte sich die Geburtsrate, sie lag noch 1944/45 weit über dem jährlichen Durchschnitt des Ersten Weltkriegs.[212] Das so verhängnisvolle Vertrauen vieler Menschen auf die »Stabilität der Ostfront [...] wie auf die frischen Brötchen zum ersten Frühstück«[213] und die – nicht nur administrativ erzwungene – Überstürzung der Flucht dokumentieren eindringlich das sich in Deutschland bis 1945 verfestigende Wahndenken, das die Niederlage vom 8. Mai folgerichtig nicht als Befreiung, sondern als »Zusammenbruch« erleben ließ.

Bevor abschließend eine Deutung der kollektiven seelischen Voraussetzungen dieses Wahndenkens versucht werden soll, sollten wir uns mit der Person Hitlers beschäftigen, der das dramatische Geschehen von 1933-1945 als eine Art Katalysator entscheidend beeinflußte. Fromm hat Hitlers destruktiven Charakter als »nekrophil« definiert und sein leidenschaftliches Angezogenwerden »von allem, was tot, vermodert, verwest und krank ist« eindrucksvoll beschrieben.[214] Kennzeichnend ist, daß sich diese bösartige Aggression stets im Namen des Lebens zeigte und deshalb nicht leicht zu entziffern war. Der Begriff des Lebenskampfes, den Hitler schon im ersten Band von *Mein Kampf* mehrfach benutzte, schließt die Zerstörung von Leben ebenso ein wie die den Machtapparat verklärende Blut- und Boden-Mythologie. Der ritualisierte Blut-Kult, der sich z. B. in den Feiern zum 9. November äußerte, nimmt das gewünschte Blutvergießen vorweg.[215] Die Muttererde spendet nicht nur Leben, sondern ist zunächst einmal »Moder aus

Pflanzenresten.«[216] Die »braune Farbe als die Farbe der Erde ist Sinnbild für die Verbundenheit der Bewegung mit Scholle und Boden«[217], braun ist jedoch auch die Farbe des Kotes, in dem sich der Charakter des Nekrophilen manifestiert.[218] Daß sich der Führer in eine braune Kluft kleidete, erscheint als Teil einer negativen Mythologie, die – richtig befragt – den destruktiven Trieb des Nationalsozialismus enthüllt. Hitler selbst nannte sich in der illegalen Tätigkeit 1925/27 »Wolf«[219] und bezeichnete seine Führerhauptquartiere als »Wolfsschanze« (bei Rastenburg in Ostpreußen), »Werwolf« (bei Winniza, Ukraine) und »Wolfsschlucht I und II« (Bruly de Péche; bei Soissons).[220] Nach dem *Handwörterbuch des deutschen Aberglaubens* (Band IX, 1938/41) beschreiben die »Alten« das Maul des Wolfes »als beschmiert mit Geifer und dickem Blut« (725), er ist »wild, reißend und bissig, blutgierig, so daß er aus reiner Mordlust, ohne Hunger, reißt, verwegen, unbezähmbar, grimmig und kampfbegierig [...]«, in ihm sieht man das »böseste Tier unter allen; er schnappt noch, wenn ihm die Seele ausgeht, nach dem Lamm« (730), selbst vor Menschenfleisch macht er nicht halt, »hat er es einmal gekostet, verlangt ihm immer danach« (732), schließlich ist der Wolf »Aas- und Leichenfresser« (743). Es gibt einige Hitler-Fotos, wo dieser Zug unverhüllt zum Ausdruck kommt. Auf dem Titelblatt der mit einer Wolfsangel versehenen Zeitschrift *Die deutsche Kinderschar* beugt sich der Führer mit bleckendem Gebiß über ein Mädchen (Abb. 54).[221] Fromm hat auf die Tarnungen aufmerksam gemacht, mit denen Hitler über seine Destruktivität hinwegtäuschen konnte (470 f.), doch der Umstand, daß er »ein vollendeter Lügner und Schauspieler war« (453), erklärt nicht den Prozeß, daß immer mehr Deutsche nach 1933 in seinen Bann gerieten und sich aus der Beziehung nicht mehr von selbst befreien konnten. Offensichtlich gibt es eine tiefe Verwandtschaft von Hitlers seelischer Struktur mit Wahrnehmungs- und Reaktionsmustern der deutschen Bevölkerung. Das vielfach beobachtete Absacken in Apathie war auch für Hitler charakteristisch.[222] Fritz Lehmann sah in ihm schon früh einen »schizoiden Psychopathen« und hob einen Wechsel zwischen Hemmung und Erregung, ausgesprochene Ichbezogenheit, einen Hang zum Systematischen und das Festhalten an bestimmten Vorstellungskomplexen hervor.[223] Ähnlich bezeichnete Bumke den Führer als »Schizoiden«; neben Gemütskälte, Mißtrauen, Fanatismus und Brutalität sei ein Vorherrschen autistischer Gedankengänge zu ermitteln, Hitler habe »die Dinge, ohne alle Rücksicht auf die Wirklichkeit« so sehen können, wie es seinen Wünschen entsprach.[224] Die Folge war ein gespaltenes Auftreten. So konnte sich Hitler für Schönes begeistern, »auch echte Anteilnahme am persönlichen Schicksal seiner nächsten Mitarbeiter bekunden«[225], aber im gleichen Atemzug emotional unbeteiligt die Vernichtung von Millionen Menschen ins Werk setzen. Frühe Fotos zeigen sehr deutlich diese Zerrissenheit im Gesichtsausdruck (Abb. 55), die der Führer durch Erstarrung und Unbeweglichkeit zu bändigen versuchte, doch auch noch auf späteren Aufnahmen und Filmausschnitten ist ein plötzliches Wegrutschen von Mienenspiel und Haltung zu beobachten; seine Gesichtszüge wirkten auf Besucher zuweilen »verstrichen und gedunsen«.[226] Hitler fesselte die gegensätzlichsten Menschen an sich. Seine Mitarbeiter waren bewußte Technokraten wie Schacht, Todt, Speer und wirre Phantasten wie Rosenberg und Streicher; er vereinigte beide Extreme in sich. Die von Hitlers Gegensätzen geprägte soziale Wirklichkeit war zugleich »amerikanisch« und »völkisch«. David Schoenbaum legte als erster diese Aufgespaltenheit offen: »Im Jahre 1939 waren die Städte nicht kleiner, sondern größer als zuvor; die Kapitalkonzentration war größer; die Landbevölkerung hatte sich vermindert, nicht vermehrt; die Frauen standen nicht am häuslichen Herd, sondern im Büro und in der Fabrik; [...] der Industriearbeiterschaft ging es verhältnismäßig gut und den kleinen Geschäftsleuten immer schlechter.«[227] Wichtig ist in diesem Zusammenhang nicht nur, daß Hitler das Gegenteil von dem, was er sagte, in die Wirklichkeit umsetzte, sondern daß der einzelne passiv oder teilnehmend in die Spannung zwischen »wirklicher« und »nationalsozialistischer Welt« gestellt und zu widersprechenden Handlungen aufgefordert wurde, so daß Schoenbaum als praktische Folge für das Geschehen im Dritten Reich eine »typische Schizophrenie« diagnostizierte (339).

Die Darstellung hat sich zuweilen Begriffen der Psychoanalyse bedient, ohne jedoch genauere Übertragungen zu wagen. Der in der Folge unternommene Versuch, die Ereignisse des Dritten Reiches als schizophrene Reaktion zu deuten, ist nicht unproblematisch. Die Identifizierung eines subjektiven Krankheitsbildes mit dem einer Gesellschaft führte bislang häufig zu metaphorischen Umschreibungen oder philosophischen Problemstellungen, die entweder Oberflächen-Erscheinungen miteinander verrechneten oder sich durch einen hohen Abstraktionsgrad von der geschichtlichen Wirklichkeit entfernten. Auch die Arbeiten von Fromm, die am breitesten verschiedene Erfahrungsbereiche integrieren, nähern sich den Zusammenhängen immer noch mehr beschreibend als strukturell-erhellend. Ohne Zweifel liegt die größte Schwierigkeit für ein Erkennen der sozialpsychologischen Ursachen des Dritten Reiches darin, daß sich die Definitionen der Schizophrenie in den verschiedenen psychiatrischen Schulen selbst erheblich voneinander unterscheiden. Unser Versuch ist amerikanischen Wissenschaftlern verpflichtet, welche die Schizophrenie von der Kommunikationswissenschaft und der Familienforschung her neu bestimmt haben.[228] Ihre Ergebnisse lassen sich auf folgende Komplexe reduzieren:

1. Das double bind
Der spätere Schizophrene ist als Kind zwei Arten von Botschaften ausgeliefert, die das Gegenüber ihm zukommen läßt. Die Mutter zieht sich bei der Annäherung des Kindes zurück, bemäntelt ihre Haltung aber durch verbale Zuwendung. »Wichtig ist hier, daß ihr liebevolles Verhalten ihr feindseliges kommentiert« (25). Um mit der Bezugsperson zu überleben, unterstützt das Kind die Täuschungsmanöver, indem es seine »eigenen Botschaften falsch charakteri-

siert« (26). Geht es damit auf die Simulationen ein und nähert sich der Mutter, löst es in ihr »Gefühle der Angst und Hilflosigkeit aus und zwingt sie dazu, sich zurückzuziehen« (27). Das Individuum ist in einer »Beziehungsfalle« gefangen. Die Unechtheit und Widersprüchlichkeit der frühkindlichen Umgebung können durch spätere Lebensereignisse wieder reaktiviert werden.[229]

2. Pseudo-Gemeinschaft
Die Pseudo-Gemeinschaft scheut aus Angst vor Disharmonie Konflikte. Indem Divergenzen nicht vermittelt werden, erfährt das kindliche Ich kein Gegenüber, an dem es seine eigene Identität ausbilden kann. Um diese Schein-Gemeinschaft aufrecht zu erhalten, entwickeln sich eine Reihe für die Beteiligten schwer zu durchschauender Mechanismen:
a) Aufweichung der Wahrnehmungsfähigkeit von Konflikten, ohne daß die »durchdringende und diffuse Gefahr der Divergenz [...] gebannt« ist (56).
b) Gummizaun (Rubber Fence)
Die Familie schließt sich als selbstgenügsames Sozialsystem nach außen ab und dämpft die Wirkung des »chaotischen, entleerten und erschreckenden Erlebens [...], indem eine Rollenstruktur geschaffen wird, in der die Person pseudogemeinsam existieren kann, ohne ein wertbesetztes und sinnvolles Gefühl der Identität [...] erlangt zu haben« (57). Der potentiell Schizophrene entwickelt ein »beträchtliches Geschick [...] die familiäre Komplementarität zu erfüllen« (72).
c) Mythen; formalisierte Mechanismen
Die Schaffung einer »familiären Subkultur von Mythen, Legenden und Ideologie« (58) unterstützt die scheinbare Widerspruchsfreiheit der Familie; Teile einer zwanglosen Lebensweise (Ausflüge, Diskussionen u. a.) erfahren eine Ritualisierung (64).

Alle diese Hypothesen machen für die schizophrene Anlage verschiedene immer wiederkehrende Täuschungsmanöver in der Familie verantwortlich und konzentrieren sich auf den Begriff einer brüchigen und durch das Erwartungsschema der Familien-Mitglieder begrenzten Ich-Identität. Häufige Anlässe für das Ausbrechen der Krankheit sind Kontaktaufnahmen des Kindes mit dem »Außen«; normale Konflikte werden dann als unerträgliche Belastungen empfunden, aus dem Bewußtsein gefiltert oder durch Wahnbilder abgewehrt. Der entscheidende Neuansatz der Amerikaner liegt nicht nur in der Erhellung des sozialen Umfeldes des Kranken, sondern vor allem in der Freilegung geheimer Verbindungen, die offensichtlich zwischen einer schizophrenen Reaktion und der Pseudo-Gemeinschaft bestehen.

Es liegt in unserem Zusammenhang nahe, familiäre auf staatliche Beziehungen zu übertragen und den Begriff der Pseudo-Gemeinschaft politisch-historisch zu verwenden. Wenn wir ihn jedoch lediglich auf den Hitler-Staat beziehen und seine

Merkmale mit Eigenschaften der Volksgemeinschaft identifizieren, übersehen wir den pathologischen Prozeß, auf den die moderne Tiefenpsychologie hingewiesen hatte. Für die Ereignisse des Dritten Reiches haben Erscheinungen des Wilhelminischen Kaiserreiches etwa die gleiche Bedeutung wie die Unwahrhaftigkeit und Widersprüchlichkeit früher Beziehungspersonen für den schizophrenen Patienten. Allgemein gilt, daß der Kranke in den Familien »hängenbleibt« und trotz kräftiger Enttäuschung die Mitglieder verklärt. Ähnliches läßt sich über das Verhältnis der Deutschen zum Kaiserreich sagen. Selbst die historische Forschung hat über Jahrzehnte keinen Weg nach außen und damit zu einem objektiven Bild gefunden. Nach 1945 war man peinlichst bemüht, einen Zusammenhang mit dem Hitler-Staat durch die breite Erörterung von preußischer Rechtsstaatlichkeit und Ordnung zu verhüllen. Kennzeichnend ist die »einheitlich [...] negative Kritik«, mit der die deutschen Historiker auf Fritz Fischers Buch *Griff nach der Weltmacht* (1961) reagierten[230], in dem aufgrund neuer Aktenfunde realistisch die ungehemmte Machtpolitik des Kaiserreichs dargestellt wurde. In der Forschung hatte als erster Hans Rosenberg für die innenpolitischen Beziehungen den Begriff »Pseudodemokratisierung« geprägt und auf die Widersprüchlichkeit als charakteristisches Grundmuster hingewiesen.[231] Die allgemeinen Merkmale dieser Schein-Gemeinschaft sind – nach Hans-Ulrich Wehler[232] – folgende:

1. Halbherzige Demokratisierung (Dreiklassenwahlrecht in Preußen, Verantwortlichkeit des Kanzlers gegenüber dem Kaiser)
2. Entwicklung einer modernen Industriegesellschaft bei unverändertem Einfluß vorindustrieller Agrareliten
3. Fortschrittliche Sozialpolitik und Überhang ständischer Unterschiede und Normen
4. Kommunale Selbstverwaltung und absolutistische Strukturen in Heer und Beamtentum
5. Verleugnung von Klassenspannungen und Interessengegensätzen (»Burgfrieden«)
6. Selbstzufriedenes Abkapseln von der europäischen Außenwelt
7. Nationale Mythologien und Feindbilder; Ritualisierungen des Alltagslebens durch Vereine, Studentenverbindungen und dgl.

Die Deutschen waren im Kaiserreich nicht in der Lage, sich mit den Widersprüchen kritisch auseinanderzusetzen und waren bestrebt, die vorgegebenen Rollenstrukturen unangetastet zu lassen, obgleich die Industriegesellschaft die Lebensumstände veränderte; es fehlte – wie Friedrich Naumann beklagte – »bei den meisten Volksvertretern überhaupt der Wille zur Macht.«[233] Ängstlich wurde das Nicht-Komplementäre ausgesperrt und die eigene Kultur und Geschichte als allumfassend erfahren. Der Deutsche hatte sich – wie Nietzsche in den *Unzeitgemäßen Betrachtungen* (1873) bemerkte – die »Augen verbunden und die Ohren verstopft.«[234] Diese durch Isolation erkaufte Scheinharmonie behinderte die

Herausbildung einer kollektiven nationalen Identität erheblich. Als mit der Niederlage von 1918 die Ordnungsmächte Heer, Beamtentum und Kaiserhaus, auf die man fest vertraut hatte, wie über Nacht versagten, wehrten viele Menschen in panischem Entsetzen ein Erkennen der Wirklichkeit durch Halluzinationen ab. Nach Freud ist die Ursache der halluzinatorischen Verwirrtheit das Nichtbegreifenkönnen von leidvollen Zuständen. In seiner Schrift *Die Abwehr-Neuropsychosen* (1894) erinnerte er an eine Mutter, die anstelle ihres toten Kindes ein Stück Holz in den Armen wiegt.[235] Ein verwandter Zustand erfaßte nach 1918 viele Deutsche. Die Dolchstoßlegende und ein – wie Uwe Lohalm gezeigt hat – schon zu Beginn der Republik auf Massenbasis organisierter Antisemitismus[236] lenkten vom individuellen Versagen und dem des Kaiserreichs ab. Die den einzelnen überflutende Angst hielt die Sehnsucht nach der verlorenen Ordnung und ihren Autoritäten wach; der Bismarck-Staat wurde mythologisiert und als »heile« und »bessere« Welt gegen die parlamentarische Demokratie gesetzt. Dennoch wäre der Republik in Deutschland wohl eine dauerhafte Grundlage zugewachsen, wenn nicht die Wiederkehr des Schocks vom 9. November 1918 in der Weltwirtschaftskrise und die damit verbundene Zerstörung der Konsum- und Gebrauchsgüter-Stabilität der Neuen Sachlichkeit den Rückzug von der Realität erneut vorangetrieben hätten. Erst die Wiederholung der Belastung brachte die Verstörung in der Bevölkerung zum Durchbruch. Die 1929 sich verstärkenden sozialen und politischen Konflikte wurden von einem großen Teil der Deutschen als lebensbedrohendes Chaos abgewehrt. In der nicht vorhandenen Bereitschaft, die Krise wie in den anderen westeuropäischen Staaten und in den USA vernünftig zu meistern, zeigt sich das »schizophrenogene« Erbe des Wilhelminischen Deutschland. Das von uns beobachtete defensive Festhalten der Bevölkerung am Hitler-Staat hängt mit einer Reaktivierung und Verstärkung dieser Grundströmung zusammen. Die Verbindungen zwischen Hitlers schizoider Persönlichkeitsstruktur, der Gespaltenheit seines Systems und einer kollektiven Schizophrenie lassen sich im einzelnen noch nicht erhellen[237], alle Ebenen standen offensichtlich in einem symbiotischen Wechselverhältnis; der Rückzug aus den realen Beziehungen wurde von Führung und Bevölkerung in einem dynamisch-prozessualen Akt gemeinsam vollzogen. Akzeptierte das Individuum die simulierte Ordnung des Dritten Reiches und nahm die Friedensbeteuerungen und die Sachwerte als Sicherheitsversprechen an, wurde die Annäherung sogleich wieder durch die feindselige Haltung der Diktatur (Rüstung, Kriegsdrohungen, Repressivorgane) erschüttert. Zog sich das Ich jedoch enttäuscht vom Staat zurück und versuchte die Realität durch extreme Beschränkung auf seine Innenwelt in eine erträgliche Form zu bringen, löste das Abgeschnittensein von Beziehungen Gefühle der Angst und Hilflosigkeit aus; die Folge waren Apathie, Lähmung und ein unkontrolliertes Sichtreibenlassen. In den *Deutschland-Berichten* ist dieses Schwanken zwischen Annäherung und enttäuschter Flucht vielfach belegt, die Tatsache, daß »doch immer wieder die Zustimmung die Oberhand behält« (Nov. 1939, 1027), drückt die Versuche aus, die innere Öde zu verlassen und sich einer irgendwie gearteten Gemeinschaft anzuschließen. Die Deutschen »stehen zum Nationalsozialismus und gehen nun auch mit ihm in den Krieg, nicht etwa, weil sie die tragenden Parolen des Nationalsozialismus glaubensmäßig zu den ihrigen gemacht haben, sondern *weil sie darum bangen, hinter ihm und mit ihm im großen Nichts zu versinken*« (März 1940, 161). Andere Zeugnisse wie Tagebücher und Briefe beschreiben den Prozeß der Verweigerung aus Angst, von der Wirklichkeit verschlungen zu werden. So heißt in den Tagebuch-Briefen von Mathilde Wolff-Mönckeberg: »Und die Welt? Am liebsten verschließt man die Augen vor ihr und hört und sieht nichts mehr von all dem schrecklichen Getriebe, das immer verworrener und unentwirrbarer wird. *Keiner* ahnt, wohin es alles treibt! Die meisten fragen auch gar nicht mehr und gehen nur dem täglichen mühsamen Geschäft des Einholens und Essenbedenkens nach. Die Leere in einem wird immer fühlbarer [. . .].«[238] Diese Beobachtungen finden sich bei einer Hamburger Hausfrau, sie stehen in auffälliger Nähe zur nichtnationalsozialistischen Dichtung der jungen Generation und zu existenzphilosophischen Grundbegriffen; das Sichzurückziehen, die Verworrenheit und Absurdität der Außenwelt sowie die innere Leere sind keine Metaphern und Chiffren, sondern enthüllen sich auf dem Hintergrund von Dokumenten als Beschreibungen realer Not und Enge. Der Versuch, durch Rückzüge aus den sozialen Beziehungen das Subjekt vor der Versklavung durch die Technik und dem »pathologischen Rationalismus« zu retten[239], mußte zwangsläufig zum Verlust jeder festverankerten Identität führen. Dieses Unsicherheitsgefühl als ein Überfluten von Nichts immer wieder ausgesprochen zu haben, ist das Verdienst der um individuelle Freiheit ringenden Literatur und Philosophie. Daß der Ausbruch aus dem Kerker durch ein Sichverbergen nicht gelingen konnte, darf – von einer anderen historischen Position aus – dem Existentialismus selbst nicht angelastet werden. Die schonungslose Offenheit, mit der z. B. Horst Lange den Zusammenbruch seiner »inwendigen Freiheit« eingestand (»Man glaubt noch, seine Freiheit zu haben und unterliegt einem Zwang, dem man nicht mehr entgehen kann«),[240] sollten wir als Appell verstehen, uns mitleidend in die freiwillig-unfreiwillige Gefangenschaft des Dritten Reiches einzudenken.

Nach dem »Zusammenbruch« von 1945 wurde nicht wie 1918 die Vergangenheit verklärt, sondern dämonisiert. Auch jetzt unterwarf man das Geschehen den seit langem praktizierten emotionalen Reaktionen und entwirklichte die tatsächlichen Zusammenhänge. Indem die magische »Stunde Null« und der rote »Tag der Befreiung« Gegenwart und Zukunft aus der Vergangenheit desintegrierten, lebte das Ich – auf einer anderen Stufe – nachwievor in einem schizoiden Zustand, es entwickelte sich sowohl ein Riß in der Beziehung zur Geschichte wie zur individuellen Biographie. Beide deutschen Staaten bildeten zur Aufrechterhaltung dieser Gespaltenheit ein reiches Arsenal an wirksamen Kompensationstechniken und Mythen heraus:

1. Die »Stunde Null« legitimierte sich in der Bundesrepublik Deutschland hauptsächlich durch die Neuproduktion von Konsumgütern und durch Zerstreuungswerte; die Wahrheit, daß das Dritte Reich mit der gleichen Privatwirtschaft moderne Gebrauchswaren hergestellt hatte und der Amerikanismus bis 1941 öffentlich toleriert wurde, spaltete das Bewußtsein ab.
2. Den »Tag der Befreiung« rückte die DDR in die Nähe des antifaschistischen Widerstandes und löste die Mehrheit ihrer Bevölkerung aus der geschichtlichen Verantwortung. Staatsbürokratie, Massenorganisationen und Sicherheitspolizei wurden einem integralen Neuanfang unterworfen, trotz struktureller und teilweise personeller Gleichheit ignorierte jede Machtapparatur die vorangegangene.
3. Beide Teilstaaten begründen ihre Existenz aus ihrem Bruch mit dem Dritten Reich und ihren angeblichen Gegensätzen zueinander. Für die DDR gefährdet die Bundesrepublik Deutschland den Frieden, für die Bundesrepublik repräsentiert die DDR Unterdrückung und Terror. In dem einen wie dem anderen Fall wird das entgegengesetzte System mit nationalsozialistischen Eigenschaften – kriegshetzerisch / unfrei – identifiziert und das eigene entlastet.
4. Charakteristisch für die Auseinandersetzung mit dem Dritten Reich ist ein formalisierter Mechanismus des Fernrückens und der Konfliktvermeidung:
   a) Nationalsozialisten und ihre Handlungen werden verunglimpft, es fehlt an der Bereitschaft, »die ganze Energie jedes Aspekts unserer selbst in den Akt des Verständnisses miteinzubeziehen.«[241]
   b) Existenzphilosophische Deutungen, welche die Absurdität der Geschichte betonen, haben Wert als Dokumente persönlicher Rettungsversuche; als Erklärungsmodell bemänteln sie die tatsächlichen Abhängigkeiten. Die »verrückte Welt« des Hitler-Staates verlangt nach einer faktischen Offenlegung der Beziehungen, damit unser alltägliches Denken und Handeln in einem lebendigen Zusammenhang erscheint.
   c) Die Formel »Faschismus ist umgekehrter Klassenkampf gegen das Proletariat mit dem Ziel, die Arbeiterbewegung zu zerschlagen«[242] engt die Destruktivität auf einen Teilbereich ein, ordnet außerdem lediglich einer Minderheit Freiheit und Wahl zu und lenkt von der Verantwortung aller Deutschen für den Nationalsozialismus ab.

Auch in anderen Staaten der Industriegesellschaft verbergen sich hinter Formeln und Prinzipien Feindseligkeit, Kälte und unnötige Härte, doch in Deutschland hatten extreme Täuschungsmanöver schon im 19. Jahrhundert eine niedrige Sicherheitsschwelle geschaffen. Das Kaiserreich als Lehrmeister sozialer Wechselbeziehungen und emotionaler Reaktionen legte mehr Wert auf die Erhaltung eines Gefühls der Übereinstimmung als darauf, veränderte Erwartungen richtig wahrzunehmen, und steigerte die kollektive Angst vor Nicht-Komplementärem (= Chaos), aber die »wirkliche Gemeinschaft toleriert nicht nur [...] die Divergenz von Eigeninteressen, sondern lebt geradezu von der Anerkennung solcher natürlichen und unvermeidlichen Divergenz.«[243] Die Tatsache, daß die weltweite Depression in Deutschland gegenwärtig zu besonders krassen Formen der Apathie und Diskussionsmüdigkeit führt, ist Folge dieses Vakuums. Wenn die Hypothese zutrifft, daß auch Nationen in einem langen Prozeß danach streben, ein Gefühl der eigenen Identität zu entwickeln, dann weichten beide Teilstaaten den für ein solches Wachstum notwendigen Wahrnehmungsvorgang auf; West- und Ostdeutschland haben gleichermaßen Angst, durch einen Blick auf die Wirklichkeit ihre mühsam erreichten Ordnungen in Frage zu stellen. Aber erst wenn sich die Deutschen der Aufgabe zuwenden, die Abwehrmauern vor der eigenen Geschichte niederzulegen und die abgespaltene Vergangenheit im Zusammenhang mit ihrer lebendigen Welt wahrzunehmen, werden sie sich ihrer selbst bewußt.

Bildteil

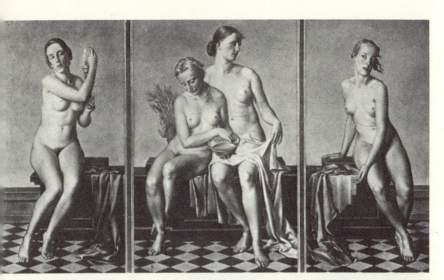

1 Adolf Ziegler: Die vier Elemente. 1936/37.
2 Anselm Feuerbach: Dante und die edlen Frauen von Ravenna. 1858.

3 Ferdinand Staeger: Wir sind die Werksoldaten [Arbeitsdienst]. 1938.
4 Franz Gerwien: Hermann-Goering-Werke. Hochöfen im Bau. 1940.

5 Julius Paul Junghanns: Rast unter Weiden.
6 Michael Mathias Kiefer: Nordisches Meer.

7 Wolfgang Willrich: Hüterin der Art.
8 Karl Diebitsch: Mutter und Kind.

9   Leni Riefenstahl: Reichsparteitag. 1934.
10 Ferdinand Staeger: Politische Front [Die Front].

11 Plakat der Reichspropagandaleitung.
12 Blaupunkt-Werbung. 1937.

13 »Unsereins ganz besonders braucht ab und zu eine Pause...«.
    Inserat der Coca-Cola GmbH. 1938.
14 Anzeige der Zigarettenfabrik Sturm.

 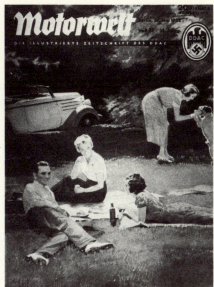

19 Titelseite. Oktober 1938.
20 Titelseite. Mai 1938.

linke Seite

15 Morgenfeier der Coca-Cola Gesellschaft in der Lichtburg, Essen. Um 1938.
16 Grundsteinlegung für das Volkswagenwerk. 1938.
17 Volkswagen-Werbung. Um 1938.
18 Wahlplakat. 1938.

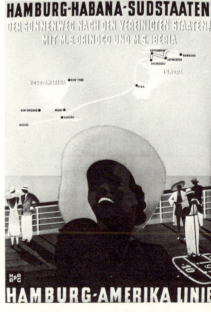

25 Ottomar Starke: Umschlagzeichnung. 1934.
26 Karl Arnold: Glück. 1935.

Linke Seite

21 Plakat der Hamburg-Amerika Linie. 1934.
22 Plakat der Kurverwaltung Norderney. 1939.
23 Plakat der Gemeinschaft für Arbeitsbeschaffung im Elektrogewerbe.
24 »Der Sonnenweg nach den Vereinigten Staaten!«
    Plakat der Hamburg-Amerika Linie. 1938.

29 Koli Kolnberger: Umschlagzeichnung. 1939.
30 KdF-Plakat für den Münchner Fasching. 1938.

linke Seite

27 Photo aus Hans Berger-Rothschwaige: Wohnwagen-Bilderbuch. 1941.
28 Standphoto mit Fritz Genschow und Ingeborg von Kusserow
    aus Werner Hochbaum: Drei Unteroffiziere. 1939.

31 Leica-Anzeige. 1938/39.
32 »Endlich, endlich«! Titelfoto der *Koralle* 20/ Mai 1938.

rechte Seite

33 Werbung für Rasierklingen. 1937.
34 Hans Schweitzer (Mjölnir): Politisches Plakat.

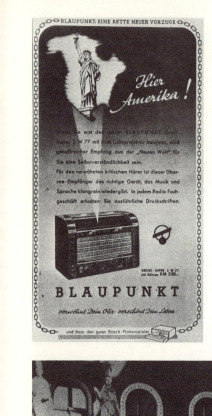

35 »Für den verwöhnten kritischen Hörer ist dieser Übersee-Empfänger das richtige Gerät.«
Blaupunkt-Werbung. 1937.

36 Das Kino ›Tauentzien-Theater‹ in Breslau. 1939.

7 Anzeige von Walt-Disney-Filmen aus *BZ am Mittag* 306/22. 12. 1934.
8 Wappen des Schlachtgeschwaders 4.

39 Werbeplakat für das Magazin *Koralle* mit Katherine Hepburn. November 1937.
40 Titelseite. März 1936.

41 »Die Wahren Geschichten sind für 50 Pfennig überall zu haben!«
Anzeige. Dezember 1937.
42 Litfaßsäule in Berlin mit Werbung für das Swing-Orchester Teddy
Stauffer und der Bekanntmachung einer sechstägigen Verdunklungsübung.
September 1937.

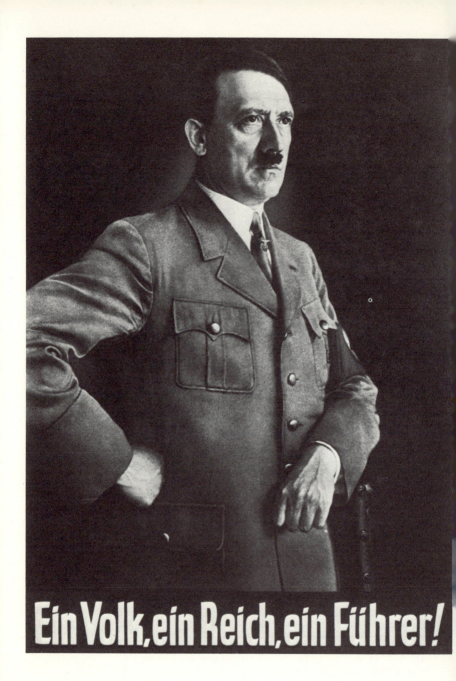

43 Hitler-Plakat. 1938/39.

44 Marlene Dietrich. Titelseite. Mai 1938.

45 Werbung für den Eintritt in die HJ.

46 Klotz und Kienast: Plakat für das Bekleidungsgeschäft Töpler, München. 1936.

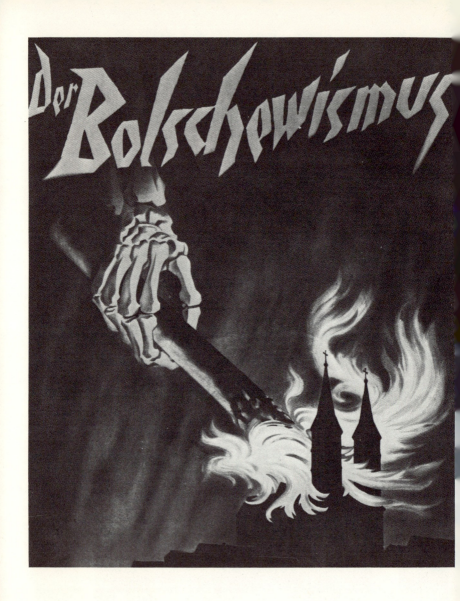

47 Max Eschle: Plakat für die Ausstellung ›Der Bolschewismus‹. 1936.

48 Werbung für Kölnisch Wasser. 1936.

49   Plakat des Modehauses Beck, München. 1941.
50   »Gefällt sie Ihnen? Auch im fünften Kriegsjahr beweist Deutschland durch sein kultiviertes Modeschaffen und die friedensmäßige Ausführung seiner schönen Handtaschenmodelle die Unbesiegbarkeit der deutschen Leistung.«
     Goldpfeil-Inserat. 1944.

rechte Seite

51   Anzeige der Bausparkasse Wüstenrot aus der Wochenzeitung *Das Reich* 5/4. 2. 1945.
52   Propaganda-Serie der Zeitschrift *Signal*. 1944.

IM KRIEGE SPAREN — SPÄTER BAUEN!

Sichern auch Sie sich zeitig für einen möglichen Hauskauf oder späteren Bau eine günstige Gesamtfinanzierung. Wir bieten Ihnen 3% Zinsen in der Sparzeit, dazu Steuervergünstigung im gesetzlichen Rahmen. Später unkündbare Tilgungsdarlehen mit bequemer Rückzahlung und Lebensversicherungsschutz. Bei 25 bis 30% Eigenkapital in geeigneten Fällen (Kauf oder Umschuldung) sofortige Zwischenfinanzierung möglich. Verlangen Sie kostenlose Druckschrift 23 durch

Bausparkasse

GdF Wüstenrot

(14) in **Ludwigsburg / Württemberg**

Deutschlands größte und älteste Bausparkasse

Bilanzsumme	Ende 1943	142 Millionen RM	
Neuabschlüsse im Jahre 1943		201 „ „	VS
Vertragsbestand	Ende 1943	824 „ „	VS

Frage: Hat Deutschland ein Programm, für das es kämpft? Die Antwort: Was der deutsche Soldat zu verteidigen hat, ist kein Programm. Es ist die Substanz seines Daseins, der Reichtum und die Vielfalt seines zivilen und friedlichen Lebens. Was er aber erkämpfen will, ist die Erfüllung der Forderung: den Menschen um seiner selbst willen zu achten. Dies ist ebenfalls kein Programm, sondern eine Idee. Sie zu erklären, bringt „Signal" die folgenden Seiten

WOFÜR WIR KÄMPFEN

Wir sind noch jung, wir sind noch klein.
Wir kennen nicht Kampf noch Sorgen.
Wir wachsen in die Zeit hinein:
Wir sind das Deutschland von morgen.

53 »*Daß wir so in Europa leben können,* dafür kämpfen wir. Wir kämpfen für das Recht des Menschen auf Kultur, denn nur, wer an den Gütern der Kultur Anteil hat, kann selbstbewußt und wahrhaft ein Mensch sein. Wir kämpfen für die endgültige Lösung der Arbeiterfrage, denn die soziale Stellung des Arbeiters ist so lange menschenunwürdig, als sie proletarisch, das heißt nomadenhaft und ungesichert bleibt. Wir kämpfen für den Lebensraum der Familie, denn nur, wenn sich die einzelne Familie gesund und sinnvoll entwickeln kann, ist auch das Dasein und das Glück der Völker Europas gesichert. [...] Wir kämpfen für die Freiheit Europas und das Ende seiner vielen Bruderkriege, denn nur ein freies und einiges Europa wird sich gegen den Ansturm außereuropäischer Gewalten behaupten und durchsetzen können.« Schlußbild der Serie »Wofür wir kämpfen«. 1944.

54 Titelseite mit dem Zeichen der Wolfsangel. Dezember 1933.

55 Heinrich Hoffmann: Hitler. Vor 1933.

Anmerkungen

*Die nichtnationalsozialistische Literatur der
jungen Generation im Dritten Reich*

1 Harold Hurwitz: Der heimliche Leser. Beiträge zur Soziologie des geistigen Widerstandes. Köln und Berlin 1966. S. 47 beobachtet in Diktaturen grundsätzlich eine Diskrepanz zwischen Vorsatz und Wirkung und stellt die Anwendbarkeit des Ausdrucks »totalitär« auf Gesamtgesellschaften in Frage.
2 Oskar Splett: Die lebenden Generationen. In: Prisma 3 (1948) H. 19/20. S. 42.
3 Frank Matzke: Jugend bekennt: so sind wir! Leipzig 1930. S. 82 f.
4 Arnold Gehlen: Der Mensch. Seine Natur und Stellung in der Welt. Berlin 1940. S. 467. Über das Nebeneinander von Grunderfahrungen der »unberechenbar eingeschlagenen Schicksale«, der »Krankheiten« und des »gewissen Todes« (Gehlen S. 457) und der »Lust an der Gefahr, der Freude am Abenteuer des menschlichen Daseins« vgl. O. F. Bollnow: Existenzphilosophie. In: DAZ 247/ 30. 5. 1943.
5 Walter Heist: Genet und andere. Exkurse über eine faschistische Literatur von Rang. Hamburg 1965. S. 183 f. bezieht sich auf verwandte Entwicklungen in Frankreich.
6 Marie Luise Kaschnitz: Orte. Aufzeichnungen. Frankfurt a. M. 1973. S. 92.
7 Horst Lange: Landschaftliche Dichtung. In: Der weiße Rabe 2 (1933) H. 5-6. S. 23.
8 Hans Erich Nossack: Pseudoautobiographische Glossen. Frankfurt a. M. 1971. S. 65 f.
9 Ebd. S. 64.
10 Kaschnitz (Anm. 6). S. 112.
11 Brief vom 14. November 1938. In: Felix Hartlaub, Das Gesamtwerk. Hrsg. von Geno Hartlaub. Frankfurt a. M. 1955. S. 454.
12 Nossack (Anm. 8). S. 73.
13 Brief vom 14. Oktober 1944. In: Aline Bussmann, Erinnerungen an Wolfgang Borchert. Zur zehnten Wiederkehr seines Todestages am 20. November 1957. Hamburg 1957. S. 13.
14 Inge Jens: Über Max Kommerell. In: Inge Jens (Hrsg.), Max Kommerell: Briefe und Aufzeichnungen 1919-1944. Olten u. Freiburg i. Br. 1967. S. 35.
15 Peter Suhrkamp: Tagebuch eines Zuschauers. In: Neue Rundschau 54 (1943) S. 216.
16 »Als der Krieg zu Ende war«. Literarisch-politische Publizistik 1945-1950. Stuttgart 1973. S. 143. (Sonderausstellung des Schiller-Nationalmuseums. Katalog Nr. 23.)
17 Gustav René Hocke: Rheinisches Europäertum. Zum 10. Todestag von Ernst Robert Curtius. Rundfunkmanuskript des WDR, 2. Programm. Sendung vom 24. April 1966 (22 Uhr) S. 7.
18 Gustav René Hocke und Karl Eugen Gass waren Schüler von E. R. Curtius; R. Krämer-Badoni hörte bei M. Kommerell; E. G. Winkler promovierte 1935 bei K. Voßler, Felix Hartlaub 1939 bei W. Elze; H. E. Holthusen stand dem Kreis um K. Huber nahe.
19 Hocke: Rheinisches Europäertum (Anm. 17). S. 7.

Anmerkungen zu Seite 9-11

20 Marie Luise Kaschnitz lebte bis 1939 mehrere Monate in Rom; Reisen führten sie nach Jugoslawien, Ungarn, Griechenland, Nordafrika und in die Türkei. Seit 1937 wohnte Stefan Andres in Positano. Wolfgang Koeppen lebte 1934-1939 in Holland. Karl Eugen Gass studierte 1937-1938 in Pisa; 1938-1942 arbeitete er in Rom als Assistent in der »Bibliotheca Hertziana«, Gustav René Hocke bereitete 1933-1934 in Paris seine Dissertation vor und geriet dort in Verbindung mit dem surrealistischen Kreis um André Breton. Seit 1940 lebte er als Korrespondent der »Kölnischen Zeitung« in Rom. Längere Auslandaufenthalte sind ferner bekannt u. a. von Rudolf Krämer-Badoni (1937-39 Italien; 1940-42 Paris und Nizza), Eugen Gottlob Winkler (1933, 1935 Italien), Emil Barth (1939 Italien), Felix Hartlaub (1933 Italien, 1941/42 Paris), Hans Egon Holthusen (1939 Frankreich), Heinrich Schirmbeck (1936/37 Belgisch-Flandern), Gerhard Nebel (Ägypten, Ostafrika, Griechenland) und Ernst Schnabel (Schiffsreisen nach Afrika, Australien u. a.).

21 Stefan Andres: Der Dichter in der Zeit. München 1974. S. 58.

22 Herbert Böhme: Junge deutsche Dichtung. In: Der deutsche Student. Zeitschrift der deutschen Studentenschaft 2 (1934) S. 634.

23 Joachim Günther: Rückblick und Rechenschaft. In: Ludwig Marcuse (Einleitung), War ich ein Nazi? München, Bern u. Wien 1968. S. 33.

24 Die Publikationen sind verzeichnet in: Rolf Paulus: Lyrik und Poetik Karl Krolows. Bonn 1980. S. 301-304 (Gedichte), S. 377-378 (Betrachtungen), S. 393, 400-401 (Aufsätze, Rezensionen). Auf von Paulus nicht erfaßte Veröffentlichungen in der »Krakauer Zeitung« macht Hubert Orlowski in: Text und Kontext 8 (1980) H. 2. S. 416 aufmerksam.

25 Vgl. die Rezension von Helmut Schlien (mit Foto) in: Die Literatur 37 (1934/35) S. 44; Leonhard Beriger in: Die Literatur 40 (1937/38) S. 179; Joachim Günther in: Die neue Linie 9 (Februar 1935) H. 6. S. 5; Felix Moeschlin in: Berliner Tageblatt 227/228 v. 15. 5. 1938, R. Wenz in: Kölnische Zeitung vom 11. 6. 1939 (Die Literatur 24).

26 Richard Drews u. Alfred Kantorowicz (Hrsg.): Verboten und verbrannt. Deutsche Literatur – 12 Jahre unterdrückt. Berlin u. München 1947. S. 77.

27 Brief an Horst-Günter Funke vom 23. November 1961. In: H.-G. F., Die literarische Form des deutschen Hörspiels in historischer Entwicklung. Phil. Diss. Erlangen-Nürnberg 1963. S. 108; bei Funke auch die Titel der Hörspiele S. 95, Texte jetzt teilweise in: Günter Eich, Gesammelte Werke. Bd. 2. Frankfurt a. M. 1973; für den 8. 5. 1940 ist mit »Rebellion in der Goldstadt« die letzte Uraufführung Eichs im Dritten Reich nachgewiesen.

28 Die Literatur 41 (1938/39) S. 495.

29 Gerd Eckert in: Die Literatur 41 (1938/39) S. 561.

30 Brief Ernst Schnabels an den Verf. vom 10. Oktober 1975.

31 Angaben nach: Ausländische Literatur in Deutschland von 1933-1945. In: Prisma 3 (1948) H. 17. S. 41. Von Fallada ist lediglich die Auflage von »Kleiner Mann – was nun?« nachgewiesen (1935-1941: 85188), die Gesamtauflage dürfte zwischen der von Wiechert und Hesse liegen. Den Hinweis auf die Statistik in »Prisma« verdanke ich Fritz Arnold.

32 Publikationsorte bei Helmut Salzinger: Eugen Gottlob Winklers künstlerische Entwicklung. Die ästhetischen Anschauungen, untersucht an seinem dichterischen und kritischen Werk. Phil. Diss. Hamburg 1967. S. 418 f.

Anmerkungen zu Seite 11-14

33 Brief an den Verf. vom 12. September 1975.
34 Oda Schaefer: Auch wenn du träumst, gehen die Uhren. Lebenserinnerungen. München 1970. S. 267.
35 Hartlaub (Anm. 11). S. 452 (Brief vom 21. Januar 1935).
36 Karl Korn: Lange Lehrzeit. Ein deutsches Leben. Frankfurt a. M. 1975. S. 251.
37 Hartlaub (Anm. 11). S. 457 (Brief vom 27. Januar 1940).
38 Ebd. S. 454.
39 Erna Krauss u. Gustav Friedrich Hartlaub (Hrsg.): Felix Hartlaub in seinen Briefen. Tübingen 1958. S. 270.
40 Auf ein generationsbedingtes Interesse an Kafka und Green weist Hans Georg Brenner in einem Brief an Eugen Claassen vom 26. 3. 1936: »[. . .] ich fühle etwas wie eine brüderliche Verwandtschaft mit Koeppen, wobei Sie die Vaterschaft bei Green oder Kafka sehen mögen. Das sind gefährliche und anmaßende Hinweise, aber ich glaube, heimlich haben wir 1903er alle etwas davon – in verschiedenen Tönungen.« (Reinhard Tgahrt [Hrsg.]: Eugen Claassen. Von der Arbeit eines Verlegers. In: Marbacher Magazin 19 [1981] S. 10 f.). Repräsentativ ist auch die Bücherliste, die Friedo Lampe in einem Brief vom 10. Dezember 1943 nach einem Luftangriff mitteilt; er bedauert, daß er »von den Modernen« nur Kafka, Hofmannsthal, Rilke und Proust gerettet habe (Neue deutsche Hefte 3 [1956/57] S. 118). Vgl. dazu die Äußerung Ernst Kreuders: »Uns Gegengesinnten half es wenig, daß wir James Joyce lasen, Döblin, Hemingway und Faulkner, Hans Henny Jahnn und Thomas Wolfe« (Christoph Stoll u. Bernd Goldmann [Hrsg.]: Ernst Kreuder. Von ihm, über ihn. Mainz 1974. S. 10).
41 Korn (Anm. 36). S. 250.
42 Europäische Revue 13 (1937) S. 91.
43 Nachwort des Herausgebers. In: Max Bense, Sören Kierkegaard. Leben im Geist. Hamburg 1942. S. 90.
44 Europäische Revue 13 (1937) S. 497.
45 1 (1936) H. 1. S. 29.
46 2 (Februar 1937) H. 2. S. 41.
47 Brief an den Verf. vom 18./19. 7. 1980.
48 Mitteilung an den Verf. vom 10. 6. 1980.
49 Thomas Wolfe: Es führt kein Weg zurück. Roman. Hamburg 1950. S. 530.
50 Ausländische Literatur (Anm. 31). S. 37.
51 Westermanns Monatshefte 82 (Januar 1938) S. 417; vgl. die ähnliche Beobachtung bei Kurt Pinthus: Culture Inside Nazi Germany. In: The American Scholar 9 (Autumn 1940) H. 4. S. 401.
52 Martin Hieronimi: Zur Frage der ausländischen Übersetzungsliteratur. In: Der Buchhändler im neuen Reich 4 (Juni 1939) H. 6. S. 209.
53 Karl Korn: Übersetzungsernte. In: Die Tat 29 (Mai 1937) H. 2. S. 125.
54 Pleins pouvoires? Frankreichs Furcht vor der Zweitrangigkeit. Ausgewählte Schriften und Reden [mit G. korrigierenden Kommentaren]. Berlin 1941; zur Giraudoux-Rezeption im Dritten Reich vgl. Anmerkung 104 zu Horst Lange: Tagebücher aus dem Zweiten Weltkrieg. Mainz 1979. S. 242. Für die Spielzeit 1939/40 hatte Gründgens eine Aufführung von »Undine« angekündigt, die wegen des Kriegsausbruchs nicht mehr zustande kam. Vgl. Edwin v. d. Nüll: Der neue Spielplan der Staatlichen Schauspiele. B.-Z.-Gespräch mit G. Gründgens. In: BZ am Mittag 167/14. 7. 1939.

Anmerkungen zu Seite 14-15

55 Walter Bauer: Der Flieger Saint-Exupéry. In: Der Bücherwurm 27 (September 1941) H. 9. S. 9.
56 1945 ist heute. Ein persönlicher Bericht. In: Literaturmagazin 7. Reinbek 1977. S. 233.
57 Kurt Wais: Französische und französisch-belgische Dichtung. In: ders. (Hrsg.), Gegenwartsdichtung der europäischen Völker. Berlin 1939. S. 215.
58 Marcel Proust. In: Frankfurter Zeitung 353-353/ 12. 7. 1936, auch in: Der Bücherwurm 22 (Dezember 1936) H. 4-5. S. 103-107 und in: Eugen Gottlob Winkler, Gestalten und Probleme. Hrsg. von H. Rinn und J. Heitzmann. Leipzig-Markkleeberg 1937. S. 268-280; Nachauflage 1939. Zur Proust-Rezeption im Dritten Reich vgl. Anmerkung 7 zu Lange (Anm. 54).
59 T. S. Eliot: Traditionelle und individuelle Begabung. In: Europäische Revue 12 (November 1936) S. 874-882; Demokratie und Dichtung. In: Das innere Reich 5 (1938) Bd. 1. S. 638-641; Pascal. In: Neue Rundschau 50 (1939) Bd. 1. S. 25-39. Vgl. außerdem Hans Hennecke: T. S. Eliot. Der Dichter als Kritiker. In: Europäische Revue 12 (September 1936) S. 712–735.
60 Hans Galinsky: Englische und angloirische Dichtung. In: Wais (Anm. 57). S. 157.
61 Anselm Schlösser: Erfreuliche und unerfreuliche Literatur in England. In: Wille und Macht 6 (1. 12. 1938) H. 23. S. 17.
62 Hans Hennecke: James Joyce †. In: Neue Rundschau 52 (1941) Bd. 2. S. 120-122.
63 Curt Hohoff: Katholische Literatur in England. In: Hochland 35 (Oktober 1937-März 1938) S. 329.
64 Helmut Papajewski: Englischer Brief. In: Die Literatur 41 (1938/39) S. 619.
65 Carl Heinz Petersen: In schwimmenden Konturen. James Joyce: Finnegans Wake. In: DAZ 305/ 28. 6. 1939.
66 Thomas Wolfe: Brief nach Amerika. Dreißig Lehrerinnen reisen durch neun europäische Staaten. In: Berliner Tageblatt 363/ 2. 8. 1936; ders.: Geschichte eines Romans. In: Neue Rundschau 47 (1936) Bd. 2. S. 1121-1142; ders.: Sonne und Regen. In: Neu Amerika. Zwanzig Erzähler der Gegenwart. Hrsg. von Kurt Ullrich. Berlin 1937. S. 411-420; ders.: Brooklyn, Europa und ich. In: Die Dame (Februar 1939) = Die Dame. Ein deutsches Journal für den verwöhnten Geschmack 1912-1943. Hrsg. von Christian Ferber. Berlin 1980. S. 374-382; ferner einige Vor- und Nachabdrucke aus »Vom Tod zum Morgen« (Berlin 1937) in Zeitungen und Zeitschriften. – William Faulkner: Heute nacht. In: Neue Rundschau 44 (1933) Bd. 1. S. 652-669; ders.: Eine Königin: In: Neue Rundschau 44 (1933) Bd. 2. S. 527-541; Ehre. In: Europäische Revue 11 (August 1935) S. 529-538; ders.: Morgen, Kinder wird's was geben. In: Neu Amerika. Zwanzig Erzähler der Gegenwart Hrsg. von Kurt Ullrich. Berlin 1937. S. 107-134.
67 Kurt Ullrich: Zur Situation der amerikanischen Literatur. In: Neu Amerika. Zwanzig Erzähler der Gegenwart. Berlin 1937. S. 12 f. Vgl. dazu Richard Möring [d. i. Peter Gan]: Anmerkungen zu ›Neu-Amerika‹. In: Neue Rundschau 48 (1937) Bd. 1. S. 305-312, dort grundlegend über Merkmale der amerikanischen *short story*.
68 Otto Koischwitz: German readers turn to foreign countries. In: Books Abroad 13 (1939) S. 433.
69 Curt Hohoff: Über Eugene O'Neill. In: Hochland 36 (Oktober 1938-März 1939). Bd. 1. S. 46.

Anmerkungen zu Seite 15-16

70 K. v. Stutterheim: Die Reisebeschreibung als Kunstwerk. In: Berliner Tageblatt 339/ 19. 7. 1936; Otto Koischwitz: Amerikanischer Brief. In: Die Literatur 43 (Oktober 1940-September 1941) S. 240 f.

71 Über diese Ausgabe schrieb Ernst Schnabel: »Goebbels ließ während des Krieges und nach Kriegseintritt Amerikas Steinbecks ›Früchte des Zorns‹ in riesiger Auflage erscheinen – wahrscheinlich in der Annahme, man werde einen gehörigen Begriff vom Elend des amerikanischen Proletariats bekommen. Die tatsächliche Wirkung war gegenteilig. Jedermann las das Buch und sagte sich: wo dergleichen erscheinen dürfe, müsse es anders zugehen als bei uns« (Brief an den Verf. vom 10. Oktober 1975).

72 Anselm Schlösser: Betrachtungen über nordamerikanische Literatur. In: Europäische Literatur 3 (Mai 1944) H. 5. S. 15.

73 Jahresbericht 1940 des Hauptlektorats »Schöngeistiges Schrifttum«. In: Lektoren-Brief. Vertrauliche Informationen des Amtes Schrifttumspflege bei dem Beauftragten des Führers für die Überwachung der gesamten geistigen und weltanschaulichen Schulung und Erziehung der NSDAP 4 [1941] H. 5/6. S. 4.

74 Wolfe (Anm. 49). S. 522 f. Vgl. vor allem die materialreichen und von der Forschung bisher kaum wahrgenommenen Untersuchungen von William W. Pusey III: The German Vogue of Thomas Wolfe. In: Germanic Review 23 (April 1948) H. 2. S. 131-148; William Faulkner's Works in Germany to 1940. Translations und Criticism. In: Germanic Review 30 (Oktober 1955) H. 3. S. 211-226.

75 Korn (Anm. 53) S. 128.

76 G[iselher] W[irsing]: Amerikanische Komödie. In: Die Tat 28 (1936/37) Bd. 2. S. 80.

77 Lutz Weltmann: Schau Heimwärts, Engel! In: Die Literatur 35 (Oktober 1932-September 1933) S. 479; Hermann Hesse: Notizen zu neuen Büchern. In: Neue Rundschau 36 (1935) Bd. 2. S. 670; Herbert Roch: Die amerikanische Wirklichkeit im Roman. In: Die Hilfe 62 (17. 10. 1936) Nr. 26. S. 474; Otto Karsten: Absalom, Absalom! In: Kölnische Zeitung 294/ 14. 6. 1938.

78 Mildred Harnack-Fish: Der Epiker der Südstaaten. William Faulkner. In: Berliner Tageblatt 397/ 23. 8. 1934; von »Härte des Geistes« spricht Gerhart Pohl in: Deutsche Zukunft 4 (8. 3. 1936) S. 183, »kühne männliche Härte« auch bei Otto Karsten: Absalom, Absalom! In: Kölnische Zeitung 294/ 14. 6. 1938; »Härte und Schonungslosigkeit« entdeckt Walter Bauer in Wolfes »Von Zeit und Strom«. In: Eckart 12 (1936).

79 an: Thomas Wolfe †. In: Deutsche Rundschau CCLVII (Oktober 1938) S. 57.

80 Edgar Maaß: Thoreau. In: Das innere Reich 6 (1939) Bd. 1. S. 328.

81 Hans Paeschke: Vom Tod zum Morgen. Die 14 Novellen Thomas Wolfes. In: Deutsche Rundschau CCLVI (September 1937) S. 234.

82 Herbert Roch: Die amerikanische Wirklichkeit im Roman. In: Die Hilfe 62 (17. 10. 1936) Nr. 26. S. 474.

83 Ilse Molzahn: Dem Andenken Thomas Wolfes. In: Deutsche Zukunft 6 (25. 9. 1938) S. 9.

84 Otto Karsten: Thomas Wolfe †. In: Kölnische Zeitung 294/ 14. 6. 1938.

85 Adolf Frisé: Der junge amerikanische Roman. In: Die Tat 27 (November 1935) H. 4. S. 638.

86 Kurt v. Stutterheim: Amerikas neuer Roman. [William Faulkner: Pylon; Ernest Hemingway: Fiesta]. In: Berliner Tageblatt 211/ 5. 5. 1935; auf das »neue Welt- und Lebensgefühl« in »Absalom, Absalom!« weist Hans Georg Brenner in: Die Koralle

Anmerkungen zu Seite 16-17

NF 6 (25. 9. 1938) H. 38. S. 1347. Vgl. ferner die Faulkner-Begeisterung von Benn, der »Licht im August« das »Aufschlußreichste und Beunruhigendste« nannte, »dem sich der Leser heute widmen kann (Geistige Ernte 1935 [eine Umfrage]. In: Die neue Linie 7 – Dezember 1935 – H. 4. S. 24). Über Faulkner vgl. Ausgewählte Briefe. Wiesbaden 1957. S. 66 (»Äußerst fesselnde, fast beunruhigende Partien. Vorsichtig zu besprechen, keine unmittelbare Aufbauillusion darin«, 15. 8. 1935), S. 109 (26. 11. 1946); Den Traum alleine tragen. Neue Texte, Briefe, Dokumente. Wiesbaden 1962. S. 197 (4. 4. 1937), S. 199 (19. 5. 1937); Briefe an F. W. Oelze 1932-1945. Wiesbaden und München 1977. S. 63 (29. 8. 1935), S. 155 (1. 11. 1936), S. 320 (26. 9. 1942). Benn schrieb außerdem 1937 eine nicht mehr gedruckte Anzeige von Wolfes Kurzgeschichtenband »Vom Tod zum Morgen«. In: Gesammelte Werke. Bd. 4. Wiesbaden 1961. S. 266-267.

87 M[argret] Boveri: USA ohne Illusionen. William Faulkner: Wendemarke. In: Berliner Tageblatt 566/ 28. 11. 1936.

88 Karl Rauch: Das realistisch-romantische Epos Amerikas. Thomas Wolfe »Von Zeit und Strom«. In: Kölnische Zeitung 216/ 26. 4. 1936.

89 Hermann Stresau: Der Geist der Öffentlichkeit in den amerikanischen Epikern. In: Neue Rundschau 51 (1940) S. 5.

90 Kurt Pfister: Ein amerikanischer Roman [Absalom, Absalom!]. In: Deutsche Zukunft 6 (2. 10. 1938) S. 10; Karl Korn: Moira und Schuld. In: Neue Rundschau 49 (1938) Bd. 2 S. 605; Vgl. außerdem zu »Absalom, Absalom!« Raimund Pretzel [d. i. Sebastian Haffner] in: Die Dame 21 (1938) S. 42: »Dieses Buch ist das Grandios-Furchtbarste, was seit langem in irgendeiner Sprache geschrieben wurde: von einer tragischen Wucht, die zum Vergleich nach den schauerlichsten griechischen Mythen verlangt.«

91 Eckart von Naso: Neues vom Büchertisch. In: Velhagen und Klasings Monatshefte 50 (1935/36) S. 677.

92 Bernt von Heiseler in: Deutsche Zeitschrift 1936. S. 468.

93 Reinald Hoops: Die amerikanische Literatur der Gegenwart. In: Bücherkunde 7 (1940) S. 241.

94 Friedrich Schönemann: Die gegenwärtige amerikanische Romanliteratur. In: Westermanns Monatshefte 1934. S. 71.

95 Kurt Scherg: [Thomas Wolfe »Von Zeit und Strom«]. In: Klingsor 14 (Januar 1937) S. 38; teilweise negativ auch E[rnst] W[ilhelm] Eschmann: Noch ein amerikanischer Roman. In: Die Tat 28 (1936/37) Bd. 1. S. 318, ferner Albert Erich Günther: Amerika in der Krise. In: Deutsches Volkstum 15 (2. Juli 1933) H. 14. S. 586.

96 F[riedrich] Schönemann: [William Faulkner: Absalom, Absalom!]. In: Zeitschrift für neusprachlichen Unterricht 38 (1939) S. 120. Daß sich diese Kritik nicht gegen den modernen amerikanischen Roman als ganzes richtet, ergibt die anschließende positive Würdigung der Original-Ausgabe von Faulkners »The Unvanquished« (»ein durch und durch bedeutsames, starkes Buch, dem man viele Leser wünscht«).

97 Hans Franke: Unerwünschte Einfuhr. In: Die neue Literatur 38 (Oktober 1937) H. 10. S. 501 ff.; in der nächsten Nummer der »Neuen Literatur« greift Vesper Thomas Wolfe wegen seines schonungslos-kritischen Berichts über Hitler-Deutschland an (H. 11/ S. 527).

98 Simone de Beauvoir: In den besten Jahren. Reinbek 1969. S. 159f. (ro ro ro 1112).

Anmerkungen zu Seite 17-18

99 Nach einem Prospekt des Rowohlt-Verlages zum 3.-4. Tausend, vermutlich 1936. Daß der Verlag eine solche Interpretation nahe zu legen versuchte, zeigt der Holzschnitt auf dem Original-Umschlag von »Licht im August«, Planwagen, Acker, Dorf und aus den Wolken brechende Lichtbündel vermitteln den Eindruck eines völkischen Dorfromans.
100 Die neue Literatur 1937. S. 103 f.
101 Die neue Literatur 1938. S. 45-46, 154-156.
102 Volker Dahm: Das jüdische Buch im Dritten Reich. In: Archiv für Geschichte des Buchwesens. Bd. 20 (Februar-April 1979) Sp. 263-264 (Dokument XIII).
103 [Lambert Schneider]: Rechenschaft 1925-1965. Ein Almanach. Heidelberg [1965]. S. 42. (»Wir wußten, welche Buchhandlungen es wagten, die Schocken Bücher verstreut auf die Tische zu legen und kannten die, die sie unter der Theke für ihre besonderen Kunden liegen hatten«.) Zum jüdischen Buch grundlegend Dahm (Anm. 102).
104 Schneider (Anm. 103). S. 41.
105 Zur Kafka-Rezeption im Dritten Reich vgl. Anmerkung 167 zu Lange (Anm. 54).
106 Dr. H[ocke]: Hermann Broch, James Joyce und die Gegenwart. In: Kölnische Zeitung vom 30. 8. 1936; Karl Arns: Hermann Broch, James Joyce. In: Die neueren Sprachen 46 (1938) H. 3. S. 120; Charlotte Demming: Hermann Broch, Die unbekannte Größe. In: Der Gral 29 (1934-1935) S. 438.
107 Will Grohmann: Elias Canetti, Die Blendung. In: Die neue Linie 8 (August 1937) H. 12. S. 54.
108 Wolfgang Weyrauch: Abseits [Robert Musil, Nachlaß zu Lebzeiten]. In: Berliner Tageblatt 68/ 9. 2. 1936; R. A. Dietrich: [Robert Musil, Über die Dummheit]. In: Berliner Tageblatt 436/437 vom 16. 9. 1937.
109 Ernst Kreuder: »Man schreibt nicht mehr wie früher«. Briefe an Horst Lange. In: Literaturmagazin 7. Reinbek 1977. S. 217 (14. 11. 1945), S. 219 (14. 12. 1945).
110 Wilhelm Hausenstein: Bücher – frei von Blut und Schande. In: Johannes Franz Gottlieb Grosser (Hrsg.), Die große Kontroverse. Ein Briefwechsel um Deutschland. Hamburg 1963. S. 63 und 69.
111 Karl Korn in seinen Lebenserinnerungen von der Berliner Buchhandlung Karl Buchholz: »Für einen engeren Vertrautenkreis, zu dem ich bald zählte, war der Zutritt zu einer Art Zwischengeschoß offen. Da fand man [...] zum Beispiel Thomas Mann« (in: Korn [Anm. 36]. S. 290-291). Ernst Schnabel erinnert sich: »Da kam mir durch meinen Verleger Eugen Claassen vieles in die Hände, vor allem alles, was Thomas Mann draußen schrieb« (Brief v. 10. Oktober 1975). Thomas-Mann-Lektüre erwähnten gegenüber dem Verf. ferner Hans Egon Holthusen (»Die Geschichte Jaakobs«), Albrecht Fabri (Zweiter Josephs-Roman, Auszüge aus »Lotte in Weimar«) und Rudolf Krämer-Badoni (»In Italien [...] las ich alle im Exil entstehenden Werke Thomas Manns.«).
112 Nossack (Anm. 8). S. 51.
113 Rudolf Ibel: Von der Würde und Fragwürdigkeit der Ausdruckskunst in der Dichtung. In: Die Literatur 38 (1935/36) S. 405.
114 Theodor Sapper: Expression als deutsche Dichtung. Der Irrtum der »neuen Sachlichkeit«. In: Berliner Tageblatt vom 14. 9. 1933.
115 Horst Lange: Bildnis des Dichters Georg Heym. In: Das innere Reich 2 (Mai 1935) H. 2. S. 212.

Anmerkungen zu Seite 18-19

116 Der gemäßigte Frühexpressionismus wurde auch von Teilen der nationalsozialistischen Germanistik positiv beurteilt. Vgl. dazu den gegen Adolf Bartels gerichteten Aufsatz von Hellmuth Langenbucher: Georg Trakl. In: Bücherkunde 9 (1942) S. 112-119.

117 Die »Kölnische Zeitung« veröffentlichte während des Krieges Gedichte von Trakl (558/ 3. 11. 1939; 515/ 9. 10. 1941; 531/ 18. 10. 1941; 563/ 24. 12. 1943), Heym (72/ 8. 2. 1942) und Stadler (479/ 20. 9. 1942). Die Angaben verdanke ich K.-D. Oelze.

118 Berliner Tageblatt 308/ 4. 7. 1933 u. a. Marc, Macke, O. Mueller, Schmidt-Rottluff, Nolde, Rohlfs, Barlach; 110/ 6. 3. 1934 Nolde; 146/ 27. 3. 1934 u. a. Schmidt-Rottluff; 371/ 8. 8. 1934; 519/ 2. 11. 1934 Hofer; 453/ 25. 9. 1934 Macke; 555/ 24. 11. 1934 u. a. O. Mueller; 597/ 13. 12. 1934 Modersohn-Becker; 121/ 12. 3. 1935 Feininger; 163/ 5. 4. 1935 Schmidt-Rottluff; 259/ 3. 6. 1935 Scharl; 388/ 17. 8. 1935 Bargheer; 581/ 9. 12. 1935 Rohlfs; 20/ 12. 1. 1936 Purrmann; 75/ 13. 2. 1936 u. a. Rössing; 131/ 17. 3. 1936 Molzahn; 143/ 24. 3. 1936 Feininger; 156/ 1. 4. 1936 Pechstein; 181/ 16. 4. 1936 Lehmbruck; 189/ 21. 4. 1936 u. a. Gilles, Nay; 210/ 5. 4. 1936 und 214/ 6. 5. 1936 Marc; 228/ 14. 5. 1936 u. a. Heckel, Schmidt-Rottluff; 247/ u. a. Beckmann, Heckel, Nolde, Hofer, Marcks; 382/ 13. 8. 1936 u. a. Barlach, Heckel, Marcks, Nolde, Schmidt-Rottluff; 439/16. 9. 1936 Seitz; 483/ 11. 10. 1936 u. a. Macke, Mataré, Nay; Sintenis; 486/ 13. 10. 1936 Brockmann; 573/ 3. 12. 1936 Gotsch; 604/22. 12. 1936 u. a. Fuhr, Nolde, Rohlfs, Schmidt-Rottluff; 606/ 23. 12. 1936 Rössing; 23/ 14. 1. 1937 Kubin; 33/ 20. 1. 1937 Hofer; 45/27. 1. 1937 Schlemmer; 89/ 22. 2. 1937 Schmidt-Rottluff; 114/ 9. 3. 1937 Fuhr; 135/ 20. 3. 1937 Heldt; 140/ 24. 3. 1937 Nay; 191-192/ 24. 3. 1937 Marcks; 549-550/ 21. 11. 1937 u. a. Gotsch; 423-424/8. 8. 1938 u. a. Heldt; 477-478/ 9. 10. 1938 u. a. Seitz, Marcks; 594-595/ 17. 12. 1938 u. a. Marcks, Rössing, Sintenis. – Vgl. außerdem Deutsche Allgemeine Zeitung 233/ 17. 5. 1939 Pechstein.

119 Günter Metken (Hrsg.): Herbert List. Photographien 1930-1970. München 1976. S. 10, dort keine Hinweise auf das Schicksal von List nach der Besetzung von Paris und auf die von der »Deutschen Allgemeinen Zeitung« 214/ 5. 5. 1942 besprochene Ausstellung.

120 Ernst Barlach: Russisches Tagebuch. In: Deutsche Rundschau 23 (1940) S. 112–117; Bruno E. Werner: Die deutsche Plastik der Gegenwart. Berlin 1940. S. 22-24.

121 Werner (Anm. 120). S. 44, 50-51 (Abb.) 209; H. Wolfgang Seidel und I. Tönnies: Das Antlitz vor Gott. Hamburg 1941. Abb. 30/31, 32.

122 Deutsche Allgemeine Zeitung 162/ 3. 4. 1940; 246/ 25. 5. 1942; 184/ 17. 4. 1943; 310/ 30. 6. 1943.

123 Deutsche Allgemeine Zeitung 506/ 22. 10. 1941; Marie Luise besucht den Maler Christian Schad. In: Marie Luise 9 (27. 5. 1941) H. 22. S. 8 mit Abb.

124 Alex Vömel: Als Galerist im Nazireich. In: Zwischen Widerstand und Anpassung. Kunst in Deutschland 1933-1945. Berlin 1978. S. 68. (Ausstellungs-Katalog Akademie der Künste 120): »Im April 1941 hat der Chef der Sicherheitspolizei Heydrich dem Propagandaministerium berichtet, daß in der Galerie Vömel in Düsseldorf entartete Kunst ausgestellt und feilgeboten werde. Diese Tätigkeit sabotiere die Kunstpolitik des Führers. Am 25. 4. 1941 wurde mein Galeriebestand beschlagnahmt und nach Berlin geschafft. Glücklichen Umständen verdanke ich die Freigabe und die Möglichkeit der Weiterführung meiner Galerietätigkeit. Trotz mehrfacher Ausbombung bis in die

Anmerkungen zu Seite 19-20

Kellerräume und trotz der Vernichtung ausgelagerter Bestände war es mir immer wieder möglich, Werke der verfehmten Maler an zuverlässige Sammler zu vermitteln und den befreundeten Künstlern das Notwendige für den Lebensunterhalt zuzuführen.« Der Maler Gerhardt Schmidt erinnerte sich, »daß Günther Franke in seinen Ausstellungsräumen München, Brienerstraße 1943 eine Grafikausstellung von Kokoschka-Lithos veranstaltete und mir, dem ihm unbekannten Urlauber aus Rußland, eine Menge Beckmann, Barlach u. a. zeigte. [...] Ich vermute, daß auch er hohe Nazis kannte, die ihn notfalls decken würden« (Brief an den Verf. v. 4. 4. 1980).

125 Karin von Maur: Oskar Schlemmer. München 1979. S. 283-327; Willi Baumeister. Gemälde. Tübingen 1972. S. 133-185, vgl. bes. den Brief an Heinz Rasch vom 20. 6. 1942. S. 155 f. (Katalog der Kunsthalle Tübingen). Außerdem Zwischen Widerstand und Anpassung (Anm. 124). S. 240-242 (Schlemmer) S. 94-97 (Baumeister).

126 Zwischen Widerstand und Anpassung (Anm. 124). S. 72.

127 Berliner Tageblatt 541/ 15. 11. 1934; 169/ 8. 4. 1936; 474/ 6. 10. 1936; 23/ 14. 1. 1937; 448-469/ 5. 10. 1937; 486-487/ 15. 10. 1937; 601-602/ 22. 11. 1937; 7-8/ 6. 1. 1938; 63-64/ 8. 2. 1938; 183-184/ 20. 4. 1938; 195-196/ 27. 4. 1938; 258-259/3. 6. 1938; 50-51/ 31. 1. 1939.

128 Persephone. Melodram in drei Bildern. Musik von Igor Strawinsky. Dichtung von André Gide. Deutsch von F. Schröder. Berlin/ Leipzig 1937.

129 Joseph Wulf: Musik im Dritten Reich. Gütersloh 1963. S. 287, S. 44 und S. 331. Weitere Dokumente S. 401-402, 423.

130 Wulf (Anm. 129). S. 335-345. Vgl. Heinrich Strobel: Furtwängler und Hindemith. In: Berliner Tageblatt 559/27. 11. 1934; Goebbels zum »Fall Furtwängler«. In: Berliner Tageblatt 578/ 8. 12. 1934. Nach dieser Kontroverse ist nur noch eine Hindemith-Aufführung im Dritten Reich nachgewiesen (Berliner Tageblatt 169/ 8. 4. 1936); 1935 erschien allerdings »Mathis der Maler« bei Telefunken als Schallplatte, sie war vermutlich noch 1939 im Handel. Vgl. Fred Hamel: Eine Stunde Musikgeschichte. In: Die Schallplatten-Fibel. Hrsg. von der Telefunkenplatte. Berlin 1939. S. 78, dort eine Nennung Hindemiths, »der durch straffe Zusammenfassung von Satztechnik und Form den neuen Klassizismus konsequent zur Durchführung bringt«. Zur modernen Musik im Dritten Reich vgl. auch Martin Hürlimann (Hrsg.): Robert Oboussier: Berliner Musik-Chronik 1930-1938. Ausgewählte Rezensionen und Essays [aus der Deutschen Allgemeinen Zeitung]. Zürich 1969. S. 68-71 (Hindemith »Mathis der Maler« DAZ 13. 3. 1934), S. 80-83 (Berg Lulu-Suite DAZ 1. 12. 1934), S. 87-90 (Egk »Die Zaubergeige« DAZ 25. 5. 1935), S. 105-112 (Fest zeitgenössischer Musik in Baden-Baden u. a. Fortner, Hindemith, Egk DAZ 7.-8. 4. 1936), S. 130-133 (Strawinsky »Persephone« DAZ 7. 7. 1937), S. 133-136 (Orff »Carmina Burana« DAZ 14. 7. 1937).

131 *Orff* Berliner Tageblatt 272-273/ 12. 6. 1937 Carmina Burana; Deutsche Allgemeine Zeitung 111/ 7. 3. 1939 Der Mond; 498/ 18. 10. 1939 Musik zum »Sommernachtstraum«; 480/ 5. 10. 1940 Carmina Burana; 611/ 23. 12. 1941 Carmina Burana; 90/ 22. 2. 1943 Die Kluge; Kölnische Zeitung 82/ 14. 2. 1942 Carmina Burana; 488/ 14. 11. 1943 Catulli Carmina. – *Egk:* Berliner Tageblatt 244/ 24. 5. 1935; 81/ 17. 2. 1936 Die Zaubergeige; 163/ 4. 4. 1936; 555/ 23. 11. 1936; 577-578/ 8. 12. 1937; 558-559/ 26. 11. 1938 Peer Gynt; Deutsche Allgemeine Zeitung 38/ 22. 1. 1940 Joan von Zarissa; 611/ 23. 12. 1941; 213/ 5. 5. 1942 Columbus; 431/ 14. 10. 1943 Peer Gynt. –

Anmerkungen zu Seite 20-22

Blacher: Berliner Tageblatt 555/23. 11. 1936 Ouvertüre zu Fest im Süden: 62/ 6. 2. 1937 Fest im Süden; 577-578/ 8. 12. 1937; 43-44/ 27. 1. 1938 Konzertante Musik für Orchester; 51-52/ 1. 2. 1938 Ouvertüre zu Fest im Süden; 252-253/ 31. 5. 1938; Deutsche Allgemeine Zeitung 57/ 3. 2. 1939; 62/ 6. 2. 1939 Symphonie op. 12; 94/ 23. 2. 1940 Harlekinade; 520/ 29. 10. 1940 Hamlet; 64/ 6. 2. 1941 Fürstin Tarakanowa; 182/ 4. 7. 1944 Fest im Süden. – *Fortner:* Berliner Tageblatt 163/ 4. 4. 1936; 280/ 25. 6. 1936; 510/ 27. 10. 1936; 80/ 17. 2. 1937; 133/ 19. 3. 1937; 139/23. 2. 1937; 480-481/ 12. 10. 1937; Deutsche Allgemeine Zeitung 160/ 4. 4. 1939; 563/ 23. 11. 1940. – *von Einem:* Deutsche Allgemeine Zeitung 39/ 9. 2. 1944 Prinzessin Turandot; 95/ 5. 4. 1944 Concerto.

132 Hans Heinz Stuckenschmidt: Die Musen und die Macht. Musik im Dritten Reich. In: Frankfurter Allgemeine Zeitung 284/ 6. 12. 1980.

133 Albert Buesche: Claudels »Seidenschuh«. In: Das Reich 51/ 19. 12. 1943; Karl Frahm: Weltdramen der Liebe. Pariser Premieren von Giraudoux und Claudel. In: DAZ 600/ 16. 12. 1943.

134 Albert Buesche: Ein Untergang mit Hoffnung. »Sodom und Gomorra« von Jean Giraudoux. In: Das Reich 45/ 7. 11. 1943.

135 Albert Buesche: Der Pariser und sein Theater. In: Das Reich 37/ 12. 9. 1943; über die Uraufführung vgl. auch Beauvoir (Anm. 98). S. 459 f.

136 Karl Frahm: Blick in die »Rive Gauche«. In: Deutsche Allgemeine Zeitung 357/ 28. 7. 1943 Camus; Frahm: Weltdramen (Anm. 133) Cocteau; Karl Frahm: Und die stückeschreibende Jugend . . .? In: Deutsche Allgemeine Zeitung 249/ 26. 5. 1943 Anouilh.

137 Frahm: Weltdramen (Anm. 133), außerdem Albert Buesche: Ein Appell an die Vernunft. Vier Jahre Wechselwirkung deutsch-französicher Kulturarbeit. In: Das Reich 1/ 7. 1. 1945. Zur »liberalen« Zensur im besetzten Frankreich vgl. jetzt die Erinnerungen von Gerhard Heller: Un Allemand à Paris. 1940-1944. Paris 1981, dazu Jürg Altwegg in: Frankfurter Allgemeine Zeitung 100/30. 4. 1981 (»Er wollte nicht verbieten, sondern schützen. Unter seiner Aufsicht erschienen 1943 in Frankreich 9348 Bücher, mehr als in jedem anderen Land. Auch von den Namen her kann sich seine Bilanz sehen lassen: Er ließ bedeutende Werke von Simone de Beauvoir, Albert Camus, Jean-Paul Sartre, von Colette, Jean Genet, Aragon und Elsa Triolet erscheinen«).

138 Adolf Hitler: Säuberungskrieg gegen die Reste der Kulturzersetzung. In: Berliner Tageblatt 336-337/ 20. 7. 1937; Wert der Kunst im Leben des Volkes. Die große Kulturrede des Führers. Schöpferische Tat oberstes Prinzip. In: Berliner Tageblatt 424-425/ 9. 9. 1937, hier eine Verteidigung des »soliden Querschnitts« und der »guten gewollten Mittelleistung«.

139 Vgl. S. 193 f., Anm. 34.

140 Vgl. den Brief Horst Langes an Anne Marie Vogler vom 6. Dezember 1940: »Man braucht eine andere Luft, mehr Freiheit und Selbständigkeit, man braucht jene Verantwortlichkeit, die nur für die eigene Welt gelten soll und sich von den kleinlichen Grundsätzen, die hier herrschen, nicht beirren läßt« (Stadtbibliothek München).

141 Korn (Anm. 36) S. 295.

142 Brief Heinrich Schirmbecks an den Verf. vom 5. September 1975.

143 Jahresbericht 1940 des Amtes für Schrifttumspflege (Anm. 73). S. 4-7.

144 So Karl Korn in: Neue Rundschau 49 (1938) H. 1. S. 413; zur posit. Aufnahme des Romans vgl. den Aufsatz »Horst Langes Tagebücher aus dem Zweiten Weltkrieg« S. 77.

Anmerkungen zu Seite 22-25

145 Eberhard Ter-Nedden: Zerrbilder aus Schlesien. Horst Lange – August Scholtis: Ein Fall. In: Die Weltliteratur 3 (1941) S. 80-82: »[...] Man kann es nur als bedauerlich bezeichnen, daß eine große Anzahl von Kritiken gerade die Sprache der Bücher Langes rühmt. Sie rühmen damit einen Stil der Dekadenz [...]. Langes Bücher haben [...] durchaus ihre Logik. Um so stärker aber ist der Protest, den wir gegen die von Lange vorgebrachte Anschauung von Mensch, Natur und Gott erheben müssen. Denn hier werden wir vollends im Häßlichen und Gemeinen festgehalten. Die Stichworte für den Befund des Menschen sind Fäulnis, Unzucht, Habgier, Geilheit. Im Grunde handelt es sich um eine ins Groteske übersteigerte christliche Anschauung von der absoluten Verderbtheit des Menschen [...]. Noch einmal wird die Welt in den Dualismus von Satan und Gott hineingestellt, nur daß Gott beinahe aus der Welt verschwunden ist [...]. Diese Anschauung ist es auch, die an die Problematik Dostojewskis, Bernanos', Huysmans', Strindbergs, Kafkas und anderer, die den Intellektuellen in der Systemzeit so außerordentlich beschäftigte, näher oder entfernter erinnert [...]. Die Dichtung aber steht nicht außerhalb des politischen Bereichs, sie ist vielmehr völkische Lebensmacht. Es darf nicht sein, daß Bücher erscheinen und gepriesen werden, die eher einen Abscheu vor dem deutschen Osten erwecken als Begeisterung für die Bewältigung der Aufgaben, die dort unser harren.«
146 Brief vom 24. Dezember 1943. Mitgeteilt bei Oda Schaefer (Anm. 34). S. 281 f.
147 Brief Peter Suhrkamps an Heinrich Schirmbeck vom 22. November 1943 (im Besitz von Heinrich Schirmbeck).
148 Matzke (Anm. 3). S. 3.
149 Gottfried Benn: Bekenntnis zum Expressionismus. Zuerst in: Deutsche Zukunft v. 5. 11. 1933. S. 15-17; wiederabgedruckt in: G. B., Gesammelte Werke. Bd. 1. Wiesbaden 1959. S. 241-261.
150 Edith Bricon: Eine neue Epoche der französischen Malerei? In: Berliner Tageblatt 522/ 4. 11. 1934.
151 Die Serie erschien auch als Broschüre im Rauch Verlag. Gustav René Hocke: Das geistige Paris. Leipzig und Markkleeberg 1937; Zitate S. 18 f.
152 Matzke (Anm. 3) S. 132.
153 Ebd., S. 136 f.
154 Brief vom 14. Februar 1932. In: Friedo Lampe, Das Gesamtwerk. Hamburg 1955. S. 326.
155 Vgl. Felix Hartlaub: »Die verhaßten historischen Romanbiographien [haben] wenig Anziehung für mich« (Brief vom 2. April 1939). In: Das Gesamtwerk (Anm. 11). S. 456.
156 Vgl. Eckart Peterich: Die Götter und Helden der Griechen. Frankfurt a. M. 1937; ders.: Die Theologie der Hellenen. Leipzig 1938; ders.: Vom Glauben der Griechen. Freiburg i. Br. 1942; Friedo Lampe (Hrsg.): Das Land der Griechen. Berlin 1940; Marie Luise Kaschnitz: Griechische Mythen. Hamburg 1943; Friedrich Georg Jünger: Griechische Götter. Frankfurt a. M. 1943 u. a.
157 In: Die Dame 2 (2. Januarheft 1936) S. 8 f. und 45-48.
158 Etwa 1942/43 entstanden. In: Lampe (Anm. 154). S. 276-289.
159 Emil Barth: Lemuria. Aufzeichnungen und Meditationen. Hamburg 1947. S. 181 (Eintragung vom 28. 8. 1944).

Anmerkungen zu Seite 25-28

160 Vgl. das 20.-21. August 1947 geschriebene Gedicht »Atemholen« von Wilhelm Lehmann, das ursprünglich den Titel »Zeitlosigkeit im Garten« trug: »Der Duft des zweiten Heus schwebt auf dem Wege,/ Es ist August. Kein Wolkenzug./ Kein grober Wind ist auf den Gängen rege,/ Nur Distelsame wiegt ihm leicht genug.// Der Krieg der Welt ist hier verklungene Geschichte,/ Ein Spiel der Schmetterlinge, weilt die Zeit./ Mozart hat komponiert, und Shakespeare schrieb Gedichte,/ So sei zu hören sie bereit./ / [...] Die Zeit steht still. Die Zirkelschnecke bändert/ Ihr Haus. Kordelias leises Lachen hallt/ Durch die Jahrhunderte. Es hat sich nicht geändert./ Jung bin mit ihr ich, mit dem König alt.« In: Sämtliche Werke. Bd. 3. Gütersloh 1962. S. 586.

161 Walter Benjamin: Gesammelte Schriften. Bd. 3. Frankfurt a. M. 1972. S. 574.

162 Brief vom 9. 10. 1947. In: Marbacher Magazin 2 (1976) S. 28.

163 Emil Barth: Gesammelte Werke in zwei Bänden. Bd. 2. Wiesbaden 1960. S. 485. (Eintragung vom 29. 8. 1944).

164 Eugen Gottlob Winkler: Briefe 1932-1936. Bad Salzig 1949. S. 77 (Brief v. 23. 5. 1933).

165 Der Nationalsozialismus wird hier ausschließlich als Bedrohung für die individuelle Liebe aufgefaßt. Vgl. die Vision, in der sich wie ein Keil ein Demonstrationszug zwischen Sylvia und Andreas drängt (92 f.). Werner Schickert bemerkte damals in einer Rezension: »Es ist ›neue Sachlichkeit‹ darin und es ist noch viel mehr, eine neue Gefühlsinnigkeit ersteht [...]« (Die Literatur 36 [1933/34] S. 230).

166 Die Literatur 40 (1937/38) S. 241.

167 Barth (Anm. 159). S. 85 f. (Eintragung vom 7. 12. 1943).

168 »Der George-Kreis mochte wohl atmosphärische Gelegenheit sein, da mein Lehrer Max Kommerell von dort kam, allerdings als Renegat. Doch war das ganze generell als (leicht verschlüsselter) Gegensatz zwischen der damaligen brutalen Staatsräson und dem unterdrückten Geistig-Künstlerischen konzipiert« (Brief an den Verf. vom 14. September 1975). Vgl. dazu Rudolf Krämer-Badoni: Die niedliche Revolution. Opladen 1973. S. 149-152.

169 Ernst Kreuder: Die Gesellschaft vom Dachboden. Hamburg 1946; Die Unauffindbaren [1938/40; 1946/47]. Hamburg 1948.

170 Gespräch mit Wolfgang Koeppen im Westdeutschen Fernsehen am 5. Februar 1968. In: Werner Koch (Hrsg.), Selbstanzeige. Schriftsteller im Gespräch. Frankfurt a. M. 1971. S. 61.

171 »Ein Wimmern. Man hörte ein Wimmern. Und den Auftritt schwerer Schritte, die eine Last schleppten. Und das Geschleiftwerden eines Körpers [...]. Zwei Uniformierte trugen einen Dritten. Sie hielten seine Oberarme, und er hing in ihrer Mitte wie eine schlaffe, mit Stroh ausgestopfte Puppe [...]. Sein Blick war zugedeckt von geschwollenen, blutig verkrusteten Schläfen und Brauen. Blaugrün zeichneten sich die Male der Faustschläge von seinen Wangen ab« (63 f.).

172 Manfred Koch: Wolfgang Koeppen. Literatur zwischen Nonkonformismus und Resignation. Stuttgart 1973. S. 47.

173 Hansgeorg Maier in: Koralle NF 7 (21. 5. 1939) Nr. 20. S. 751; im »Berliner Tageblatt« betonte Herbert Ihering anläßlich der ersten Auflage lediglich die »Einfachheit und Disziplin des künstlerischen Ausdrucks« (533/ 10. 11. 1935).

174 Breslauer Neueste Nachrichten, zitiert nach einer Anzeige im »Berliner Tageblatt« 592/ 15. 12. 1935.

Anmerkungen zu Seite 28-29

175 Wilmont Haacke in: Deutsche Allgemeine Zeitung 329/ 12. 7. 1939.
176 Schon in seinem Erstling »Eine unglückliche Liebe« (Berlin 1934) ist die Rede vom »leisen Schwanken des Bodens« (46); über die Lage einer Varietétruppe heißt es: »Der Boden, auf dem sie standen, wankte« (106).
177 Franz Schonauer: Deutsche Literatur im Dritten Reich. Olten u. Freiburg i. Br. 1961. S. 151.
178 Vgl. den Brief der »Frankfurter Zeitung« vom 23. Januar 1943 an Emil Barth auf die Einsendung eines Tagebuchblattes über die Zerstörung Düsseldorfs: »Wir könnten den Versuch machen, durch sorgfältiges Redigieren jede Andeutung lokaler Art herauszunehmen, dazu einiges andere [. . .], freilich ist es dann noch immer ungewiß, ob es durchgehen wird« (Emil Barth: Briefe aus den Jahren 1939-1958. Wiesbaden 1968. S. 288f.).
179 Brief an den Verf. vom 10. Oktober 1975.
180 Das meiste ist mir fremd geblieben. Ernst Jünger zum 80. Geburtstag. In: Frankfurter Allgemeine Zeitung 74 (29. März 1975) Bilder und Zeiten. Vgl. Gunter Groll in einem Brief an Oda Schaefer und Horst Lange vom 10. November 1945: »Ansonst: allgemeine Empörung, daß Ernst Jünger auf der schwarzen Liste steht, dessen ›Marmorklippen‹ [. . .] doch illegale antinationalsozialistische Dichtung par excellence war« (Handschriften-Sammlung der Stadtbibliothek München).
181 Passagen dieser Art sind in der Literatur der Jungen überaus häufig. Vgl. Wolfgang Weyrauch: Strudel und Quell. Stuttgart 1938. S. 51: »Herbert glaubte, die Welt gehe unter, sie stürze unaufhörlich dem Abgrund zu, wo der Teufel wartete [. . .]«. Heinrich Schirmbeck entwarf in seiner Novelle »Das Rosenmal« eine Szenerie mit »ausgespülten Baumriesen, kadaverhaft beaasten Schleimpilzen und Schmarotzern«, um eine ähnlich hoffnungslose Untergangsstimmung zu erzeugen (Die Fechtbrüder. Berlin 1944. S. 84). Zur weltschmerzlichen Sumpf- und Verfallsmetaphorik vgl.neben Horst Langes »Schwarze Weide« (bes. S. 79f. und 83f.) vor allem Elisabeth Langgässer »Das unauslöschliche Siegel« (Hamburg 1946) S. 239f. und Gustav René Hocke »Der tanzende Gott« (München 1948) S. 784: »Die zertrümmerte Stadt sank stündlich tiefer in die versumpfte Erde, langsam mahlend verschlang sie der gärende Schlamm. Schilfrohr und Binsen, Leichkraut und giftige Pilze wucherten am Rande des trägen Wassers. Dumpfe, wehe Stille herrschte über der Einöde.« Vgl. ferner die Zeichnungen Alfred Kubins (Abenteuer einer Zeichenfeder. München 1941) sowie dessen Illustrationen zu Horst Langes »Das Irrlicht«. Dazu schrieb Ernst Jünger an Kubin am 30. Dezember 1943: »Die östlichen Verfallschilderungen machen einen tieferen Eindruck auf mich als die westlichen, denn sie greifen über die gesellschaftliche Zone in die elementare hinaus. Man müßte das einmal studieren, etwa bei Barlach, Kafka und Ihnen, zu denen jetzt Lange als junge Kraft gestoßen ist« (Ernst Jünger – Alfred Kubin: Eine Begegnung. Frankfurt a. M., Berlin u. Wien 1975. S. 79).
182 Nach dem Krieg setzte sich Sartre für Nossack ein und vermittelte mehrere Übersetzungen ins Französische (Brief Daniel-Henry Kahnweilers vom 29. Januar 1949 an den Wolfgang Krüger Verlag. In: Christof Schmid [Hrsg.], Über Hans Erich Nossack. Frankfurt a. M. 1970. S. 28).
183 Horst Lange: Schwarze Weide. Hamburg 1937. S. 96.
184 Hans Erich Nossack: Der Untergang. Frankfurt a. M. 1967. S. 52. (edition suhrkamp 19).

Anmerkungen zu Seite 29-33

185 Marie Luise Kaschnitz: Liebe beginnt. Berlin 1933. S. 244.
186 Gustav René Hocke: Das verschwundene Gesicht. Ein Abenteuer in Italien. Leipzig und Markkleeberg 1939. S. 168.
187 Oda Schaefer (Anm. 34). S. 286; für die 6. Aufl. 1941 bewilligte das Propagandaministerium kein Papier.
188 Heinrich Albertz: Das Ziel der Geschichte. [Über Reinhold Schneider: Macht und Gnade. Gestalten, Bilder und Werte in der Geschichte]. In: Eckart 17 (Juni/Juli 1941) S. 159.
189 Hans Dieter Schäfer: Naturdichtung und Neue Sachlichkeit. In: Wolfgang Rothe (Hrsg.), Die deutsche Literatur in der Weimarer Republik. Stuttgart 1974. S. 361 ff., 368 f.
190 Ernst Wiechert: Hirtennovelle. München 1935.
191 Friedrich Bischoff: Die goldenen Schlösser. Berlin 1935.
192 Curt Hohoff: Der Hopfentreter. Erzählungen aus dem Kriege. Potsdam 1942; das Titelbild zeigt einen mit Hopfenranken umwundenen Gewehrlauf.
193 Günter Böhmer: Pan am Fenster. Erzählungen aus dem Osten. Berlin 1943.
194 Werner Bergengruen: Die drei Falken. Dresden 1937.
195 Zum Nebeneinander von Stifterverehrung und völkischem Heroismus vgl. Tumlers »Kleines Stifter-Lesebuch« (München 1939) und seine im Auftrag der NSDAP verfaßte Schrift »Österreich ist ein Land des deutschen Reiches« (Berlin 1940).
196 Joachim Günther in: Europäische Revue 14 (1938) H. 2. S. 898.
197 1939 erhielt Tumler den Literaturpreis der Stadt Berlin. Vgl. Vorschlagsliste für Dichterlesungen 1941/42. Hrsg. vom Werbe- und Beratungsamt für das deutsche Schrifttum beim Reichsministerium für Volksaufklärung und Propaganda. Berlin [1941]. S. 31.
198 1933 schrieb Friedo Lampe in ein Widmungsexemplar: »Mein Kind, bei der Geburt so gesund und rot, / Aber nach vier Wochen, da war es tot. / Es liebte die Lüfte mild, frei und weich, / Es konnte nicht atmen im Dritten Reich. / Aber wir haben Geduld und wollen mal sehen, / Vielleicht wird es noch einmal auferstehn« (Neue deutsche Hefte 3 [1956/57] S. 110).
199 So Werner Schickert über »Liebe beginnt« von Marie Luise Kaschnitz (Anm. 165).
200 »Als ich's schrieb – Januar und Februar 1937 –, war Österreich noch nicht annektiert, und ich las oft die ›Neue Freie Presse‹ mit den Nachrichten, wer im ›Imperial‹ oder im ›Bristol‹ abgestiegen ist« (Brief an den Verf. vom 25. Juli 1973).
201 Im Hafen von Rotterdam. In: Berliner Tageblatt 553/ 22. 11. 1935 = »Zum ersten Mal in Rotterdam« in: Romanisches Café. Erzählende Prosa. Frankfurt a. M. 1972. S. 77-85; Die Verlobung. In: Kölnische Zeitung 1/ 1. 1. 1941 = »Verlobung im Alten Salon« ebd. S. 20-27; Am frühen Morgen. In: Kölnische Zeitung 164/ 30. 3. 1941 = ebd. S. 28-35. Die Hinweise auf die Erzählungen in der »Kölnischen Zeitung« verdanke ich K.-D. Oelze. Vgl. außerdem Koeppens Besprechung von Suzuki: Einführung in den Zen-Buddhismus. In: Das Reich 10/ 1941.
202 Die Verlobung. In: Kölnische Zeitung 1/ 1. 1. 1941; der Text in der Sammlung »Romanisches Café« ist etwas abgeändert.
203 In: Windsbraut. Erzählungen. Hamburg 1947.
204 Vgl. dazu Alfred Andersch: Der Seesack. Aus einer Autobiographie. In: Literaturmagazin 7. Reinbek 1977. S. 128.

Anmerkungen zu Seite 33-36

205 Hans Paeschke in einem Brief an Heinrich Schirmbeck vom 2. September 1941. In: Heinrich Schirmbeck, Träume und Kristalle. Phantastische Erzählungen. Frankfurt a. M. 1968. S. 213.
206 Ebd. S. 212.
207 Werner Finck: Alter Narr – was nun?. Die Geschichte meiner Zeit. München 1971. S. 101 f. Schon im November hatte Goebbels eine Kampagne gegen den »Witzfeldzug des jüdischen Intellekts« gestartet (Berliner Tageblatt 558-559/ 26. 11. 1938).
208 Karl Valentin (München): Das Theater muß sich ändern. In: Wille und Macht 6 (15. 6. 1938) H. 12. S. 38. Vorabdruck aus der Sammlung »Brillantfeuerwerk«. Von den 1939/40 vom Reichssender München aufgenommenen fünfundsiebzig Schallplatten gelangten jedoch nur wenige zur Sendung, so daß sich Valentin noch 1944 beim Münchner und Berliner Rundfunk über diesen Boykott beschwerte. Vgl. die Antwortschreiben des Reichssenders München vom 16. 5. 1944 mit einem Verweis auf Sendungen am 4. 5. 1944 und 1. 6. 1944 und des Reichssenders Berlin vom 15. 8. 1944: »Daß Ihre Aufnahmen jetzt seltener gespielt werden als früher, liegt an der allgemeinen Lage [. . .]. Es besteht [. . .] durchaus keine Aversion gegen Sie« (Erwin und Elisabeth Münz: Geschriebenes von und an Karl Valentin. Eine Materialiensammlung 1903-1948. München 1978. S. 278 f.).
209 Walter Jens: Statt einer Literaturgeschichte. Pfullingen ⁵1962. S. 10.
210 Vgl. den Brief an Bernard von Brentano vom 22. April 1939. In: Walter Benjamin, Briefe. Bd. 2. Frankfurt a. M. 1966. S. 812 f.
211 Dolf Sternberger: Panorama oder Ansichten vom 19. Jahrhundert. Hamburg 1938. Vgl. dazu die äußerst kritische und von Theodor W. Adorno seinerzeit offensichtlich unterdrückte Rezension Walter Benjamins. In: Gesammelte Schriften. Bd. 3. Frankfurt a. M. 1972. S. 572-579.
212 Hans Egon Holthusen: Thornton Wilder. In: Das Hochland 35 (April-September 1938) S. 194-209; Rilkes mythische Wendung. In: Das Hochland 37 (Oktober 1939-September 1940) S. 304-316.
213 Walter Bauer: Tagebuchblätter aus dem Osten. Dessau 1944; Martin Raschke: Tagebuch der Gedanken. Leipzig 1941; ders.: Zwiegespräche im Osten. Leipzig 1943; Franz Tumler: Rekrut – aus einem Tagebuch. In: Das Innere Reich 8 (1941/42) S. 620-631; Kurt Lothar Tank: Pariser Tagebuch 1938-1939-1940. Berlin 1941. – Neben den Tagebüchern Jüngers vgl. für das Künstlertagebuch besonders Heimito von Doderer: Tangenten. Tagebuch eines Schriftstellers 1940-1950. München 1964; denselben Titel wählte auch Eugen Gottlob Winkler für seine ästhetischen Aufzeichnungen (in: Dichtungen. Gestalten und Probleme. Nachlaß. Pfullingen 1956. S. 41-49). Zum geheimen Journal s. Anm. 215.
214 Cesare Pavese: Il mestiere di vivere. Diario 1935-1950. Turin 1952, dt. Hamburg 1956; Albert Camus: Carnets 1935-1942. Paris 1962, dt. Hamburg 1963; Klaus Mann: Entscheidung 1940 bis 1942. Aus einem Tagebuch. In: Der Wendepunkt. Ein Lebensbericht. München 1969. S. 395-437.
215 Friedrich Reck-Malleczewen: Tagebuch eines Verzweifelten. Lorch u. Stuttgart 1947; Emil Barth: Lemuria. Aufzeichnungen und Meditationen. Hamburg 1947; Theodor Haecker: Tag- und Nachtbücher. 1939-1945. München 1947.
216 Aufgenommen in »Doppelleben«. In: Gottfried Benn, Gesammelte Werke. Bd. 4. Wiesbaden 1961. S. 113-131.

Anmerkungen zu Seite 36-40

217 Hartlaub (Anm. 11). S. 454 (Brief vom 16. April 1936).
218 Gustav Friedrich Hartlaub prägte den Begriff ›Neue Sachlichkeit‹. Vgl. Schäfer (Anm. 189). S. 360.
219 Hartlaub (Anm. 11). S. 458.
220 Vgl. folgende Passage: »Der dicke Oberst von der Abteilung Eins, der große Festdichter und Schüttelreimer, tanzt mit sich selbst, die Lippen flötend vorgespitzt, den einen Arm in der Waffenrockbrust, den anderen in die Hüften gestemmt, die Hand hält einen aus einer Papierserviette gefalteten Fächer« (Hartlaub [Anm. 11]. S. 176).
221 Christian-Hartwig Wilke: Die letzten Aufzeichnungen Felix Hartlaubs. Bad Homburg v. d. H. 1967. S. 97-131.
222 Vgl. den Brief vom 6. Januar 1944, in dem Hartlaub nach einem Luftangriff auf Berlin bekannte, daß dieser Stoff »eigentlich ja viel gewaltiger noch als das Frontgeschehn« sei (Hartlaub [Anm. 11] S. 462). Nossacks »Untergang« zitiert nach Anm. 184.
223 Nachwort. In: Nossack (Anm. 184). S. 82.
224 Hermann Christian Mettin: Vom Theater unserer Zeit. Ein Rückblick auf die Winterspielzeit 1936/37. In: Das innere Reich 4 (1937) Bd. 1. S. 126; vgl. ders.: Die letzte Spielzeit. Ein Rückblick. In: Die Tat 29 (August 1937) H. 5. S. 348-350.
225 Horst-Günter Funke: Die literarische Form des deutschen Hörspiels in historischer Entwicklung. Phil. Diss. Erlangen-Nürnberg 1963. S. 114f.
226 Eine Stunde Lexikon. Ein Traumspiel. Fragment. In: Günter Eich, Gesammelte Werke. Bd. 2. Die Hörspiele 1. Frankfurt a. M. 1973. S. 34f.
227 Vgl. in Wolfgang Koeppen »Die Mauer schwankt« Orlogas Ausruf: »Der Krämer ist unser Feind [...]« (91). Zum Thema der »Weizenkantate« s. auch Gottfried Benn: Gebührt Carleton ein Denkmal? [1932]. In: G. B., Gesammelte Werke. Bd. 1. Wiesbaden 1959. S. 201-210.
228 Eich (Anm. 226) S. 105.
229 Eich (Anm. 226) S. 61.
230 Eich (Anm. 226) Bd. 4. Vermischte Schriften. S. 387-391.
231 Frank Maraun: Heroischer Nihilismus. Zum 50. Geburtstage Gottfried Benns. In: Berliner Börsen-Zeitung vom 2. Mai 1936. Neudruck in: Peter Uwe Hohendahl (Hrsg.), Benn – Wirkung wider Willen. Frankfurt a. M. 1971. S. 193-196.
232 Der Selbsterreger. In: Das Schwarze Korps vom 7. Mai 1936. Neudruck in: Peter Uwe Hohendahl, ebd. S. 196-199.
233 Eich (Anm. 226). S. 73, 79f., 69.
234 Gerd Eckert spricht noch 1939 von einer »allmonatlichen Sendung«. In: Die Literatur 41 (1938/39) S. 560f.
235 Nach Eckert (Anm. 234). Texte in: Günter Eich und Martin Raschke: Das festliche Jahr. Lesebüchlein vom Königswusterhäuser Landboten. Oldenburg 1936; ferner in: Sieben Tage 5/15. 10. 1935, vgl. auch Friedrich Herzfeld: Der Königswusterhäuser Landbote hat am Donnerstag Geburtstag. In: Sieben Tage 7 (5. 10. 1937) Nr. 40, dort ein etwas abweichender Wortlaut des Spruchs.
236 Franz Lennartz (Deutsche Dichter und Schriftsteller unserer Zeit. Stuttgart ³1938. S. 162f.) erwähnt elf Hörspiele Huchels für den Zeitraum von 1933-1938. Zusätzlich sind nachgewiesen »Die Ballade vom Eisenster« (1936) [erwähnt in: Die Literatur 39 (1936/37) S. 299], »Ein Fahrstuhl ist nicht mehr zu halten« und »Die Freundschaft von Port Said. Ein Spiel zwischen Heimat und Übersee« (1939).

Anmerkungen zu Seite 40-44

237 Berliner Hörspiele 1938. In: Sieben Tage 9 (9. 1. 1939) Nr. 2, danach die Inhaltsangabe.
238 Mitteilung an den Verf. vom 2. 7. 1977.
239 Abschrift des Originalmanuskripts im Hans-Bredow-Institut der Universität Hamburg.
240 Originalmanuskript im Deutschen Rundfunkarchiv, Frankfurt a. M.
241 Funke (Anm. 128). S. 114.
242 Karl Rauch: »Täglich ein Gedicht lesen...«. In: Die Dame (1935) H. 3. S. 38.
243 Hans Hennecke: Die Sprache der deutschen Lyrik I. Zu den Neuerscheinungen der letzten Jahre. In: Europäische Revue 14 (1938) H. 2. S. 722.
244 Brief an Johannes Pfeiffer vom 19. April 1940. In: Neue deutsche Hefte 3 (1956/57) S. 112. Vgl. auch die dort abgedruckten Äußerungen über Rudolf Alexander Schröder (»ich mag dies Formelhafte, Gestelzte, Schönrednerische nicht«; 26. Juni 1939, S. 111) und Bernt von Heiseler (»sauber und rein, aber ganz in den alten klassischen Formen, ohne etwas Neues«; 25. Juni 1943, S. 116).
245 Die Dame (Januar 1935) H. 1. S. 2.
246 Ebd., auch in: Almanach der Dame. Fünfzig auserwählte Gedichte. Berlin 1935. S. 9. und in Marie Luise Kaschnitz, Gedichte. Hamburg 1947. S. 84.
247 Helmut Heißenbüttel: Zur Lyrik Max Kommerells. Ein Versuch in Hermeneutik. In: Max Kommerell, Gedichte, Gespräche, Übertragungen. Olten und Freiburg i. Br. 1973. S. 13.
248 Wolfdietrich Schnurre (im Felde): Die Bewährung. In: Eckart 19 (1943) 2.-3. Vierteljahr. S. 125.
249 In: Marie Luise Kaschnitz, Gedichte. Hamburg 1947. S. 104.
250 Walter Mönch: Das Sonett. Gestalt und Geschichte. Heidelberg 1955. S. 257.
251 Rudolf Hagelstange: Die Form als erste Entscheidung. In: Hans Bender (Hrsg.), Mein Gedicht ist mein Messer. Lyriker zu ihren Gedichten. München 1955. S. 38; vgl. zur Entstehung des Sonettzyklus ferner Rudolf Hagelstange: Lebenslauf eines Buches. In: Venezianisches Credo. München 1975. S. 45-77.
252 Hans Egon Holthusen: Eine Totenklage. In memoriam Walter Holthusen, gefallen am 18. August 1942 [Neun Sonette]. In: Eckart 19 (Februar-März 1943) S. 59-61; erweitert: Klage um den Bruder. Hamburg 1947.
253 Friedrich Sengle: Biedermeierzeit. Bd. 2. Stuttgart 1972. S. 555; vgl. auch die Fußnote, in der Sengle auf die Sonettisten der dreißiger und vierziger Jahre verweist.
254 Triumph des Todes. In: Erhard Frommhold (Hrsg.), Kunst im Widerstand. Malerei, Graphik, Plastik 1922-1945. Desden 1968. Abb. 214.
255 Friedrich Georg Jünger: Klopstocks Oden. In: Die Literatur 42 (1939/1940) S. 269-273.
256 Das innere Reich 10 (1944) H. 4. S. 351-354. Neudruck in: Dorothee Sölle u. a. (Hrsg.), Almanach für Literatur und Theologie. Wuppertal 1970. S. 70-73; dort (S. 66-69) auch eine erste Einordnung der Gedichte durch den Verf., vgl. ferner die aus dem Nachlaß mitgeteilten Hintergründe in der Studie von Eberhard Haufe: Zur Entwicklung der sarmatischen Lyrik Bobrowskis 1941-1961. In: Wissenschaftliche Zeitschrift der Universität Halle 24 (1975) H. 1. S. 53-74.
257 Haufe, ebd. S. 56.
258 Almanach für Literatur und Theologie (Anm. 256). S. 72.

259 Franz Tumler: Anruf. Gedichte. München 1941. S. 25.
260 Karl Krolow: Zur Gegenwartslyrik. In: Das Innere Reich 10 (1943) H. 2. S. 178.
261 Vgl. dazu: Helmut Kreuzer, Auf Gaisers Wegen. In: Frankfurter Hefte 15 (1960) S. 128-134; Marcel Reich-Ranicki: Der Fall Gerd Gaiser. In: M. R.-R., Deutsche Literatur in Ost und West. München 1966. S. 55-60. Zur damaligen Rezeption der Gedichte vgl. die Anzeige in der Bücherkunde 9 (März 1942) H. 3. S. 87: »Gaiser besingt das Volk selbst, vor allem die Schwaben als den Stamm, der seit je dem Reich vorkämpfte, dann große Führer wie den Prinz Eugen und zum Beschluß den Führer selbst, endlich auch in Gedichten voll kämpferischer Leidenschaft die Gegner, die den germanischen Auftrag bestritten, die Völker des Westens und die römische Kirche [...]. Das Buch wird mit großem Gewinn in Feierstunden der Partei und ihren Formationen Verwendung finden können.«
262 Franz Fühmann: Stunde des Soldaten. [Nach der Schlacht; Finnische Grenze; Bauerngebet]. In: Das Reich 26/ 25. 6. 1944; Das Maß. In: Das Reich 4/ 28. 1. 1945. Vgl. ferner Griechischer Auszug; Stunde im April; Kalter Schnee im Dezember; Nacht am Peipussee; Jede Nacht erglühen neue Sterne. In: Das Gedicht. Blätter für die Dichtung 8 (Februar 1942) Jugendliches Trio. Gedichte junger Menschen. S. 11-15.
263 Friedrich Georg Jünger: Klopstocks Oden. In: Die Literatur 42 (1939/1940) S. 272.
264 Hermann Hesse über Albrecht Goes in: Neue Rundschau 46 (1935) H. 2. S. 671.
265 Bernt von Heiseler in: Hochland 34 (1937) S. 488.
266 Das innere Reich 6 (1939) H. 3. S. 288-293 (Siegbert Stehmann); 5 (1938) H. 3. S. 352 (Gerhart Baron); 4 (1935) H. 10. S. 1167-79 (Fritz Diettrich).
267 Albrecht Goes: Heimat ist gut. Zehn Gedichte. Hamburg 1935. S. 4 (Blätter für die Dichtung; Die Jungen 1).
268 Hans Dieter Schäfer: Die Wandlungen Karl Krolows. In: Neue Rundschau 86 (1975) H. 2. S. 330-334.
269 Karl Krolow: Mahlzeit unter Bäumen [1944]. In: K. K., Gesammelte Gedichte. Frankfurt a. M. 1965. S. 10. Krolows Gedichtveröffentlichungen im Dritten Reich bei Paulus (Anm. 24).
270 Elisabeth Langgässer: Schriftsteller unter der Hitlerdiktatur. In: Ost und West 1 (1947) H. 4. S. 39 f.
271 Wilhelm Lehmann: Fahrt über den Plöner See. In: W. L., Der grüne Gott. Ein Versbuch. Berlin 1942. S. 58, jetzt in: Sämtliche Werke. Gütersloh 1962. S. 521.
272 Hermann Lenz: Das Blatt. In: H. L., Gedichte. Hamburg 1936 (Blätter für die Dichtung; Die Jungen 9), jetzt in: Zeitlebens. Gedichte 1934-1980. München 1981. S. 20.
273 Horst Lange: Dunkle Wasser, die Quellen. In: H. L., Gesang hinter den Zäunen. Berlin 1939. S. 23 (Die Kunst des Wortes Bd. 10).
274 Günter Eich: Schlaflied am frühen Abend. In: Die literarische Welt (5. 5. 1933) Nr. 18.
275 Günter Eich: Weg durch die Dünen. In: Almanach der Dame. Fünfzig auserwählte Gedichte. Berlin 1935. S. 26 f., in: G. E., Abgelegene Gehöfte. Frankfurt a. M. 1948. 92 f. und in: G. E.: Gesammelte Werke. Bd. 1. Frankfurt a. M. 1973. S. 55-56, dort kein Hinweis auf den Erstdruck. Weitere Veröffentlichungen: Gedichte [Gegenwart I, II; Wald vor dem Tage, Gesicht, Vom Zuge aus]. In: Neue Rundschau 44 (1933) Bd. 1. S. 409-412; Kindheit. In: Das innere Reich 1 (November 1934) S. 1021; Abend im März. In: Das innere Reich 2 (März 1935) S. 1525; Wind über der Stadt. In: Almanach

Anmerkungen zu Seite 47-49

der Dame. Berlin 1935 S. 12f; Rübenernte. In: Die Dame (1938) H. 23, S. 12; Erstes Eis. In: Die Koralle N. F. 6 (18. 12. 1938) H. 50. S. 1812. – Außerdem: Die Glücksritter. Singspiel in 5 Akten. Berlin-Halensee: Chronos Verlag 1933, vgl. dazu: Dietzenschmidt: Die Glücksritter. Von Günter Eich. Nach Eichendorff. Preußisches Theater der Jugend. In Berliner Tageblatt 599/ 21. 12. 1933, K. H. Ruppel: Berliner Uraufführung. Günter Eich: Die Glücksritter. In: Kölnische Zeitung 699/ 30. 12. 1933; Die Schattenschlacht. [Erzählung]. In: Die Dame (1938) H. 24. S. 10, 56-61; Der Beerenwald erw. ebd. H. 23. S. 12. Hörspiele Anm. 27.

276 Peter Huchel: Im nassen Sand. In: Die Dame (2. Oktoberheft 1941) S. 34, auch in: P. H., Die Sternenreuse. München 1967. S. 75 (dort mit Datum 1933); Huchel bewarb sich mit dem Gedicht um den Lyrikpreis 1940/41, bei dem nur Kriegsgedichte in die engere Auswahl kamen. Es ist anzunehmen, daß der Text erst nach 1939 geschrieben wurde. Weitere Lyrikveröffentlichungen Huchels im Dritten Reich: Totennacht, Winter. In: Almanach der Dame. Fünfzig auserwählte Gedichte. Berlin 1935. S. 28, 75; Gedichte [Der Knabenteich, Der glückliche Garten, Havelnacht]. In: Klingsor 11 (Mai 1934) H. 5. S. 169-171; Marie ebd. (Aug. 1934) H. 8. S. 314; Nächtliches Eisfenster, Nachtlied, Letzte Fahrt, Frühe. In: Das innere Reich 1 (1934) S. 96, 103, 338, 339; Strophen aus dem Herbst. In: Das innere Reich 2 (1935/36) S. 813; Oktoberlicht. In: Das Gedicht. Blätter für die Dichtung 3 (Oktober 1936) S. 813; Nacht an der Havel. In: Berliner Tageblatt 45/ 27. 1. 1936. Der Herbst. In: Klingsor 14 (Sept.-Okt. 1937) H. 9/10. S. 321-322. Gedichte außerdem in der von Edgar Diehl in Zusammenarbeit mit der Reichsschrifttumskammer hrsg. Anthologie »Lieder der Stille«. Dresden 1935; Vgl. dazu A. D.: Junge Lyriker. Eine Veranstaltung der Reichsschrifttumsstelle. Die Reichsschrifttumsstelle lud für den 13. November zu ihrem dritten Presseempfang ein. In: Berliner Tageblatt 540/ 14. 11. 1935. Die bis 1939 nachgewiesenen vierzehn Hörspiele Huchels Anm. 236.

277 Hermann Eduard Lenz: Russischer Herbst. In: Georg von der Vring (Hrsg.), Die junge Front. Gedichte junger Soldaten. München 1943. S. 50, jetzt in: Zeitlebens (Anm. 272).
278 Paul Celan: Nächtlich geschürzt. Für Hannah und Hermann Lenz. In: P. C., Von Schwelle zu Schwelle. Stuttgart 1955. S. 49f. (»Ein Wort – du weißt:/ eine Leiche./ Laß uns sie waschen,/ laß uns sie kämmen,/ laß uns ihr Aug himmelwärts wenden«).
279 Diese Auskunft verdanke ich Ruth Kraft (Köln), in deren Besitz sich die Bände befinden.
280 Nach dem Originalmanuskript aus dem Besitz von Alfred Kittner (Bukarest).
281 Paul Celan: Der Sand aus den Urnen. Wien 1948. S. 34; ferner: Mohn und Gedächtnis. Stuttgart 1952. S. 15.
282 Nach dem Originalmanuskript aus dem Besitz von Ruth Kraft (Köln).
283 Matzke (Anm. 3). S. 135.
284 Literarische Welt (16. 5. 1930) Nr. 20. S. 2. Zum erstenmal hat Frank Trommler auf diesen Artikel hingewiesen. In: Reinhold Grimm und Jost Hermand (Hrsg.), Exil und Innere Emigration. Frankfurt a. M. 1972. S. 185f.
285 Fritz Schmalenbach: Die Malerei der Neuen Sachlichkeit. Berlin 1973. S. 54.
286 Zitiert nach Schmalenbach, ebd. S. 53f.
287 Vgl. dazu die Tagebucheintragung Horst Langes vom 9. Februar 1940: »Eben lese ich die Korrekturen der ›Ulanenpatrouille‹. Dabei wächst mein Mißtrauen gegen den allzuschönen Stil, den ich hier geschrieben habe [...]. Ich muß wieder von vorn

Anmerkungen zu Seite 50-52

anfangen und mit dem Roman versuchen, simpler zu werden. Das Allzuschöne schließt die Gefahr der Sterilität in sich. Die Dinge, wenn sie zu kompliziert werden, vermindern ihre Lebenskraft«. Lange (Anm. 54). S. 16. Das Bestreben, möglichst einfach, genau und ›impressionistisch‹ zu schreiben, verdeutlichen folgende Passagen aus Romanen des Jahres 1937: »Im harten Lehm des Fußbodens glitzerte die Kälte, Hühner plusterten sich krächzend in der Asche, und die borstigen Ferkel schubberten ihre Rücken an den wackligen Beinen der Schemel« (Horst Lange: Schwarze Weide. S. 412). »Sie tauchte in die Kastanienwälder, wo die Männer silbergraue Stecken schnitten, kam in Zitronengärten und wanderte durch flackernde Schatten unter den Lauben dahin. Sie ging auf kleinen, taufeuchten Graswegen am Rand der Gemüsebeete, und die Spur ihrer nackten Füße zeichnete den weichen Lehm« (Marie Luise Kaschnitz: Elissa. S. 28). »[...] da unten liegt kahl und eckig der Kasernenhof im hellen Mondlicht, und der Sandboden schimmert grau, und das hohe Eisengitter um den Kasernenhof glänzt kalt, und dahinter liegt die Straße mit den hohen, dunklen Häusern, und sie hören den schweren Schritt der Wache vorm Tor« (Friedo Lampe: Septembergewitter. [Anm. 154]. S. 186).

288 Darre, Kräuticht (9), Lerge (74), unterkittig (81), Haspe (82), Gauch (89), gieprig (92), Bansen (124), geschöllert (143), Plautze (145), Brast (191), Woilach (183), schmitzen (191), zerkrelt (203), Kretscham (265), Schubiak (272), Krümperwagen (262), Britschke (262), Siede (270), Töle (329) schubbern (412), grapsen (428), schurgen (455), linzen (527).

289 Nachwort in Nossack (Anm. 184). S. 81.

290 In Emil Barths »Lorbeerufer« erscheint Diana, »den Bogen umgehängt über der Schulter, das Haar glänzend im Mondlicht wie ein Helm von rötlichem Gold« (Gesammelte Werke. Bd. 1. S. 420), in Heinrich Schirmbecks Novelle »Schuppenkette und Roßhaarbusch« schleudert »Eros die Fackel seines dunklen Brandes, opferschwer, durchs efeublattbekränzte Fenster« (Die Fechtbrüder, S. 141), und in Horst Langes »Schwarzer Weide« schwebt die ›keusche Diana wie eine unberührte Windsbraut den Himmel herauf, sie spannte den dünnen Mond gleich einem Bogen und schoß silbrige Pfeile auf die bloße Brust dieses blassen Schwärmers« (404). Von einer ähnlichen anakreontischen Leichtsinnigkeit ist noch Wolf von Niebelschütz' Rokoko-Roman »Der blaue Kammerherr« (1949) umspielt.

291 Entstehung eines Gedichts. In: Das Reich v. 14. 11. 1943, in: Sämtliche Werke. Bd. 3. Gütersloh 1962. S. 125.

292 Wolfgang Koeppen: Feuer aus Kestens Mund. Die Darmstädter Akademie für Sprache und Dichtung verlieh ihre Herbstpreise. In: Frankfurter Allgemeine Zeitung 244 (21. Oktober 1974) S. 21.

293 Walter Jens: Plädoyer für die abstrakte Kunst. In: Texte und Zeichen 1 (1955) H. 4. S. 505–515. Etliche Kategorien, mit denen Jens in seiner »Deutschen Literatur der Gegenwart« 1961 die Nachkriegsliteratur charakterisierte, lassen sich bereits auf die Werke der dreißiger Jahre übertragen: »Sprachliche Simplizität [...], Antinaturalismus im weitesten Sinn [...], die Aussparung der Aktion durch die Beschreibung [...], die Tendenz zur kleinen Form; Parabel, Exempel und Gleichnis [...], Reduktion statt Expansion« (S. 150f.).

294 Nachwort zu: Ergriffenes Dasein. Deutsche Lyrik 1900-1950. Ebenhausen bei München 1953. S. 347.

Anmerkungen zu Seite 53-59

295 Kreuder (Anm. 109). S. 224 (2. 3. 1946). Brief vom 17. 1. 1947 Handschriftensammlung der Stadtbibliothek München.
296 Gespräch vom 27. 12. 1976.
297 Heist (Anm. 5). S. 206.
298 Paul Celan: Der Meridian. Rede anläßlich der Verleihung des Georg-Büchner-Preises. In: P. C., Ausgewählte Gedichte. Zwei Reden. Frankfurt a. M. 1968. S. 146 (edition suhrkamp 262).

Zur Periodisierung der deutschen Literatur seit 1930

1 Frank Trommler: Der »Nullpunkt« und seine Verbindlichkeit für die Literaturgeschichte. In: Basis. Jahrbuch für deutsche Gegenwartsliteratur. Bd. 1. Frankfurt a. M. 1970. S. 9-25; ders.: Der zögernde Nachwuchs. Entwicklungsprobleme der Nachkriegsliteratur in Ost und West. In: Thomas Koebner (Hrsg.), Tendenzen der deutschen Literatur seit 1945. Stuttgart 1971. S. 1-116; ders.: Emigration und Nachkriegsliteratur. Zum Problem der geschichtlichen Kontinuität. In: Reinhold Grimm und Jost Hermand (Hrsg.), Exil und innere Emigration. Frankfurt a. M. 1972. S. 173-197.
2 Hans Bender: Vorwort. In: Widerspiel. Deutsche Lyrik seit 1945. München 1962. S. 9.
3 Helmut Kreuzer: Zur Periodisierung der ›modernen‹ deutschen Literatur. In: Basis. Jahrbuch für deutsche Gegenwartsliteratur. Bd. 2. Frankfurt a. M. 1971. S. 26.
4 Kasimir Edschmid: Stand des Expressionismus. Rede, gehalten zur Eröffnung der ersten deutschen Expressionisten-Ausstellung in Darmstadt am 10. Juni 1920. In: Expressionismus. Der Kampf um eine literarische Bewegung. Hrsg. von Paul Raabe. München 1965. S. 273.
5 Vgl. Paris-Berlin 1900-1933. Paris 1978 (Ausstellungs-Katalog Centre Georges Pompidou); Gladys Fabre in: Abstraction-Création. 1931-1936. [Ausstellungskatalog]. Münster/Paris 1978, S. 5 f. weist darauf hin, daß Berlin im Lauf der Jahre 1928-1930 diese Führungsposition an Paris verliert.
6 Karl Riha (Hrsg.): Dada Berlin. Texte, Manifeste, Aktionen. Stuttgart 1977 (Reclam UB 9857).
7 Maurice Nadeau: Littérature présente. Paris 1952. S. 197 f. Vgl. auch Walter Heist: Genet und andere. Exkurse über eine faschistische Literatur von Rang. Hamburg 1965. S. 9 f. und S. 79 f.
8 Hans Effelberger: Neue Entwicklungstendenzen in der amerikanischen Literatur der Gegenwart. In: Die neueren Sprachen 44 (1936) H. 4. S. 154-161.
9 Heist (Anm. 7). S. 142.
10 Vgl. Johannes R. Becher im Exil. S. 97.
11 Nach: Die dreißiger Jahre. Schauplatz Deutschland. München 1977. S. 72. [Ausstellungskatalog des Hauses der Kunst, München].
12 Hildegard Brenner: Die Kunstpolitik des Nationalsozialismus. Reinbek 1963. S. 7 (rde 167/168).
13 Hans Dieter Schäfer: Wilhelm Lehmann. Studien zu seinem Leben und Werk. Bonn 1969. S. 126-130; Trommler: Emigration und Nachkriegsliteratur (Anm. 1). S. 178 ff.
14 Paul Vogt: Nachexpressionismus. In: Die dreißiger Jahre (Anm. 11). S. 48-54.

Anmerkungen zu Seite 59-68

15 Lehmann-Archiv. Schiller-Nationalmuseum, Marbach.
16 Friedrich Sengle: Biedermeierzeit. Deutsche Literatur im Spannungsfeld von Restauration und Revolution 1815-1848. Bd. 1 und 2. Stuttgart 1970 und 1972; Sengle selbst spürte die Verwandtschaft »seiner« Epoche zur Biedermeierzeit, »eine Voraussetzung [...] ist die Erfahrung der Adenauerschen Restauration«, bekannte er über seine Darstellung (Biedermeierzeit Bd. 1 S. IX).
17 Bemerkungen über Lyrik. Eine Antwort an Bernhard Diebold. In: Die Kolonne 3 (1932) H. 1. S. 3; jetzt in: Gesammelte Werke. Bd. 4: Vermischte Schriften. Frankfurt a. M. 1973. S. 390.
18 Aus dem Hörspiel »Träume« (1950). In: Gesammelte Werke. Bd. 2: Die Hörspiele I. (Anm. 17). S. 321.
19 Peter Uwe Hohendahl: Benn – Wirkung wider Willen. Frankfurt a. M. 1971. Vgl. die Dokumente S. 126-160 und 209-262.
20 Hans Egon Holthusen und Friedhelm Kemp: Nachwort. In: Ergriffenes Dasein. Deutsche Lyrik 1900-1950. Ebenhausen bei München 1953. S. 347.
21 Bender (Anm. 2). S. 10.
22 Max Bense: Die Aktualität der hegelschen Ästhetik. Anläßlich der Ausgabe von Georg Lukács. In: Texte und Zeichen 3 (1957) Nr. 11. S. 77.
23 Schriftsteller-Verzeichnis. Hrsg. von der Reichsschrifttumskammer. Leipzig 1942. [Stand 30. 9. 1941]. Die Sterne* informieren über die Aufnahme in das Verzeichnis; die mit (*) gekennzeichneten Autoren sind als »von der Mitgliedschaft befreit« geführt. Vgl. dazu die S. 243 abgedruckte »Amtliche Bekanntmachung der Reichsschrifttumskammer« Nr. 88, § 3: »Wer sich in geringfügigem Umfange schriftstellerisch betätigt, aber keinen Hauptberuf ausübt, ist, wenn sich die Tätigkeit auf jährlich höchstens 12 kleine Veröffentlichungen [...] beschränkt, [...] von der Eingliederungspflicht bei der RSK befreit.«
23a Brief an den Verleger Maack 31. 1. 1944; Brief Maacks an Jahnn 29. 4. 1946 (Jahnn-Archiv; Staats- und Universitätsbibliothek, Hamburg). Für die Erstausgabe 1949 bei Weismann (München) fand der Satz des Payne Verlags Verwendung. Im Mai 1941 hielt sich Jahnn zu Vertragsbesprechungen in Leipzig auf und besuchte in Berlin Gründgens, der sich für die Veröffentlichung der Dramen »Neuer Lübecker Totentanz« und »Armut, Reichtum, Tier und Mensch« einsetzte. Schon in den Friedensjahren hatte sich Jahnn mehrfach um deutsche Verlage bemüht, eine Publikation im Exil lehnte er ab, weil »das einen Bruch mit meiner deutschen Heimat bedeuten konnte« (an Steinhaus 4. 1. 1937). 1936 stellte Goverts aufgrund privater Anschuldigungen gegen Jahnn den Druck des »Holzschiff« (= 1. Teil von »Fluß ohne Ufer«) ein, obgleich das Buch die »Zensur passiert« hatte; es wurde dem Autor lediglich nahegelegt, einige Stellen »geringfügig« zu verändern (an Benndorf 24. 6. 1940).
24 Karl Silex: Mit Kommentar. Lebensbericht eines Journalisten. Frankfurt a. M. 1968. S. 160.
25 Alfred Andersch: Der Seesack. Aus einer Autobiographie. In: Literaturmagazin 7. Reinbek 1977. S. 128. Die Kurzgeschichte erschien in der »Kölnischen Zeitung« am 25. 4. 1944.
26 Ernst Kreuder: »Man schreibt nicht mehr wie früher«. Briefe an Horst Lange. In: Literaturmagazin 7. Reinbek 1977. S. 213-231.
27 Lehmann-Archiv. Schiller-Nationalmuseum, Marbach.

Anmerkungen zu Seite 68-70

28 »Als der Krieg zu Ende war.« Literarisch-politische Publizistik 1945-1950. Stuttgart 1973. S. 143 [Sonderausstellungen des Schiller-Nationalmuseums, Katalog 23].

29 Georg Bernanos: Europäer, wenn ihr wüßtet. Vollständige Sammlung der nach dem brasilianischen Exil verfaßten polemischen Schriften 1945-1947. Essen 1962. Vgl. u. a. den Artikel »Schneller – aber wohin?« aus: La Bataille v. 31. 1. 1946: »[. . .] Hundert Millionen Tote könnten uns nicht mehr abbringen von der fixen Idee: schneller laufen – schneller fahren – schneller fliegen! – Wohin? [. . .] frühstücken in Paris – den Aperitif in Chandermayor und in San Franzisko mittagessen! Ist das toll? Und im nächsten Krieg, der ja unvermeidlich ist, vermögen dann die Flammenwerfer ihre Strahlen bis auf 2000 Meter ausspeien. [. . .] Ist aber dann der Friede wieder da – dann gratuliert Ihr Euch frohgemut zum erreichten technischen Fortschritt. Paris – Marseille in einer Stunde: großartig! Denn Eure Söhne, Eure Töchter – die können draufgehen. Das große, immer noch der Lösung harrende Problem, das Euch ohne Unterlaß bewegt, ist: wie erreiche ich, daß meine Wurstwaren in Blitzgeschwindigkeit ins Haus befördert werden? – Warum seid Ihr so eilig? Wovor flieht Ihr denn? Ach – jeder ist vor sich selbst auf der Flucht als wolle er der eigenen Haut entfliehen. Nur in sich selber will er nicht leben, der Mensch unserer modernen Kultur, und in Euch selber – nur da – war Eure Freiheit, ihr Toren!« (84). Zu Bernanos vgl. Heist (Anm. 7). S. 26.

30 Ernst Wiechert: Wir haben die neue Zeit nicht richtig angefangen. In: Prisma 1 (November 1946) H. 1. S. 4. Vgl. ferner Hans Eberhard Friedrich in: Prisma 1 (Dezember 1946) H. 2. S. 3 und ders.: Allzu-Gegenwärtiges. In: Prisma 1 (Januar 1947) H. 3. S. 2.

31 Zur Gruppe 47 jetzt Heinz Ludwig Arnold (Hrsg.): Die Gruppe 47. Ein kritischer Grundriß. München 1980. S. 71 Stimmen zur »Programmlosigkeit«. Auf das »Programm der Programmlosigkeit« als Haltung der jungen Generation von 1930 hat als erster Horst Denkler aufmerksam gemacht: Sache und Stil. Die Theorie der »Neuen Sachlichkeit« und ihre Auswirkung auf Kunst und Dichtung. In: Wirkendes Wort 18 (1968) S. 166; Denkler erwähnt bereits Matzkes grundlegende Schrift »Jugend bekennt: so sind wir!« Leipzig 1930. Vgl. außerdem Günter Eich: Bemerkungen über Lyrik [1932] (Anm. 17). S. 388: »Wer von uns aber weiß schon heute, wohin wir uns verändern; wer erkennt schon heute, in welchen Gedanken, in welchen Dingen sich unsere Zeit am deutlichsten ausdrückt? Wenn man verlangt, die Lyrik solle sich zu ihrer Zeit bekennen, so verlangt man damit höchstens, sie solle sich zum Marxismus oder zur Anthroposophie oder zur Psychoanalyse bekennen, denn wir wissen gar nicht, welche Denk- oder Lebenssysteme unsere Zeit universal repräsentieren, wir wissen nur, daß das jede Richtung von sich behauptet.«

32 E. Th. Rohnert: Symposion junger Schriftsteller. In: Das literarische Deutschland v. 20. 5. 1951. Nach Arnold (Anm. 31). S. 147. Die Wendigkeit »dieser Art Jünglinge« und ihren geschickten Umgang mit dem »Kulturbetrieb« bemerkte Benn 1948 in einem Brief an Oelze (Gottfried Benn: Briefe an F. W. Oelze 1945-1949. Wiesbaden und München 1979. S. 146; Brief vom 22. 7. 1948).

33 Alfred Andersch: Lyrische Demoskopie. In: Texte und Zeichen 2 (1956) H. 6. S. 647.

34 Jürgen Theobaldy: Das Gedicht im Handgemenge. In: Literaturmagazin 4. Reinbek 1975. S. 64.

35 Paul Celan: Ausgewählte Gedichte. Zwei Reden. Nachwort von Beda Allemann. Frankfurt a. M. ³1970. S. 128 (edition suhrkamp 262).

Anmerkungen zu Seite 70-73

36 Nach Jost Hermand: Pop International. Eine kritische Analyse. Frankfurt a. M. 1971. S. 15.
37 Vgl. dazu das Brinkmann-Porträt des Verfs. in: Klaus Weissenberger: (Hrsg.), Deutsche Lyrik 1945-1975. Zwischen Botschaft und Spiel. Düsseldorf 1981. S. 391-403. Zur Periodisierung s. außerdem Hans Dieter Schäfer: Zusammenhänge der deutschen Gegenwartslyrik. In: Manfred Durzak (Hrsg.), Deutsche Gegenwartsliteratur. Ausgangspositionen und aktuelle Entwicklungen. Stuttgart 1981. S. 166-203.
38 Ronald D. Laing: Das geteilte Selbst. Eine Studie über geistige Gesundheit und Wahnsinn. Köln 1972. S. 171.

Horst Langes Tagebücher aus dem Zweiten Weltkrieg

1 Leopold Dingräve [d. i. Ernst Wilhelm Eschmann]: Wo steht die junge Generation? Jena 1931. S. 14 f.: »Wir verstehen unter junger Generation lediglich die heute 16- 30jährigen [. . .]. Das Erwachen ihres Bewußtseins fiel in eine Zeit der inneren und äußeren Unruhe und Unsicherheit. Die soziale Ordnung war erschüttert und bot den Heranwachsenden keine Stützpunkte: angstvoll verzweifeltes Anklammern an das Materielle, an den ›Sachwert‹, an den Genuß in jeder Form und gleichzeitig, wirkend in denselben Menschen, ein unerhörtes seelisches Erschüttertsein [. . .]. Gegenüber dieser Auflösung, die für die älteren Jahrgänge oft eine Befreiung war, mußte den Heranwachsenden jedes Stück Ordnung und Sicherheit wunderbar und auf das äußerste beschützenswert erscheinen. Im Innern dieser Jugend wirken nebeneinander das Wissen um die Zweifelhaftigkeit der bestehenden Ordnung und der geheime Wunsch, sie nicht zu gefährden, da der chaotische Zustand, der ihr voranging, sich den Heranwachsenden tief eingeprägt hat.« Zur Abgrenzung von der Frontgeneration vgl. auch Matthäus Sporer: Zwischengeneration. In: Signal. Blätter für junges Schaffen 1 (August 1929) H. 4. S. 53.
2 Erich Ebermayer: Ordnung. In: Die jüngste Dichtung 1 (Juli 1927) H. 1. S. 9; die folgenden Zitate S. 8.
3 Martin Raschke: Heimat und Herkunft. In: Die neue Literatur 41 (1940) S. 59.
4 Martin Raschke: Zur jungen Literatur. In: Die literarische Welt 8 (19. 2. 1932) Nr. 8/9. S. 7 (Doppelnummer: Die Situation der Jugend).
5 Biographische Notiz von H. A. Weber. In: Anthologie jüngster Lyrik. Hrsg. von Willi R. Fehse und Klaus Mann. Hamburg 1927. S. 165; Sporer (Anm. 1).
6 Franz Horn: Zur geistigen Situation der Jugend. In: Die Kolonne 1 (September 1930) Nr. 7/8. S. 57.
7 Ernst Kreuder: Wir haben alles von euch, ihr habt von uns nichts. In: Die literarische Welt 4 (1928) Nr. 23. S. 7.
8 Vgl. dazu die Beobachtung einer allgemeinen »Mut- und Willenslosigkeit« der Jungen durch Albert Hirte (Wir? Der junge deutsche Mensch in der jungen deutschen Dichtung. In: Signal. Blätter für junges Schaffen 2 [1930] H. 5. S. 4).
9 Willi Schäferdiek: Selbstbesinnung der Jugend. In: Signal. Blätter für junges Schaffen 1 (1929) H. 2. S. 17 (»Wer mit kritischen Augen, mit herznahem Gefühl die ›deutsche Situation‹ betrachtet, wird sie nicht ohne großes Erschrecken sehen. Nicht so sehr

Anmerkungen zu Seite 73-76

darum, daß die wirtschaftliche Lage noch ungeheuer trostlos dasteht, daß unheilvolle Risse den Organismus ›Volk‹ so unnatürlich spalten – nein, das Erschrecken kommt vor allem aus der Erkenntnis von der ungeheuerlichen Zersplitterung und Verlorenheit der Jugend.«).

10 Nachwort in: Anthologie jüngster Lyrik (Anm. 5). S. 159.
11 Horst Lange: Landschaftliche Dichtung. In: Der weiße Rabe 2 (Juni-Juli 1933) H. 5/6. S. 23.
12 Emil Utitz: Die Überwindung des Expressionismus. Charakterologische Studien zur Kultur der Gegenwart. Stuttgart 1927. S. 2.
12a E. Günther Gründel: Die Sendung der jungen Generation. Versuch einer umfassenden revolutionären Sinndeutung der Krise. München 1932. S. 78. Vgl. auch Broder Christiansen: Das Gesicht unserer Zeit. Buchenbach 1929. S. 60.
13 Der weiße Rabe 3 (1934) S. 1.
14 Brief Benns an den Verleger Schifferli vom 23. 11. 1947: »Statik also heißt Rückzug auf Maß und Form, es heißt natürlich auch ein gewisser Zweifel an Entwicklung und es heißt auch Resignation, es ist anti-faustisch.« (Zitiert nach Friedrich Wilhelm Wodtke: Gottfried Benn. Stuttgart 1962, S. 81 – Sammlung Metzler 26). Der Begriff »Statisches Gedicht« findet sich zuerst im Berliner »Dadaistischen Manifest« (1918) und bezieht sich auf die auch von Benn programmatisch geforderte Evokation des Einzelworts (»Das STATISCHE Gedicht macht die Worte zu Individuen, aus den drei Buchstaben Wald tritt der Wald mit seinen Baumkronen, Försterlivreen und Wildsauen, vielleicht auch eine Pension heraus, vielleicht Bellevue oder Bella vista«; Karl Riha [Hrsg.]: Dada Berlin. Texte, Manifeste, Aktionen. Stuttgart 1977. Nr. 7 – Reclam UB 9857). Für den Bedeutungswandel dürfte Franz Roh mitverantwortlich sein, der in seinem Buch »Nachexpressionismus – Magischer Realismus« (Leipzig 1925) die nachexpressionistische Kunst u. a. als »nüchtern«, »puristisch«, »still«, »kühl bis kalt« und »statisch« charakterisierte (S. 119).
15 Horst Lange: Über »Die polnischen Bauern« von Stanislaw Reymont. In: Der weiße Rabe 3 (1934) S. 41.
16 Lange (Anm. 11). S. 24.
17 Lange (Anm. 15) S. 42. Dazu die Kritik Martin Raschkes »Man trägt wieder Erde«. In: Die Kolonne 2 (1931) Nr. 4. S. 47.
18 Bildnis des Dichters Georg Heym. In: Das innere Reich 2 (Mai 1935) H. 2. S. 212.
19 Ein Briefwechsel aus dem Jahr 1937. In: Der Ruf 1 (15. 4. 1947) Nr. 17. S. 14.
20 1945 ist heute. Ein persönlicher Bericht. In: Literaturmagazin 7. Reinbek 1977. S. 232-233.
21 Die Dame 64 (Dezember 1937) Nr. 25. S. 118.
22 So Reinhard Bollmus: Das Amt Rosenberg und seine Gegner. Studien zum Machtkampf im nationalsozialistischen Herrschaftssystem. Stuttgart 1970. S. 243 ff.; grundlegend Martin Broszat: Der Staat Hitlers. München 1969. S. 423-442 (dtv 4009).
23 Heinz Mahncke: Welche Freiheiten hatte Literatur im Dritten Reich? Durchbruch zu einem objektiven Bild. In: Deutsche Nationalzeitung Nr. 44 (28. 10. 1977) S. 7.
24 Wiederbewaffnung und allgemeine Wehrpflicht, der Flottenvertrag mit England, Remilitarisierung des Rheinlandes, der Anschluß Österreichs und des Sudetengebiets wurden vor allem deshalb als Erfolge akzeptiert, weil sie »ohne Krieg vollbracht worden waren«. Vgl. Seb. Haffner: Anmerkungen zu Hitler. München 1978. S. 56.

Anmerkungen zu Seite 76-78

25 Ursula von Kardorff: Berliner Aufzeichnungen 1942-1945. Erweiterte und bebilderte Neuausgabe. München 1976. S. 314.
26 Felix Hartlaub in seinen Briefen. Hrsg. von Erna Krauss und G. F. Hartlaub. Tübingen 1958. S. 138 (Brief vom 26. 1. 1935). Vgl. auch Gottfried Benn: Briefe an F. W. Oelze 1932-1945. Wiesbaden und München 1977. S. 73 (Brief vom 16. 9. 1935).
27 Karl Korn: Lange Lehrzeit. Ein deutsches Leben. Frankfurt a. M. 1975. S. 251.
28 Oda Schaefer: Auch wenn du träumst, gehen die Uhren. Lebenserinnerungen. München 1970. S. 267-273, siehe auch ihr Lebensbild von Horst Lange. In: Horst Lange, Tagebücher aus dem Zweiten Weltkrieg. S. 277-278.
29 Margret Boveri: Wir lügen alle. Eine Hauptstadtzeitung unter Hitler. Olten und Freiburg 1965. S. 527-528. Abdruck der Rezension Korns vom 5. 4. 1936. Die Kritik über die »Schwarze Weide« brachte das »Berliner Tageblatt« am 19. 12. 1937, eingearbeitet in: Karl Korn, Erstlinge. Eine Bücherschau. (»Neue Rundschau« 49 [1938] S. 411-413).
30 Otto Andreas Schreiber: Die »Fabrikausstellungen« der dreißiger Jahre. In: Die dreißiger Jahre. Schauplatz Deutschland. München 1977. S. 96-97 (= Ausstellungskatalog Haus der Kunst, München).
31 Brief an Horst Lange vom 6. 10. 1960.
32 Die Abrechnung des Goverts Verlags vom 1. 3. 1944 verzeichnet drei Auflagen mit 14 120 Exemplaren; zusätzliche 8000 Exemplare verlegte die »Deutsche Buchgemeinschaft« (Brief an Clara Meyer vom 9. 3. 1938). Von der 3. Auflage wurden 1363 Exemplare am 4. 12. 1943 bei einem Luftangriff auf Leipzig vernichtet.
33 Jahresbericht 1940 des Hauptlektorats »Schöngeistiges Schrifttum«. In: Lektoren-Brief. Vertrauliche Informationen des Amtes Schrifttumspflege bei dem Beauftragten des Führers für die Überwachung der gesamten geistigen und weltanschaulichen Schulung und Erziehung der NSDAP 4 (1941) H. 5/6. S. 7
34 Die Dienste sind – lückenhaft – im Institut für Zeitgeschichte, München, archiviert. Während der in großen Abständen erschienene »Lektoren-Brief« vermutlich nur eine periphere Bedeutung besaß, griffen der im Auftrag des Reichspropagandaamtes u. a. von Kurt Lothar Tank herausgegebene »Zeitschriften-Dienst« und »Wochen-Dienst« sowie die nur hektographiert verbreiteten »Kulturpolitischen Informationen« mit ihren detaillierten Anweisungen unmittelbar in die Pressegestaltung ein. Die knapp gehaltenen Anordnungen verbieten Buchbesprechungen wie z. B. von Jüngers Tagebuch »Gärten und Straßen« (Kulturpolitische Informationen vom 18. 4. 1942) oder legen die Tendenz fest. So erlauben die »Informationen« vom 26. 6. 1942 einen Hinweis auf das im Verlag Küpper publizierte »Jahrbuch für geistige Überlieferung«, »jedoch soll ein darin enthaltener Aufsatz von Martin Heidegger über ›Platons Lehre von der Wahrheit‹ nicht erwähnt werden.« Ähnlich verfährt das Ministerium mit Gedenkartikeln. Am 19. 11. 1941 heißt es in den »Informationen«: »Die in den Dezembermonat fallenden Geburts- und Todestage Rainer Maria Rilkes sollen Anlaß zu Gedenkartikeln für diesen großen Dichter seiner Zeit geben. Doch ist dabei zu beachten, daß nur seine Person als Dichter gewürdigt wird, ohne irgendwelche Zusammenhänge mit unserer heutigen Zeit zu ziehen.« Am 20. 7. 1942 schreibt der Informationsdienst: »Dagegen ist der 65. Geburtstag des Dichters Hermann Hesse mit Vorsicht zu behandeln und sein dichterisches Werk, das zwar bedeutend, doch nicht zeitnah ist, historisch zu beachten. Ein Aufsatz über Hermann Hesse in der Korrespon-

Anmerkungen zu Seite 78

denz Kühl soll nicht übernommen werden.« Für einzelne Entscheidungen spielten tagespolitische Ereignisse eine Rolle. Das z. B. am 20. 6. 1941 ausgesprochene und am 25. 10. 1941 wiederholte Verbot, nordamerikanische Bücher zu rezensieren, ist von dem Verhalten der USA in den Monaten vor der Kriegserklärung Deutschlands (11. 12. 1941) nicht zu trennen (11. 3. 1941: Leih- und Pachtgesetz; 16. 6. 1941: Schließung der deutschen Konsulate). Der »Lektoren-Brief« und die Drucksachen des Propagandaamtes differieren. Während Rosenberg Manfred Hausmann in einem Mustergutachten scharf angreifen läßt, vgl. 5/5-7. S. 10, heißt es zur gleichen Zeit in den »Informationen«: »Aus gegebener Veranlassung wird darauf aufmerksam gemacht, daß Angriffe gegen den zur Zeit als Offizier an der Front stehenden Dichter Manfred Hausmann unerwünscht sind« (7. 3. 1942). Die Anweisungen zeichnen sich durch Unsystematik aus, die Begründungen für Rezensionsverbote wirken manchmal abwegig. Wegen »astrologischer Spekulationen« in Bergengruens »Am Himmel wie auf Erden« bittet der »Zeitschriften-Dienst« von »ausführlichen Besprechungen« des Romans »abzusehen« (125 – 19. 9. 1941 – Nr. 5354); Frank Thiess' »Reich der Dämonen« wird kritisiert, weil es die »germanische bzw. deutsche Vorgeschichte völlig falsch darstellt« (Kulturpolitische Informationen vom 20. 6. 1941). Nicht selten erfährt Unwesentliches eine Lenkung. (»Erklärungen von Zaubertricks und Kunststücken [auch in Kurzgeschichten und Zeitungsromanen] sind unerwünscht«, Informationen vom 2. 2. 1942).

35 Daß das »Reich« in Konflikt mit der Lenkung kam, hat Karl-Dietrich Abel: Presselenkung im NS-Staat. Berlin 1968 sorgfältig herausgearbeitet. Der große Anteil von Journalisten, die nach 1945 entscheidend das Bild der deutschen Publizistik prägten, deutet auf eine von Goebbels gewollte pluralistische Konzeption dieser Wochenzeitung. Für das »Reich« schrieben u. a.: Rudolf Augstein, Heinz Barth, Margret Boveri, Lothar-Günther Buchheim, Wolfgang Drews, Ludwig Eberlein, Armin Eichholz, Joachim Fernau, Werner Fiedler, Hans E. Friedrich, Fritz von Globig, Heinz Graupner, Will Grohmann, Bernhard Grzimek, Joachim Günther, G. F. Hartlaub, Hans Hass, Carl-Georg Heise, Walter Henkels, Hans Hennecke, Gerhard F. Hering, Theodor Heuss, Werner Höfer, Curt Hohoff, Ursula von Kardorff, Karl Korn, Walter Kiaulehn, Carl Linfert, Friedrich Luft, Siegfried Melchinger, Erich Peter Neumann, Elisabeth Noelle[-Neumann], Hans Paeschke, Heinz Pentzlin, Hermann Poerzgen, Kurt Pritzkoleit, Alfred Rapp, Christa Rotzoll, Jürgen Schüddekopf, Eberhard Schulz, W. E. Süskind, Kurt Lothar Tank, Jürgen Thorwald [Heinz Bongartz], Egon Vietta, Hans Otto Wesemann, Erik Graf Wickenburg. Zum »Reich« vgl. neben Karl-Dietrich Abels Darstellung Erika Martens: Zum Beispiel »Das Reich«. Zur Phänomenologie der Presse im Dritten Reich. Köln 1972; Hans Dieter Müller (Hrsg.): Faksimile-Querschnitt durch Das Reich. Eingeleitet von Harry Pross. München u. a. 1964.
36 Artist Hitler. Eine Analyse des geistesgeschichtlichen Hintergrunds des Nationalsozialismus. In: Die Zeit Nr. 31 (28. 7. 1978) S. 30.
37 Neben »El Greco malt den Großinquisitor« von Stefan Andres (1936), »Der Großtyrann und das Gericht« von Werner Bergengruen (1935), »Las Casas vor Karl V.« von Reinhold Schneider (1938) u. a. auch »Die Marmorklippen« von Ernst Jünger (1939) sowie aus der jungen Generation »Schwarze Weide« von Horst Lange (1937), »Elissa« von Marie Luise Kaschnitz (1937), »Die Mauer schwankt« von Wolfgang Koeppen (1935, ^{2}1939) und »Die Furie« von Günther Weisenborn (1937).

Anmerkungen zu Seite 78-82

38 K. H. Ruppel: Die »Jungen Deutschen« des Verlags Philipp Reclam. In: Die literarische Welt 4 (5. 4. 1928) Nr. 14/15. S. 5.
39 Anonym [Gustav René Hocke]: Deutsche Kalligraphie oder Glanz und Elend der modernen Literatur. In: Der Ruf 1 (15. 11. 1946) Nr. 7. S. 9-10; drei Nummern später wiederholt Lange seine in den Briefen an Kreuder 1939/40 zum ersten Mal formulierte Kritik (Bücher nach dem Kriege. Eine kritische Betrachtung; 1 [1. 1. 1947] Nr. 10. S. 9-10). Den Begriff »Kalligraphie« erläutert Hocke: »Um die Jahrhundertwende brach in Italien ein berühmter literarischer Streit aus. Eine Gruppe von Schriftstellern trat für eine rein ästhetische Formkunst ein. Ihre Vertreter wurden Calligrafisti, ›Schönschreiber‹, genannt.« Vgl. auch Karl Eugen Gass in seinem Aufsatz über den italienischen Hermetismus: »Ermetismo ist ein Schlagwort [. . .] und bezeichnet oft nur das gleiche, was man bisher ›calligrafismo‹ nannte, nämlich das Streben nach formaler Strenge, die Überwindung des romantischen und naturalistischen Hängens am Stofflichen im Sinn einer neuen Klassizität.« (Cardarelli und Ungaretti. Moderne italienische Dichter V. In: Kölnische Zeitung Nr. 548 vom 26. 10. 1940).
40 Der Artikel Benses (Anm. 55); über den Erzählungsband »Auf dem östlichen Ufer« (1939) vgl. Hans Georg Brenner in: Die Koralle N. F. 8 (14. 11. 1940) H. 2. S. 13 (»Mit den beiden Erzählungen festigt Horst Lange seinen Ruf, zu den besten, sprachlich zuchtvollsten Erzählern der jüngeren Generation zu gehören«). Eine »anerkennende Besprechung« dieser Veröffentlichung empfiehlt der »Zeitschriften-Dienst« des Ministeriums für Volksaufklärung und Propaganda (1939, S. 15; Anweisung Nr. 1992).
41 Die Gitter. In: Gottfried Benn, Gesammelte Werke in vier Bänden. Hrsg. von Dieter Wellershoff. Bd. 3. Wiesbaden 1960. S. 263.
42 Strahlungen. Tübingen 1949. S. 457 (Eintragung vom 21. 12. 1943).
43 Zerrbilder aus Schlesien. Horst Lange – August Scholtis: Ein Fall: In: Die Weltliteratur 3 (1941) S. 82.
44 Vgl. dazu die Äußerung von Felix Hartlaub vom 14. 11. 1938: »Trotzdem habe ich mir im Laufe der Zeit eine Unberührbarkeit zugelegt, die etwas ziemlich Bestialisches an sich hat [. . .] Meine Fähigkeiten des Mitleidens sind außerordentlich begrenzt.« (Das Gesamtwerk. Frankfurt a. M. 1955. S. 454 f.). Siehe auch den Brief von Willi Baumeister an Heinz Rasch vom 20. 6. 1942: »Sind die Gründe klar, warum diese furchtbare Zeit sich so günstig auf meine private Malerei bis jetzt auswirkt? Zwar hört der Wunsch nicht auf, daß sich diese allzu drückenden Verhältnisse endlich ändern mögen. Es ist grausam hart, jetzt zu bleiben, was man ist. Nicht nur die akuten Gefahren der Mächte, die bekannt sind, und die aus der Luft von oben, sondern die ganze zukünftige Unsicherheit ergeben den Hexenkessel des Daseins. Andererseits ist man ganz privat geworden: Es gibt keine Verbindung zur Öffentlichkeit mehr mit den Verpflichtungen zu Ausstellungen usw. Die eitlen Belange sind weggefallen. Der Standpunkt steht um so klarer [. . .] Die Gedanken und Empfindungen sind reiner.« (Zwischen Widerstand und Anpassung. Kunst in Deutschland 1933-1945. Berlin 1978. S. 96 – Ausstellungskatalog der Akademie der Künste. Berlin-West).
45 Vorher hatte schon die »Frankfurter Zeitung« am 13. 12. 1941 eine Reihe tagebuchartiger Feldpostbriefe an seine Ehefrau abgedruckt. Wieder veröffentlicht in: Horst Lange, Tagebücher aus dem Zweiten Weltkrieg. Mainz 1979. S. 218-222.
46 Teilweise abgedruckt in: Hans Rauschning (Hrsg.), 1945. Ein Jahr in Dichtung und Bericht. Gütersloh 1970. S. 32-41.

Anmerkungen zu Seite 82-84

47 Über die Schwierigkeiten, ein unpolitisches Frankreich-Tagebuch zu veröffentlichen, berichtet detailliert Erich Kuby: Mein Krieg. Aufzeichnungen aus 2129 Tagen. München 1975, dort S. 150 der Brief vom 5. August 1941: »In normalen Zeiten gelesen, werden diese Frankreich-Briefe, so wie sie für das List-Manuskript gekürzt und redigiert worden sind, fast jeder politischen Aussage bar erscheinen. Und wir haben eben normale Maßstäbe und normale Vorstellungen im Kopf. Doch diese Normalität ist derzeit Dynamit.« Sein Rußland-Tagebuch mit zahlreichen Zeichnungen konnte erst nach Kriegsende erscheinen. (Alexander Parlach: Demidoff oder von der Unverletzlichkeit des Menschen. München und Leipzig 1947.)
48 Vom Tagebuch. In: Deutsche Allgemeine Zeitung Nr. 534/535 vom 9. 11. 1942.
49 Tagebücher der Zeit. In: Literatur der Gegenwart 2 (1948) S. 37.
50 Kuby (Anm. 47). S. 80 (Brief vom 22. 2. 1941).
51 Bei den nördlichen Hesperiden. Tagebuch aus dem Jahr 1942. Wuppertal 1948. S. 5-6.
52 Besinnung durch das Tagebuch. In: Deutsche Allgemeine Zeitung Nr. 102/103 vom 1. 3. 1942.
53 Gustav René Hocke: Über das Tagebuchschreiben. In: Der Bücherwurm 24 (Februar 1939) H. 6. S. 135; Jünger (Anm. 42). S. 17.
54 Jünger (Anm. 42) S. 9.
55 Bemerkungen über einige Schriftsteller. In: Das Reich Nr. 52 vom 26. 12. 1943. Das existenzphilosophische Denken ist hier noch nicht wie in den Theorien der fünfziger Jahre zugunsten des technologischen zurückgedrängt. Der Essay als »experimentelle Demonstration eines naturgesetzlichen Effektes« und als »Herstellung einer wohlbestimmten Konfiguration im Kaleidoskop« will ausdrücklich den »Existierenden erzeugen«. So auch Benn 1943/1944 in seiner tagebuchartigen Aufzeichnung »IV. Block II, Zimmer 66«: »Ich habe es nicht weiter gebracht, etwas anderes zu sein als ein experimentierender Typ, der einzelne Inhalte und Komplexe zu geschlossenen Formgebilden führt.« (Doppelleben. In: Gesammelte Werke. Bd. 3. Autobiographische Schriften. Wiesbaden 1961. S. 128-129.)
56 Jünger (Anm. 42). S. 66 (Eintragung vom 18. 11. 1941); S. 106 (Eintragung vom 6. 3. 1942); »Nullpunkt« bereits in: Gärten und Straßen. Berlin 1942. S. 100.
57 Brief an Hermann Kasack vom 12. 12. 1943. In: Hans Erich Nossack, Dieser Andere. Ein Lesebuch mit Briefen, Gedichten, Prosa. Hrsg. Von Christof Schmid. Frankfurt a. M. 1976. S. 13f.
58 Hans Hirsch: Das Tagebuch als Ausdruck religiöser Innerlichkeit. In: Die christliche Frau 35 (1937/38) S. 300.
59 Gerhard Scholtz: Tagebuch einer Batterie. Potsdam 1939. S. 188.
60 Gustav Goes und Hermann Cron: Mein Kriegstagebuch. Berlin 1935. Vorwort.
61 Die Hilfe Nr. 23/24 vom 6. 12. 1941. S. 382. Vgl. auch Heribert Koerber: Zwischen den Schlachten steht die Zeit nicht still. In: Erika 3 (Juli 1942) S. 124. (»Die knappe Freizeit [...] gehört dem Tagebuch. Sorgfältig wird es geführt, jedes denkwürdige Erlebnis in Worten und Zeichnungen festgehalten. Eine wertvolle Erinnerung für spätere Tage.«)
62 K. Walther: Wie steht es mit Berlins Kriegschronik? Aus Einzelbildern soll sich ein Gesamtbild formen. In: Deutsche Allgemeine Zeitung Nr. 341 vom 17. 7. 1940; vgl. außerdem K. Walther: Für Berlins Kriegschronik. Das Stadtarchiv bittet um Mitarbeit. Ebd. Nr. 6 vom 7. 1. 1944.

63 Carola Schiel: Das Tagebuch einst und heute. In: Die neue Schau 4 (1942) S. 119.
64 Hartlaub (Anm. 26). S. 219–220 (Brief vom 23. 8. 1944).
65 von Kardorff (Anm. 25). S. 105.
66 von Kardorff (Anm. 25). S. 129 (Eintragung vom 11. 4. 1944).
67 von Kardorff (Anm. 25). S. 123 (Eintragung vom 22. 12. 1944).
68 Hartlaub (Anm. 26). S. 210 (Brief vom 6. 1. 1944).
69 Vermerk Horst Langes auf dem Typoskript des Rußland-Tagebuchs.
70 Vgl. dazu die Anmerkungen zu Horst Lange: Tagebücher aus dem Zweiten Weltkrieg. Mainz 1979. S. 229 (Nr. 31), S. 230 (Anm. 35), S. 234 (Anm. 65).
71 von Kardorff (Anm. 25). S. 74 (Eintragung vom 29. 9. 1943).
72 Trotz frühen Kontakten zum Bauhaus bezeichnete sich Lange als »Autodidakten« (Das Kunstwerk 7 [1953] H. 2. S. 48). Er entwarf das Titelsignet zu V. O. Stomps Zeitschrift »Der Fischzug« (1926) und versah eigene Arbeiten mit Illustrationen. Dem Essay »Landschaften« (DAZ Nr. 365 vom 2. 8. 1939) ist das Aquarell »Liegnitzer Bruch« beigefügt. Zwei Naturskizzen enthält »Gold und Brot« (Atlantis 12 – 1940 – S. 681 und S. 969). Vier Zeichnungen aus Rußland in den Tagebuch-Abdrucken der »Dame« 69 (September 1942) Nr. 9. S. 28-30.
73 Das innere Reich 8 (1941) S. 175.

Oskar Loerke: Winterliches Vogelfüttern

1 Oskar Loerke: Gedichte und Prosa. Bd. 1. Frankfurt a. M. 1958. S. 520f.
2 Walther von der Vogelweide: Gedichte. Hrsg. von Hermann Paul, in 10. Auflage besorgt von Hugo Kuhn. Tübingen 1965. S. 70 (68, 13-22).
3 Ebd., S. XV.
4 Ebd., S. XVI nach Walthers eigener Aussage S. 93 (75, 77) und S. 98 (76, 38).
5 Nach Uhlands Schriften zur Geschichte der Dichtung und Sage. Bd. 5. Stuttgart 1870. S. 10, 11, 47, 107, 108, 8. – Das Studium der Biographie Uhlands ist im Tagebuch für den 11. und 12. April 1905 nachgewiesen. Erwähnt im Kommentar von Reinhard Tgahrt zu: Oskar Loerke, Literarische Aufsätze aus der ›Neuen Rundschau‹ 1909-1941. Heidelberg/Darmstadt 1967. S. 452. Dort weitere Hinweise zur Walther-Rezeption Loerkes.
6 Oskar Loerke: Tagebücher 1903-1939. Hrsg. von Hermann Kasack. Darmstadt ²1956.
7 Belege vgl. Kommentar zu den Loerke-Aufsätzen: Tgahrt (Anm. 5).
8 Walther (Anm. 2). S. 69 (67, 69-71). Die Gedichte »Gedächtnisbaum für einen alten Dichter« (Loerke, Anm. 1, S. 114f.) und »Fabrikstadt« (Loerke, Anm. 1, S. 359) betonen das »Leid« Walthers. »[...] meine Einsichten in das Wesen dieser Kunst [der Lyrik] verdanke ich vornehmlich den ehrfürchtig angehörten chinesischen Meistern der klassischen Zeit, Walther von der Vogelweide, Klopstock, Goethe, Hölderlin, Stefan George« (Kommentar zu den Loerke-Aufsätzen: Tgahrt, Anm. 5, S. 382). Vgl. ferner die »Beispielzeilen aus Walther von der Vogelweide« in den poetologischen Essays, Loerke (Anm. 1) S. 668, 678, 711, 729.
9 Wolfgang Iser: Die Appellstruktur der Texte. Unbestimmtheit als Wirkungsbedingung literarischer Prosa. Konstanz 1970. S. 34.

1 Johannes R. Becher: Lyrik, Prosa, Dokumente. Hrsg. von Max Niedermayer. Wiesbaden 1965. S. 147 (limes nova).
2 Heinz Neugebauer [Redaktion]: Johannes R. Becher. Leben und Werk. Hrsg. vom Kollektiv für Literaturgeschichte im Volkseigenen Verlag Volk und Wissen. Berlin (Ost) 1967. S. 21 (Schriftsteller der Gegenwart 1).
3 Nach Jürgen Rühle: Johannes R. Bechers poetische Konfession. In: ders., Literatur und Revolution. Die Schriftsteller und der Kommunismus. Köln 1960. S. 286.
4 Nach Bodo Uhse: Johannes R. Becher. Ein biographischer Essay. In: Johannes R. Becher. Bildchronik seines Lebens. Hrsg. von Lilly Becher und Gert Prokop. Berlin (Ost) 1963. S. 87.
5 Edgar Weiß: Johannes R. Becher und die sowjetische Literaturentwicklung (1917-1933). Berlin (Ost) 1971. S. 94. Zur sowjetischen Agitation gegen Pil'njak vgl. Gleb Struve: Geschichte der Sowjetliteratur. München 1957. S. 257 ff.
6 Helga Gallas: Marxistische Literaturtheorie. Kontroversen im Bund proletarisch-revolutionärer Schriftsteller. Neuwied 1971. S. 68 f.
7 Tamara Motylowa: Die Rezeption Bechers in der Sowjetunion. In: Wissenschaftliche Zeitschrift der Friedrich-Schiller-Universität Jena 10 (1960/61) H. 3. S. 413.
8 Struve (Anm. 5). S. 66.
9 Neugebauer (Anm. 2). S. 66.
10 Noch 1925 hatte Becher in seinem Aufsatz »Der Dichter und die Zeit« erklärt, daß es jetzt nicht auf »edle, geschliffene, vollendete Kunstwerke« oder gar auf die Kunstschätze der Vergangenheit ankomme. In: Die schöne Literatur 11 (1925) S. 486.
11 Akademie der Künste West-Berlin (Kerr-Archiv).
12 Nach Neugebauer (Anm. 2). S. 20. Becher befand sich damit in Einklang mit der KPD, die um 1935 die Parole ausgab, »das klassische Erbe sei für den Kampf gegen den Faschismus fruchtbar zu machen.« Vgl. dazu Gallas (Anm. 6). S. 19 und S. 184, Anm. 3.
13 Klaus Jarmatz: Literatur im Exil. Berlin (Ost) 1966. S. 198 f. »Die Sowjetunion bot den aus Deutschland vertriebenen Schriftstellern eine wahre Heimat, hier lebte und wirkte die deutsche humanistische Dichtung, die aus Deutschland verbannt war.«
14 Nach Peter Stahlberger: Der Zürcher Verleger Oprecht und die deutsche politische Emigration 1933-1945. Zürich 1970. 30. – Vgl. dazu grundlegend Hans-Albert Walter: Deutsche Exilliteratur 1933-1950. Bd. 2: Asylpraxis und Lebensbedingungen in Europa. Neuwied 1972. S. 132-142; S. 343-358. »Wer auf eine demonstrative Hilfe der Sowjetunion für die Exilierten und erst recht für die in Deutschland Verfolgten und Mißhandelten gerechnet hatte, sah sich enttäuscht« (S. 134).
15 Neben prominenten deutschen Kommunisten wie Max Hölz, Hermann Remmele und Heinz Neumann wurden Kulturpolitiker und Künstler wie u. a. Hans Günther, Carola Neher, Ernst Ottwalt, Herwarth Walden verurteilt oder kamen auf ungeklärte Weise ums Leben.
16 Nacht der Verzweiflung. In: Gesammelte Werke in 18 Bänden. Hrsg. vom Becher-Archiv der Deutschen Akademie der Künste zu Berlin. Bd. III. Berlin und Weimar 1966 ff., S. 643. (In der Folge zitiert als: GW.)
17 GW III, S. 633 f.

18 Ebd., S. 641 f.
19 Ebd., S. 667 ff.
20 Max Hermann-Neiße: Lied der Einsamkeit. Gedichte von 1914-1941. Ausgew. und hrsg. von Friedrich Grieger. München 1961. S. 192.
21 Struve (Anm. 5). S. 292.
22 GW IV, S. 181.
23 Ebd., S. 85.
24 Ernst Fischer: Stimme aus dem Exil. In: Wissenschaftliche Zeitschrift der Friedrich-Schiller-Universität Jena 10 (1960/61) H. 3. S. 424.
25 Dietrich Bode: Georg Britting. Geschichte seines Werkes. Stuttgart 1962. S. 21.
26 Fischer (Anm. 23).. S. 423.
27 Im Zeichen der Menschen und der Menschheit (Rede gehalten vor dem ›Internationalen Schriftstellerkongreß zur Verteidigung der Kultur‹ in Paris). In: Internationale Literatur 9 (1935) S. 34. – Die Erkenntnis, daß sich der prophezeite rasche Zusammenbruch des NS-Regimes nicht ereignete, veranlaßte den Schriftsteller damals, nach den Gründen für die Fehleinschätzung zu suchen. Als seine persönliche Schuld empfand er es dabei, daß er und seine Gefährten sich in der Weimarer Republik »in eine Protesthaltung hätten drängen« lassen, in der sie »Verkündigung und Gestaltung des Nationalen der Reaktion überantwortet« und so mit zur nationalen Katastrophe beigetragen hätten (GW IV, S. 862). Vgl. ferner das 11. Gedicht aus dem Zyklus »Das Holzhaus«: »Zu wenig haben wir geliebt, daher / Kam vieles. Habe ich vielleicht gesprochen / Mit jenem Bauern, der den Weinstock spritzte /Dort bei Kreßborn. Ich hab mich nicht gekümmert / Um seinen Weinstock. Darum muß ich jetzt / Aus weiter Ferne die Gespräche führen, / Die unterlassenen« (GW IV, S. 157).
28 GW IV, S. 863.
29 Ebd., S. 155.
30 Vgl. die Erinnerungen von Erika Mann: »Becher war deutscher Patriot in einem Grade und Ausmaß, die auch nur von ferne zu begreifen mir schwerfiel. Mit großer Deutlichkeit erinnere ich mich eines einschlägigen Gesprächs im Juli 1945. Noch die schmutzigste deutsche Pfütze, erklärte er damals, sei ihm kostbar, – ja, er liebe sie zärtlicher als den blausten See, falls dieser sich ›draußen‹ befände und seine kleinen Wellen nichts zu erzählen wüßten von deutscher Art und Geschichte« (In: Sinn und Form. Zweites Sonderheft Johannes R. Becher [1959] S. 567). Vgl. ferner die Aufzeichnungen von Heinrich Goertz: »Im Frühsommer 45, als er [Becher] mit Friedrich Wolf aus der russischen Emigration kam, wurde ihnen eine Etage in einer Charlottenburger Villa zugewiesen. Als sie durch den Vorgarten gingen, fiel Becher auf die Knie und rief: ›Ich grüße dich, Heimaterde!‹ und küßte den Humus eines Charlottenburger Vorgartens. Am anderen Morgen, einem Sonntag, läuteten die Kirchenglocken, als Wolf Bechers Zimmer betrat. Draußen Sonnenschein, Himmelsbläue, Vogelgezwitscher und das Glockengeläut und am offenen Fenster Becher wieder auf den Knien [...]« (aus dem Manuskript zitiert). Dieses ekstatische Verhalten wird erklärlich, wenn man Bechers Herkunft vom Münchner Bonselskreis berücksichtigt, dessen Grunddogma die »Heiligsprechung der Erde und des Lebens in Schmerz und Freude« war. (Vgl. Hans Brandenburg: Und München leuchtete. München 1953. S. 224.)
31 Erinnert sei in diesem Zusammenhang an Bechers Versuche, mit »Romeo und Julia auf dem Dorfe«, »Wiederkehr des unbekannten Soldaten«, »Urach oder der Wanderer aus

Anmerkungen zu Seite 101-103

Schwaben«, »Schlacht um Berlin« das Versepos des 19. Jahrhunderts zu erneuern. Anknüpfungspunkte waren Liliencrons »Poggfred« (1896) und Dehmels »Zwei Menschen« (1903), die Becher schon in seiner Münchner Zeit gelesen hatte. Über das Versepos im 19. Jahrhundert Friedrich Sengle: Die deutsche Literatur des 19. Jahrhunderts, gesellschaftlich gesehen. In: Literatur. Sprache. Gesellschaft. Hrsg. von Karl Rüdinger. München 1970. S. 83-87. (Dialog Schule Wissenschaft. Deutsche Sprache und Literatur. Bd. III.)
32 GW IV, S. 30.
33 Josef Mangold: Harzlandschaft (1924). Abbildung bei Wieland Schmied: Neue Sachlichkeit und magischer Realismus 1918-1933. Hannover 1969. Tafel 115.
34 F. M. Jansen: Ahrtal bei Neuenahr (1926). Abbildung in Aspekte der Neuen Sachlichkeit. Katalog der Galleria del Levante Milano, Roma. München 1968. Tafel 84. Vgl. ferner Georg Scholz: Ansicht von Grötzingen bei Durlach (1925). Abbildung bei Schmied (Anm. 33).
35 Vgl. Bode (Anm. 25). S. 57–65.
36 Bode (Anm. 25). S. 91 f. und 98 f. Vgl. ferner Theodor Ziolkowski: Form als Protest. Das Sonett in der Literatur des Exils und der Inneren Emigration. In: Reinhold Grimm und Jost Hermand (Hrsg.), Exil und Innere Emigration. Third Wisconsin Workshop. Frankfurt a. M. 1972. S. 153-172.
37 Das innere Reich 10 (1943/44) S. 431.
38 GW IV, S. 879.
39 Ebd., S. 890.
40 Ebd., S. 154 f.
41 Walter A. Berendsohn: Die deutsche Literatur der Flüchtlinge aus dem Dritten Reich und ihre Hintergründe. In: Colloquia Germanica I (1971) H. 2. S. 5.
42 GW IV, S. 315.
43 Ebd., S. 873 f.
44 GW IV, S. 887; Hans Günther erwähnt bei Jarmatz (Anm. 13). S. 284, Anm. 66.
45 Sinn und Form. Zweites Sonderheft Johannes R. Becher. Berlin (Ost) 1959. S. 552 (= Erinnerungen an Johannes R. Becher. Leipzig 1968. S. 272).
46 Diskussion über Expressionismus (1938). In: Ernst Bloch, Erbschaft dieser Zeit. Frankfurt a. M. 1962. S. 273.
47 Stephan Hermlin: Bemerkungen zur zeitgenössischen Lyrik. In: Stephan Hermlin und Hans Mayer, Ansichten über einige Bücher und Schriftsteller. Erweiterte und bearbeitete Ausgabe. Berlin (Ost) 1947. S. 191.
48 In: Erinnerungen an Johannes R. Becher. Leipzig 1968. S. 47. Vgl. ferner den Brief Heinrich Manns an Becher vom 20. März 1938. »Zu vergleichen wäre die Sprache Platens mit der Ihren, und der gelungene Versuch wäre festzustellen, wie die klassische Form neu erfüllt wird.« Brief bei Eberhard Hilscher: Johannes R. Bechers Exil-Jahre. In: Zeitschrift für deutsche Literaturgeschichte 4 (1958) S. 497.
49 In: Erinnerungen (Anm. 48). S. 138.
50 Brief vom 10. März 1938 bei Hilscher (Anm. 48). S. 497.
51 In: Erinnerungen (Anm. 48). S. 295.
52 Der Brief vom 23. Juli 1939 – nach Sinn und Form. Sonderheft (Anm. 45). S. 286 – bezieht sich auf den Band »Gewißheit des Siegs und Sicht auf große Tage. Gesammelte Sonette 1935-1938«. Schon ein Jahr vorher hatte Max Herrmann-Neiße vermutlich

Anmerkungen zu Seite 103-107

auf Übersendung des »Glücksuchers« Becher begeistert gedankt: »Da ist soviel echtes, im besten Sinn deutsches Dichtertum, soviel reiner Klang, vollkommene Einfachheit und gewissenhaftes, zielbewußtes Heimatgefühl, das mir sehr, sehr nahe ging. [...] Und so etwas gehört zu den wahren Trostereignissen und reinen Freuden unseres Emigrantendaseins [...] (Brief vom 7. April 1938. Johannes-R.-Becher-Archiv, Berlin-Niederschönhausen). Ähnlich positiv reagierte Becher auf die stilgeschichtlich konservativen Verse Max Herrmanns, die 1936 mit dem bezeichnenden Titel »Um uns die Fremde« erschienen waren. Eine politische Annäherung ereignete sich trotz der literarischen nicht. Der nach England emigrierte Herrmann lehnte in einem Schreiben vom 4. Mai 1938 die Mitarbeit an Bechers »Internationaler Literatur« entschieden ab, »da ich nach bestem Wissen und Gewissen den von Ihrer Zeitschrift vertretenen politischen Glauben nicht bedingungslos zu teilen vermag. Ich muß nach meiner Art den Idealen der Freiheit, der Duldung, der Gewaltlosigkeit treu bleiben und kann mich nicht dazu überwinden, sie um eines noch so guten Zweckes willen auch nur für Zeiten außer Kraft setzen zu lassen« (Johannes-R.-Becher-Archiv, Berlin-Niederschönhausen).

53 Becher war mit etwa 110 000 verkauften Exemplaren in der Zeit von 1924-1932 der meistgedruckte deutsche Linksschriftsteller in der UdSSR. Über die frühe Becher-Rezeption in der Sowjetunion ausführlich Weiß (Anm. 5). S. 180-183.
54 Vgl. Motylowa (Anm. 7). S. 413 f. Die Verfasserin berichtet über enge Verbindungen zu Sergej Tret'jakov. Mit Aleksandr Fadeev und Konstantin Fedin war Becher schon vor 1933 bekannt. Vgl. Weiß (Anm. 5). S. 93.
55 »Die russische Literatur wurde mir viel später, Mitte 1925, überhaupt erst zugänglich, wobei ich nicht ohne Beschämung zugestehen muß, daß ich bis heute die russische Sprache nicht verstehe.« Brief Bechers vom 27. April 1955 an den Limes Verlag in: Niedermayer (Anm. 1). S. 160.
56 GW IV, S. 531.
57 Ebd., S. 531 f.
58 Ebd., S. 480.
59 Ebd., S. 904.
60 Ebd., S. 907.
61 Ebd., S. 819.
62 Ebd., S. 818.
63 Ebd., S. 809.
64 Ebd., S. 407.
65 Rühle (Anm. 3). S. 283.
66 Vgl. dazu Norbert Hopster: Das Frühwerk Johannes R. Bechers. Bonn 1969.
67 In: Niedermayer (Anm. 1). S. XXVII.
68 Ebd., S. XXXI f.
69 In: Sinn und Form. Sonderheft (Anm. 45). S. 43.

Nationalsozialistische Gebrauchsformen

1 Robert Scholz: Das Problem der Aktmalerei. In: Die Kunst im Deutschen Reich 4 (Oktober 1940) Folge 10. S. 292.
2 Die Form als erste Entscheidung. In: Hans Bender (Hrsg.), Mein Gedicht ist mein Messer. Lyriker zu ihren Gedichten. München 1955. S. 38.

Anmerkungen zu Seite 107-113

3 Felix Lützkendorf: Was sollen wir tun? In: Europäische Literatur 3 (September 1944) H. 9. S. 3. Will Vespers Sammlung »Die Ernte der Gegenwart« (1940) enthält unter 436 Gedichten seit 1910 nur zwölf Sonette, in Herbert Böhmes Sammlung »Rufe in das Reich« (1933) finden sich neben fast 300 Chorliedern, Hymnen und Oden lediglich fünf. Demgegenüber bringt die Anthologie »De Profundis« (1946), in der Gunter Groll »die Stimmen des ›anderen Deutschland‹, soweit es nicht im Exil war« sammelte, von 280 Gedichten fünfundfünfzig Sonette. Vgl. dazu Theodore Ziolkowski: Form als Protest. Das Sonett in der Literatur des Exils und der Inneren Emigration. In: Reinhold Grimm und Jost Hermand (Hrsg.), Exil und innere Emigration. Frankfurt am Main 1972. S. 159.

4 Die Lieder vom Reich. München 1935. S. 34.

5 Selbstcharakteristik des Reichsarbeitsdienstes nach: Kunst im 3. Reich. Dokumente der Unterwerfung. Frankfurt a. M. 1975. S. 178. (Ausstellungskatalog Frankfurter Kunstverein).

6 »Ein Volk marschiert. Marschiere mit.« Vermutlich 1933. Bayer. Hauptstaatsarchiv, Plakatsammlung.

7 Die Freiheit der Kunst. Ansprache in Budapest und Belgrad zur Eröffnung der deutschen Buchausstellung 1937. In: Gerhard Schumann, Ruf und Berufung. Aufsätze und Reden. München 1943. S. 9-10.

8 »In dieser Beziehung muß der Begriff Tendenz verstanden werden, insofern, als er sich nicht auf unmittelbare Gestaltung der Tagesereignisse bezieht; d. h. wir wollen durchaus nicht [. . .], daß unsere SA-Männer durch den Film oder über die Bühne marschieren. Sie sollen auf der Straße marschieren. [. . .] Die Massen aufzubieten, das verstehen wir nun einmal.« Rede vom 19. 5. 1933 bei Gerd Albrecht: Nationalsozialistische Filmpolitik. Eine soziologische Untersuchung über die Spielfilme im Dritten Reich. Stuttgart 1969, Dok. 2. S. 442.

9 Erich Fromm: Anatomie der menschlichen Destruktivität. Reinbek 1977. S. 373 (ro ro ro 7052).

10 Franz Schauwecker: Ein Dichter und die Zukunft. In: Heinz Kindermann (Hrsg.), Des deutschen Dichters Sendung in der Gegenwart. Leipzig 1933. S. 226.

11 Nach Albrecht (Anm. 8). S. 90.

12 Zehn Jahre Kulturpolitik im neuen Reich. In: Die Kontrolle NF 11 (31. 4. 1943) S. 54.

13 Joachim Petsch: Baukunst und Stadtplanung im Dritten Reich. Herleitung, Bestandsaufnahme, Entwicklung, Nachfolge. München 1976. S. 119.

14 Hörbild / Ausschnitt; 1941 gesendet, Verf. anonym. Nach: Das Dritte Reich in Tondokumenten. Ein Volk, ein Reich, ein Führer. 3. Teil. 1941-1942. Hamburg: Jahr Verlag.

15 Erinnerungsfeier an den Münchner Marsch zur Feldherrnhalle. Der Text folgt den Tondokumenten (Anm. 14). Geglättete Fassung: Die andere Welt wird fallen. Die Führerrede in München. Siegesgewiß für Deutschland und den Kontinent. In: DAZ Nr. 536 (8. 11. 1942) S. 3.

16 Alexander und Margarete Mitscherlich: Die Unfähigkeit zu trauern. Grundlagen kollektiven Verhaltens. München 1967. S. 74.

17 Mitscherlich (Anm. 16). S. 73.

18 Ausschnitt aus der Ringsendung in den Tondokumenten (Anm. 14).

Anmerkungen zu Seite 114-115
Das gespaltene Bewußtsein. Über die Lebenswirklichkeit in Deutschland 1933-1945

Abkürzungen
BT — Berliner Tageblatt
DAZ — Deutsche Allgemeine Zeitung
DB — Deutschland-Berichte (Anm. 14)

1 Martin Jänicke: Totalitäre Herrschaft. Anatomie eines politischen Begriffes. Berlin 1971.
2 Martin Broszat: Der Staat Hitlers. Grundlegung und Entwicklung seiner inneren Verfassung. München 1969, bes. S. 423-442 (dtv 4009).
3 Paul Sering [d. i. Richard Löwenthal]: Der Faschismus. Zweiter Teil: System und Widersprüche. In: Zeitschrift für Sozialismus (Nov./ Dez. 1935) H. 26/27. S. 842. Serings Feststellung, »daß das System der faschistischen Massenorganisation nicht die Gesellschaft erfaßt« findet sich ähnlich in den »Deutschland-Berichten« (Anm. 14), die Januar 1935. S. 147 von einem »Bankrott des Totalitätsprinzips« sprechen. »Die Entwicklung scheint auf ein System hinzugehen, in dem Mächte wie Heer, Bürokratie, Kirchen, Unternehmerverbände als organisierte Sondermächte nebeneinander dastehen, jede von ihnen mit ihrer eigenen Organisation und ihrer eigenen Bewegung«. Bezeichnend ist die Beobachtung von Februar 1935. S. 226: »›Geichschaltung‹ bedeutet überhaupt in den meisten Fällen mehr Verzicht auf die Äußerung einer eigenen Meinung als die innere Übernahme der nationalsozialistischen.«
4 Über den begrenzten Arbeiterwiderstand 1933-1945 vgl. Detlev Peukert in: aus politik und zeitgeschichte. Beilage zur Wochenzeitung das parlament (14. Juli 1979) S. 22-46; ders.: Die KPD im Widerstand. Verfolgung und Untergrundarbeit an Rhein und Ruhr 1933-1945. Wuppertal 1980. Weitere Literatur – auch über die konfessionelle Opposition – in: Widerstand 1933-1945. Sozialdemokraten und Gewerkschafter gegen Hitler. Bonn 1980. S. 156-163 (Ausstell.katalog Archiv der sozialen Demokratie, Bonn).
5 Richard Grunberger: Das zwölfjährige Reich. Der deutsche Alltag unter Hitler [A Social History of the Third Reich]. Wien-München-Zürich 1972. S. 32.
6 Der Begriff »unpolitische Seite« bei Carl Schmitt: Staat, Bewegung, Volk – Die Dreigliederung der politischen Einheit. Hamburg 1933, vgl. ders.: Weiterentwicklung des totalen Staates in Deutschland. In: Europäische Revue 9 (Februar 1933) H. 2. S. 67; der Begriff »staatsfreie Sphäre« bei Wilhelm Sauer: Recht und Volksmoral im Führerstaat. In: Archiv für Rechts- und Sozialphilosophie 28 (1934/35) S. 270.
7 Hans E. Priester: Das deutsche Wirtschaftswunder. Amsterdam 1936, vgl. den Begriff in den Deutschland-Berichten (Anm. 14). April 1936. S. 518 und Juli 1939. S. 941; Hitler selbst sprach in der Proklamation zum Reichsparteitag 1936 von einem »Wunder« (Berliner Tageblatt 429/ 10. 9. 1936), »deutsches Wunder« bei Ley in: Freude und Arbeit. Offizielles Organ des internationalen Zentral-Büros Freude und Arbeit 7 (April 1942) H. 4. S. 2.
8 Volkswagen... eine Notwendigkeit. Die Rede des Führers zur Eröffnung der Automobil-Ausstellung 1938. In: Motorwelt. Die illustrierte Zeitschrift des DDAC 35 (4. März 1938) H. 5. S. 166.
9 Rudolf Heß in: Berliner Morgenpost 246/ 13. 12. 1936, siehe auch Hitlers Abgrenzung gegen »bolschewistische Experimente« auf dem Gautreffen in Regensburg (Berliner Tageblatt 264/265 v. 8. 6. 1937).

Anmerkungen zu Seite 115-119

10 Emerich Huber/ Hermann Schneider: Optimist sein, mein Herr! Ein fröhliches Bilderbuch für Große. Berlin: Industrieverlag o. J. zeigt auf der Innenseite des Titelblatts einen Motor mit Treibriemen und der Aufschrift »Optimismus«.

11 Militärgeschichtliches Forschungsamt (Hrsg.): Ursachen und Voraussetzungen der deutschen Kriegspolitik. Stuttgart 1979. S. 711, 224-225 (Das Deutsche Reich und der Zweite Weltkrieg Bd. 1); Lothar Burchardt: Die Auswirkungen der Kriegswirtschaft auf die deutsche Zivilbevölkerung im Ersten und im Zweiten Weltkrieg. In: Militärgeschichtliche Mitteilungen 5 (1974) H. 1. S. 96-97.

12 Erich Fromm: Arbeiter und Angestellte am Vorabend des Dritten Reiches. Eine sozialpsychologische Untersuchung. Bearbeitet und hrsg. von Wolfgang Bonß. Stuttgart 1980. S. 250, über die Ziele der Studie S. 52.

13 Ebd. S. 42, Anm. 56.

14 Deutschland-Berichte der Sozialdemokratischen Partei Deutschlands (Sopade) 1934-1940. Hrsg. von Klaus Behnken. Salzhausen/ Frankfurt a. M.: [Zweitausendeins Versand] 1980. Herausgeber der Original-Berichte war Erich Rinner. Die Auflage von 450 Stück wurde an verschiedene ausländische Regierungen und Politiker geschickt, die aufklärerische Wirkung war jedoch äußerst gering. Vgl. dazu Franz Jung, der neben Waldemar von Knoeringen, Wilhelm Hoegner, Ernst Schumacher u. a. zu den Redakteuren gehörte: Der Weg nach unten. Aufzeichnungen aus einer großen Zeit. Neuwied/ Berlin 1961, bes. S. 433-434, ferner: Das Merkheft Nr. 48. Frankfurt a. M.: Zweitausendeins Versand-Prospekt [1980]. S. 40-42. Zur Stimmung der Arbeiter vgl. zu den im Aufsatz erwähnten Eindrücken Januar 1935. S. 137; April 1935. S. 422; Juni 1937. S. 777; April/Mai 1938. S. 452.

15 Peukert in: das parlament (Anm. 4). S. 33, zur uneinheitlichen Lohnsituation David Schoenbaum: Die braune Revolution. Eine Sozialgeschichte des Dritten Reiches. [Hitlers's Social Revolution. Class und Status in Nazi Germany 1933-1939]. Köln/ Berlin 1968. S. 136 ff; Grunberger (Anm. 5). S. 198 f.

16 Deutschland-Berichte (Anm. 14). Juni 1939. S. 746.

17 Grunberger (Anm. 5). S. 210; Schoenbaum (Anm. 15). S. 143 ff.

18 Grunberger (Anm. 5). S. 56; grundlegend über Aufstiegsmöglichkeiten im Dritten Reich Schoenbaum (Anm. 15). S. 300-334.

19 Grunberger (Anm. 5). S. 214.

20 Bayer. Hauptstaatsarchiv, Plakatsammlung.

21 Coca-Cola. Fünfzig Jahre in Deutschland. Essen 1979. S. 10.

22 Vgl. noch die Coca-Cola-Kampagne in der Wochenzeitung »Das Reich« 16/ 8. 9. 1940; 17/ 15. 9. 1940; 18/ 22. 9. 1940; 19/ 29. 9. 1940; 22/ 20. 10. 1940; 23/ 27. 10. 1940; 24/ 13. 11. 1940; 25/ 10. 11. 1940; 26/ 17. 11. 1940. 1940 wurde mit der Warenmarke Fanta ein neues Erfrischungsgetränk auf den Markt gebracht, das Coca-Cola ab 1942 ersetzte. Obwohl das Hauptprodukt ausgefallen war, »konnten doch alle Konzessionäre in Deutschland ihr Geschäft zunächst in vollem Umfang mit Fanta fortführen« (Anm. 21). S. 13.

23 Werner Maser: Adolf Hitler. Legende, Mythus und Wirklichkeit. München 1971. S. 206. Siehe auch Ferry Porsche: Geburtsort Garage. Wie ich die Entwicklung des VW miterlebte. In: auto motor sport H. 9 (6. 5. 1981) S. 15-17, dort der Hinweis, daß Hitler bereits 1934 auf der Automobilausstellung einen Volkswagen gefordert hatte. Aufgrund eines »Exposé betreffend Bau eines Deutschen Volkswagens« erhielt Por-

Anmerkungen zu Seite 119-121

sche gegen den Protest der Automobilindustrie 100 000 Mark zur Entwicklung eines ersten Prototyps, der »im Herbst 1935 [...] die Garage unseres Familienhauses in Stuttgart« verließ. Ein Jahr später besichtigte Porsche im Auftrag Hitlers das Ford-Werk River Rouge in der Nähe von Detroit und eine General Motors Fabrik, denn »ich soll eine Fabrik bauen für 500 000 Autos im Jahr. Dafür gibt es in Europa noch kein Beispiel.«

24 Henry Picker: Hitlers Tischgespräche im Führerhauptquartier. 3. vollst. überarb. und erw. Neuausgabe. Stuttgart 1976. Abb. nach S. 32, vgl. dazu: Ferdinand Porsche: Erste Vorstudie zum Volkswagen 1934; Volkswagen »KdF. Limousine« 1937/38. In: Die dreißiger Jahre. Schauplatz Deutschland. München 1977. S. 186 Abb. 240-241. (Ausstellungskatalog des Hauses der Kunst, München).

25 Volkswagen fahren durch Berlin – Die zur Besichtigung in Berliner Betrieben bestimmte, aus 6 Wagen bestehende Volkswagenkolonne machte am Dienstag eine Rundfahrt durch die Straßen Berlins. In: DAZ Nr. 54 (11.2.1939) Berliner Rundschau.

26 »Die technischen Leistungen und Phänomene werden zu Leistungen und ›Markenzeichen‹ des Regimes.« Johannes Beck u. a. (Hrsg.): Terror und Hoffnung in Deutschland 1933-1945. Leben im Faschismus. Reinbek 1980. S. 139 (ro ro ro 7381).

27 Heinrich Hauser: Deutschlands Motorisierung. Nachwort zur Berliner Autoschau. In: Die Tat 26 (1934/35) Bd. 2. S. 928.

28 1930 fuhren in den USA 23 Mill. Kraftwagen, in Deutschland 0,5 Mill.; 1938/39 hatte sich im Deutschen Reich die Zahl der Autobesitzer verdreifacht.

29 »Opel P 4 ab 1. September nur noch 1450. Das Automobil soll Volksgut werden! [...] Eine neue Epoche des Automobils beginnt – Hunderttausenden zu Nutzen.« Anzeige in: Berliner Morgenpost Nr. 208 (29.8.1936) 1. Beilage.

30 E. Günther Gründel: Die Sendung der jungen Generation. Versuch einer umfassenden revolutionären Sinndeutung der Krise. München 1932. S. 140f.

31 Peter Suhrkamp: Rasse. In: Neue Rundschau 54 (1933) Bd. 2. S. 203.

32 Hermann Böschenstein: Vor unseren Augen. Aufzeichnungen über das Jahrzehnt 1935-1945. Berlin 1978. S. 118.

33 Fritz Bechthold: Deutsche am Nanga Parbat. München 1935 (11. Aufl. 1943); Paul Bauer: Auf Kundschaft im Himalaja. Siniolchu und Nanga Parbat. Tat und Schicksal deutscher Bergsteiger. München 1937; Hans Hartmann: Ziel Nanga Parbat. Tagebuchblätter einer Expedition. Berlin 1938 (4. und 5. Aufl. 1944).

34 Goebbels in: Freude und Arbeit 1 (1936) H. 1. S. 68.

35 Goebbels in: Motorwelt. Die illustrierte Zeitschrift des DDAC 35 (10.6.1938) H. 12. S. 449.

36 Grunberger (Anm. 5). S. 210.

37 Mit der weißen »Milwaukee« nach Westafrika und dem Äquator. In: Motorwelt. Die illustrierte Zeitschrift des DDAC 35 (16.9.1938) H. 19. S. 690-691.

38 Rudolf Pfister: 130 Eigenheime. Vom großen bis zum kleinsten Einfamilienhaus. Mit 175 Lichtbildern und 243 Grundrissen. München 1935, ders.: 150 Eigenheime. Mit 187 Lichtbildern und 270 Grundrissen. München 1937; Otto Völckers: Wir wollen ein kleines Haus bauen! Ratschläge und Pläne für schlichte Häuser. Berlin 1937 (Bauwelt-Sonderheft-Reihe); Hans Jesora: Bauen ohne Ärger – Bauen echt und recht. Zwickau 1938; Alfons Leitl: Das Buch vom eigenen Haus. Mit Skizzen, Plänen und ausgeführten Bauten von Walter Kratz. Aufn. von E. M. Heddenhausen. Berlin 1940.

Anmerkungen zu Seite 122-126

39 Eleonore Saur: Elektrizität im Haushalt. Darstellung neuzeitlicher Arbeitserleichterung mit Hilfe der Siemens-Hausgeräte. Leipzig 1937. (Sei praktisch 1).
40 Ebd., S. 7.
41 BZ am Mittag Nr. 179 (28. 7. 1939) S. 1, vgl. dazu Eduard Rhein: Die Sensation der Rundfunk-Ausstellung: Der Einheits-Fernseher ist da! Ein Gemeinschaftsgerät der dt. Fernsehfirmen – Bildgröße 20 × 23 cm, 15 Röhren. Preis 650 Mark. Ebd., S. 3.
42 Carl Hertweck: Außenborder – Seitenborder. Boot und Motor. Berlin 1939; 1935 wurden die ersten Wasserschier vorgeführt. Vgl. Auf Wasserschiern hinter dem Motorboot. In: Münchner Illustrierte Presse v. 29. 8. 1935.
43 Hans Berger: Yachten der Landstraße. München 1938. S. 44.
44 DDAC Zeltplatznachweis für Kraftfahrer. Großdeutschland. München 1939. S. 5.
45 Carl Hertweck: Mit Motor und Zelt. Berlin 1937. S. 9.
46 Arthur Maria Rabenalt: Film im Zwielicht. Über den unpolitischen Film des Dritten Reiches und die Begrenzung des totalitären Anspruchs. Mit Ergänzungen zur Neuauflage. Hildesheim/New York ²1978. S. 26f.
47 Vgl. das Titelbild der Zeitschrift »Berlin hört und sieht« 6/ 7. 2. 1937, eine als Cowboy verkleidete Frau verkündet – mit Revolver – die Parole »Dem Mucker ins Herz«.
48 Hans Peter Bleuel: Das saubere Reich. Theorie und Praxis des sittlichen Lebens im Dritten Reich. Bern-München-Wien 1972. S. 164.
49 Neue Wege zur einfachen Schönheit. In: Das Magazin 139 (März 1936) S. 78-82.
50 Elfriede Scheel und Oda Lange [d. i. Oda Schaefer]: Kosmetik ohne Geheimnis. Nachschlagwerk der modernen Schönheitspflege mit Rezepten. Berlin 1939.
51 »In Form . . . Regelmäßige Zahn- und Mundpflege mit Vademecum.« In: Koralle 6 (16. 10. 1938) H. 41. S. 1455.
52 Kosmos-Sammelbilder »Anmut und Schönheit«. Memmingen: Kosmos-Bilder-Zentrale [ca. 1952]; den Hinweis verdanke ich Michael Krüger.
53 Almanach der Dame. Fünfzig auserwählte Gedichte. Berlin 1935. S. 9. Siehe dazu »Die nichtnationalsozialistische Literatur der jungen Generation« S. 42.
54 Frank Matzke: Jugend bekennt: So sind wir! Leipzig 1930. S. 167.
55 Susanne Krammer: Wir sind gar nicht sachlich! In: Der Querschnitt 13 (März 1933) H. 3. S. 205.
56 G[ünter] K[aufmann]: Jugenderziehung im Zeichen des Friedens! In: Wille und Macht 6 (1. Januar 1938) H. 1. S. 2.
57 Hans Joachim Kunze: Junge Kameradschaft über die Grenze. Die Erfolge der Berliner Schüler-Austauschstelle. Beste kulturelle Zusammenarbeit mit Frankreich. In: Berliner Tageblatt Nr. 527/528 (8. 11. 1938) S. 16.
58 Richard Lies: Erfahrungen und Eindrücke auf einer Schüleraustauschreise nach USA (II). In: Die neueren Sprachen 47 (1939) H. 4. S. 160.
59 Englische Gäste im Rathaus. Schüler und Schülerinnen aus London. In: DAZ Nr. 363 (1. 8. 1939) Berliner Rundschau. Vgl. die Deutschland-Berichte (Anm. 14) Juli 1939. S. 839: »Trotz der scharfen Pressefehde [. . .] werden die Kinderaustausch-Aktionen mit England fortgesetzt. Am 6. Juli wurde wieder eine Exkursion Berliner Handelsschüler über Belgien nach England geleitet.«
60 Militärgeschichtliches Forschungsamt (Anm. 11). S. 113-121. Obgleich sich Hitler am 10. November 1938 in einer Geheimrede dafür aussprach, die »pazifistische Platte« nicht mehr aufzulegen (ebd., S. 133), gehörten Friedensbeteuerungen zum festen

Bestandteil des Propaganda-Arsenals (»Hitler vor dem Reichstag: Ich glaube an einen langen Frieden«, DAZ v. 31. 1. 1939). Vgl. die »Weihnachtsbotschaft« von Rudolf Heß (Berliner Tageblatt 2/ 3. 1. 1938) und Plakate wie »Der Führer gibt der Welt den Frieden«, »Nur Deutschland ist eine Insel des Friedens. Das verdankt ihr Adolf Hitler. Unterstützt daher seine Friedenspolitik. Ihr dient dadurch dem Weltfrieden.« (Bayer. Hauptstaatsarchiv, Plakatsammlung). Am eindrucksvollsten simulierten die 1937 unter Leitung Speers begonnene »Neugestaltung der Reichshauptstadt« den friedlichen Aufbauwillen der Diktatur; Goebbels kündigte die Baumaßnahmen am 12. 2. 1937 in der Deutschlandhalle vor 20000 Zuhörern mit der Parole »Es gibt keinen Krieg« an (Berliner Tageblatt Nr. 76/ 14. 2. 1937), Reichskanzlei und Ost-West-Achse wurden wenige Monate vor Kriegsausbruch eingeweiht.

61 Kaufmann (Anm. 56). S. 2.
62 Heinemann Stern: Warum hassen sie uns eigentlich? Jüdisches Leben zwischen den Kriegen. Hrsg. und kommentiert von Hans Ch. Meyer. Düsseldorf 1970. S. 207, siehe auch die positiven Stimmen aus der ausländischen Presse, die von deutschen Organen gern zitiert wurden, z. B. Berliner Morgenpost Nr. 172/ 18. 7. 1936 (»Wenn Hitler nicht gewesen wäre, würden sich die Grenzen des Sowjetstaates am Rhein befinden«, Daily Telegraph), BZ am Mittag 26/ 30. 1. 1936 (»Durch [Hitlers] magnetischen Einfluß« sei Deutschland »wieder in die vorderste Reihe der Nationen gestellt worden«, Daily Mail; »In der Reihe der Auserwählten [. . .] hat er [Hitler] mehr vollbracht als irgendeiner, und sein Werk war ganz persönlich«, New York Times). Vgl. ferner H. W.: Deutsche Eindrücke eines Amerikaners. In: Europäische Revue 14 (Mai 1938).
63 Jean-Paul Sartre: Paris unter der Besatzung. Artikel und Reportagen 1944-1945. Reinbek 1980. S. 40 (ro ro ro 4593).
64 Pasqual Sigel: Selbst im Dritten Reich konnten Journalisten viel erfahren. In: Das III. Reich. Zeitgeschehen in Wort, Bild und Ton Nr. 11 [1974]. S. 483; London in Berlin. In: Das Magazin 159 (Nov. 1937), dort zwei Fotos von »Englischen Zeitungshändlern Unter den Linden« mit dem Hinweis, »aber auch wo man will, erhält man englische Zeitungen und Zeitschriften überall in Berlin.« Vgl. dazu Wolfgang Ebert: Das Porzellan war so nervös. Memoiren eines verwöhnten Kindes. München 1975. S. 165 sowie Deutschland-Berichte (Anm. 14). Mai 1935. S. 533.
65 Felix Hartlaub in seinen Briefen. Hrsg. von Erna Krauss und G. F. Hartlaub. Tübingen 1958. S. 332 (23. 2. 1939).
66 Deutschland-Berichte (Anm. 14). Juli 1937. S. 967-968 mit Kopien von Verbotslisten; April/Mai 1938. S. 403-405.
67 Hans Kern: Funkbrücke nach Amerika. 1000 Austausch-Sendungen im Jahr. In: Sieben Tage v. 18. 11. 1935.
68 Johannes Stoye: USA lernt um. Sinn und Bedeutung der Roosevelt-Revolution. Leipzig 1935, ähnliche Sicht bei Hans F. Kiderlen: Fahrt ins neue Amerika. Hamburg 1936. Noch kurz vor dem Kriegseintritt warben Paul Scheffer, Max Clauss und Julius Krauss betont sachlich um das Verständnis eines »neuen Amerika«, das ihnen seit dem »Experiment des New Deal [. . .] jung und zukunftsfreudig« erschien (USA 1940. Roosevelt-Amerika im Entscheidungsjahr. Berlin 1940. S. 6-7). Anspruchsvolle Reiseberichte erschienen u. a. von Alfons Paquet: Amerika unter dem Regenbogen. Frankfurt a. M. 1938, Ernst v. d. Decken: Große Welt – kleine Welt. Amerika. Auf Schienenstrang und Autobahn durch USA. 1.-10. Aufl. Leipzig 1940. Manfred Haus-

Anmerkungen zu Seite 128-130

mann: Kleine Liebe zu Amerika. Ein junger Mann schlendert durch die Staaten. Berlin 1931 wurde 1941 in 51.-55. Auflage veröffentlicht.
69 Ferdinand Fried: Das Experiment Amerika. Versuch einer Sinndeutung der Krise in USA. Die Tat 28 (1936/37) Bd. 1. S. 110; Wilhelm Schulze: Amerikas Revolution. In: Berliner Morgenpost 243 (9. 10. 1936) 2. Beilage.
70 USA und wir. Verständigung – von der anderen Seite aus betrachtet. In: Westermanns Monatshefte 81 (März 1937-August 1937) Bd. 162. S. 324.
71 Hans Effelberger: Die amerikanische Kulturkrise unter Roosevelt. In: Die neueren Sprachen 45 (1937) H. 9. S. 367, auch Adolf Halfeld: Amerika künftig neutral? In: Die Tat 29 (Juni 1937) H. 3, der »für die Zukunft die Parteinahme Amerikas in einem möglichen Konflikt« nicht ausschließt (S. 177).
72 Deutschland-Berichte (Anm. 14) Februar 1940. S. 239: »Die Nürnberger optischen Geräte Engelhardt sollen jetzt noch einige Aufträge aus den Vereinigten Staaten erhalten haben. Die Lieferungen sollen über Rußland erfolgen.« Noch im Frühjahr 1940 verkaufte die Bavaria-Filmkunst sechs Filme nach USA und berichtete über das positive Presse-Echo auf den in New York gezeigten Film »Der arme Millionär« (DAZ 207/ 30. 4. 1940).
73 Elisabeth Noelle: Amerikanische Massenbefragungen über Politik und Presse. Limburg 1940. S. 137 (nach Gallup).
74 Goebbels am 22. 1. 1939 im »Völkischen Beobachter«. Vgl. Deutschland-Berichte (Anm. 14. Februar 1939). S. 143-144.
75 Martha Dodd: Aus den Fenstern der Botschaft. Berlin 1946, S. 128; Wolfgang Ebert: Das Porzellan war so nervös. Memoiren eines verwöhnten Kindes. München 1975. S. 166; Deutschland-Berichte (Anm. 14). Mai 1937. S. 912.
76 Hermann Christian Mettin: Amerikanische Filme. In: Die Tat 28 (1936/37) Bd. 1. S. 151.
77 Friedrich W. Hymmen: »Broadway« – kein Ausfuhrartikel. In: Wille und Macht 5 (1. 2. 1937) H. 3. S. 28-29.
78 Dodd (Anm. 75). S. 127.
79 Das Magazin 148 (Dez. 1936) S. 12, ferner Ernst Jerosch: Triumph der Groteske. Laurel und Hardy im Marmorhaus. In: Berliner Tageblatt 500/501 v. 23. 10. 1937.
80 Der letzte Mickey-Mouse-Film lief in Berlin am 18. 2. 1940.
81 Odeon und Gloria Musikplatten, Haupt-Verzeichnis 1938-1939, S. 324 führt »Micky Maus auf Wanderschaft«, »Micky Maus beim Hochzeitsschmaus«, »Micky Maus im Luna Park«, »Micky Maus als Jazzkönig«.
82 Die Bücher erschienen im Verlag Bollmann (Zürich) und wurden durch den Kommissionär Gustav Brauns (Leipzig) im Reichsgebiet vertrieben.
83 Die »Deutsche Familien Illustrierte« vom 1. 9. 1938 zeigte als Cover »Olympe Bradna. Eine Neuerscheinung im amerikanischen Film« und brachte in der nächsten Nummer vom 8. 9. 1938 auf ihrem Titel ein Bild des Führers mit der Unterschrift »Adolf Hitler. Der Führer aller Deutschen zum diesjährigen Reichsparteitag.« Eine ähnliche Abfolge findet sich auch in der »Koralle«, den Titelbildern von Marlene Dietrich (16. 1. 1938) und Robert Taylor (23. 1. 1938) folgte »Der Führer. Bildnisbüste von H. Haffenrichter« (30. 1. 1938).
84 Ebert (Anm. 75). S. 160; die Zeitung wurde nicht – wie Ebert mitteilt – September 1939 eingestellt, sondern ging anläßlich einer kriegsbedingten Pressekonzentration am

Anmerkungen zu Seite 130-133

1. 2. 1943 in das »12-Uhr-Blatt« auf, ihre Attraktivität erlosch allerdings Ende der dreißiger Jahre.

85 G. Hildebrandt: Wallace Beery: In: Deutsche Familien Illustrierte 6 (26. 6. 1938) H. 25. S. 490-491.

86 Clark Gable: Film und Wirklichkeit. Zur heutigen Premiere des amerikanischen Films »In goldenen Ketten« im Marmorhaus. In: Berliner Tageblatt 250/ 28. 5. 1935; die »Wahren Geschichten« (5/Mai 1936) erwähnen einen Bericht von Gable über Jean Harlow im »12-Uhr-Blatt«. 1938 veröffentlichte der Wendt Verlag neben Biographien von Gustav Fröhlich, Zarah Leander, Shirley Temple auch ein Heft über Clark Gable »mit neuesten Privatbildern, 4 ganzseitigen Photos, vielen Rollenbildern aus den neuesten Filmen« (Filmwelt 11/11. 3. 1938).

87 H. Vernon: Eine gewisse Marie von Losch. Der Werdegang Marlene Dietrichs. In: Deutsche Familien Illustrierte 6 (6. 1. 1938) H. 2. S. 31; der Artikel beschreibt u. a. die damals aktuelle Filmpause der Schauspielerin und verspricht, daß »ihr Name bald wieder an allen Kinos der Welt aufflammen wird – in New York und Berlin, in Bergen und Kapstadt, in Lissabon und Tokio.« Über die Versuche des NS-Regimes, Marlene Dietrich nach Deutschland zu holen vgl. Marlene Dietrich: Nehmt nur mein Leben. Reflexionen. München 1979. S. 105-107.

88 Hilde R. Lest: Nie wieder Vamp. Eine Geschichte menschlicher Verirrung [I-V]. In: BZ am Mittag Nr. 240 (7. 10. 1935) – 244 (11. 10. 1935); E. T.: Vom Vamp zur Frau. Wandlungen der Zeit, Wandlungen des Geschmacks. In: Berliner Tageblatt 478-479/ 10. 10. 1937.

89 142/ Juni 1936; 149/ Januar 1937; 165/ Mai 1938. Bilder 160/ Dezember 1937; 158/ Oktober 1937; 163/ März 1938.

90 Das »Magazin« war mir – lückenhaft – bis August 1938 zugänglich; die Zeitschrift wurde jedoch noch April 1941 auf den Markt gebracht, eine Anzeige findet sich in »Marie Luise« 9 (1. 4. 1941) H. 14. S. 15.

91 Vgl. ferner 139/ März 1936; 146/ Oktober 1936; 147/ November 1936; 148/ Dezember 1936; 158/ Oktober 1937; 162/ Februar 1938.

92 Über die Rolle des Menschen im neueren amerikanischen Film. In: Das innere Reich 4 (1937) Bd. 1. S. 264-272.

93 Mettin (Anm. 76). S. 152.

94 Simone de Beauvoir: In den besten Jahren. Reinbek 1969 (ro ro ro 1112).

95 H[ermann] Ch[ristian] M[ettin]: »Mississippi-Melodie«. In: Die Tat 29 (August 1937) H. 5. S. 354.

96 Der Film im neuen Europa. Unabhängig von Amerika. – Dr. Goebbels vor der Internationalen Filmkammer. In: DAZ Nr. 347 (22. 7. 1941) S. 2.

97 Louis Lochner (Hrsg.): Goebbels Tagebücher aus den Jahren 1942-1943. Zürich 1948. S. 190–191.

98 Ludwig K. Mayer: Unterhaltungsmusik. In: Die Musik (Dezember 1938) S. 163. Nach Joseph Wulf: Musik im Dritten Reich. Eine Dokumentation. Gütersloh 1963. S. 350.

99 Horst H. Lange: Jazz in Deutschland. Die deutsche Jazz-Chronik 1900-1960. Berlin 1966; ders.: Die deutsche »78er« Discographie der Hot-Dance- und Jazz-Musik 1903-1958. Berlin ²1978.

100 Musik im Volk. Berlin ²1944, S. 12. Nach Wulf (Anm. 98). S. 358.

101 Wulf (Anm. 98). S. 355.

Anmerkungen zu Seite 133-137

102 Eduard Diusberg: Eine Überraschung des Presseballs. Jack Hylton und seine Jungens. In: BZ am Mittag Nr. 23 (27. 1. 1937) S. 3; Berliner Tageblatt 40/ 28. 1. 1937.
103 Grunberger (Anm. 5). S. 436 nach Daily Mirror v. 13. 2. 1937; über das Auftreten von Negerkapellen bei lokalen KdF-Veranstaltungen für 1936 vgl. Deutschland-Berichte (Anm. 14). Februar 1936, S. 165.
104 Lange »Jazz in Deutschland« (Anm. 99) S. 68. Die Angriffe hinderten die »Scala« nicht, Hylton 1935 erneut einzuladen; das letzte Gastspiel Hyltons in Berlin Frühjahr 1938.
105 Deutschland-Sender 18. 2. 1939, 20 Uhr 30: Henry Hall spielt. Eine englische Rundfunkkapelle in Deutschland zu Gast. Zum Auftritt im »Wunschkonzert« siehe: Sieben Tage 8 (19. 2. 1939) Titelseite.
106 Teddy Stauffer: Es war und ist ein herrliches Leben. Berlin-Frankfurt a. M.-Wien 1968. S. 119.
107 Stauffer (Anm. 106). S. 78 f.
108 Einen guten Eindruck vermittelt die Telefunken-Platte »Teddy Stauffer und seine Original Teddies« (Nr. 6. 22386/AG) aus der Serie »Swing tanzen-verboten«. Nach Kriegsausbruch gastierte die personell stark veränderte Band bis 1941 in der Schweiz, »die Qualität unserer Musik« – auf Telefunken 6. 28039/DP – »war nur noch ein schwacher Abglanz von früher« (Stauffer [Anm. 106]. S. 143).
109 Deutsches Podium 1936. Nach Stauffer (Anm. 106). S. 121-122.
110 Stauffer (Anm. 106). S. 130-131.
111 Die Schallplatte auf dem Weltmarkt. Berlin 1940, bes. die Graphik S. 83 (= Diss. Königsberg 1939).
112 Neuaufnahmen in Auslese. In: Musik im Kriege (Juni/Juli 1943) S. 74: »Was die Brocksieper-Solisten [. . .] bieten, ist verbotsreife Jazzmusik [. . .]. Wieso darf solche entartete Musik aufgenommen und vervielfältigt werden?« Nach Wulf (Anm. 98). S. 354.
113 Dietrich Schulz-Köhn: Django Reinhardt. Ein Porträt. Wetzlar 1960. S. 39.
114 Cliquen- und Bandenbildung unter Jugendlichen. Reichsjugendführung – Personalamt – Überwachung. Berlin, im September 1942. Bundesarchiv Koblenz. Bei Detlev Peukert: Die Edelweißpiraten. Protestbewegungen jugendlicher Arbeiter im Dritten Reich. Eine Dokumentation. Köln 1980. S. 208-209.
115 Cliquen- und Bandenbildung (Anm. 114). S. 207.
116 Vgl. Bruno E. Werner: Die Galeere. Frankfurt a. M. 1949. S. 343: »Dicht nebeneinander hockten Mädchen, Jünglinge, Soldaten und SS [im Sommer 1943]. Die Kapelle auf einer Empore inmitten der Halle spielte Swingmusik. Die Mädchen an den Tischen, die kaum älter als sechzehn oder siebzehn waren, bewegten sich im Takt in den Hüften und hatten große silberne Kelche mit Eis vor sich. Es roch nach Puder, Schweiß, Kohl und Fisch.«
117 Gotthold Frotscher: Amerikanismus in der Musik. In: Musik in Jugend und Volk 6 (1943) S. 94. Nach Wulf (Anm. 98). S. 355.
118 Volkstum und Heimat (1940). Nach Lange (Anm. 99). S. 98.
119 Cliquen- und Bandenbildung (Anm. 114). S. 160.
120 Faksimile bei Peukert (Anm. 114). S. 156-157. Über die Hamburger Swing-Jugend – z. T. ungenau – Grunberger (Anm. 5). S. 294, Bleuel (Anm. 48). S. 279 f. und Lange (Anm. 99) S. 107.

Anmerkungen zu Seite 137-141

121 Cliquen- und Bandenbildung (Anm. 114). S. 206; Himmler hatte »nicht Schutzhaft von mehreren Wochen«, sondern 2-3 Jahre Konzentrationslager gefordert.
122 Ebd., S. 194.
123 Peukert (Anm. 14). S. 72 und 49.
124 Cliquen- und Bandenbildung (Anm. 114). S. 190.
125 Abgesehen von den bei Peukert (Anm. 114) dokumentierten Edelweißpiraten u. a. in Köln, Düsseldorf, Essen, Duisburg, Oberhausen, Krefeld weitere Banden nach Bleuel (Anm. 48) S. 278 in Kassel (»Bärenbande«), Ahlfeld (»Schlangenklub«), Wismar (»Blauer Dunst«, »Ringbande«), Braunschweig (»Schreckensteiner«), Chemnitz (»Stadtbadbrühe«).
126 Cliquen- und Bandenbildung (Anm. 114). S. 161.
127 Hamburg 1937/38: Eisbahn-Clique; Köln 1938: Edelweißpiraten; Erfurt 1938: Trenker-Bande; Frankfurt Februar 1939: Harlemclub, Herbst 1939 OK-Gang; Karlsruhe Februar 1939: Cic-Cac-Club.
128 Grunberger (Anm. 5). S. 97-115, bes. S. 98-101.
129 Tami Oelfken: Das Logbuch. Berlin (Ost) 1955. S. 131.
130 Grunberger (Anm. 5). S. 291.
131 Bleuel (Anm. 48). S. 276.
132 Cliquen- und Bandenbildung (Anm. 114). S. 205, auch S. 206, 208.
133 Ein Edelweißpirat erinnert sich. Interview mit Günter O. Bei Peukert (Anm. 114). S. 16.
134 Tami Oelfken (Anm. 129). S. 114.
135 Hans-Georg von Studnitz: Als Berlin brannte. Diarium der Jahre 1943-1945. Stuttgart 1963. S. 144; vgl. S. 162.
136 Ursula von Kardorff: Berliner Aufzeichnungen 1942-1945. Erweiterte und bebilderte Neuausgabe. München 1976. S. 96; vgl. S. 94, S. 109.
137 Hilde Thurnwald: Gegenwartsprobleme Berliner Familien. Eine soziologische Untersuchung an 498 Familien. Berlin 1948. S. 146, dort der Hinweis, daß für die »sexuelle Verwilderung« nach dem Krieg nicht allein die »gegenwärtige Notlage« (S. 145) verantwortlich zu machen sei, sondern ein »Lebenshunger in des Wortes breitester Bedeutung, und zwar auf der Basis erschütterter Daseinsbedingungen.«
138 Bleuel (Anm. 48). S. 274; vgl. von Kardorff (Anm. 136). S. 39.
139 von Kardorff (Anm. 136). S. 151.
140 Von 1933-1938 stieg der Bierverbrauch um ein Viertel, hob sich der Weinkonsum um das Doppelte und verfünffachte sich die Schaumweinproduktion, der Absatz von Branntwein wurde 1931/32-1936/37 um ca. 50% erhöht. Nach Grunberger (Anm. 5). S. 35 und Gläß (Anm. 141). S. 51.
141 Dr. Gläß: Volkswirtschaftliches zur Alkoholfrage. In: Theo Paulstich (Hrsg.): Die Reichshauptstadt im Kampf gegen Suchtgiftschäden. Berlin 1939. S. 51 (Beihefte zur Vierteljahresschrift der Fürsorge für Suchtkranke und Alkoholgefährdete).
142 Vgl. auch Januar 1937. S. 24; Januar 1940. S. 26.
143 Albert Speer: Die Aufbauten auf dem Tempelhofer Feld in Berlin zum 1. Mai 1933 [1937]. In: ders.: Technik und Macht. Hrsg. von Adelbert Ruf. Eßlingen 1979. S. 253.
144 Handbuch der WHW-Abzeichen. Hrsg. durch die KdF-Sammlergruppen. München ²1940.
145 Bayer. Hauptstaatsarchiv, Plakatsammlung.

Anmerkungen zu Seite 142-147

146 Deutschland-Berichte (Anm. 14). Oktober/November 1934. S. 621, S. 684-685; August 1936. S. 963; September 1936. S. 1097, S. 1101; Dezember 1936. S. 1543, S. 1548; August 1937. S. 1089.
147 Dodd (Anm. 75). S.80.
148 Stern (Anm. 62). S. 198. Ähnliche Beobachtungen schon für 1935 in den Deutschland-Berichten (Anm. 14). Juni 1935. S. 715.
149 Deutschland-Berichte (Anm. 14). März 1938. S. 264; Juni 1938. S. 697.
150 Ebd., September 1938. S. 942, S. 978; Oktober 1938. S. 1061; November 1938. S. 1161, S. 1162; vgl. die Stimmung nach der Besetzung Prags März 1939. S. 283.
151 Ebd., September 1937. S. 1227 verzeichnen »Mißstimmung und Unsicherheit auch in den Reihen der Nationalsozialisten«; vgl. Februar 1938. S. 139; September 1938. S. 970.
152 H. S. Sullivan: Conceptions of Modern Psychiatry. New York 1940. S. 22. Nach Josef Rattner: Wirklichkeit und Wahn. Das Wesen der schizophrenen Reaktion. Frankfurt a. M. 1976. S. 108. (Fischer Taschenbuch 6312).
153 Joseph Gabel: Ideologie und Schizophrenie. Formen der Entfremdung. Frankfurt a. M. 1962. S. 157.
154 »Brennende Klöster – Aufruhr – Krieg [...] Nur Deutschland ist eine Insel des Friedens«. Bayer. Hauptstaatsarchiv, Plakatsammlung.
155 Rede vom 28. 4. 1939. Nach Sebastian Haffner: Anmerkungen zu Hitler. München 1978. S. 44.
156 Walter Tausk: Breslauer Tagebuch 1933-1940. Berlin (Ost) 1975. S. 42 und S. 136. Deutschland-Berichte (Anm. 14). Juni 1935. S. 812; Januar 1936. S. 36; November 1936. S. 1208; Juli 1937. S. 945.
157 Stern (Anm. 62). S. 187.
158 Oelfken (Anm. 129). S. 109.
159 Stern (Anm. 62). S. 299.
160 Deutschland-Berichte (Anm. 14). November 1938. S. 1207-1208, S. 1356.
161 Rattner (Anm. 152). S. 30.
162 Grunberger (Anm. 5). S. 472.
163 Stern (Anm. 62). S. 209.
164 Rattner (Anm. 152). S. 28.
165 Tausk (Anm. 156). S. 228.
166 November 1939. S. 1035; August-Oktober 1939. S. 977, S. 980.
167 Deutschland-Berichte (Anm. 14). April 1940. S. 233; November 1939. S. 1026. Vgl. Fritz Lehmann: 1939-1945. Beobachtungen und Bekenntnisse. Hamburg 1946. S. 103: »So unsinnig es klingt, man kann die Meinung vieler, und zwar selbst gebildeter und anscheinend kluger Menschen [...] in die Formel bringen: Erst wollen wir siegen, dann sollen die Nazis gehen« (20. 9. 1943).
168 Leopold Reitz: Jahre im Dunkel. Aus Tagebüchern. Neustadt a. d. Weinstraße 1959. S. 63 (Eintragung vom 23. 6. 1942); ferner René Schindler: Ein Schweizer erlebt das geheime Deutschland. Zürich 1945. S. 63; Beck (Anm. 26). S. 288 f.
169 Brief vom 19. 2. 1943. Bei Erich Kuby: Mein Krieg. Aufzeichnungen aus 2129 Tagen. München 1975. S. 34.
170 Zitiert bei Peter Sager: »Jeder stirbt für sich allein.« In: Zeitmagazin Nr. 4 (16. 1. 1981) S. 24.

Anmerkungen zu Seite 148-151

171 Horst Lange: Tagebücher aus dem Zweiten Weltkrieg. Hrsg. und kommentiert von Hans Dieter Schäfer. Mainz 1979. S. 41; vgl. Reitz (Anm. 168). S. 25.
172 von Kardorff (Anm. 136). S. 42 (vom 15. 4. 1943).
173 »Die nationalsozialistische Revolution ist so gut als vollkommen *unblutig* verlaufen. Sie hat in der Zeit, da die Partei [...] die Macht übernahm, überhaupt keinen Sachschaden angerichtet. [...] Dies war vielleicht die erste Revolution, bei der noch nicht einmal eine Fensterscheibe zertrümmert wurde« (Berliner Tageblatt 52/ 31. 1. 1937).
174 DAZ v. 25. 6. 1940; »Der Führer über den Siegeszug im Südosten. Geringste Verluste: 1151 Tote, 3752 Verwundete, 525 Vermißte« (DAZ v. 5. 5. 1941).
175 »[...] Also an Toten und Verwundeten etwas mehr als das Doppelte der Sommes-Schlacht des Weltkrieges, an Vermißten etwas weniger als die Hälfte der damaligen Zeit« (DAZ v. 12. 12. 1941).
176 Karl Korn: Lucienne Boyer. Im Theater am Kurfürstendamm. In: Berliner Tageblatt 85/86 v. 20. 2. 1938, siehe ferner Heinrich Strobel: Eine Meisterin des Chansons. Lucienne Boyer in der Komödie. In: Berliner Tageblatt 153/154 v. 2. 4. 1937 und Trude Hesterberg: Das ist Lucienne Boyer. In: BZ am Mittag 72 v. 25. 3. 1937.
177 Beauvoir (Anm. 94). S. 338.
178 Inge Deutschkron: Ich trug den gelben Stern. Köln 1978. S. 67.
179 Werner Girbig: ... im Anflug auf die Reichshauptstadt. Stuttgart⁶ 1977. S. 27.
180 Militärgeschichtliches Forschungsamt (Hrsg.): Die Errichtung der Hegemonie auf dem Kontinent. Stuttgart 1979. S. 418 (Das deutsche Reich und der Zweite Weltkrieg Bd. 2).
181 Grunberger (Anm. 5). S. 41.
182 Bayer. Hauptstaatsarchiv, Plakatsammlung.
183 Lehmann (Anm. 167). S. 83.
184 Beck (Anm. 26). S. 22.
185 Grunberger (Anm. 5). S. 156-157.
186 Werner (Anm. 116). S. 214.
187 Burchardt (Anm. 11). S. 93.
188 Ebd., S. 92; »im fünften Kriegsjahr arbeiteten noch über 43% der in Deutschland Beschäftigten für den zivilen Bedarf« (S. 76).
189 Vgl. die Bildseite in: Das III. Reich. Zeitgeschichte in Wort, Bild und Ton. Hamburg: o. J. Nr. 17. S. 170.
190 Schindler (Anm. 168). S. 20.
191 Deutschkron (Anm. 178). S. 149; DAZ v. 20. 11. 1943.
192 Karl Friedrich Borré: Frühling 1945. Chronik einer Berliner Familie. Darmstadt 1954. S. 43-45; Matthias Menzel: Die Stadt ohne Tod. Berliner Tagebuch 1943/45. Berlin 1946. S. 93-94 (3. 11. 1944); von Kardorff (Anm. 136). S. 105 (19. 1. 1944), S. 91 (4. 12. 1943); Abendkarte vom »Adlon« [Ende 1944] in Faksimile bei Schindler (Anm. 168). S. 28. Die von Goebbels in seiner Rede »Wollt ihr den totalen Krieg?« am 18. 2. 1943 angekündigte Schließung von Luxuslokalen blieb z. T. Absichtserklärung.
193 Mathilde Wolff-Mönckeberg: Briefe, die sie nicht erreichten. Briefe einer Mutter an ihre fernen Kinder in den Jahren 1940-1946. Hrsg. von Ruth Evans. Hamburg 1980. S. 137.

Anmerkungen zu Seite 151-154

194 Rolleiflex-Anzeige. In: Signal 1943/1944. Eine kommentierte Auswahl abgeschlossener, völlig unveränderter Beiträge aus der Propaganda-Zeitschrift der deutschen Wehrmacht. Bd. 4. Hamburg 1977. S. 144.

195 Signal 1944/1945. Bd. 5. (Anm. 194). S. 42. Vgl. dazu die ähnlich aufgemachte Goldpfeil-Anzeige in Prisma 1 (Januar 1947) H. 3, inneres Rückblatt: »Eine Fülle geschmackvollster Modelle wird in unseren Ateliers für Sie erdacht. Wir bereiten alles vor, um sie Ihnen bald wieder zugänglich zu machen.«

196 Mitgeteilt durch Anzeigen in: Das Reich 29/ 16. 7. 1944; 41/ 8. 10. 1944; 5/ 4. 2. 1945. Vgl. -hl: Bausparverträge steigen. Bilanzen im Zeichen der Bausperre 49/ 6. 12. 1942.

197 Signal 1943/ 1944. (Anm. 194). S. 85-96.

198 Der Aufbruch. Aufzeichnungen aus dem polnischen Kriege (Schluß). In: Eckart 16 (April 1940) S. 105. Siehe auch oben: »In Stahl und Panzern schien der kategorische, der preußische Imperativ sich verkörpert zu haben, diese eherne Sachlichkeit [...]«. Eine ähnliche Vorstellung bei August Scholtis: Ein magischer Umkreis. In: Das Reich 4/ 16. 6. 1940: »Die Preußen haben sich mit der Technik zusammengetan [...]. Berlin [wird] europäisches Zentrum des kommenden technischen Jahrhunderts.« Den Begriff »unser stählernes Jahrhundert« benutzte schon Karl Korn in einer Charakteristik von Jüngers »Afrikanischen Spielen« als »preußische Erzählung«. In: Berliner Tageblatt 507/ 25. 10. 1936.

199 Frankreichs Stoßarmee. Das Berufsheer – die Lösung von morgen. Potsdam 1935. S. 78, zum Lebensgefühl S. 88: »Unsere Generation will etwas leisten, daher: Pferdekräfte, Rekorde, Serienleistungen, Spezialisten, Preise für Sonderleistungen. Linien, Hygiene, Frauen im Trikot, Büros mit Stahlmöbeln. Unser Jahrhundert strebt nach Kraft, daher: Wettbewerbe, Kartelle, Spitzenleistungen, Propaganda, Nationalismus.«

200 F. J.: Die Einheit der Führung im Krieg. Der totale Krieg nach französischer Auffassung. In: Berliner Tageblatt 570/ 2. 12. 1936.

201 Ludendorffs Schrift »Totaler Krieg« erschien 1935, vgl. dazu: Hans-Ulrich Wehler: Absoluter und totaler Krieg. In: Politische Vierteljahresschrift 10 (1969) S. 238-242.

202 Adolf Frisé: Von der Haltung des Soldaten. In: DAZ 61/ 5. 2. 1943; An das geistige Deutschland. Kundgebung der deutschen Wissenschaft in Heidelberg. Dr. Goebbels über Führung und Bildung. In: DAZ 327/ 10. 7. 1943.

203 Erich Fromm: Anatomie der menschlichen Destruktivität. Reinbek 1977. S. 389 (ro ro ro 7052).

204 Rudolf Höß: Kommandant in Auschwitz. Autobiographische Aufzeichnungen. Hrsg. von Martin Broszat. Stuttgart 1958.

205 Brief vom 23. 1. 1942. Bei Wolff-Mönckeberg (Anm. 193). S. 63-64.

206 Buch der Hausfrau. Wir sparen für die Front. 1944. Hrsg. von der Zentrale für Gas- und Wasserverwendung e. V. Berlin 1944. S. 56 und S. 64.

207 Albert Speer: Blockadefest und rüstungsstark. In: DAZ v. 31. 12. 1942, Sonderbeilage »Soll und Haben«.

208 Henry Bernhard: Finis Germaniae. Aufzeichnungen und Betrachtungen. Stuttgart 1947. S. 56 (30. 8. 1944).

209 Werner (Anm. 116). S. 233; vgl. die von Grunberger (Anm. 5) S. 40 verzeichnete Hochstimmung nach Dünkirchen: »Wir werden die britischen Inseln mit einem Staubsauger absaugen«.

210 Nach Bernhard (Anm. 208). S. 54 (29. 8. 1944).

Anmerkungen zu Seite 154-155

211 Hiltgunt Zassenhaus: Ein Baum blüht im November. Bericht aus den Jahren des Zweiten Weltkriegs. Hamburg 1974. S. 225; Studnitz (Anm. 135). S. 192 (»Die Nachwirkung des Attentats im Volk ist geringer, als man hätte erwarten können«).

212 Grunberger (Anm. 5). S. 34; ferner: Sieg des Lebens. Positive Familienbilanz in Deutschland. In: Das Reich 23/ 4. 6. 1944.

213 Studnitz (Anm. 135). S. 239 (25. 1. 1945); Ernst-Günther Schenk: Ich sah Berlin sterben. Als Arzt in der Reichskanzlei. Herford 1970, S. 37; Carola Stern in: Frankfurter Allgemeine Zeitung 151 v. 4. 7. 1981 (Bilder und Zeiten).

214 Fromm (Anm. 203). S. 366-486, Definition S. 373. Ergänzend zu Fromms Beispielen aus Hitlers Leben S. 451-456, S. 460-464 siehe Albert Zoller: Hitler privat. Erlebnisbericht seiner Geheimsekretärin. Düsseldorf 1949, über die Begeisterung für die »gelblich-grünen Leichenfarben« von Makarts »Pest in Florenz« (S. 51), die Verurteilung des Fleischgenusses als Rationalisierung seiner Zerstörungslust (S. 77 f.) und Äußerungen über die Appetitlichkeit des eigenen Blutes (S. 232). Zur Nekrophilie vgl. weiter Hitlers Totenkult um Geli Raubal bei Picker (Anm. 24). S. 26.

215 Vgl. das Foto, das Hitler mit der Blutfahne vom 9. November 1923 zeigt in: Sieben Tage Nr. 45 (8. 11. 1936) Titelseite.

216 Der Neue Brockhaus. Allbuch in vier Bänden und einem Atlas. Zweite, verbesserte Auflage. Leipzig 1941. S. 20 (Ackerkrume).

217 Ebd., S. 365 (Braunhemden).

218 Fromm (Anm. 203). S. 374 f., S. 382. Vgl. Maser (Anm. 23). S. 329 f., auch S. 346: »[Der Leib] war im Ganzen etwas vorgetrieben und zeigte beim Abklopfen einen deutlichen Meteorismus (Ansammlung von Darmgasen mit Blähungen der Darmschlingen)«. Gutachten Dr. Giesing vom 1. 10. 1944.

219 Picker (Anm. 24). S. 57.

220 Ebd., S. 10. – Die Gründung von Wolfsburg als »Stadt des KdF-Wagens« am 1. 7. 1938 geht auf eine Entscheidung Hitlers zurück. – Zum Wolfsmythos gehört außerdem die Herbst 1944 ins Leben gerufene Werwolf-Bewegung; Ostern 1945 meldet sich ein Geheimsender der Partisanen mit der Parole »Haß ist unser Gebot und Rache unser Feldgeschrei« (DAZ v. 1. 4. 1945), vorher wurden in verschiedenen Städten Deutschlands Wolfsangeln »mit Farbe an die Häuser geschmiert, auf den Fußsteigen angebracht und an Fensterscheiben gemalt« (Bernhard [Anm. 208]. S. 310).

221 Vgl. auch das Titelblatt Jg. 3 (Januar/ Hornung 1935) H. 1; Titel seit 1935 »Wolfsangel. Zeitschrift für die deutsche Kinderschar«.

222 Joachim C. Fest: Das Gesicht des Dritten Reiches. Profile einer totalitären Herrschaft. München 1963. S. 70; Werner Maser: Adolf Hitler. Das Ende einer Führer-Legende. Düsseldorf 1980. S. 15-66.

223 Lehmann (Anm. 167). S. 67 (7. 12. 1941).

224 Oswald Bumke: Erinnerungen und Betrachtungen. Der Weg eines deutschen Psychiaters. München 1952. S. 177. Vgl. auch die materialreiche Studie von Walter C. Langer: Das Adolf-Hitler-Psychogramm. Eine Analyse seiner Person und seines Verhaltens, verfaßt 1943 für die psychologische Kriegführung der USA. Wien-München-Zürich 1973. S. 229: »Viele Merkmale seiner Psyche grenzen an Schizophrenie«. Über die traumatischen Mechanismen bei Hitler grundlegend Rudolph Binion: »... daß ihr mich gefunden habt.« Hitler und die Deutschen: eine Psychohistorie. Stuttgart 1978.

225 Speer: Technik und Macht (Anm. 143). S. 206.

Anmerkungen zu Seite 156-162

226 Maser (Anm. 23). S. 330.
227 Schoenbaum (Anm. 15). S. 348.
228 Gregory Bateson u. a.: Schizophrenie und Familie. Beiträge zu einer neuen Theorie. Frankfurt a. M. 1969.
229 Rattner (Anm. 152). S. 21.
230 Fritz Fischer: Zur Kritik an dem Buch »Griff nach der Weltmacht«. In: ders., Der Erste Weltkrieg und das deutsche Geschichtsbild. Beiträge zur Bewältigung eines historischen Tabus. Düsseldorf 1977. S. 223.
231 Hans Rosenberg: Die Pseudodemokratisierung der Rittergutsbesitzerklasse [1958]. In: Hans-Ulrich Wehler (Hrsg.), Moderne deutsche Sozialgeschichte. Köln/ Berlin 1970. S. 287-308.
232 Hans-Ulrich Wehler: Das deutsche Kaiserreich 1871-1918. Göttingen 1973 (Kleine Vandenhoeck-Reihe 1380).
233 Nach Theodor Eschenburg: Die improvisierte Demokratie. Gesammelte Aufsätze zur Weimarer Republik. München 1963. S. 23 f. Vgl. auch S. 19: »Der deutsche Arbeiter war nicht revolutionär. In manchen Arbeiterwohnungen hing neben dem Bild August Bebels [. . .] das Erinnerungsblatt an die Soldatenzeit mit der Königskrone und häufig auch dem Konterfei des Kaisers.«
234 Kritische Gesamtausgabe. Hrsg. von Giorgio Colli und Mazzino Montinari. III, 1. Berlin/ New York 1972. S. 160.
235 Gesammelte Werke Bd. 1. Werke aus den Jahren 1892-1899. Frankfurt 1952. S. 73 f.
236 Uwe Lohalm: Völkischer Radikalismus. Die Geschichte des Deutschvölkischen Schutz- und Trutz-Bundes 1919-1923. Hamburg 1970.
237 Wichtige Beobachtungen bei Binion (Anm. 224), der die Perspektive jedoch noch zu sehr auf die Person Hitlers einengt.
238 Wolff-Mönckeberg (Anm. 193). S. 67 (25. 5. 1942).
239 Gabel (Anm. 153). S. 57, Anm. 34; S. 269.
240 Lange (Anm. 171). S. 92 (19. 11. 1941).
241 Ronald D. Laing: Das geteilte Selbst. Eine existentielle Studie über geistige Gesundheit und Wahnsinn. Köln 1972. S. 39.
242 Alfred Sohn-Rethel: Die kochende Volksseele. Bemerkungen zu Sebastian Haffner. In: Der Freibeuter 1 (1979) H. 1. S. 42.
243 Bateson (Anm. 228). S. 48.

Personenregister

Abel, Karl Dietrich 221
Adorno, Theodor W. 209
Albertz, Heinrich 30
Allen, Hervey 14
Altdorfer, Albrecht 57
Altwegg, Jürg 204
Anacker, Heinrich 111
Andersch, Alfred 33, 64, 66, 69
Anderson, Sherwood 15
Andres, Stefan 9, 18, 21, 43
Anouilh, Jean 20
Antz, Joseph 77
Aragon, Louis 204
Arent, Benno von 143
Armstrong, Louis 132, 134
Arnold, Fritz 196
Arnold, Karl 34, 122
Arns, Karl 201
Augstein, Rudolf 221

Bach, Johann Sebastian 99
Bachmann, Ingeborg 63, 69
Bamm, Peter 34
Bang, Hermann 49
Bargheer, Eduard 202
Barlach, Ernst 19, 202f., 207
Baron, Gerhart 212
Barth, Emil 10, 18, 24–27, 36, 64, 78, 100, 196, 207, 214
Barth, Heinz 221
Basie, William (Count) 134
Bateson, Gregory 243
Baudelaire, Charles 44
Bauer, Paul 232
Bauer, Walter 27, 35, 69, 84, 198f.

Baumeister, Willi 19, 59, 222
Beauvoir, Simon de 149, 200, 204, 236
Becher, Johannes R. 42f., 57, 61, 96–106
Bechthold, Fritz 232
Becker, Jürgen 53
Beckmann, Max 202f.
Beery, Wallace 130
Beheim-Schwarzbach, Martin 65, 77
Bender, Hans 55, 216
Benjamin, Walter 25, 34f., 100, 209
Benn, Gottfried 12, 18, 23, 35f., 39f., 42, 59, 63ff., 68f., 74, 79ff., 83, 103, 200, 210, 217, 223
Benndorf, Werner 216
Bense, Max 11f., 35, 40, 60, 64, 79, 83, 85
Berendsohn, Walter A. 102
Berg, Alban 203
Bergengruen, Werner 25, 31, 43, 60f., 77, 221
Berger-Rothschwaige, Hans 177, 233
Beriger, Leonhard 196
Berking, Willy 135
Berlin, Irving 132
Bermann-Fischer, Gottfried 94
Bernanos, Georg 14, 69, 80, 205
Bernhard, Henry 241f.
Bernhard, Kurt 84
Bettex, Albert 11
Bezymenskiy, Aleksandr Il'ič 96
Binding, Rudolf G. 111

Binion, Rudolph 242f.
Bischoff, Friedrich 31, 78
Bissier, Julius 59
Blacher, Boris 20, 204
Bleuel, Hans Peter 233, 237f.
Bloch, Ernst 34, 97, 100, 103
Bobrowski, Johannes 10, 44, 46, 48, 51, 60, 64f.
Bode, Dietrich 100
Boehlich, Walter 38, 50
Böhme, Herbert 111, 196, 229
Böhmer, Günter 31
Böll, Heinrich 29, 69
Böschenstein, Hermann 232
Bollmus, Reinhard 219
Bollnow, Otto Friedrich 12, 60, 195
Bongartz, Heinz s. Thorwald, Jürgen
Bonhoeffer, Dietrich 83
Borchert, Wolfgang 8, 11, 40, 64
Borré, Karl Friedrich 240
Bosch, Hieronymus 57
Boveri, Margret 65, 83, 200, 221
Bradna, Olympe 235
Boyer, Lucienne 149
Braque, Georges 23
Brauchitsch, Manfred von 120
Brecht, Bertolt 18, 39, 43, 55, 58, 61, 97, 103
Bredel, Willi 58, 98, 102
Breitbach, Joseph 72
Brenner, Hans Georg 43, 64, 79, 197, 199, 222

244

Breton, André 196
Breughel, Pieter 57
Bricon, Edith 205
Brinckmann, Albert Erich 12
Brinkmann, Rolf Dieter 71
Bristow, Gwen 14
Britting, Georg 42f., 45, 78, 100f.
Broch, Hermann 17, 25f., 61, 63
Brockmann, Gottfried 202
Brocksieper, Fredie 135
Bromfield, Louis 15
Broszat, Martin 230
Brück, Max von 11, 101
Brues, Otto 66
Brunngraber, Rudolf 39
Buchheim, Lothar-Günther 221
Buchholz, Gundula 244
Buchholz, Karl 19, 201
Buck, Pearl S. 15
Buesche, Albert 20, 204
Bütow, Hans 65
Bumke, Oswald 155
Burchardt, Lothar 231, 240
Busoni, Ferrucio 95

Camus, Albert 20, 29, 36, 204
Candrix, Fud 135f.
Canetti, Elias 17, 26
Capra, Frank 129
Caraacciola, Rudolf 120
Cardarelli, Vincenzo 20
Carossa, Hans 96, 100, 106, 111
Cary, Joyce 14
Celan, Paul 46, 48, 51, 70, 215
Céline, Louis-Ferdinand 14
Cézanne, Paul 49
Christiansen, Broder 219
Christie, Agatha 14

Claassen, Eugen 76, 82, 86, 201
Claudel, Paul 14, 20
Claudius, Matthias 42
Clauss, Max 234
Cocteau, Jean 20, 24
Colbert, Claudette 130
Colette, Sidonie-Gabrielle 204
Cooper, Gary 76, 129
Crawford, Joan 130f.
Cron, Hermann 84
Cronin, Archibald Joseph 14
Curtius, Ernst Robert 9

Däubler, Theodor 51
Dahm, Volker 201f.
Dante Alighieri 107
Day, Clarence 15
Decken, Ernst v. d. 234
Dee, Frances 76
Deeping, Warwick 14
Dehmel, Richard 277
Dehn, Fritz 82
Delaunay, Robert 23
Demmling, Charlotte 201
Denkler, Horst 217
Deutschkron, Inge 240
Diebitsch, Karl 168
Diebold, Bernhard 22, 216
Dietrich, Marlene 129, 131, 185, 235
Dietrich, Rudolf Adrian 201
Diettrich, Fritz 212
Dietzenschmidt 213
Dingräve, Leopold s.
 Eschmann, Ernst Wilhelm
Disney, Walt 76, 130
Dix, Otto 44
Dodd, Martha 235, 239
Doderer, Heimito von 36, 65, 83
Döblin, Alfred 50, 57, 61, 77, 197

Dolmatovskij, Evgenij Aronovič 101
Doms, Wilhelm 84
D'Orio, Lubo 135f.
Dorsey, Tommy 134, 136
Dreiser, Theodore 16
Drews, Wolfgang 65, 221
Droste-Hülshoff, Annette von 26
Dürer, Albrecht 110
Duisberg, Eduard 134

Eberlein, Ludwig 221
Ebermayer, Erich 72
Ebert, Wolfgang 130, 234f.
Eckert, Gerd 40, 196, 210
Edschmid, Kasimir 43, 56, 65
Effelberger, Hans 57, 235
Eggebrecht, Jürgen 30, 64, 68
Egk, Werner 20, 203
Eich, Günter 8, 10f., 25, 31f., 38f., 41f., 46f., 51f., 58f., 62ff., 65, 68f., 72, 76, 100, 212f., 217
Eichendorff, Joseph von 30, 125
Eichholz, Armin 65, 221
Einem, Gottfried von 20, 204
Einsiedel, Wolfgang von 65
Eisler, Hanns 97
Eckhart, Meister 110
Eliot, Thomas Stearns 14, 35
Ellington, Duke 134f.
Elze, Walter 195
Empedokles 27
Enzensberger, Hans-Magnus 70
Erskine, John 15
Eschenburg, Theodor 243
Eschle, Max 188

245

Eschmann, Ernst Wilhelm 35, 72, 83, 200, 218

Fadeev, Aleksandr Aleksandrovič 97
Fabri, Albrecht 10, 35, 65, 201
Falkenthal, E. 84
Fallada, Hans 11, 15, 60, 147
Faßbinder, Klara Maria 65, 77
Faulkner, William 11, 15 ff., 57, 128, 197–201
Fechter, Paul 19
Fedin, Konstantin 228
Fehling, Jürgen 38
Feininger, Lyonel 202
Fernau, Joachim 154, 221
Fest, Joachim C. 242
Feuchtwanger, Lion 61, 103
Feuerbach, Anselm 107
Fiedler, Werner 221
Field, Rachel 15
Finck, Werner 34
Fischer, Ernst 100
Fischer, Fritz 158
Fitzgerald, F. Scott 15
Flake, Otto 60
Fleischer, Dave 130
Fleischer, Max 130
Fleißer, Marieluise 24, 147
Forester, Cecil Scott 14
Fortner, Wolfgang 20, 204
Frahm, Karl 204
Frank, Anne 17
Franke, Hans 17
Franke, Günther 203
Freud, Sigmund 159
Friedrich, Hans Eberhard 65, 217, 221
Friedrich, Hugo 70
Frisch, Max 10, 35, 64, 83
Frisé, Adolf 65, 152, 199
Fröhlich, Gustav 236

Fromm, Erich 115, 152, 154 ff., 229
Frotscher, Gotthold 237
Fühmann, Franz 45, 60, 64
Fuhr, Xaver 202
Funke, Horst-Günter 41, 196
Furtwängler, Wilhelm 20

Gabel, Joseph 145
Gable, Clark 76, 130 f., 183, 236
Gaiser, Gerd 45, 60, 64
Gallas, Helga 225
Galinsky, Hans 198
Gan, Peter s. Möring, Richard
Garbo, Greta 130
Gass, Karl Eugen 35, 83, 195, 222
Gaulle, Charles de 152
Gehlen, Arnold 195
Geis, Jacob 35
Genet, Jean 204
Genschow, Fritz 177
George, Stefan 35, 42 f., 62, 110, 224
Gerlach, Richard 35, 83
Gerwien, Franz 109, 166
Gide, André 20, 35
Giesing Dr. 242
Gilles, Werner 59, 202
Giono, Jean 14
Giraudoux, Jean 20, 24
Girbig, Werner 240
Gläß, Theo 238
Globig, Fritz von 221
Goebbels, Joseph 20, 110 f., 123, 126, 128, 132 f., 136, 139, 149, 152, 199, 209, 232, 234, 240
Goertz, Heinrich 226
Goes, Albrecht 45, 212
Goes, Gustav 84
Goethe, Johann Wolfgang von 80, 95, 99, 110, 224

Gomringer, Eugen 70
Gonella, Nat 134 f.
Goodman, Benny 134 f.
Gorkij, Maksim 97, 99
Gotsch, Friedrich Karl 202
Goverts, Henry 76, 216
Graener, Paul 20
Grant, Gloria 131
Grass, Günther 70
Graupner, Heinz 221
Green, Julien 11, 14, 80, 197
Greene, Graham 15
Grohmann, Will 65, 221
Groll, Gunter 65, 67, 207, 229
Gromaire, Marcel 23
Grozs, George 57
Gründel, Günther E. 219, 232
Gründgens, Gustaf 38, 197, 216
Grunberger, Richard 117, 230 f., 237–242
Gryphius, Andreas 99
Günther, Albert Erich 200
Günther, Hans 102, 225
Günther, Joachim 9, 65, 83, 196, 208, 221
Grzimek, Bernhard 221
Guitry, Sascha 13

Haacke, Wilmont 34, 207
Haas, Willy 48
Haecker, Theodor 36, 83
Haffner, Sebastian 66, 75, 77, 200, 219
Hagelstange, Rudolf 42 ff., 64, 107
Halfeld, Adolf 235
Hall, Henry 133
Hamel, Fred 203
Handke, Peter 71
Hanke, Kurt 23
Hardy, Oliver 129
Harlow, Jean 131

Harnack-Fish, Mildred 199
Hartlaub, Gustav Friedrich 210, 221
Hartlaub, Felix 8f., 11, 36ff., 40, 50, 52, 61, 65, 76, 81, 83, 85f., 195, 205, 222
Hartmann, Hans 232
Hartmann, Nicolai 12
Hartung, Hans 83
Hass, Hans 221
Haufe, Eberhard 44
Hausenstein, Wilhelm 18
Hauser, Heinrich 232
Haushofer, Albrecht 43, 83
Hausmann, Manfred 43, 221, 234
Hawkins, Coleman 134
Hebbel, Friedrich 99
Hebel, Johann Peter 85
Heckel, Erich 19, 202
Hegel, Friedrich Wilhelm 64
Heidegger, Martin 12, 59, 220
Heimeran, Ernst 111
Heinrich, Gregor 17
Heiseler, Bernt von 42, 60, 200, 211f.
Heisenberg, Werner 35
Heißenbüttel, Helmut 14, 42, 70, 75
Heist, Walter 195, 215
Heldt, Werner 19, 202
Heller, Gerhard 204
Hemingway, Ernest 15f., 57, 77, 197
Henkels, Walter 221
Hennecke, Hans 11f., 35, 42, 65, 67, 198, 221
Hepburn, Katherine 130f., 182
Herakleitos 26
Hering, Gerhard F. 65, 221
Hermlin, Stephan 103

Herrmann-Neiße, Max 99, 103, 227f.
Hertweck, Carl 233
Herzfeld, Friedrich 210
Heß, Rudolf 230, 234
Hesse, Hermann 11, 60, 75, 199, 212, 220
Hessel, Franz 14
Hesterberg, Trude 240
Heuss, Theodor 221
Heydrich, Richard 137, 202
Heym, Georg 18, 75
Hieronimi, Martin 197
Hildebrandt, G. 236
Hilpert, Heinz 38
Himmler, Heinrich 137, 238
Hindemith, Paul 20, 203
Hinkel, Hans 111
Hirsch, Hans 223
Hirsch, Karl Jakob 100
Hirte, Martin 218
Hitler, Adolf 7f., 21, 26, 55, 58, 74f., 77ff., 87, 107–112, 114ff., 118–122, 126, 128, 133, 138, 140ff., 144f., 147f., 150, 154ff., 159, 230ff., 233f.
Hochbaum, Werner 122, 177
Hocke, Gustav René 9, 11, 23–26, 29, 35, 50, 64, 68, 78, 82f., 195f., 201, 207, 221
Höfer, Werner 221
Hoegner, Wilhelm 231
Hölderlin, Friedrich 27, 35, 42, 95, 99, 224
Höllerhagen, Ernst 134
Hölz, Max 225
Höß, Rudolf 152
Hofer, Carl 19, 202
Hoffmann, Heinrich 193
Hofmannsthal, Hugo von 49, 79, 197

Hohenberger, Kurt 134
Hohoff, Curt 15, 31, 65, 89, 198, 221
Holthusen, Hans Egon 11, 35, 43f., 52, 63f., 152, 195f., 201
Holz, Arno 53
Hoops, Reinald 200
Hoppe, Marianne 131
Horn, Franz 218
Hoyer, Franz A. 82
Huber, Emerich 231
Huber, Kurt 195
Huchel, Peter 10f., 40ff., 46ff., 51f., 58f., 63ff., 76, 82, 100, 213
Hudson, Rochelle 131
Hülphers, Arne 134
Hughes, Richard 14
Hurwitz, Harold 195
Huysmans, Joris-Karl 33, 80
Hylton, Jack 133
Hymmen, Friedrich Wilhelm 235

Ibel, Rudolf 18, 65
Ihering, Herbert 65, 206
Ihlenfeld, Kurt 65
Indiana, Robert 70
Iser, Wolfgang 70, 224

Jänicke, Martin 230
Jahnn, Hans Henny 65, 77, 197
James, Harry 134
Jancke, Oskar 65
Jansen, Erich 32
Jansen, Franz Maria 101
Jarmatz, Klaus 225
Jary, Michael 135
Jaspers, Karl 12, 35, 59
Jens, Inge 195
Jens, Walter 25, 35, 52f., 63
Jerosch, Ernst 235

247

Jesora, Hans 232
Johann, A. E. 128
Johann, Ernst 65
Joyce, James 14f., 75, 80, 197
Jung, Franz 231
Jünger, Ernst 24, 29, 35f., 64f., 79–84, 207, 220
Jünger, Friedrich Georg 42, 44, 60f., 102, 205, 212
Junghanns, Julius Paul 109

Kästner, Erhart 35, 64, 83
Käutner, Helmut 32, 40
Kafka, Franz 11, 17, 53, 59, 80, 197, 207
Kaiser, Georg 43, 80
Kardorff, Jürgen von 148
Kardorff, Ursula von 76, 82f., 85, 87, 140, 221, 240
Karlstadt, Lisl 35
Kasack, Hermann 8, 25, 64f., 67f., 223
Kaschnitz, Marie Luise 8f., 24, 26f., 29ff., 41ff., 47, 51, 63f., 66, 124, 205, 214
Kaufmann, Günter 233f.
Keaton, Buster 129
Keller, Hans Peter 64
Kellermann, Bernhard 60
Kemp, Friedhelm 52, 63
Kerr, Alfred 97
Kessler, Harry Graf 94
Kesten, Hermann 52, 55
Kiaulehn, Walter 65, 221
Kiderlen, Hans F. 234
Kiefer, Michael Mathias 109
Kierkegaard, Sören 12
Kittner, Alfred 213
Kitzing, Hans Joachim 84
Kleindin, Teddy 135
Kleist, Heinrich von 31, 125

Klepper, Jochen 36, 60f., 83, 85
Klopstock, Friedrich Gottlieb 42, 44, 224
Knoeringen, Waldemar von 231
Köppen, Edlef 121
Koeppen, Wolfgang 9f., 24, 28f., 33, 47, 50f., 55, 64, 66, 69, 76, 197
Koerber, Heribert 223
Koischwitz, Otto 15, 198f.
Kokoschka, Oskar 19, 203
Kolbenhoff, Walter 68
Kollwitz, Käthe 19
Kolmar, Gertrud 43
Kolnberger, Koli 177
Kommerell, Max 9, 206
Korn, Karl 11, 13, 16, 21, 66, 76f., 196, 200f., 204, 221, 240f.
Kracauer, Siegfried 34
Krämer-Badoni, Rudolf 25, 27, 50, 64, 195f., 201
Kraft, Ruth 213
Krammer, Susanne 233
Kramp, Willy 132
Krapp, Helmut 53
Kraus, Karl 12, 53
Krauss, Julius 234
Kreuder, Ernst 10, 17, 27, 52, 64, 67, 69, 73ff., 78f., 81, 197
Kreuder, Peter 135
Kreuzer, Helmut 55f., 212
Krolow, Karl 10, 43, 45f., 64f., 67, 78, 101
Krüger, Horst 28
Krüger, Michael 233
Krug von Nidda, Roland 14
Kubin, Alfred 19, 29, 86, 202, 207
Kuby, Erich 82, 147, 223
Kunze, Hans Joachim 233

Kurella, Alfred 103
Kusenberg, Kurt 34
Kusserow, Ingeborg von 177

Laing, Ronald D. 218, 243
Lamour, Dorothy 76
Lampe, Friedo 24f., 29, 31ff., 34, 41f., 50, 52, 65, 76, 197, 205, 208, 214
Lange, Horst 8, 10f., 21f., 24ff., 29f., 33, 41, 43, 46f., 49f., 52, 58f., 64–67, 69, 72, 74–90, 100, 148, 160, 201, 207, 213f., 219f.
Lange, Horst H. 133ff., 237
Langenbucher, Hellmuth 202
Langer, Walter C. 242
Langgässer, Elisabeth 23, 46, 59, 64f., 75ff., 81, 100, 207
Larbaud, Valerie 17
Lasker-Schüler, Else 95
Laughton, Charles 129, 131
Laurel, Stan 129
Laux, Karl 66
Lawrence, D. H. 14
Leander, Zarah 236
Ledig-Rowohlt, Heinrich-Maria 11, 76
Léger, Fernand 23
Lehmann, Fritz 155, 239f.
Lehmann, Wilhelm 42, 46, 51, 59, 64f., 67f., 206
Lehmbruck, Wilhelm 202
Leigh, Vivien 131
Leitl, Alfons 232
Lennartz, Franz 210
Lenz, Hermann 31ff., 46ff., 52, 64f., 100, 213
Lenz, Hannah 213
Lessing, Otto E. 128

Lessing, Theodor 100
Lest, Hilde R. 236
Lewis, Sinclair 15 f.
Ley, Robert 124, 139, 230
Lhote, André 23
Lichtenstein, Alfred 18
Lies, Richard 233
Liliencron, Detlev 227
Linfert, Carl 221
List, Herbert 19
List, Paul 10, 82
Loerke, Oskar 46, 59, 64 f., 91–95, 100, 102
Löwenthal, Richard 114
Lohalm, Uwe 159
Lombard, Carol 131
Loy, Mirna 130
Lubitsch, Ernst 131
Ludendorf, Erich von 152
Lützkendorf, Felix 229
Luft, Friedrich 34, 66, 221
Lukács, Georg 58, 63, 97, 103
Lunceford, Jimmi 134
Luther, Martin 99

Maack, Rudolf 216
Maas, Edgar 16
Maaß, Joachim 94
Mahnke, Heinz 219
Macke, August 19, 202
Makart, Hans 49, 242
Mangold, Josef 101
Mann, Erika 226
Mann, Heinrich 18, 61, 101, 103
Mann, Klaus 36, 72 f., 100
Mann, Thomas 12, 17 f., 25, 55, 61, 80, 97, 103
Mannheim, Karl 74
Mansfield, Katherine 14
Maraun, Frank 39
Marc, Franz 19, 202
Marcks, Gerhard 19, 202
Marcuse, Herbert 115
Marées, Hans von 49

Martens, Erika 221
Martens, Kurt 77
Maser, Werner 231, 242 f.
Mataré, Ewald 202
Matisse, Henri 49
Matzke, Frank 7 f., 22 f., 48, 125
Maugham, Somerset 14
Mauriac, François 14, 57
Maurois, André 13, 80
Mayer, Ludwig K. 236
McMurray, Fred 133
Mechow, Karl Benno von 31
Meier, Hansgeorg 206
Meister, Franziska 67
Melchinger, Siegfried 66, 221
Menzel, Matthias 240
Mettin, Hermann Christian 38, 132, 235 f.
Meyer, Clara 77, 220
Michel, Karl Markus 53
Miller, Glenn 134 f.
Minder, Robert 77
Miranda, Isa 131
Mitchell, Margaret 13, 15
Mitscherlich, Alexander 30, 66 f., 113
Mjölnir 110
Modersohn-Becker, Paula 202
Mönch, Walter 43
Mönckeberg, Jasper 153
Mörike, Eduard 30, 125
Möring, Richard 198
Moeschlin, Felix 196
Moltke, Graf von 44
Molzahn, Ilse 77, 199
Molzahn, Johannes 202
Mombert, Alfred 51
Mon, Franz 70
Monnier, Thyde 13
Montale, Eugenio 20
Montherlant, Henry de 14
Moras, Joachim 66

Morgan, Charles 14
Motylowa, Tamara 225
Müller, Otto 67
Mueller, Otto 202
Musil, Robert 17 f., 53, 63
Mussolini, Benito 8, 143

Nadeau, Maurice 57
Nagel, Otto 19
Nannen, Henry 66
Naso, Eckart von 200
Naumann, Friedrich 158
Nay, Ernst Wilhelm 59, 202
Nebel, Gerhard 36, 82 f., 196
Negt, Oskar 149
Neher, Carola 225
Nemitz, Fritz 66
Neumann, Erich Peter 221
Neumann, Heinz 225
Niebelschütz, Wolf von 10, 42 f., 214
Niekisch, Ernst 67
Nietzsche, Friedrich 110, 158
Noelle [-Neumann], Elisabeth 128, 221
Nolde, Emil 19, 202
Normann, Käthe von 83
Nossack, Hans Erich 8, 18, 22, 29, 36 ff., 41, 43, 50 ff., 61, 64 f., 81, 83, 86
Null, Edwin v. d. 197

Oboussier, Robert 203
Oelfken, Tami 238 f.
Oelze, Friedrich Wilhelm 200, 217
Oelze, Klaus-Dieter 11, 202, 208
Olivier, Laurence 131
Omer, Jean 135
O'Neill, Eugene 15
Orff, Carl 20, 203
Orlowski, Hubert 196
Ortega y Gasset, José 12

Ottwalt, Ernst 58, 225

Paeschke, Hans 16, 53, 66, 209, 221
Papajewski, Helmut 198
Parlach, Alexander s. Kuby, Erich
Paquet, Alfons 234
Pasternak, Boris 104
Paulus, Rolf 196
Pavese, Cesare 20, 36
Pawek, Karl 33
Pechstein, Max 202
Penzoldt, Ernst 34, 43
Pentzlin, Heinz 221
Petain, Philippe 152
Peterich, Eckart 43, 205
Petersen, Carl Heinz 198
Petsch, Joachim 229
Peukert, Detlev 230 f., 237 f.
Pfeiffer, Johannes 10 ff., 60, 66, 211
Pfeiffer-Belli, Erich 21, 66, 132
Pfister, Kurt 200
Pfister, Rudolf 232
Picasso, Pablo 23
Pil'njak, Boris Andreevič 96
Planck, Max 30
Platen, August Graf von 35, 103
Poerzgen, Hermann 221
Pohl, Gerhart 199
Pongs, Hermann 67
Porsche, Ferdinand 232
Porsche, Ferry 231
Porter, Cole 192
Porter, Katherine Anne 15
Powell, Eleonor 131
Pretzel, Raimund s. Haffner, Sebastian
Priester, Hans E. 230
Pritzkoleit, Kurt 221
Prokof'ev, Aleksandr Andreevič 101

Proust, Marcel 11, 14 f., 53, 197
Pusey, William W. 199
Purrmann, Hans 202

Quasimodo, Salvatore 20

Rabenalt, Arthur Maria 233
Radbruch, Gustav 37
Radecki, Sigismund von 34
Raft, George 129
Ranke-Graves, Robert 14
Rapp, Alfred 221
Rasch, Heinz 222
Raschke, Martin 10 f., 36, 40, 58, 68, 72 f., 76, 84, 100, 219
Rattner, Josef 239, 243
Raubal, Geli 242
Rauch, Karl 11, 41, 200
Reck-Malleczewen, Friedrich 36, 83
Reger, Max 95
Rehberg, Hans 60
Reich-Ranicki, Marcel 212
Reichert, Willy 111
Reinhardt, Django 136
Reitz, Leopold 239 f.
Remmele, Hermann 225
Renoir, Pierre Auguste 49
Rhein, Eduard 233
Riefenstahl, Leni 117
Riemenschneider, Tilman 99
Riemkasten, Felix 122
Rilke, Rainer Maria 35, 42, 44, 48, 69, 95, 197, 220
Rinner, Erich 231
Rinser [-Schnell], Luise 64
Roberts, Elisabeth Madox 15
Roch, Herbert 199
Rodenbach, Georges 33
Röhm, Ernst 8

Rössing, Karl 202
Rogers, Ginger 76
Roh, Franz 219
Rohlfs, Christian 202
Rohnert, Ernst Theo 217
Romains, Jules 14
Rosemeyer, Bernd 120
Rosenberg, Alfred 156, 221
Rosenberg, Hans 158
Rost, Nico 83
Roth, Joseph 18, 26, 32, 34, 61
Rotzoll, Christa 136, 221
Rowohlt, Ernst 15
Roy [-Lipman], Harry 135
Rühle, Jürgen 105
Rühmkorf, Peter 70
Ruppel, Karl Heinz 213, 222

Saint-Exupéry, Antoine de 14
Santayana, George 15
Sapper, Theodor 18
Saroyen, William 15
Sartre, Jean-Paul 20, 24, 29, 127, 204, 207
Sauer, Wilhelm 230
Saur, Eleonor 233
Sayers, Dorothy 14
Schacht, Hjalmar 156
Schad, Christian 19
Schäfer, Hans Dieter 208, 212, 215, 218
Schaefer, Oda 11, 40, 64, 76 f., 207, 208, 233
Schäferdiek, Willi 218
Schaeffers, Willy 34
Scharl, Josef 202
Schauer, Georg Kurt 94
Schauwecker, Franz 229
Scheel, Elfriede 233
Scheffer, Paul 234
Schenk, Ernst-Günther 242
Scherg, Kurt 200

Schickele, René 94
Schickert, Werner 206
Schiel, Carola 224
Schifferli, Peter 219
Schindler, René 239f.
Schirach, Baldur von 125
Schirmbeck, Heinrich 21, 31, 33, 49f., 64, 196, 205, 207, 214
Schlemmer, Oskar 19, 202
Schlien, Helmut 196
Schlösser, Anselm 16, 198
Schmalenbach, Fritz 49
Schmidt, Gerhardt 203
Schmidt-Rottluff, Karl 19, 202
Schmiele, Walter 11
Schmitt, Carl 230
Schnabel, Ernst 10, 25, 29, 64, 196, 199, 201
Schnack, Anton 78
Schnack, Friedrich 78
Schneider, Hermann 231
Schneider, Lambert 201
Schneider, Reinhold 25, 27, 43, 60f., 106
Schnitzler, Arthur 49
Schnurre, Wolfdietrich 43, 64, 69
Schoenbaum, David 156, 231
Schönemann, Friedrich 200
Scholtis, August 241
Scholtz, Gerhard 84
Scholz, Georg 227
Scholz, Robert 228
Schonauer, Franz 29
Schramm, Wilhelm Ritter von 148
Schreiber, Otto Andreas 18, 220
Schröder, Rudolf Alexander 42, 60, 211
Schüddekopf, Jürgen 129, 221

Schulz, Eberhard 221
Schulz-Köhn, Dietrich 134, 137, 237
Schulze, Wilhelm 235
Schumacher, Ernst 231
Schumann, Gerhard 107ff., 110ff., 113
Schwedhelm, Karl 66
Schweitzer, Hans s. Mjölnir
Seghers, Anna 18, 61
Seidel, Heinrich Wolfgang 202
Seidel, Ina 44
Seitz, Gustav 202
Sengle, Friedrich 211, 216, 227
Sering, Paul s. Löwenthal, Richard
Shaw, Artie 134ff.
Sidney, Silvia 129f.
Sigel, Pasqual 234
Silex, Karl 66
Sintenis, Renée 19, 202
Sohn-Rethel, Alfred 243
Spann, Othmar 58
Speer, Albert 150, 153, 156, 234, 238, 241
Speth, Kurt 77
Splett, Oskar 7
Spoerl, Heinrich 111
Sporer, Matthäus 218
Spring, Howard 14
Stadler, Ernst 18
Staeger, Ferdinand 109f.
Stahl, Hermann 24
Stalin, Jossif 98, 112
Starke, Ottomar 175
Stauffer, Teddy 134, 143, 183
Stehmann, Siegbert 212
Steinbeck, John 16
Steinhaus, Helmuth 216
Stern, Carola 242
Stern, Heinemann 146, 234, 239
Stern, J. P. 78

Sternberger, Dolf 35, 66
Stifter, Adalbert 31
Stock, Erich 20
Stöcklein, Paul 12
Stomps, V. O. 11, 74, 76f., 224
Stoye, Johannes 234
Stramm, August 18
Strawinsky, Igor 19f., 143
Streicher, Julius 156
Stresau, Hermann 200
Stresemann, Gustav 57
Strindberg, August 80
Strobel, Heinrich 66, 203, 240
Struve, Gleb 225
Stuck, Hans 120
Stuckenschmidt, Hans Heinz 20, 66
Studnitz, Hans Georg 139, 242
Stumme, Wolfgang 133
Sturm, Vilma 66
Stutterheim, Kurt von 199
Süskind, W. E. 66, 72, 221
Suhrkamp, Peter 8, 11, 21f., 76, 120
Sullivan, H. S. 144
Supervielle, Jules 14
Surkov, Aleksej Aleksandrovič 101

Tamási, Aron 65
Tank, Kurt Lothar 36, 66, 84, 220f.
Tausk, Walter 147
Taylor, Robert 76, 130, 235
Temple, Shirley 236
Ter-Nedden, Eberhard 80, 205
Theobaldy, Jürgen 217
Theunissen, Gert H. 11, 66
Thiess, Frank 18, 220
t'Hoff, Ernst van 136
Thoor, Jesse 43

251

Thorwald, Jürgen 221
Thurnwald, Hilde 238
Todd, Ann 131
Todt, Fritz 156
Tönnies, Ilse 202
Trakl, Georg 18, 47
Tret'jakov, Sergej 228
Trier, Walter 31
Triolet, Elsa 204
Trommler, Frank 213, 215
Tucholsky, Kurt 86
Tucker, Sophie 132
Tumler, Franz 31 f., 45, 84, 208

Uhland, Ludwig 93
Ullrich, Kurt 15
Ungaretti, Guiseppe 20
Utitz, Emil 74
Utrillo, Maurice 23

Valentin, Karl 34 f.
Valentino, Rudolph 76
Valéry, Paul 14, 35
Verlaine, Paul 44
Vernon, H. 236
Vesper, Will 17, 229
Vietta, Egon 66, 221
Viertel, Berthold 103
Vittorini, Elio 20
Völckers, Otto 232
Vömel, Alex 202
Vogler, Anne Marie 86, 204

Vogt, Paul 59
Voßler, Karl 9, 195
Vostell, Wolf 53
Vring, Georg von der 46, 65, 78

Wais, Kurt 198
Walden, Herwarth 225
Wallace, Edgar 14, 131
Waller, Fats 134
Walser, Martin 70
Walter, Hans-Albert 225
Walther von der Vogelweide 92-95, 99, 224
Walther, K. 223
Waugh, Evelyn 14
Weber, H. A. 218
Weber, Peter 12 f.
Wehler, Hans-Ulrich 158
Wehner, Heinz 134
Weinert, Erich 98
Weinheber, Josef 43, 101
Weisenborn, Günther 28, 64
Weiß, Edgar 225
Weiss, Konrad 95
Weltmann, Lutz 199
Wenz, Richard 196
Werner, Bruno E. 11, 21, 66, 202, 237, 240, 241
Wesemann, Hans Otto 221
Wessely, Paula 131
Westheim, Paul 57
Weyrauch, Wolfgang 10, 17, 21, 34, 64, 69, 207
Wickenburg, Erik Graf 34, 221
Widmann, Kurt 134, 136
Wiechert, Ernst 11, 25, 31, 60, 69
Wilder, Thornton 15 f., 35
Wilke, Christian-Hartwig 37
Willrich, Wolfgang 168
Winkler, Eugen Gottlob 9 ff., 14, 26, 35, 52, 65, 82, 195
Winter, Fritz 59
Wirsing, Giselher 16, 128
Wölfflin, Heinrich 74
Wolf, Friedrich 98, 226
Wolfe, Thomas 11, 13, 15 ff., 57, 77, 128, 197–200
Wolff 136
Wolff-Mönckeberg, Mathilde 151, 160
Wolfenstein, Alfred 43
Wong, Anna May 131
Woolf, Virginia 14
Wulf, Joseph 133

Zacharias, Helmut 135
Zassenhaus, Hiltgunt 242
Zech, Paul 43
Ziegler, Adolf 107 f., 112
Zoller, Albert 242
Zuckmayer, Carl 94

Dankadresse

Die 1972 bis 1981 entstandenen Aufsätze wären ohne die Ermunterung und Anteilnahme von Dietrich Bode, Uwe Lohalm, Oda Schaefer, Paul Stöcklein und meiner Frau wahrscheinlich nicht aufgeschrieben worden. Ganz besonderer Dank gehört Klaus-Dieter Oelze, der an der Universität Regensburg eine Dissertation über die *Kölnische Zeitung* vorbereitet und mir – großzügig – seine Funde zugänglich machte. Auf meine Fragen antworteten in entgegenkommender Weise: Gundula Buchholz, Albrecht Fabri, Rudolf Hagelstange, A. J. W. Hilgers, Gustav René Hocke, Hans Egon Holthusen, Wolfgang Koeppen, Rudolf Krämer-Badoni, Hermann Lenz, Hans Paeschke, Oda Schaefer, Heinrich Schirmbeck, Ernst Schnabel, Peter Weber. Neben der Zentralbibliothek der Universität Regensburg, die mir bei der Beschaffung von Büchern, Zeitschriften, Tageszeitungen und Mikrofilmen unermüdliche Hilfe gewährte, danke ich der Stadtbibliothek München für die Einsicht in die Tagebücher und Briefe Horst Langes und dem Bayer. Hauptstaatsarchiv für die Auswertung der z. T. noch nicht katalogisierten Plakatsammlung. Das Institut für Zeitgeschichte, München, erlaubte einen Einblick in den *Lektoren-Brief* des Amtes Rosenberg, den *Zeitschriften-Dienst* und die *Kulturpolitischen Informationen* des Ministeriums für Volksaufklärung und Propaganda. Das Hans-Bredow-Institut an der Universität Hamburg und das Deutsche Rundfunkarchiv, Frankfurt, machten Hörspiele Peter Huchels zugänglich. Ruth Kraft und Alfred Kittner teilten mir außerdem unveröffentlichte Gedichte von Paul Celan aus der Zeit von 1938 bis 1945 mit. Bei der Suche nach Abbildungen waren der Aufbau Verlag, Ost-Berlin, das Bayer. Hauptstaatsarchiv, München, das Bundesarchiv, Koblenz, die Coca-Cola GmbH, Essen, das Film-Dokumentationszentrum Peter A. Spiegel, Wien, und das Ullstein-Archiv, Berlin behilflich. Für die mir gewährte Unterstützung sei an dieser Stelle mein herzlichster Dank ausgesprochen.

Hans Dieter Schäfer

Nachweis der Erstdrucke

Die nichtnationalsozialistische Literatur der jungen Generation im Dritten Reich (neue Fassung). Unter dem Titel »Die nichtfaschistische Literatur der ›jungen Generation‹ im nationalsozialistischen Deutschland«. In: Horst Denkler und Karl Prümm (Hrsg.): Die deutsche Literatur im Dritten Reich. Themen. Traditionen. Wirkungen. Stuttgart 1976. S. 459-503.

Zur Periodisierung der deutschen Literatur seit 1930 (neue Fassung). In: Literaturmagazin 7. Reinbek 1977. S. 95-115.

Horst Langes Tagebücher aus dem Zweiten Weltkrieg. Nachwort zu: Horst Lange: Tagebücher aus dem Zweiten Weltkrieg. Mainz 1979. S. 293-331. (Akademie der Wissenschaften und der Literatur zu Mainz. Bd. 46).

Oskar Loerke: Winterliches Vogelfüttern. In: Der Reiz der Wörter. Eine Anthologie zum 150jährigen Bestehen des Reclam-Verlags. Stuttgart 1978. S. 209-218.

Johannes R. Becher im Exil. Unter dem Titel »Stilgeschichtlicher Ort und historische Zeit in Johannes R. Bechers Exildichtungen«. In: Manfred Durzak (Hrsg.): Die deutsche Exilliteratur 1933-1945. Stuttgart 1973. S. 358-372.

Abbildungsverzeichnis

Aufbau Verlag, Berlin (Ost): 36; Bayerisches Hauptstaatsarchiv, München: 12, 18, 21, 22, 23, 24, 30, 39, 43, 46, 48, 49; Bayerische Staatsgemäldesammlung, München: 1 (Mitteltafel und links); Bundesarchiv, Koblenz: 11, 16, 17, 34, 45; Coca-Cola Gesellschaft, Essen: 13, 15; Deutsche Radio-Illustrierte 6 (19. 9. 1937) Nr. 38: 35; Film-Dokumentationszentrum »Action« Peter A. Spiegel, Wien: 28; Werner Haupt: Königsberg, Breslau, Wien, Berlin. Bildbericht vom Ende der Ostfront 1945. Friedberg 1978. S. 113: 38; Berthold Hinz: Malerei im Faschismus. München 1974. Abb. 32: 6, Abb. 33: 5, Abb. 134: 3, Abb. 135: 10; Heinrich Hoffmann: Hitler, wie ihn keiner kennt. Berlin [1932]. S. 65: 55; Helmut Kindler: Berlin. Brandenburger Tor. Brennpunkt deutscher Geschichte. München 1956. S. 150: 42; Koralle 7 (15. 1. 1939) H. 2. S. 57: 31; Die Kunst im Dritten [Deutschen] Reich 1 (1937) S. 6: 1 (rechts), 4 (1940) S. 234: 4, Kunst im 3. Reich. Dokumente der Unterwerfung. Frankfurt a. M. 1975 (Ausstellungskatalog) Abb. 219: 8; Das Magazin 150 (Februar 1937) S. 105: 33, 160 (Dezember 1937) S. 101: 41; Leni Riefenstahl: Hinter den Kulissen des Reichsparteitags-Films. München 1935. S. 95: 9; Rowohlt Verlag, Reinbek: 14; Signal 1944/45. Eine kommentierte Auswahl. Bd. 5. Hamburg 1977. S. 42: 50; Signal 1943/44. Bd. 4. S. 85, 96: 52, 53; Stadtmuseum, München: 47; Staatliche Kunsthalle, Karlsruhe: 2; Wolfgang Willrich: Die Säuberung des Kunsttempels. München 1938: 7.